公安经济学

张兆端 著

公安院校
知名教授学术文库
总主编：樊京玉 闫继忠

中国人民公安大学出版社
群 众 出 版 社

公安经济学

张兆端 著

前言

《公安经济学》是笔者承担完成的山东省软科学研究计划项目“公安经济若干问题研究”（2011RKGA7024）之研究报告的结项成果。研究报告旨在打通经济学与公安学之间的学科壁垒，尝试运用经济学理论与方法研究公安经济理论及其学科建设的基本问题，从经济学的视角探讨公安建设和公安工作的运行规律，在公安活动领域内研究其相关的经济问题，以便积极拓展经济学和公安学研究视阈，促进公安建设与经济建设协调发展，提高警察管理和警务活动效益。该成果报告《公安经济学》一书于2013年由中国人民公安大学出版社正式出版发行。

作为一门新学科的拓荒之作，书中首次提出并界定了“公安经济（学）”的学科概念范畴，尝试构建了包括五个部分在内的该学科的理论框架体系。第一部分是公安经济与公安经济学研究发微。主要探讨公安经济与公安经济学的基本概念、研究对象、内容框架、研究路径与方法等。第二部分是公安经济与公安经济思想发展史略。主要考察公安经济发展的历史分期，中国古代及现代公安经济思想发展脉络等。第三部分是公安经济运行规律研究。主要归纳提炼出公安经济运行的八大基本规律及其若干公安经济问题等，这是公安经济学基础理论研究的核心内容。包括：公安经济与国民经济协调发展的规律；追求社会效益与经济效益之统一的规律；公安资源配置实行计划控制与市场调节相结合的规律；科学开发与合理配置警务人力资源的规律；创新警务战略与改革警务机制同步推进的规律；依靠科技进步改善公安战斗力生成模式的规律；以公共警务为主、私人警务为辅的警务多样化规律；加大治安防范投入与提高犯罪成本相一致的规律。第四部分是公安经济学相关理论研究，主要介绍犯罪经济学、恐怖主义经济学、灾害经济学、污染经济学、应急管理的经济学研究等基本理论问题，它们是公安经济学理论研究的延伸和支撑。最后是结语，主要预测公安经济及其学科研究的发展趋势。

《公安经济学》出版后受到了学术界和公安系统的好评（有关书评以附录的形式收入本版书末），获得第6届长春市社会科学优秀成果著作类一等奖（2014年），2017年入选中国人民公安出版社首批《公安院校知名教授学术文库》。这次借文库出版之际，对全书适当进行修订，以保持其与时俱进的理论品格，进一步发挥其对警察管理实践的指导作用。这次修订主要集中在三个方面：一是对全书的文字及词句进行通读修改，使之更加规范、凝练、准确；二是修改、删除部分时效性较短的相关资料；三是增加部分近年来对公安经济问题研究的新成果及相关资料。作为一门新学科的拓荒之作，拙著的出版若能起到一些抛砖引玉的作用，也就值得笔者欣慰了。希望以此引起学术界及公安系统的高度关注，激发集体的智慧共同推进这门学科的发展，使之逐步走向成熟。

本书入选《公安院校知名教授学术文库》，笔者倍感荣幸，感谢中国人民公安出版社对拙著的厚爱！同时，书中引用了部分学者的论译著及公安机关的相关经验材料，除在书中以脚注形式一一注明和书末附列主要参考文献外，在此一并向有关著译者表示衷心感谢！

张兆端
2018年3月

【编者注】《公安经济学》于2013年在我社首次出版后，受到了相关领域的广泛关注，产生了较大影响。此次收入《公安院校知名教授学术文库》再次出版，在保留原书基本框架的基础上，作者对相关内容进行了充实完善，特此说明。

目录

第一章　公安经济与公安经济学研究发微

第二章　公安经济与公安经济思想发展史略

第三章　公安经济运行规律研究

第四章　公安经济学相关理论研究

结语　公安经济及其学科研究发展趋势

附录　相关书评

第一章

公安经济与公安经济学研究发微

一、公安与公安经济的基本概念

二、公安经济学的研究对象、目标与任务

三、公安经济学的学科性质与地位

四、公安经济学的理论框架与研究路径

五、公安经济学研究的理论价值和实践意义

进入21世纪以来，伴随着知识经济和信息社会时代的到来，人类面临着全球性严重的金融危机和经济发展持续低迷，以及来自大自然、社会环境和新时期萌发的各种不确定问题的挑战。要实现经济的增长、人民生活环境与生活质量的提高，公共安全是最值得关注的问题之一。因此，公共安全是世界各国在社会发展战略研究上的一个热点问题。从经济学的角度研究公安建设和公安工作的运行规律，形成独特的公安经济理论研究框架，便是一个值得我们开拓的崭新领域。作为研究报告的开端和基础，第一部分主要探讨公安经济与公安经济学的基本概念、研究对象、内容框架、研究路径与方法等。

一、 公安与公安经济的基本概念

（一）公安、经济与公安经济

在社会和经济发展研究中，公共安全是实现经济社会发展目标过程中的一个极为重要的影响因素，因而在理论研究和实际应用中对公共安全的概念首先应有一个完整的描述和准确的界定。

公安，即公共安全，一般是指涉及绝大多数人生命、健康和公私财产的安全或者社会整体秩序的安宁。《现代汉语词典》（第7版）第450页解释的“公安”含义为：社会整体（包括社会秩序、公共财产、公民权利等）的治安。在我国大陆，现在习惯用于指代履行国家治安行政和刑事执法职能的部门、力量及其工作，即公安机关、公安人员（民警）及公安工作等。笔者认为，所谓“公安”，是指社会公共秩序的安定状况，以及国家和政府职能部门为确定、强化和维护公共安全而从事的各类治安行政管理、刑事执法及服务活动。实质上，公共安全是指社会或公众不受犯罪、灾害、事故等危险的威胁。就其保护对象而言，包括与社会相关的一切人、财、物、信息；威胁主要来自自然（包括地震、海啸等自然灾害事故）、生产（指工业、农业、服务业等领域中所发生的生产事故灾难，包括安全事故、环境污染事故和生态破坏事故等）、生活（包括直接影响老百姓衣食住行等的突发性公共卫生事件、交通事故、居民住宅工程事故等）和社会（包括各类刑事案件、恐怖事件、突发性群体事件和治安灾害事故等)。

与“公安”密切相关的“治安”一词,中国古已有之。最早出自《韩非子·显学》:“此四者所以治安也,而民不知悦也。”西汉贾谊著有《治安策》。究其“治安”含义,一谓治理(百姓)使之安定,如《管子·形势解》:“生养万物,地之则也;治安百姓,主之则也”。二谓政治清明、社会安定,如《史记·孝文本纪》:“古者殷周有国,治安皆千馀岁”。三谓社会秩序安宁。亦指维护社会秩序安宁。治安,从语义学的角度看,是由治而安,为安而治。治即治理、整治;安即安全、安宁。合起来说,即指通过治理而实现安全。因此,治安既是一个动态过程,又涵盖其运作结果。

从词源上看,在西方语言中,“经济”一词来自希腊语,其意思是家庭(oikos)或国家的管理(nomia)①。古希腊历史学家色诺芬在他的《经济论》中将“家庭”及“管理”两词的结合理解为“经济”。有西方经济学者指出:“就其本质而言,如果能够管理好一个家庭的话,我们都是经济学家。”② 现代经济学和现代词典将“经济”定义为:“一个家庭、私人企业、社区或政府对于收入或支出的管理,以及对财富的小心管理。”③ 我国近代启蒙思想家严复曾将“经济”一词翻译为“生计”。日本人将其正式翻译为“经济”,后由孙中山先生从日本将这一说法引入中国。经济是人类社会的物质基础,与政治是人类社会的上层建筑一样,是构建人类社会并维系人类社会运行的必要条件。其具体含义随语言环境的不同而不同,大到一国的国民经济,小到一家的收入支出,有时候用来表示财政状态,有时候又会用来表示生产状态。但其最基本的解释是指社会物质的生产、交换、分配和消费等活动,以及人们的生活用度、家境等。在现代西方经济学家看来,经济是指把稀缺资源配置到各种不同的和相互竞争的需求上,并使它们得到最大满

---

① *Oxford English Dictionary*, 2nd ed., 1989, s. v. economy. In addition, the word ecology shares the same Greek root*oikos* (household) plus *logia* (knowledge).

② [加] 马克·安尼尔斯基著,林琼等译. 幸福经济学——创造真实财富. 社会科学文献出版社,2010:中文版序.

③ *Webster's New World Dictionary*, Second College Edition, 1986, s. v. economy.

足；或者是遵循一定经济原则，在任何情况下力求以最小的耗费取得最大效益的一切活动。用中国传统语言解释：经济者，经世济民也。世者，人类社会也；民者，社会主体也。在“民”与“民”之间拉出一条“需求和满足需求”的线，联结成一对“商品供求”关系，这就是“经”；而“民”与多个“社会主体”的“需求”都得到“满足”，这就是“济”。经济学顾名思义就是经世济民的学问。

以此为鉴，公安经济者，治安济民也。治安者，既是公安机关及其警察力量的社会职能和责任，也是政府与民众的社会需求。以警察为职能主体，在政府与民众之间拉出一条“公共安全需求和满足公安需求”的线，联结成一对“公共安全执法服务供求”关系，这就是公安活动之“经”；而“民”与多个“社会主体”的“公共安全需求”都得到“满足”，这就是公安活动之“济”。一句话，所谓公安经济，是指政府及其职能部门将稀缺资源用于控制减少犯罪、维护社会治安秩序以及提供公共安全服务的活动及效益，或者说是在国民经济体系中保障和寻求社会公共安全的活动。

经济发展和公共安全是一个国家面临的最重要的战略问题。经济发展问题的实质是“经世济民”“强国裕民”，公共安全问题的实质是“强警安民”“治安济民”。在现代社会，没有经济的健康持续发展，就不会有国家的强盛和人民物质生活水平的提高；同样，没有警察现代化建设，解决不好社会公共安全问题，就会影响经济发展的效率，民众就不能安居乐业。何种形式的国家都离不开通过警察服务提供基本的社会秩序和人身安全。作为政府公共管理的一个重要方面，它给社会提供的是公共安全产品（或当其以服务形式而存在时，称为公共安全服务）。所以必须站在国家安全和发展战略全局的高度，统筹经济建设和公安建设，在全面建设小康社会的进程中实现强国裕民与治安济民的统一。公安经济理论即是一种研究“经世济民”与“治安济民”之间内在联系的战略性科学。

与公安经济相关的概念是警务经济。关于警务的概念，学界众说纷纭。英国著名犯罪学家罗伯特·雷纳将警务定义为：“警务是指带有特定社会功能的一系列过程，是基于社会安全的需要，在任何社会中都存在，它由大量不同的机构（包括国家警务机构和私人警务机构）采用不同程序来执行。”①这是学界对警务比较一致的看法。我们认为，“公安”既是一种社会治理有序的状态，也是国家或政府的一项重要公共职能，而“警务”则是以国家警察为主体的公安职业力量所从事的公安职能活动过程。故警务经济应当包含于公安经济之中。

西南政法大学2007级警察科学专业硕士研究生何俊鹏于2009年发表文章探讨警务经济理论问题。他认为，警务经济，从广义上说，是一切与实现警务社会功能相关的经济现象，包括警务成本、人员配置、警务财政收支、部门协调、巡逻效益、侦查效益、消防管理效益、交通管理效益等；从狭义上说，警务经济是所有警务活动以有限的资源获得警务目标效益最大化的一种公共经济活动。警务经济理论则是一门介于警察学与经济学之间的新兴边缘学科理论，对于解决当前警务资源配置、警务效益等课题有着重要的理论指导意义。②

（二）公安问题的实质是经济问题

1. 公安是人类最基本的社会需求

美国著名心理学家马斯洛认为，人作为一个有机整体，具有多种动机和需要，包括生理需要、安全需要、归属与爱的需要、自尊需要和自我实现需要。这五种需要像阶梯一样从低到高，按层次逐级递升。一般来说，某一层次的需要相对满足了，就会向高一层次发展，追求更高一层次的需要就成为驱使行为的动力。其中，安全的需要要求劳动安全、职业安全、生活稳定，希望免于灾难，希望未来有保障等。可见，安全需要是人类最基本、最常见的需要之一。经济资源的稀缺性与人们生活需求的无限性的矛盾必然导致各种社会矛盾与冲突，甚至国家、民族之间的战争，进而时时威胁或破坏着公共安全。而人们为了保障生活的安定和社会秩序的稳定，以避免在失去控制

---

①［英］罗伯特·雷纳著，易继苍、朱俊瑞译．警察与政治．知识产权出版社，2008：1～4.

② 何俊鹏．警务经济理论相关理论问题探析——我国警务经济理论的概念特征和研究路径．吉林公安高等专科学校学报，2009（4）．

的无谓争斗中同归于尽，又创造出了一定的社会制度及职能机构来限制人们的需求欲望和越轨行为，以维护社会秩序的相对稳定。美国第 30 任总统加尔文·柯立芝（1872—1933）说过："任何人在任何地点、任何时间都无权妨害公共安全。"① 我们也可以反过来说，任何人在任何地点、任何时间都有权享受公共安全。这就涉及公共安全的公平分配问题，即经济问题。应当说，在人类漫长的生存、发展过程中，本身就蕴含着人们对公共安全需求的经济性考虑。

2. 经济是决定公安问题的基本因素

任何时代、任何社会的公安问题都与经济因素息息相关。一方面，任何威胁或破坏公安秩序因素的产生和存在，除了一定的社会政治、文化、法治、科技因素及个体因素影响外，最根本的是社会、组织及个体经济因素的影响。马克思说："人们奋斗所争取的一切，都同他们的利益有关。"② 司马迁写过一篇《货殖列传》，里面有两句话："天下熙熙，皆为利来。天下攘攘，皆为利往。"追求利益是人类一切社会活动的基本动因，而利益差别、分配不公则是社会矛盾和冲突产生的基础。显然，追求非法利益正是某些人实施危害公共安全的违法犯罪行为的动机。在现实社会中，虽然不能说所有的犯罪行为都与经济因素有关，但不可否认，大量的犯罪活动无疑都有其经济根源。例如，盗窃、抢劫、诈骗等侵财类犯罪（侵犯社会公共财产与私人财产），都直接起因于经济利益；群体性事件也多起因于经济利益纠纷；暴力犯罪、有组织犯罪、恐怖主义、贩卖人口、走私贩毒、洗钱，等等，都有一定的经济利益动机，都需要构筑一定的秘密经济资源渠道来支撑。经济学主要研究如何有效配置稀缺资源，促进经济增长，提高人们生活水平。"但是犯罪恰恰相反，犯罪的行为是将资源进行不合理的、扭曲的配置，目的是为了降低资源的使用效率，导致的后果是人们的生活水平降低。它只是满足了某些人扭曲的价值而牺牲了整体社会的福利。罪犯在追求个人'幸福感'

---

① [美] 斯图尔特·克雷纳著、孙福全译．管理箴言录．海南出版社，2000：147.
② 马克思恩格斯全集．第 1 卷．人民出版社，1965：82.

的同时，有意带来严重的外部不经济。”[①] 显然，经济学有助于人们理解社会冲突、犯罪的根源，特别是其中所包含的经济因素。因此，经济与犯罪的关系，成为人们进行犯罪成因研究的最早的着眼点之一。中国有“饥寒起盗心”的古语。西方犯罪学在经济与犯罪的关系方面进行了大量研究。美国学者安塞尔·M. 夏普等指出：“经济分析也有助于我们理解个人犯罪动机。如果从事犯罪活动的收益比其成本要大得多，一个理性的人可能就会从事某种犯罪活动。”[②] 另外，从经济学的角度看，我们实际上还要考虑国家刑事司法机关不得不花大力气来实施侦查、逮捕、起诉、审判、监狱看押、改造等一系列的公共支出。任何国家、任何社会的警察力量建设和公安工作的运行，都需要以一定的人力、物力和财力资源的投入与配置作基础或支撑。因此，无论是控制和减少危害公安秩序的因素，还是发展维护公安的力量，维持公安工作的运行，都离不开经济的发展、分配的公平和资源的有效配置。

3. 公安是可以计量的经济现象

一方面，各种危害公安秩序的违法犯罪行为及其他因素都是以破坏社会的正常生产与生活秩序并导致损失为后果的。这种损失后果是我们据此确认这些违法犯罪因素危害大小的最直接、最基本的标志，它们都可以根据一定的标准进行经济上的核算和量化，并作为犯罪认定和犯罪赔偿的重要依据。另一方面，公安部门的队伍建设和公安工作的运行所需要的人力、物力和财力资源保障也是可以预算和量化的，尤其需要将其纳入国民经济预算规划之中加以持续保障。

4. 公安经济活动具有特殊性

公安经济不同于一般非公安经济的特殊性表现在许多方面：公安经济直接为特定的国家和社会的公共安全服务，具有鲜明的政治性和阶级性；公安经济随治安问题的出现而出现，为满足治安的需要而产生和发展；公安经济的运行过程虽然也包括生产、分配、交换、消费等经济环节，但警用产品的

---

① 郭东．犯罪的经济学本质．公安研究，2007（4）．

②［美］安塞尔·M. 夏普、查尔斯·A. 雷吉斯特、保罗·W. 格兰姆斯著，郭庆旺译．社会问题经济学（第十五版）．中国人民大学出版社，2003：119.

交换与分配通常采用公安机关与国家直接订货的方式进行，大体上依据按需分配的原则进行公安经济消费品的分配；公安事业的投入所产出的是公共安全，公安消费从总体上讲是一种纯粹的资源消耗；由于治安事件的突发性、应急性和警务行动的高度统一性，公安经济管理必然要求高度的集中统一；公安经济的发展不仅取决于社会经济能够为公安提供怎样的资源和产品，而且取决于公安需要怎样的资源和产品。公安经济是社会公安经济资源供给和公安资源需求矛盾的产物。公安经济活动的特殊性决定了公安经济理论研究的核心内容：不完全竞争条件下，公安经济资源配置的计划调节与市场调节相结合的特点和规律等。

综上所述，公安是人类最基本的社会需求，经济因素是决定公安问题的基本因素，公安是可以计量的特定经济现象。因此，我们可以得出结论：公安问题的实质是经济问题，而且是特殊的经济问题。特殊的经济问题就需要由特殊的学科理论来研究，公安经济学由此而提出。

二、 公安经济学的研究对象、 目标与任务

伴随着人类社会的历史发展进程，人类社会需求欲望的无限扩张性与资源有限性的矛盾始终困扰着人们。为了确保社会整体秩序的安全，需要无限的“大炮”，而为了提高人们的生活水平，又需要无限的“黄油”。这是个约束性条件极强的选择，难就难在如何解决资源的稀缺性与资源配置的有效性的矛盾。这正是经济学研究的主题。公共安全是一个社会稳定和经济持续发展的前提与保障，是关涉国家生存和发展的重大战略问题，也是政府必须全力提供的公共产品。公安机关作为公共安全产品与服务的主要生产者与提供者，必须在耗费一定公安经费投入的情况下才能为全社会提供公共安全产出。这就必须回答这样两个问题：公安行为需要多少资源投入才是合理的？在公安职能行为中如何安排资源的使用方式才能使其发挥出最大效用？由此，在既定的公共安全需求和资源总量一定的前提下，如何合理配置社会资源在社会经济发展和提供公共安全产出之间的比例，以及如何有效使用公共安全资源使之产生最大安全效益的问题，就在公安学与经济学之间催生了一

门交叉应用性新学科——公安经济学。

（一）公安经济学的研究对象及内容范围

经济学，亦称经济科学（economic sciences），是对人类各种经济活动和各种经济关系进行理论的、应用的、历史的以及有关方法的研究的相关学科的总称，是研究人类个体及社会在自己发展的各个阶段上的各种需求和满足需求的活动及其规律的学科。公安经济学与其他经济学科分支的本质区别主要不是体现在研究方法或学科范式层面，而是体现在公安经济学特殊的研究领域和研究主题上，集中体现在其独特的研究对象上。

笔者认为，所谓公安经济学，是指以人类社会公安经济关系及其运行规律为研究对象的一门特殊的、新型的经济学科。它是一门运用经济学的理论和分析工具研究与公安有关的资源配置、收入分配、经济增长和治安秩序稳定性等问题的学科。按照一般经济学定义，经济学主要研究稀缺资源在可替代的使用和目标间的优化配置问题；公安经济学则主要研究国家资源在生产性行为和公安性行为之间的配置和公安部门内部的资源配置问题。其研究对象主要包含如下几个层次的含义：

公安经济学研究对象的第一个层次是各种公安现象，即公安经济学具体指向的事物是客观存在且不断发展的社会公安领域，既包括公安客体，也包括公安主体，更包括将二者融为一体的公安实践。公安经济学研究对象的第二个层次，是公安实践对经济的直接与间接影响。在这一层次上，可以体现出经济学始终关注着经济问题，而公安则是影响经济的一个重要因素。既包括公安客体（如违法犯罪、突发治安事件、恐怖事件、灾害事故等）对经济的破坏作用，也包括公安主体对经济社会秩序的维护作用。公安经济学研究对象的第三个层次，是经济对公安的影响。经济发展水平的高低、经济增长方式的不同、收入分配的公平程度等都对公安问题产生着直接或间接的影响。影响社会稳定的公安客体行为的产生既有个体因素，也有复杂的社会经济诱因。公安主体履行国家公安职能的能力水平既受到主观因素的影响，也受到国民经济对公安事业的投入状况的制约。公安经济学研究对象的第四个层次，是公安与具体的部门经济等的相互关系。例如，公安与工业、农业、商业等以及与企业、家庭经济的关系。它们之间的关系实质上是公安经济关系的具体化，因而在公安经济学研究中应当成为特别关注的对象。公安经济学研究对象的第五个层次，是公安经济关系的运行机制。如公安的投入与产出等具体的公安经济活动，是公安经济关系运行的具体形式和内容。

就学科理论研究的内容范围来讲，我国公安经济学应围绕公安经济基础理论、应用理论以及历史等一系列问题展开系统研究，主要研究内容可概括为如下方面：

——公安经济本原论，揭示作为一定社会领域的公安如何在一定社会经济条件下产生、发展和变化的规律。

——公安经济地位论，研究公安经济占国民经济的比例，公安经济潜力向实力的转化等。

——公安经济需求论，研究公安经济需求的性质、分类、结构及确定公安消费需求规模的依据等。

——公安经济供给论，研究公安经济供给的来源、途径与方式等。

——公安经济分配论，研究公安经济分配的原则、结构、效益等。

——公安经济流通论，研究公安经济流通渠道、警品采办、国际公共安全产品贸易等。

——公安经济财力论，研究公安财力的构成、筹集及预算制度等。

——公安人力经济论，研究公安人力资源的数量、质量、结构、开发等。

——公安科技经济论，研究公安科技贡献率、公安科技创新发展战略与公安战斗力生成模式等。

——公安物资储备论，研究公安机关日常执勤和应急管理所需战略物资储备的意义、结构、布局等。

——公安经济效益论，研究公安经济效益的内涵和提高效益的途径等。

——公安产业经济论，研究警械武器装备产业和公安安全防范技术产品的研制、生产、交换与消费等。

——公安经济发展战略论，研究公安经济发展的战略目标、步骤和途径等。

——经济安全论，研究依法维护国家经济安全和社会经济秩序的战略和策略等。

——公安经济动员论，研究平时和战时的公安经济资源动员问题等。

——公安客体（对象）经济论，研究作为公安工作客体对象的治安违法、刑事犯罪、恐怖主义活动及各类群体性事件产生、处置的经济因素及规律。

今天，公安与经济的相互影响、相互渗透、相互作用越来越显著，公安与经济、警察与社会之间的关系越来越密切。因此在理论上，公安经济学的研究内容范围也会不断拓展，将逐步涵盖公安领域中所有的经济问题和经济领域中所有的公安问题。

（二）公安经济学的研究目标

一般而言，经济学都是以物为研究主线，探讨的都是社会生产力的发展问题和经济增长问题。每一门经济学虽然都有其特定的研究目标，如以社会再生产的环节而论，就可以划分为生产、交换、分配、消费四大环节，寻求每一环节的发展与增长都是某一门经济学科的特定目标。但寻求经济发展与增长的方式、路径，显然是以往所有的经济学科的共同研究目标。

对于公安经济学而言，首要的任务就是在明确其研究对象的前提下，科学地确定其研究目标，并需要以其研究目标为基础来开展科学研究。根据公安问题的发生与发展规律，笔者认为，公安经济学的主要研究目标，应当而且只能是寻求公安问题损失最小化和公安投入效益最大化。这是因为，以违法犯罪、各类公共安全事件、灾害事故及其他社会治安冲突所构成的公安问题不仅在总体上无法避免，而且在个体上也在不断发展，国家经济社会发展的过程同时也是一个付出治安代价（因各种人为或灾害事故原因引发的各类公安问题而导致付出）的过程，人类无法从根本上消除这种代价，只能在一定程度上努力争取控制和减少这种代价。因此，公安经济学的研究目标显然只能是寻求缩小公安问题的损害后果和提高公安投入的效益。这是由公安问题的客观性、普遍性和长期性决定的，且不以人们的主观意志为转移的必然结论，也是公安经济学之所以有别于常规经济学科的最根本的标志之一。

公安经济学应当探求实现公安问题损失最小化和公安投入效益最大化的正确路径。有了明确的研究目标，只是为研究指明了方向，而要使公安经济理论能够指导公安经济实践，还表现在理论上提供合理的解决问题的路径。宏观而论，经济社会的改革、发展应当与稳定相结合、相统一。对于像中国这样快速发展的发展中国家尤为重要。实现公安问题损失最小化和公安投入效益最大化的正确路径，就是通过采取科学、合理的措施与手段，有效预防和努力减少公安问题，以及加强公安队伍建设和推进警务改革，提高社会管理水平。

（三）公安经济学的研究任务

在这个经济转轨、社会转型的关键时期，时代给我们提出的主要任务就是要把公安经济理论研究与公安经济应用研究有机地融为一体，努力构建能够体现和反映中国国情、警情和时代发展趋势的公安经济学体系。在具体的研究目标及方法上，要坚持基础理论研究与应用研究并重，使我国的公安经济研究具备现代经济学完整的理论品质，同时还应不断拓展研究内容和研究领域，不断改进研究方法和研究手段。

首先，应当强化应用性研究的学科意识。长期以来，我国公安理论研究主要集中于对“警务保障”的一般理论描述，对公安工作和警察建设中的重大现实经济问题关注不够。实际上，公安经济学是一门应用性、实践性很强的学科。这就需要以现实公安需求为导向，以公安经济现实问题为牵引来谋划公安经济学学科发展，在开展公安经济学研究中，既要加强基础理论研究，深化对公安经济本质以及运行规律的认识，又要重点开展对策性研究。只有将公安经济学的发展与中国社会公安的现实需求结合起来，深化对公安经济重大现实问题的针对性研究，才能在这一领域提出真知灼见，才能用经济学的理论科学阐释我国公安经济发展的历史与现实。

其次，应当转变研究方法。传统公安理论受研究范式的局限，大多注重文字描述和定性研究，缺乏数理和计量分析，提出的对策只能是方向性和倾向性的意见，没有具体的定量标准和执行尺度，致使对公安运行规律的认识缺乏经验检验和统计分析方面的支撑，削弱了公安理论的学术理性。为此，应当积极借鉴和吸收经济学的理论营养，在研究工具和方法上与现代经济学接轨，借助博弈论、计量经济学等手段，对我国公安经济面临的重大现实问题进行实证研究和定量模型分析。如预防犯罪的经济投入、产出的构成和决策、评价方法；灾害事故损失的计量与补偿；公安建设与公安工作的成本核算、经费预算、资源配置及效益评价，等等。尽管公安经济学必须解决自身的基础理论问题，但它主要是作为一门应用经济学科发挥对公安实践的指导作用的。因此，提供有关具体的公安经济技术方法亦成为公安经济学研究中至关重要的任务。

最后，要不断调整、充实研究内容。不但要探讨信息化治安和市场经济条件下的公安资源配置效率和相关主体的动态关系，注重研究公安开支、警察人力、公共安全品产业、装备采购等传统问题；还要注重研究与资源开发、环境外部性、种族冲突、恐怖主义等非传统安全和大规模群体性事件相关的重大公安经济问题，特别要关注信息化治安条件下资源配置所形成的系统对抗能力等新课题。当前，我国公安经济学研究的主要任务，就是由计划经济体制和机械化治安形态条件下的以传统政治学体系为依托的公安理论，开拓出与信息化治安形态和市场经济体制相适应的、以研究公安经济资源配置效率为主要特征的新型公安经济理论。

当然，对公安经济进行系统研究并不是一件容易的事情。其一，专门记载和论述公安经济发展历史的文献资料不多见，只有通过大量研读有关经济、政治、社会、公安、警察等文献资料，才能发现公安经济发展的历史线索和现实因素。其二，公安经济作为警务与经济的有机结合，寓于国民经济和警务之中，与经济、政治、法治、文化等社会其他各个领域交织在一起，因此，探索公安经济问题需要放眼经济社会发展的各个方面。其三，国内外关于公安经济理论研究的理论成果几近空白，因此把公安经济作为一门独立的学科加以系统研究无疑是一项具有开拓性的艰难工作。

三、 公安经济学的学科性质与地位

（一）公安经济学的学科性质

公安经济学是将经济学的原理与方法应用于公安问题研究的一门学科。

对公安经济学的学科定义，一方面，从公安本体论角度看，可以理解为运用经济学分析公安现象，将公安作为经济发展与社会矛盾产生的内生变量加以理论诠释，研究探索公安现象产生、存在和发展的社会经济原因；另一方面，从公安职能角度看，又可以理解为探讨公安系统的运行对经济社会发展和公民生活质量之影响（主要是保障作用）的学问。同时，从公安组织和公安工作角度看，公安经济学还要重点研究并解决公安队伍建设和公安工作中的一系列经济问题。

要理解公安经济学的性质，首先必须了解经济学的性质。一般认为，“经济学是研究稀缺资源如何在各种可供选择的用途或目标之间进行有效配置的学问”。① 经济学还关注这些目标之间的资源分配、经济增长和配置系统的稳定性。由此可见，资源的稀缺性和与之相联系的资源配置效率，以及资源的有效选择与充分利用，乃是经济学研究的基本主题。经济学通过对资源配置效率和资源充分利用的研究，试图说明面对稀缺的资源，人类应当如何做出最优化的配置，以实现较高的经济效益和社会福利。同样，我们所提出的公安经济学，也是一门以经济学理论和方法为工具，研究与公安相关的资源配置问题的学科。公安经济学作为一门应用性经济学科，并不是为有关理论宣传提供理论根据，而是为制定最佳公安经济政策提供经济学论证，因而它需要回答和解决的主要问题是：在既定的公共安全需求和资源总量前提下，如何合理配置资源在生产性用途和治安性用途之间的比例，以及如何在公安系统内部有效分配使用公安资源，使之产生出最大公安效益等。

从学科性质上讲，公安经济学是由经济学和公安学有机结合形成的一门交叉学科，是在公安与经济不断发展、经济学与公安学研究不断深化过程中发展而成的。其研究对象是公安与经济以及公安经济内部各要素之间的矛盾关系。这些特殊矛盾既不同于公安领域的矛盾，也不同于经济领域的矛盾，是公安与经济交叉而产生的矛盾。随着现代公安改革和经济发展，警械武器装备越来越现代化，治安规模不断扩大，公安对经济的依赖性越来越大，经

---

①［美］托德·桑德勒、［英］基思·哈特利著，姜鲁鸣、罗永光译．国防经济学．北京理工大学出版社，2007：3.

济对公安的制约作用越来越强，经济和公安两大部门的关系越来越密切，为加强对这一领域的研究，就有必要将公安经济学作为一门新的学科从经济科学和公安科学中分离出来。因此，公安经济学是经济学和公安学两门学科的有机结合，是一门具有新的规定性的综合性交叉学科。这一学科的提出和创立，主要是基于公安经济具有以下两个基本特征：

首先，公安资源是一种稀缺性资源，资源配置是公安经济的主要内容。公安经济与其他经济现象一样，受特定历史时期政治、经济、文化等环境条件的制约和限制，其资源具有稀缺性，不可能无限供给。一方面，公安经济资源来自公安主体总体可支配资源。公安经济可以被描述为决策者在非公安部门与公安部门、非警务与警务活动之间分配资源，而相对价格、国民收入、安全威胁以及各种治安防范的开支则被看作是外生变量。一个国家将一定数量的资源用于公安用途，就无法再将其用于经济社会发展的其他领域。于是，公安与经济建设和社会发展的矛盾关系在此表现得尤为突出。另一方面，当一定数量的某种资源被用于公安领域后，这些资源如何配置于公安领域各相关部门及其内部各单位、各警种，又成为一个突出问题。在传统安全与非传统安全相互交织的当代世界，各国维护国家安全和社会公共安全的成本不断攀升，于是如何更有效、合理地配置和使用这些稀缺性资源以保障公共安全问题就显得非常重要。

因此，公安经济学分析的中心目标是公安资源的有效配置及其所产生的治安效益，以寻求实现既定社会公共安全目标前提下的投入最小化，或者在社会公共安全投入既定的条件下实现公安效益产出的最大化。公安资源的稀缺性使得公安资源配置的效率成为一个永恒的主题，而由稀缺性导致的对效率的关注正是当代经济学发展的基础，因此公安经济学关注公安资源配置效率也就顺理成章。所谓资源的稀缺性是相对于人们无穷无尽的欲望而言的。一个社会中的公安资源是有限的，很难满足人们多种多样的安全需要。所以，公安资源的有限性是公安经济学分析的前提。当代国防经济学创始人希奇（Hitch）与麦基恩（McKean）曾经这样说道："在一个经济学家看来，国家安全可以说取决于三个问题：第一，国家现在和未来可用的资源总量；第二，上述资源中分配至国家安全目的的分割比例；第三，所配置资源的使用效率。”① 同样，从经济学角度看，公共安全可以说取决于三个问题：第一，国家现在和未来可用的资源总量；第二，上述资源中分配至公共安全目的的分割比例；第三，所配置资源的使用效率。由此，笔者认为，公安经济学是研究公安经济资源配置的学科，它的研究对象是公安经济资源配置的一般规律和特殊规律。因为公安经济资源的配置不同于一般经济资源的配置，它是保障公安队伍建设为公安工作需要做准备的资源配置，是一个相对独立的半封闭系统。因此，公安经济学又是关于市场与计划相结合的公安经济资源配置及其规律的学科。

其次，公安经济具备公共经济的基本特征。公安经济是一种主要以国家公共部门财政税收为基础，提供公共安全产品和服务并对其进行运营的公共经济。与私人经济不同，公共部门提供的产品具有非竞争性、非排他性、无差异性，公共经济以提供社会福利为主要目标。公安经济主要是一种提供公共安全产品和服务的特定公共经济形态。

由于上述原因，公安与经济之间也就顺理成章进一步联姻产生了公安经济学。我们可以从不同角度来分析公安经济学研究的主题。如以一般经济学分类为基础，公安经济学的研究主题可以分为两类：第一类是宏观公安经济分析，包括国家公安支出及相关问题；第二类是微观公安经济分析，包括公安人力、装备、科技及各种警务活动之经济问题等。

（二）公安经济学的学科地位

一般而言，一门学科的地位取决于其所承担的职责与使命。根据不同的职责与使命，经济学可以被划分为理论经济学与应用经济学两大类。前者解决的是基础理论问题（如政治经济学、经济学原理等），阐述的是经济学中最基本的理论问题，主要为各应用经济学科的发展提供基本理论和方法；后者解决的是应用理论问题（如工业经济学、农业经济学等），主要是有关经济领域的具体发展与增长问题。

---

① 陈劲松，库桂生，姜鲁鸣，郝万禄．国防经济学何以成为“显学”．光明日报，2006－12－27（9）．

然而，公安经济学的地位却较为特殊。一方面，公安经济学研究的是公安问题的经济方面或者说是从经济学角度来专门研究公安问题，这种内容或角度是常规经济学不能包容的，也是传统公安学或警察学无法包容的，从而决定了公安经济学只能是相对独立的、交叉的新兴经济学科；另一方面，由于常规经济学不能解决公安经济学的基本理论问题，因此公安经济学在提供解决现实公安问题的经济理论与方法的同时，还必须解决自身的一些基础理论问题，从而既不能简单地将其归入理论经济学范畴，也不能简单地将其归入应用或部门经济学范畴，而是兼具理论经济学与应用经济学双重职能。诺贝尔经济学奖获得者贝克尔教授在评述中国经济学发展时认为，中国的经济学发展现在缺乏理论研究。中国大多数公安理论工作者把主要精力用于对策研究，忽视公安基础理论研究。同样，由于缺乏对公安经济学基础理论的研究，因此，相关的对策研究也不可能深入。当然，公安经济学应当以应用研究为主。因此，公安经济学是一门以公安经济问题为研究对象、以指导公安经济实践为主、兼具理论经济学与应用经济学双重属性的独立经济学科。公安经济学的这种独特地位，是我们构筑公安经济学基本理论框架的主要依据。

四、 公安经济学的理论框架与研究路径

（一）公安经济学的理论框架

由于公安经济学担负着为自己解决一般理论并指导公安经济实践的双重任务，其基本的理论框架可以划分为如下三个层次：处于第一层次的是公安经济学的基础理论，其目的不是解决具体的公安经济问题，而是解决公安经济的基本理论问题，主要包括公安经济学的基本原理或规律和公安经济关系。其中，公安经济学的基本原理或规律是公安经济发展的固有规律，需要通过对公安经济基本问题的研究来发现并加以理论概括；公安经济关系则主要是公安与整个经济的发展以及与工业经济、农业经济、企业经济乃至家庭经济的关系，通过公安经济学的研究与探索，它是能够加以科学总结并得到妥善处理的内容。二者都是指导其他两个层次的公安经济理论研究和公安经济实践的理论基础和理论依据。处于第二层次的是公安经济学科的技术与方法理论。其任务是

研究公安经济中的具体实践问题，提供具体的解决公安经济问题的方法与路径，直接指导公安经济实践。如公安统计学、公安保障学等，都是需要专门研究的处于应用层次的公安经济方法理论，它们为解决公安经济中的具体问题提供科学的方法与手段。与成熟的现代经济学学科相比，中国传统公安学研究，比较注重定性研究和文字描述，缺乏数理和计量分析，据此提出的对策，不少也只能是方向性或倾向性的意见，而没有具体的“尺度”和“剂量”，因而可操作性不强。有些研究在提出新观点、新理论时，也缺乏经验检验和以统计分析为支撑的经济学论证。处于第三层次的是公安经济学科中的公安客体经济学和警务经济学，它以公安经济学科的基础理论和方法理论为基础，以某一类或某一种公安对象及警务活动的经济问题为研究对象，解决的是某一具体公安专门领域的公安经济问题，是针对性极强的公安经济理论，例如，犯罪经济学与犯罪预防经济学、治安管理经济学、灾害事故经济学、警务人力资源经济学、社区警务经济学等。它们与公安经济学科中的方法理论一样，能够作为政府、公安、社会、企业、家庭或个人解决有关公安经济问题的依据。上述三个层次的有机统一，共同构成了公安经济学科的理论体系框架。

本课题将主要运用经济学的一些基本原理和方法研究公安经济及其学科建设的基本理论问题，尝试构建其基本理论框架，以期引发学术界和有关实践部门对公安经济问题研究的兴趣及关注。鉴于笔者的经济学技术方法功底较浅，本课题将以一种非技术方式来解释公安经济学内容，不会出现方程式或回归之类数学公式或统计方法，因此还有待受过经济学理论和技术方法严格训练的人士去深入开拓。

（二）公安经济学的研究路径与方法

通过以上分析，可以明确：公安经济学既不同于传统的公安学研究，又与经济学研究进路和研究目的相区别，其研究基于社会公共安全领域的内在关系与逻辑，体现出“公安学——经济学——公安学”和“经济学——公安学——经济学”两种研究进路交相融合的特点。其中，前者讨论问题的出发点是基于公安问题和公安学研究的现实需要，方法论与认识论手段多采用经济学理论和经济分析方法，最终分析解决问题的归宿和落脚点还是公安现象；

后者讨论问题立足于突破传统的经济学研究，将公安系统运行的成本效益及其变动纳入到总体经济学研究当中，从而扩大了经济学对人类行为的解释力。

综合以上两种研究进路，我们认为，公安经济学既是一门从公安现象与经济学互动的视角研究现实公安问题的重要学科，同时也是以认识论和方法论的创新为基础的面向新时代的公安学研究范式。它以当下公安学理论和公安实践中存在的问题为出发点，主要运用现代经济学的基本原理和实证方法分析、检验公安现象的形成、结构、运作过程、绩效及未来发展。经济学通常分为宏观经济学和微观经济学。微观经济学是对经济体系中行为主体（即厂商、消费者和产业）的经济决策进行分析研究的学科。相反，宏观经济学则关注总量经济活动，其研究通常涉及整个经济的问题（如通货膨胀、失业和增长)。这两种经济分析都适用于公安经济学领域。公安资源的内部配置及管理使用、公安产业研究等通常涉及微观经济学问题，而公安开支对经济社会发展与增长的影响等则往往属于宏观经济学研究的问题。除此之外，经济学的诸多分支学科中，制度经济学可用于研究公安制度设置，公共经济学可用于研究公安预算，公共选择理论可用于研究公安政策，产业经济学可于研究公安产业，劳动经济学可用于研究警务人力资源开发，管理经济学可用于研究公安决策与管理，等等。总之，公安经济学方法论是一个完整的体系，这个体系包括三个层次：第一个层次是哲学；第二个层次是一般经济学原理与基本方法；第三个层次是具体的经济学分析方法与技术。

何俊鹏在 2010 年发表的硕士学位论文《警务经济理论初探》中提出了警务经济理论的两种研究思路：一是警察学与经济学学科交叉的研究思路。警务经济理论研究所要解决的警务问题很多，而经济学又是一门博大精深的社会学科，因此从不同的经济学理论角度均可找到相关警务问题进行分析。但在众多研究角度及出发点中，何俊鹏认为应该主要以警务供给需求理论、警务比较优势理论、警务成本收益理论、警务市场理论以及警务策略理论作为警务经济理论的分析方法和研究思路。二是对警务相关学科进行比较研究的思路。警务经济理论的发展和完善，除依靠警察学与经济学的交叉研究之外，务必要拓宽视野，并与其他相关学科进行外部比较研究。由于警务兼具司法性、行政性以及准军事性，因而将警务经济理论与发展已经相对成熟的法经济学、军事经济学、政府经济学进行相关比较研究，借鉴这些学科相对成熟的理论研究方法，是充实该理论的另一基本研究路径。①

五、 公安经济学研究的理论价值和实践意义

（一）开展公安经济学研究是公安经济实践发展的客观要求

研究公安问题的人都会发现，公安问题既是全社会性甚至全球性问题，也是影响各国经济发展过程的重大现实问题。无论是发展中国家还是发达国家，伴随着金融危机的加剧，经济发展缓慢、市场竞争环境日益恶化、收入分配不公、贫富差距拉大，由此引发的社会矛盾与冲突不断发生，各种违法犯罪、游行示威及其他公共危机事件不断增多。这种严峻的经济形势和治安态势，迫切要求政府在积极转变经济发展方式的同时，加大公安经济投入、优化公安经济结构、创新公安经济体制机制、提高公安经济效益，以有效保障国家安全和社会稳定。这是公安经济发展的强大牵引力。公安经济是为社会公共安全提供资源保障的经济，理应引起经济学家的高度重视。

公安问题的重要性、普遍性和特殊性，不仅决定了需要从经济学的角度对其进行研究，而且需要建立一门独立的经济学科，才能承担起这一任务。具体来说，建立这一学科的必要性在于：第一，如前所述，公安问题的实质是经济问题，需要从经济学的角度对其进行系统的研究。第二，准确地核算危害公安的社会消极因素所造成的损失和科学预算并有效保障公安建设和公安工作的健康持续发展，需要系统的公安经济理论和技术研究提供方法依据。第三，经济的发展与增长和公安问题之间一直表现出持久的、相互制约的关系，二者之间的内在联系，是建立公安经济学的实践依据。第四，公安经济学的建立是发展与完善当代经济学和公安学的客观需要。迄今为止，经济学仍然只被认为是探求经济增长与发展的学科，经济学研究仍然未能对公安领域的经济问题进行全面系统的研究。在国内外，未见有专门的公安经济学著作，只有少量探讨犯罪经济和灾害经济的论著发表。在仍处于创建阶段

① 何俊鹏．警务经济理论初探．西南政法大学，2010 年硕士学位论文．

的警察学或公安学中，虽然涉及警务保障问题，但一般都是从政治学或法学角度加以探讨的，鲜有自觉运用经济学的理论和方法加以系统研究者。

（二）开展公安经济学研究是公安学和经济学学科交叉发展的必然要求

打破学科界限，融合各学科知识，以发展出综合的交叉互通的新领域的知识、概念、方法，是当代跨学科研究优越于传统分科研究之所在。正如学科的界定不仅在于研究对象而且也在于研究方法，公安问题可以从政治学、法学、经济学、社会学、管理学和哲学等多个角度研究，公安经济学研究旨在打破公安学与经济学之间的学科壁垒，强调运用经济学的视角和方法研究公安建设和公安工作规律，在公安活动领域内研究其相关经济问题。这充分体现和适应了在现代市场经济和信息社会时代条件下，经济与公安两种现象互动共生、高度统一的趋势。仅就公安经济学对公安学的影响而言，它将经济学的理论和方法引入公安学领域，是对公安学基础理论和公安学应用学科研究方法论的重大变革。其意义不仅在于它第一次深入地揭示出经济学和公安学这两门学科之间内在的紧密联系和相互作用，而且在于这种分析方法提供了一个分析结构，使我们能够对由于采用一种公安模式而不是另一种公安模式所产生的效益的规模和分配，进行理智的评价。

最初的经济学仅限于研究物质资料的生产和微观结构（即传统市场学），后来经济理论的范围扩大到全面研究商品现象，即研究货币交换的关系。时至今日，经济学研究的领域业已囊括人类的全部行为及与之有关的决策（原因）。凯恩斯说过："经济学理论并不是一些现成的可用于政策分析的结论。它不是教条，而是一种方法，一种智力工具，一种思维技巧，有助于拥有它的人得出正确的结论。"芝加哥大学经济学教授贝克尔指出："经济学之所以成为一门科学，其原因不在于它的研究对象或种种定义，而在于它的研究方法。"① 他认为，经济学的研究方法提供了用于分析一切人类行为结构的方法，可用于分析各种决策类型。经济是渗透于人类生活一切领域中的

① 参见［美］加里·S. 贝克尔著、王业宇等译．人类行为的经济分析．上海三联书店，1993：7～19.

最基本、最普遍的社会活动，公共安全是现代社会治安秩序的基本目标，公安工作的有效实施，既可以为经济社会发展和人民安居乐业创造稳定的治安秩序，也需要经济社会发展的有力支撑。因此，完全可以运用经济学方法（涉及宏观经济学、微观经济学、区域经济学、公共经济学、公共选择理论、冲突经济学、博弈论、信息经济学等经济学分支学科的理论与分析工具）对公安建设和公安工作进行分析。这即是创建公安经济学的理论基础和方法论依据。

（三）开展公安经济学研究是推动公安经济改革与发展的现实需要

改革开放近40年来，我国公安机关的人员编制和经费投入随着经济社会的发展不断增加。但既有的公安理论研究对于涉及社会公共安全需求与供给、警察治安成本与效益等诸多公安经济问题至今没有给予足够的关注和系统研究。特别是在公安工作和警察建设由机械化向信息化、由管理控制型向管理服务型转变之际，用传统的公安理论框架来解释重大公安现实问题，遇到了前所未有的挑战和困境。何俊鹏分析指出，长期以来，我国警务活动的决策落实往往以长官命令代替科学经济规律，致使警务部门存在诸多不经济、低效率、高成本、高浪费的现象，这不仅不利于有限警务资源的合理配置，也阻碍了警政部门长期目标的实现，与构建集约型警务的理念格格不入。在军事经济学、政府经济学等警务相近领域学科得到深入发展的同时，我国警务经济理论却没有得到应有的重视和系统的研究。① 因此，在建设社会主义市场经济条件下，积极借鉴和引进经济学的研究视角和精确、科学的实证分析方法，研究解决当代中国的公安建设和警务改革问题，具有重大的现实意义。在我国，加强公安经济学研究势在必行，必须以理性与科学的公安经济观取代传统的自然公安经济观。

进入21世纪以来，我国社会公共安全较之以往面临的形势和挑战更为复杂和严峻，需要投入的人、财、物增幅更大。为了应对这些挑战和更加有效地维护社会公共安全，就必然需要公安政策制定者和研究者们自觉运用经济学的观点和方法来研究和解决问题，公安经济问题研究愈发显得重要。当前，作为

① 何俊鹏．警务经济管理初探．西南政法大学，2010年硕士学位论文．

为公安警务活动提供经济保障和物质基础的公安经济，正在孕育着一场方向性、整体性和结构性的转变。公安经济实践所发生的基础性变化，对理论形态上的公安经济学研究产生一种强烈要求：尽快消除传统公安经济观念与信息化治安条件下的公安经济理念之间的不适应，以便对新的公安经济资源配置方式作出系统的解释；同时，社会主义市场经济体制的发展，也对公安经济建设提出许多新问题，这又从体制层面上呼唤新的公安经济理论体系的产生。

何俊鹏认为，开展警务经济理论研究的现实意义，是以经济学的视角来解决警务活动中的各种经济矛盾，从而分析和认识警务效益最大化的问题。①解决警务资源稀缺与犯罪率攀升的矛盾。资源稀缺是全世界所共同面临的基本问题，警务资源作为人类基本安全秩序所需要的资源之一，同样面临稀缺性的困境。而警务所要治理的犯罪问题却不会因警务资源的稀缺而减少，这便产生了警务经济所要解决的第一个矛盾：警务资源稀缺性与违法犯罪无限性之间的矛盾。②解决国家警务效率与私人警务效率差异的矛盾。国家警务是基于国家政治以及社会安全高度，以国家税收作为财政来源，为全社会提供和谐安定环境的公共警务。私人警务是为弥补国家警务资源的不足，由私人或企业在国家法律许可的范围内进行警务投资，并为特定群体提供警务产品和警务服务的营利性组织机构。国家警务的非营利性决定了其缺乏有效的绩效激励，因此较之私人警务机构存在着成本高、效率低、不经济的特征。警务经济理论研究的意义便是如何促进国家警务与私人警务之间的绩效交流和评价。③解决现行公安体制与警务资源配置之间的矛盾。“条块结合，以块为主”，是我国公安机关的现行体制，这就决定了公安机关主要以地方财政作为基本资源供给的模式。这务必产生这样的矛盾，即由于各地区财政经济效益的高低不同，从而决定了各地警务资源投入的差异性。贫穷的地区警务资源投入相对较少，但治安问题、犯罪问题往往要比经济发达地区严重得多，形成警务资源供不应求的局面；经济发达地区往往资源投入较多甚至过剩，形成警务资源供过于求的局面。因此警务经济理论研究的意义便在于如何解决并促进区域间警务资源的合理配置和优势互补。④解决警务经济效益与警务社会效益之间的矛盾。无论是警务经济效益最大化还是警务社会效益最大化，往往都是以牺牲对方基本价值为代价的，这是警务活动中不可避免的一大矛盾。比如在对侦查成本进行评价时，究竟是为了追求社会效益而不惜一切代价进行侦查成本投入，还是为了追求侦查经济效益而对侦查成本投入进行严格限制和规范，以及如何在两者之间寻求平衡与适度，便是警务经济理论所要解决的现实问题。①

① 何俊鹏．警务经济管理初探．西南政法大学，2010 年硕士学位论文．

第二章

公安经济与公安经济思想发展史略

一、公安经济发展的历史分期

二、中国古代公安经济思想举要

三、新时期党的公安经济思想及公安经济政策

四、公安经济相关理论研究综述

从理论与实践相结合的角度考察，虽然公安经济、公安经济学是我们新近提出的理论范畴和学科概念，但作为建立在一定社会经济基础之上的政治上层建筑的重要组成部分，各个国家、各个时期的公安实践在其历史发展的过程中必然受到经济发展的客观影响并包含一定的经济因素，历代思想家、政治家对治安、公安与经济的关系，都有一定的认识。及至现代，各国政府及警方在公安决策中更加重视公安效益和警务保障问题。这些都是我们开展系统的公安经济理论研究需要挖掘的实践资源和思想资源。据此，本部分主要考察公安经济发展的历史分期，中国古代及现代公安思想发展脉络等，以此作为创建公安经济学学科理论的客观基础和思想基础。

一、 公安经济发展的历史分期

虽然公安经济学是一门新兴的学科，但公安活动和公安经济活动却是历史的与现实的，并且构成了公安经济学的研究对象。因此，为了深刻揭示公安经济活动发展的内在规律，我们需要采用一定的科学方法对其进行历史分期。那么，什么样的方法最能反映公安经济的内在本质呢？显然，马克思主义哲学关于生产力与生产关系、经济基础与上层建筑之辩证统一的历史唯物主义原理，是我们研究公安经济历史发展的理论基础。1992 年，王芳同志曾在第十八次全国公安会议上指出："公安工作涉及从经济基础到上层建筑的各个方面。"

马克思在研究经济社会分期时，有一个基本的方法，即依据劳动资料特别是生产工具的发展变化来划分经济时代，如依据生产工具的不同，把经济社会划分为石器时代、青铜器时代、铁器时代等。依据同样的思路，我们可以以警务工具（警械武器装备及警察科技）的发展变化为依据，来划分公安经济的历史时代。历史证明，警察队伍的组织结构、执勤方法、后勤保障、公安经费的规模和结构等，都随着警械武器装备及警察科技的发展而变化。

在漫长的古代社会，由于生产力落后，社会分工不发达，所以无论是东方社会还是西方社会，都是行政、军事、司法、警察职能合一，在社会基层则推行各种保甲、连坐制度，以及发展邻里守望的民间传统，没有设立专门的公安机关和职业警察队伍。因此，在古代没有产生出独立形态的公安经济。

自19世纪初期在西欧开始建立专司维护社会治安秩序的职业警察制度以来，占主导地位的警械武器装备大体经历了三个阶段和两次大的历史转变。三个阶段，即19世纪职业警察创立时期的步行巡逻阶段、20世纪警察专业化建设时期的机械化执勤时期、21世纪以来的警务信息化时期。两次大的历史转变：第一次发生在20世纪上半叶，从19世纪职业警察创立时期的步行巡逻及佩带的木制警棍、警笛、警绳等简陋警械装备向20世纪警察专业化建设时期使用机动车巡逻和配备无线电通信工具的转变；第二次是从20世纪后期的机械化执勤、快速反应向21世纪的信息化警务模式的转变。

依据上述两大转变，我们可以把人类社会的公安经济实践划分为三个时代：一是以农业经济为基础、以步行巡逻为主要警务方式的公安经济时代。这个时代从19世纪初创立职业警察制度始到20世纪初走向警察专业化建设止，虽然资产阶级生产方式在这一时期得到了一定发展，但世界经济整体上仍处于农业经济时代。由于当时经济、文化、科技落后，警察只能配备简陋的制服和警械。自然，这一时期的公安消费中人员消费占有重要地位。无论什么时代的公安消费，一般都包括三个基本部分：警械武器装备、教育训练和人员消费等。二是以工业经济为基础、以机械化警务为基本标志的公安经济时代。这个时代从20世纪二三十年代始直至20世纪末，期间西方发达国家伴随着以现代工业化为核心目标的社会现代化步伐，警察部门在交通工具和通信工具方面逐步实现现代化，有力地提高了其快速反应能力。当然，由于中国现代化起步较晚，中国公安机关在交通工具和通信工具方面直至20世纪末才真正走上现代化轨道。在这一时代，除了警察的教育训练消费有所增加外，机械化交通工具装备消费大幅度增加。三是以知识经济与信息技术为基础、以信息化警务为主要标志的公安经济时代。进入21世纪以来，随着人类迈入知识经济和信息社会时代，包括中国公安机关在内的世界多数国家警方普遍走向了以信息化引领警务变革和提升战斗力的新时代。随着经济社会的高速发展和综合国力的不断增强，社会公共安全形势也日趋严峻，因此在公安人员消费、教育训练消费、警械装备消费和警务协作消费全面增长的同时，以信息技术为核心的高新技术装备在公安经济中所占的比重越来越大。当然，这是就一般规律而言的。具体到不同国家不同时期的公安经济活动，因为其所依赖的具体社会政治、经济、文化、法制、科学技术基础是不同的，所以其公安经济活动所表现出的时代性也具有一定的差别。

分析公安经济发展的上述三个时代，可以得出三点启示：其一，每一个时代的公安经济发展状况都是以同一时代的社会经济和科技为基础，都要受到同一时代社会经济发展水平的制约。所以，研究公安经济绝对不能脱离其所处的特定社会经济背景。其二，各个时代的公安经济实践活动内容十分广泛，并且随着时代的变迁而发生变化。因此，研究公安经济必须运用唯物辩证法联系的、发展的、变化的立场和观点。其三，在长期的公安经济实践中自然包含着某些特定的公安经济思想，尽管其比较分散、薄弱，但我们应当注意加以总结梳理，并进行理论提炼，进而构成公安经济学研究的思想材料。

二、 中国古代公安经济思想举要

无论中外，虽然在古代和近代都不可能提出明确的公安经济思想，更不可能开展系统的公安经济理论研究，但不可否认的是，古今中外的一切治安警务行为都必然有其产生、存在和发展的社会经济原因。古代的奴隶主和封建统治阶级建立治安制度和实施警务行为的目的无疑是为了维护其政治利益和经济利益，但即便是为了不让老百姓造反，也会采用一些安抚老百姓的治安措施。这其中自然也包含着某些公安经济思想因素。

（一）先秦“显学”道家、儒家、墨家的公安经济思想

老子创立的道家学说的核心思想是“道法自然”“无为而治”。老子认为，百姓贫穷的原因是赋税繁重，盗贼泛滥的原因是法令纷杂，导致社会混乱的根源就在于过于“有为”之干扰。所以，要恢复社会的稳定，以求得“大治”就必须变“有为”为“无为”。首先，对统治者而言，“无为”就

是要“去甚、去奢、去泰”①。老子认为，统治者的横征暴敛、穷兵黩武、严刑峻法，无疑是造成社会混乱的重要原因。因此，他主张统治者“损有余而补不足”，反对暴政苛刑，单纯的刑罚镇压并不能稳定社会秩序，“民不畏死，奈何以死惧之”②。相反，“法令滋章，盗贼多有”，法律规定越繁密，触犯法律的行为也越多，社会秩序必然愈加混乱。所以，他要求统治者无欲无为，“圣人处无为之事，行不言之教”，“我无为而民自化，我好静而民自正，我无事而民自富，我无欲而民自朴”③。其次，对被统治的民众而言，“无为”就是“见素抱朴，少私寡欲”④。具体而言，就是“绝圣弃智”“绝仁弃义”“绝巧弃利”。“绝圣弃智”是实行愚民政策。“绝仁弃义”“绝巧弃利”是要求人们放弃对名利的追求、争夺，“不尚贤，使民不争；不贵难得之货，使民不为盗；不见可欲，使民心不乱”⑤。老子认为，人们对名利的追求、对钱财的争夺、对奢侈生活的向往，都是造成社会混乱的原因，只有放弃对名利的争夺，才能消灭犯罪，实现天下太平，“绝圣弃智，民利百倍；绝仁弃义，民复孝慈；绝巧弃利，盗贼无有”⑥。“利而不害，为而不争”，才能达到社会的安定。道家所追求的终极目标是要建设一个“古朴社会”，即“小国寡民。使有什伯之器而不用；使民重死而不远徙；虽有舟舆，无所乘之；虽有甲兵，无所陈之。使人复结绳而用之。至治之极。甘其食，美其服，安其居，乐其俗，邻国相望，鸡犬之声相闻，民至老死不相往来”。⑦ 小国寡民是老子所描绘的理想社会，他幻想着使人民再回复到远古结绳记事的自然状态之中。认为运用“绝圣弃智”的自然之道把国家治理得好极了，使人民吃得香甜，穿得漂亮，住得安适，过得快乐。显然，这是一种典型的小农社会的愚民政策，使人们回到原始落后的愚昧状态，更好地

---

① 老子·二十九章.
② 老子·七十四章.
③ 老子·五十七章.
④ 老子·十九章.
⑤ 老子·三章.
⑥ 老子·十九章.
⑦ 老子·八十章.

实现对人民的统治。但另一方面，这种“无为”思想，对于警戒统治者对自然和民众的过度干扰、干预，维持社会的安全和百姓生活的安宁，也有一定的积极作用。因此，可以说其中包含着一种基于原始的自然经济基础之上的“古朴”公安经济观。

孔子所创立的儒家学说是一种以仁、礼为核心的思想，其治安思想和主张大体包括两个方面：首先，主张“正名分”，维护等级秩序；其次，主张德主刑辅，注重道德教化的作用。儒家所追求的社会管理的近期目标是“小康”，长远目标是“大同”。《礼记·礼运》篇描绘说，在大同社会，“天下为公”，群体“选贤与能”负责公众事务；人人“讲信修睦”，呈现一种和谐共处的秩序。社会成员各得其所，“老有所终，壮有所用，幼有所长。矜寡孤独废疾者，皆有所养。男有分，女有归”，没有什么社会问题（如失业问题、老人问题等）来困扰人们，社会秩序自然是好的。“是故谋闭而不兴，盗窃乱贼而不作。故外户而不闭。是谓大同”。这就是儒家所追求的“大同”社会。其要点是社会成员各得其所，“盗窃乱贼而不作”，其中心是“天下为公”。这一口号在阶级社会里，在私有制条件下，对人们具有一种特殊的魅力，成为激励人们世代追求的美好理想。不仅如此，儒家认识到这种“大同”社会理想实现的难度，因此同时又提出了一个比较贴近现实社会的目标：“小康”。在“小康”社会，“天下为家”，统治集团搞“家天下”，被统治者也是“各亲其亲，各子其子”，而且“货力为己”，一切社会财富，一切社会活动，都为个人，归于个人。这样，因私利而起争端，小者亡身亡国，大者覆国灭族。为了保持社会的存在并求得发展，“大人世及以为礼”，用血统继承制来维护统治集团对于财产和权力的稳定占有；“城郭沟地以为固”，通过各种安全设施来保护本地区、本家族、本群体的现实利益；而且，“礼义以为纪”，用礼来调节人们之间的关系，调解各种矛盾和冲突，调节社会财富与权力的分配。这样的社会，礼法周全、安宁有序。应当说，在私有制条件下，小康目标最符合统治阶级的根本利益与长远利益。所以历代头脑清醒的政治家们，对这一目标同样推崇备至，希望自己当权执政的国度，能够“与三代同风”，做到“刑仁讲让，示民有常”，建立一种稳定的、较为宽松的政治秩序与社会秩序，剥削与被剥削都能有一个限度，不至于激发尖锐激烈的社会矛盾与冲突。这种秩序既是一种能维护统治者的既得利益和未来利益的“秩序”，又是一种能最低限度地保证被剥削者继续生存下去并不停顿地提供日益增多的社会财富的“秩序”。[①]“小康”社会后来成了“盛世”的标准模式，以至于20世纪末，邓小平把中国社会主义现代化建设“三步走”战略的第一步目标定为国民经济发展“翻两番”，解决老百姓的温饱问题，初步达到“小康”水平。我国21世纪头二十年的目标仍然是全面建成社会主义“小康”社会。党的十九大报告中指出，从现在到二〇二〇年，是全面建成小康社会决胜期。……我们既要全面建成小康社会、实现第一个百年奋斗目标，又要乘势而上开启全面建设社会主义现代化国家新征程，向第二个百年奋斗目标进军。

“大同”也好，“小康”也罢，都是“理想目标”。在现实生活中，孔子的具体要求则是实现“均平”。《论语·季氏》曰：“丘也闻有国有家者，不患寡而患不均，不患贫而患不安。盖均无贫，和无寡，安无倾。”平均和安定，是儒家管理思想的指导方针。中国社会一直追求平均和安定，很少关注变革与发展，不可小视儒家思想的影响。中国历朝历代统治末期的农民起义大多起因于要求“均贫富”，甚至某些“贼寇”也打出“劫富济贫”的旗号。直至今日，社会分配不公、贫富差距过大，仍然是产生社会矛盾和冲突，影响社会稳定的主要因素。总之，儒家的“大同”社会理想包含着原始共产主义的公安经济观；其“小康”社会则包含着以维持现存统治秩序为目标的公安经济观；而其“均贫富”的现实追求，则包含着反映民众利益诉求的一种简单、质朴的公安经济观。

墨子是“春秋三子”中的最后一位，是最注重实践、最富于科学精神的一个。在先秦诸子中，儒道两家更多的是从伦理道德着眼去批判现实的。而墨家的批评则更具社会实践价值和经济价值。墨家的治安思想，以“兼爱”为核心。墨家认为，社会动荡不安的根本原因就在于人们相互之间“不相爱”“交相贼”。要改变这种状况，就必须使人人“兼相爱，交相利”，建立一个互爱互利的理想社会。“兼相爱”是针对“别相恶”而言的，即要

① 陈鸿彝主编．中国治安史．中国人民公安大学出版社，2002：45.

求不分亲疏、贵贱、贫富，一视同仁地爱所有人，创建平等社会。这与儒家的“爱有差等”是不同的。“交相利”是针对“交相贼”而言的，即要求人们互相帮助，共谋福利。一方面主张通过法律手段，达到为万民兴利除害的目的，“必务求兴天下之利，除天下之害，将以为法乎天下。利人乎即为，不利人乎即止”①。另一方面，主张用刑罚保护私有财产。墨家认为，法律应保障“义”，惩罚“不义”。“义，利也”。凡是“入人园圃，窃其桃李”“攘人犬豕鸡豚”“入人栏厩，取人马牛”，以及“杀不辜人也，扡其衣裘，取戈剑者”，都属于“不义”的行为，应当予以严厉的惩罚。并且还提出了“杀盗人，非杀人”的命题，主张通过刑罚手段惩罚各种盗窃、杀人等犯罪行为，以维护社会治安。墨家最关注社会财富的生产与积累，最痛恨统治阶级对社会生产力的破坏，所以主张“非攻”“非乐”，强调“节用”“节葬”。主张节约以扩大生产，反对奢侈享乐生活；不主张把社会财富浪费在死人身上。认为儒家的厚葬不仅耗费钱财，而且得守丧三年，三年过后人虚弱得需要人扶才能起行，影响国家生产力，乃浪费之事。墨子因此被称为平民的“圣人”。其中自然包含着一种代表平民利益的朴素公安经济观。

（二）管子“民富国安”的公安经济观

管仲是春秋时期辅佐齐桓公成为第一霸主的齐国著名政治家、军事家，史称“春秋第一相”。他帮助齐桓公改革内政，使齐国出现了国富兵强的大好局面。管仲的治安思想也就是齐国的治安思想。管仲的治安思想主要包括两个方面：首先，他认为改善人们物质生活水平，是实现社会治安的基本条件。如果民众得不到温饱，就很难按照法令的要求去约束自己的行为，各种扰乱社会治安的行为也随之产生。要想稳定社会秩序，使人人都知礼守法，必须满足人们物质生活方面的基本要求。因此，管仲提出了“仓廪实则知礼节，衣食足则知荣辱”② 的著名论断。司马迁在《史记·管晏列传》的引文中将“则”改成了“而”：“仓廪实而知礼节，衣食足而知荣辱，上服度则

① 墨子·非乐上.

② 管子·牧民.

六亲固。四维不张，国乃灭亡。下令如流水之原，令顺民心。”意思是：粮仓充实就知道礼节；衣食饱暖就懂得荣辱；君王的享用有一定制度，六亲就紧紧依附；礼、义、廉、耻的伦理思想不大加宣扬，国家就会灭亡。颁布政令就好像流水的源头，要能顺乎民心。其次，根据人们好利恶害的本性，主张通过厚赏重罚的方法，维持社会治安。

据《史记·管晏列传》记载，管仲担任齐相主持政务后，与百姓同好恶，流通货物，积累资财，使得齐国很快走上国富兵强的道路。管仲所说的“仓廪实则知礼节，衣食足则知荣辱”也成为齐国自强求富的指导思想。人民生活富裕，府库财富充盈，礼仪就能得到发扬，政令才能畅通无阻。同时，管仲在齐国实行“四民分居定业”。四民，是指士、农、工、商四种职业。管仲认为，四民各安其业，是社会治安的重要保证。因为“四民”杂居便会胡言乱语，任意改换自己的职业而引起社会秩序的混乱，所以必须严格“四民”之间的界限，禁止混合杂居。因此，管仲提出实行“四民分居定业”，士居住在国都内，“使就闲燕”；“处工就官府”，受官府的集中管理；“处商就市井”，专门从事商业活动；“处农就田野”，专门从事农业生产①。这样，既便于对不同职业的人分别进行管理，又可以使其“定业”，达到民富国安的目的。应当说，管仲抓住了治国的根本，经过多年的治理，齐国很快强盛起来，成为春秋第一霸，也才有了齐桓公“九合诸侯，一匡天下”的宏伟政绩彪炳史册。

由于管仲指导思想的正确及齐桓公的成功，“仓廪实则知礼节，衣食足则知荣辱”历来为后世传颂，从一定意义上讲也符合“物质决定意识”“经济基础决定上层建筑”的辩证唯物主义和历史唯物主义观点。可以说，管子所倡导的是一种追求“民富国安”的公安经济观。

（三）韩非的“治安”经济观

治安，作为一个专门的政治术语，在我国思想史上，是由法家的集大成者韩非子率先提出的。《韩非子·显学》篇明确指出：“急耕田垦草以厚民

---

① 国语·齐语.

产”“修刑重罚以为禁邪”“征赋钱粟以实仓库，且以救饥馑备军旅”“境内必知介，而无私解，并力疾斗所以禽虏”。他认为“此四者所以治安也”。很显然，韩非在这里所说的“治安”，涵盖了国家治理的多重职能：发展生产首先是农业生产，从而增殖民众财富，这是国家安定的基本保障；推行法制特别是严刑重罚，禁止奸邪，这是国家治安的基本任务；征收钱粮赋税充实国家府库，救济灾荒、供养军队，备战备荒，这是维护国家安全与社会稳定的必要条件；举国上下并力对敌，消解、防遏民间私仇私斗，维持良好社会生活秩序，这是社会秩序管理的重要内容。①《韩非子·五蠹》篇说：“民之政计，皆就安趋利如避危穷。”就安趋利、避危去穷，这是人的本性，而安全则是其他各种需要的保障和前提。研究治安而全面研讨经济、政治、文化、法治各个方面，把发展生产、富裕国民、遵纪守法等都作为治安问题来考虑、作为治安对策来运作。可以说，韩非所论述的治安，是从国家政治生活的全局角度提出的一种“大治安”理念，并且这种“大治安”理念是以经济发展为基础、以推行法制为手段的。

（四）中国古代公安经济实践

从历史实践来看，西周的井田制既是国家对于土地使用权的一种分配方式，又是国家对于劳动人口的行政组合方式。其基本精神是将国家拥有的土地分层划分成井字格的方块，土地使用者就配置于井田之内，每八户组成一井，“开四道而分八宅，凿井于中”；然后按“井一为邻，邻三为朋，朋三为里，里五为邑，邑十为都，都十为师，师十为州”② 的层次编组起来，由大大小小的宗族首领进行管理，而宗族首领也就是政府基层的行政管理人员。这就是说，居民按井居住，不得自由迁徙，便于国家控制。唐代学者杜佑说：“皇帝始经土设井，以塞争端；立步制亩，以防不足。”“始分于井则地著，计之以州则数详。”十分精辟地概括了人户管理的关键在于“地著”，让劳动者紧紧地附着在土地上；“数详”，即让国家对全体人户作有效控制，

---

① 陈鸿彝主编．中国治安史．中国人民公安大学出版社，2002：60.

② 唐·杜佑．通典·食货志．

把人民组织在一个层次严密而分明的社会机体之中，同时进行政治控制、伦理教育、治安管理。① 这种建立在井田制经济基础之上的国家治理和治安管理之道的历史影响极为深远。在新中国成立后的社会主义计划经济时代，我国实行严格的城乡户籍“二元制”管理制度，在城市人们分别依附于单位或企业，在农村群众被牢牢控制在人民公社的土地上，而且工作、劳动纪律极为严格，人们事事请假，互相监督、检举。

战国前期，商鞅在秦国变法，开始从推行什伍制下的民间联保联防与连坐制度入手，奖励耕战，严惩非违，从而强化了基层治安管理的基础。商鞅所草创的这种建立在自给自足的农业经济基础之上、中央集权之下的基层治安管理办法不断为后代所继承和发展。特别是北宋王安石变法推行保甲制度，将周秦时期的兵农一体制与什伍联保联防连坐措施结合起来，大力强化基层治安管理。这种建立在封建农业经济基础之上的保甲制度一直延伸到清末民初。甚至今天中外警方所实施的警民合作的社区警务战略中的“邻里守望”“治安中心户长制”“单元格警务”等居民治安联防措施都可以从历史上的保甲制中找到一些影子。

此外，汉代的“文景之治”和唐代的“贞观之治”，采取了以农为本、不夺农时、与民休息、轻徭薄赋、省刑安民的政策，在一定程度上争得了民心，造就了社会稳定、生产发展的“盛世”局面。不能不说是正确地处理了治安稳定与经济发展的关系。汉代大儒董仲舒曾从经济上探讨过犯罪根源。他认为：“贫者穷急愁苦而上不救，则民不乐生；民不乐生，尚不避死，安能避罪！此刑罚之所以蕃而奸邪不可胜也。”② 因此，他要求地主阶级限制对农民的剥削，使贫者足以养生，才不致“转为盗贼”，社会才能“上下相安”。

---

① 陈鸿彝主编．中国治安史．中国人民公安大学出版社，2002：11.

② 春秋繁露·为人者天.

三、 新时期党的公安经济思想及公安经济政策

新中国成立以来，五代中共领导人对公安建设与公安工作如何服从服务于国家经济建设大局，以及如何在经济上保障公安建设都有过系统的论述。国家实施的社会治安综合战略以及公安部党委的重大战略部署也都很好地体现和正确处理了公安与经济的关系。

（一）中共领导人论公安与经济

1. 毛泽东：公安机关是人民民主专政的重要工具，公安工作要服从和服务于党和国家的中心工作

1949 年 6 月 30 日，新中国成立前夕，毛泽东在庆祝中国共产党建党 28 周年之际发表了《论人民民主专政》的重要论著。他指出："总结我们的经验，集中到一点，就是工人阶级（通过共产党）领导的以工农联盟为基础的人民民主专政。"同时强调，"要强化人民的国家机器，这主要是指人民的军队、人民的警察和人民的法庭，借以巩固国防和保护人民利益"。1949 年 9 月 29 日，中国人民政治协商会议第一届全体会议通过的、具有临时宪法性质的《共同纲领》规定："中华人民共和国为新民主主义即人民民主主义的国家，实行工人阶级领导的、以工农联盟为基础的、团结各民主阶级和国内各民族的人民民主专政。""中华人民共和国的武装力量，即人民解放军、人民公安部队和人民警察，是属于人民的武力。其任务为保卫中国的独立和领土主权的完整，保卫中国人民的革命成果和一切合法权益。"毛泽东认为，公安机关是人民民主专政的重要工具，是对人民实行民主、对敌人实行专政的重要武器，打击犯罪、保护人民是公安机关的根本职能和任务。打击犯罪自然包括打击经济犯罪；保卫人民利益当然包括保卫人民的合法经济权益。1949 年 11 月 5 日，共和国首任公安部部长罗瑞卿在《中央人民政府公安部成立大会上的讲话》中强调："我们是人民民主专政中镇压反革命、

保卫人民、保卫经济建设的工具。”①

1956 年，毛泽东又明确指出，在我国，“革命时代的大规模的急风暴雨式的群众阶级斗争基本结束，摆在全党和各族人民面前的任务是，向自然界开战，发展我们的经济，发展我们的文化，巩固我们的新制度，建设我们的新国家”。1964 年，毛泽东进一步指出：“无产阶级专政的基本任务之一，就是努力发展社会主义经济。必须在以农业为基础、工业为主导的发展国民经济总方针的指导下，逐步实现工业、农业、科学技术和国防的现代化，必须在发展生产的基础上，逐步地普遍地改善人民群众的生活。”② 因此公安机关的主要任务就是为巩固社会主义建设的秩序，保护社会生产力的顺利发展，搞好公安工作。

1959 年，罗瑞卿在调离公安部时对毛泽东关于公安工作要服从和服务于党和国家的中心工作的指示还念念不忘，并谆谆告诫大家：“任何公安工作的业务都要为政治服务，为党的中心工作服务。我们公安工作的中心，应当服从党的整个工作中心。公安工作不可能有一个脱离党的中心工作，并且同党的中心工作相对立的中心工作。”③

2. 邓小平：解决治安问题要把经济搞上去

1983 年 7 月 19 日，邓小平同新任公安部部长刘复之谈话时指出：“解决刑事犯罪问题，是长期的斗争，需要从各方面做工作。现在是非常状态，必须依法从重从快集中打击，严才能治住。”④ 所谓“长期的斗争，需要从各方面做工作”，就包括了主要靠发展经济这一长远战略。1984 年 10 月，邓小平在中央顾问委员会第三次全体会议上的讲话中指出，到 20 世纪末经济上“翻两番的意义很大”，人民生活达到小康水平，国力增强，教育普及。“物质是基础，人民的物质生活好起来，文化水平提高了，精神面貌会有大变化。我们对刑事犯罪活动的打击是必要的，今后还要继续打击下去，但是，只靠打击并不能解决根本的问题，翻两番、把经济搞上去才是真正治

① 罗瑞卿论人民公安工作．群众出版社，1994：1.

② 建国以来重要文献选编．第十九册．中央文献出版社，1998：67.

③ 罗瑞卿论人民公安工作．群众出版社，1994：495.

④ 邓小平文选．第三卷．人民出版社，1995：34.

本的途径。”[1] 一句话，真正解决治安问题需要把经济搞上去！同时，邓小平对于坚决打击经济犯罪也作出过重要指示。

3. 江泽民：正确处理改革、发展、稳定的关系，把改革的力度、发展的速度和社会可以承受的程度统一起来

1995 年，江泽民在党的十四届五中全会上的讲话中把改革、发展、稳定的关系作为关系全局的重大问题的总纲提了出来。他指出：“实现今后十五年的奋斗目标和战略任务，必须牢牢把握抓住机遇，深化改革，扩大开放，促进发展，保持稳定的大局，正确处理好改革、发展、稳定三者关系。实践表明，三者关系处理得当，就能总揽全局，保证经济和社会顺利发展；处理不当，就会吃苦头，付出代价。”江泽民分析说：“改革、发展、稳定三者存在着不可分割的内在联系。发展是硬道理。中国解决所有问题的关键要靠自己的发展。增强综合国力，改善人民生活；巩固和完善社会主义制度，保持稳定局面；顶住霸权主义和强权政治的压力，维护国家主权和独立；从根本上摆脱经济落后状况，跻身于世界现代化国家之林，都离不开发展”。“改革是经济和社会发展的强大动力，是为了进一步解放和发展生产力”。“改革是社会主义制度的自我完善和发展。它的决定性作用不仅在于解决当前经济和社会发展中的一些重大问题，推进社会生产力的解放和发展，还要为下世纪我国经济持续发展和国家的长治久安打下坚实的基础”。“稳定是发展和改革的前提，发展和改革必须要有稳定的政治和社会环境，这是我们付出了代价才取得的共识。当前正处于经济体制转轨时期，人们思想观念的转变需要一个过程，各方面利益关系变动较大，各种矛盾可能会比较突出，保持稳定更具有重大的现实意义。没有稳定的政治和社会环境，一切无从谈起，多么好的规划、方案都将难以实现”。他强调：“我们要善于统观全局，精心谋划，从整体上把握改革、发展、稳定之间的内在关系，做到相互协调，相互促进。要把加快改革和发展的紧迫感同科学求实的精神很好地结合起来，充分考虑经济社会各方面的有利条件和可能出现的困难，做到在政治和社会稳定中推进改革和发展，在改革和发展的推进中实现政治和

---

① 邓小平文选．第三卷．人民出版社，1993：86.

社会长期稳定。”①

1997 年在十五大报告和 1998 年在纪念十一届三中全会 20 周年大会的讲话中，江泽民重申：“必须把改革的力度、发展的速度和社会可以承受的程度统一起来，在社会政治稳定中推进改革、发展，在改革、发展中实现社会政治稳定”。2000 年 8 月，江泽民强调，满足人们日益增长的物质文化生活需要，提高人民生活水平，是党和国家各项工作的根本出发点。把人民群众的利益实现好、维护好、发展好，这是正确处理改革、发展、稳定关系的结合点②。自然，公安作为维护社会稳定的一项重要事业，必须以实现人民群众的公共安全利益为根本目标，以改革为动力，以经济发展为基础，并主动服务于改革和发展。

4. 胡锦涛：公安机关要努力提高“四个能力”

2004 年 10 月 15 日，胡锦涛同志在北京观摩全国公安民警大练兵汇报演练时强调，保持社会稳定，是推进改革开放和社会主义现代化建设的基本前提，是全面建设小康社会的重要保证，也是构建社会主义和谐社会的必然要求。全国公安机关要努力做到：第一，切实提高维护国家安全的能力。要加强工作部署，健全工作机制，整合工作力量，牢牢把握主动权，确保国家安全和社会政治稳定。第二，切实提高驾驭社会治安局势的能力。要坚持打防结合、预防为主，专群结合、依靠群众，建立经常性的严打工作机制，加强和完善社会治安综合治理工作机制，全面推进社会治安防控体系建设，继续依法严厉打击严重刑事犯罪活动，确保社会治安大局稳定，确保人民群众安全感不断增强。第三，切实提高处置突发事件的能力。要在各级党委和政府统一领导下，同有关部门密切配合，建立健全正确处理人民内部矛盾的工作机制，建立健全统一指挥、反应灵敏、协调有序、运转高效的预警和应急机制。第四，切实提高为经济社会发展服务的能力。要紧紧围绕全面建设小康

---

① 江泽民．正确处理社会主义现代化建设中的若干重大关系（1995 年 9 月 28 日）．《江泽民文选》第一卷．人民出版社，2006：460～462.

② 江泽民在东北三省党的建设和“十五”期间经济社会发展座谈会上做重要讲话：加强实践　狠抓落实　开拓前进　为新世纪我国现代化建设开好局．人民日报，2000－8－29（1）．

社会这个大局，更新管理理念，创新管理方式，增强服务意识，拓宽服务领域，进一步加强和改进公安行政管理工作，努力形成行为规范、运转协调、公正透明、廉洁高效的公安行政管理工作机制，为经济社会发展提供优质高效服务。① 这四个能力要求实际上是把公安机关维护国家安全和社会稳定与服务经济社会发展的职责使命有机统一了起来。

5. 习近平：坚持总体国家安全观

——新时代社会主要矛盾发生转化。习近平总书记在党的十九大报告中指出，中国特色社会主义进入新时代，我国社会主要矛盾已经转化为人民日益增长的美好生活需要和不平衡不充分的发展之间的矛盾。我国稳定解决了十几亿人的温饱问题，总体上实现小康，不久将全面建成小康社会，人民美好生活需要日益广泛，不仅对物质文化生活提出了更高要求，而且在民主、法治、公平、正义、安全、环境等方面的要求日益增长。同时，我国社会生产力水平总体上显著提高，社会生产能力在很多方面进入世界前列，更加突出的问题是发展不平衡不充分，这已经成为满足人民日益增长的美好生活需要的主要制约因素。必须认识到，我国社会主要矛盾的变化是关系全局的历史性变化，对党和国家工作提出了许多新要求。我们要在继续推动发展的基础上，着力解决好发展不平衡不充分问题，大力提升发展质量和效益，更好满足人民在经济、政治、文化、社会、生态等方面日益增长的需要，更好推动人的全面发展、社会全面进步。②

公安机关要主动适应社会主要矛盾发生转化的时代要求，着重解决人民群众对公安执法、治安治理及公共服务的日益增长的新需求、新期待与公安工作、公安执法服务能力及公安治理能力发展不平衡、不充分的问题。

——维护社会大局稳定，促进社会公平正义，保障人民安居乐业。2014年1月7日，习近平总书记出席中央政法工作会议并发表重要讲话。他强调，要把维护社会大局稳定作为基本任务，把促进社会公平正义作为核心价

① 胡锦涛观摩全国公安民警大练兵汇报演练．新华网，2004－10－16.

② 习近平．决胜全面建成小康社会　夺取新时代中国特色社会主义伟大胜利——在中国共产党第十九次全国代表大会上的报告（2017年10月18日），人民出版社，2017：11－12.

值追求，把保障人民安居乐业作为根本目标，坚持严格执法公正司法，积极深化改革，加强和改进政法工作，维护人民群众切身利益，为实现“两个一百年”奋斗目标、实现中华民族伟大复兴的中国梦提供有力保障。① 由此，维护社会大局稳定，促进社会公平正义，保障人民安居乐业，成为包括公安机关在内的整个政法工作的重要职责使命。

习近平强调，维护社会大局稳定是政法工作的基本任务。要处理好维稳和维权的关系，要把群众合理合法的利益诉求解决好，完善对维护群众切身利益具有重大作用的制度，强化法律在化解矛盾中的权威地位，使群众由衷感到权益受到了公平对待、利益得到了有效维护。要处理好活力和秩序的关系，坚持系统治理、依法治理、综合治理、源头治理，发动全社会一起来做好维护社会稳定工作。

习近平指出，促进社会公平正义是政法工作的核心价值追求。从一定意义上说，公平正义是政法工作的生命线，司法机关是维护社会公平正义的最后一道防线。政法战线要肩扛公正天平、手持正义之剑，以实际行动维护社会公平正义，让人民群众切实感受到公平正义就在身边。要重点解决好损害群众权益的突出问题，决不允许对群众的报警求助置之不理，决不允许让普通群众打不起官司，决不允许滥用权力侵犯群众合法权益，决不允许执法犯法造成冤假错案。

习近平强调，保障人民安居乐业是政法工作的根本目标。政法机关和广大干警要把人民群众的事当作自己的事，把人民群众的小事当作自己的大事，从让人民群众满意的事情做起，从人民群众不满意的问题改起，为人民群众安居乐业提供有力法律保障。要深入推进社会治安综合治理，坚决遏制严重刑事犯罪高发态势，保障人民生命财产安全。

——发展是硬道理，稳定也是硬道理。2017 年 9 月 19 日，全国社会治安综合治理表彰大会在北京举行。习近平总书记在亲切会见与会代表时发表重要讲话，他强调，发展是硬道理，稳定也是硬道理，抓发展、抓稳定两手都要硬。要坚定不移走中国特色社会主义社会治理之路，善于把党的领导和

① 习近平出席中央政法工作会议并发表重要讲话. 人民日报，2014-1-9 (1).

我国社会主义制度优势转化为社会治理优势，着力推进社会治理系统化、科学化、智能化、法治化，不断完善中国特色社会主义社会治理体系，确保人民安居乐业、社会安定有序、国家长治久安。①

——坚持总体国家安全观，走出一条中国特色国家安全道路。2014 年 4 月 15 日，中共中央总书记、国家主席、中央军委主席、中央国家安全委员会主席习近平主持召开中央国家安全委员会第一次会议并发表重要讲话。他强调，要准确把握国家安全形势变化新特点新趋势，坚持总体国家安全观，走出一条中国特色国家安全道路。习近平指出，增强忧患意识，做到居安思危，是我们治党治国必须始终坚持的一个重大原则。我们党要巩固执政地位，要团结带领人民坚持和发展中国特色社会主义，保证国家安全是头等大事。

习近平指出，当前我国国家安全内涵和外延比历史上任何时候都要丰富，时空领域比历史上任何时候都要宽广，内外因素比历史上任何时候都要复杂，必须坚持总体国家安全观，以人民安全为宗旨，以政治安全为根本，以经济安全为基础，以军事、文化、社会安全为保障，以促进国际安全为依托，走出一条中国特色国家安全道路。贯彻落实总体国家安全观，必须既重视外部安全，又重视内部安全，对内求发展、求变革、求稳定、建设平安中国，对外求和平、求合作、求共赢、建设和谐世界；既重视国土安全，又重视国民安全，坚持以民为本、以人为本，坚持国家安全一切为了人民、一切依靠人民，真正夯实国家安全的群众基础；既重视传统安全，又重视非传统安全，构建集政治安全、国土安全、军事安全、经济安全、文化安全、社会安全、科技安全、信息安全、生态安全、资源安全、核安全等于一体的国家安全体系；既重视发展问题，又重视安全问题，发展是安全的基础，安全是发展的条件，富国才能强兵，强兵才能卫国；既重视自身安全，又重视共同安全，打造命运共同体，推动各方朝着互利互惠、共同安全的目标相向

① 习近平在会见全国社会治安综合治理表彰大会代表时强调：坚持走中国特色社会主义社会治理之路，确保人民安居乐业社会安定有序. 人民日报，2017 - 9 - 20 (1).

而行。①

2017 年 10 月，党的十九大报告正式把坚持总体国家安全观写入十四条构成新时代坚持和发展中国特色社会主义的基本方略之一。② 报告强调，要有效维护国家安全。国家安全是安邦定国的重要基石，维护国家安全是全国各族人民根本利益所在。要完善国家安全战略和国家安全政策，坚决维护国家政治安全，统筹推进各项安全工作。健全国家安全体系，加强国家安全法治保障，提高防范和抵御安全风险能力。严密防范和坚决打击各种渗透颠覆破坏活动、暴力恐怖活动、民族分裂活动、宗教极端活动。加强国家安全教育，增强全党全国人民国家安全意识，推动全社会形成维护国家安全的强大合力。公安机关要主动适应新时代提出的新要求，牢固树立总体国家安全观，牢牢把握国家安全这个安邦定国的重要基石，充分发挥推进平安中国建设主力军作用。

——打造共建共治共享的社会治理格局。习近平在党的十九大报告中强调，要加强社会治理制度建设，完善党委领导、政府负责、社会协同、公众参与、法治保障的社会治理体制，提高社会治理社会化、法治化、智能化、专业化水平。加强预防和化解社会矛盾机制建设，正确处理人民内部矛盾。树立安全发展理念，弘扬生命至上、安全第一的思想，健全公共安全体系，完善安全生产责任制，坚决遏制重特大安全事故，提升防灾减灾救灾能力。加快社会治安防控体系建设，依法打击和惩治黄赌毒黑拐骗等违法犯罪活

---

① 习近平主持召开中央国家安全委员会第一次会议强调：坚持总体国家安全观　走中国特色国家安全道路．人民日报，2014－4－16（1）．

② 党的十九大报告强调，坚持党对一切工作的领导，坚持以人民为中心，坚持全面深化改革，坚持新发展理念，坚持人民当家作主，坚持全面依法治国，坚持社会主义核心价值体系，坚持在发展中保障和改善民生，坚持人与自然和谐共生，坚持总体国家安全观，坚持党对人民军队的绝对领导，坚持“一国两制”和推进祖国统一，坚持推动构建人类命运共同体，坚持全面从严治党，以上十四条构成新时代坚持和发展中国特色社会主义的基本方略。全党同志必须全面贯彻党的基本理论、基本路线、基本方略，更好引领党和人民事业发展。［习近平．决胜全面建成小康社会　夺取新时代中国特色社会主义伟大胜利——在中国共产党第十九次全国代表大会上的报告（2017 年 10 月 18 日）．人民出版社，2017：20～26］

动，保护人民人身权、财产权、人格权。加强社会心理服务体系建设，培育自尊自信、理性平和、积极向上的社会心态。加强社区治理体系建设，推动社会治理重心向基层下移，发挥社会组织作用，实现政府治理和社会调节、居民自治良性互动。①

2016 年 10 月，习近平总书记就加强和创新社会治理作出重要指示，强调要继续加强和创新社会治理，完善中国特色社会主义社会治理体系，努力建设更高水平的平安中国，进一步增强人民群众安全感。习近平指出，近年来，政法综治战线认真贯彻党中央决策部署，一手抓突出问题整治、一手抓社会治理创新，平安建设取得新成效。要更加注重联动融合、开放共治，更加注重民主法治、科技创新，提高社会治理社会化、法治化、智能化、专业化水平，提高预测预警预防各类风险能力。要坚持问题导向，把专项治理和系统治理、综合治理、依法治理、源头治理结合起来。要完善社会治安综合治理体制机制，加快建设立体化、信息化社会治安防控体系。各级党委和政府要高度重视社会治理工作，落实社会治安综合治理领导责任制，切实肩负起促一方发展、保一方平安的政治责任。②

——推进公共安全工作精细化、信息化、法治化。2015 年 9 月 23 日，习近平就公共安全工作作出重要指示：当前，公共安全事件易发多发，维护公共安全任务繁重。政法综治战线要主动适应新形势，增强风险意识，坚持多方参与、合作共享、风险共担，坚持科技引领、法治保障、文化支撑，创新理念思路、体制机制、方法手段，推进公共安全工作精细化、信息化、法治化，不断提高维护公共安全能力水平，有效防范、化解、管控各类风险，努力建设平安中国。各级党委和政府要把公共安全作为重要民生工作抓紧抓好，把公共安全工作放到经济社会发展大局中谋划，加快构建全方位、立体化的公共安全网，切实承担起促一方发展、保一方平安的政治责任。以提高人民群众安全感和满意度为目标，以理念、体制机制、方式手段创新为动

---

① 习近平．决胜全面建成小康社会　夺取新时代中国特色社会主义伟大胜利——在中国共产党第十九次全国代表大会上的报告（2017 年 10 月 18 日）．人民日报出版社，2017：49.

② 习近平就加强和创新社会治理作出重要指示强调：完善中国特色社会主义社会治理体系　努力建设更高水平的平安中国．人民日报，2016－10－13（1）.

力，以现代科学技术为引领，以基层基础建设为支撑，完善立体化社会治安防控体系，提高维护公共安全能力水平，有效防范、化解、管控影响社会安定的突出问题，防止各类风险聚积扩散，促进社会安定有序、国家长治久安。①

——关心关爱公安民警，加大综合保障力度，落实从优待警各项措施。2017 年 5 月 19 日，全国公安系统英雄模范立功集体表彰大会 19 日上午在北京举行。习近平总书记在亲切会见全国公安系统英雄模范立功集体表彰大会代表时，发表重要讲话指出，公安队伍是一支有着光荣传统和优良作风的队伍，也是一支英雄辈出、正气浩然的队伍。党的十八大以来，全国公安机关高举中国特色社会主义伟大旗帜，坚持围绕中心、服务大局，全面推进公安改革，打赢了一场又一场硬仗，为维护国家安全和社会稳定作出了突出贡献。公安队伍忠诚党和人民事业，牢记使命、忠实履职，顽强拼搏、无私奉献，涌现出一大批英雄模范。习近平强调，各级党委和政府要关心和支持公安工作，关心关爱公安民警，加大综合保障力度，落实从优待警各项措施。对那些因公牺牲的同志的家属特别是其中的老年人和未成年子女，要切实安排好、照顾好，让他们感受到党和人民的关怀和全社会的温暖。②

（二）中央及公安部党委的公安经济政策

1. 把公安工作重点转移到保卫社会主义现代化建设上来

中共十一届三中全会以后，公安部于 1979 年 1 月召开了全国公安厅局长会议，认真研究公安工作的重点转移问题。会议制定的《1979 年公安工作要点》指出：公安机关作为上层建筑的一个重要部门，只有把工作重心转移到保卫社会主义现代化建设上来，才能更好地适应经济基础的需要，保护和促进生产力的发展。这也是一场深刻的革命。全体公安干警特别是领导干部，必须解放思想，开动机器，尽快适应新形势。自此之后，我国公安工作

---

① 习近平：发展是硬道理　稳定也是硬道理．人民日报（海外版）. 2017 - 9 - 20.

② 习近平在会见全国公安系统英雄模范立功集体表彰大会代表时强调：始终坚持人民公安为人民做到对党忠诚服务人民执法公正纪律严明．人民日报，2017 - 5 - 20（1）.

开始摆脱“文革”“左”的影响，逐步步入保卫社会主义现代化建设的良性轨道。

1992年8月12日召开的全国公安厅局长会议指出：“公安机关的所有工作都要紧紧围绕并服从、服务于经济建设这个中心，任何时候都不能偏离和干扰这个中心。”1994年6月6日召开的全国打击经济犯罪电话会议指出：“公安机关在打击经济犯罪活动，维护国家正常经济秩序方面负有重大的责任。”

2. 实施社会治安综合治理的战略方针

社会治安综合治理是新的历史时期我国社会治安工作的总方针，也是解决治安问题的根本出路。它是中共中央依据我国社会主义初级阶段的基本理论和基本路线，在总结新中国成立以来，特别是改革开放以来社会治安工作经验的基础上提出来的。

党的十一届三中全会召开不久，中央有关部门加强了对新的历史条件下社会治安问题的研究和实践经验的总结，逐步探索出具有中国特色的解决社会治安问题的新路子。1981年5月，中央政法委召开北京、天津、上海、广州、武汉五大城市座谈会，会上提出，解决社会治安问题，必须全党动员，实行综合治理，并指出，综合治理是解决社会治安问题、实现长治久安的方针。这是首次在社会治安问题上提出“综合治理”的概念。

1984年10月，在中共中央批转的中央政法委《关于严厉打击严重刑事犯罪活动第一战役总结和第二战役部署的报告》中，全面阐述了贯彻社会治安综合治理方针应当采取的措施和方法。《报告》指出，对社会治安进行综合治理，要抓住打击、预防、改造等各个环节，通过思想的、政治的、经济的、行政的、法律的多种手段，达到控制犯罪、预防犯罪、减少犯罪的目的。

1991年2月19日，中共中央、国务院在总结十年来成功经验的基础上，出台了《关于加强社会治安综合治理的决定》，对社会治安综合治理的方针、内容、手段、措施，作出了比较科学、完整的概括。同年3月2日，全国人大常委会颁布了《关于加强社会治安综合治理的决定》。上述两个《决定》是指导我们做好社会治安工作的重要文件。根据这两个《决定》精神，社会治安综合治理是在党委、政府统一领导下，在充分发挥政法部门特别是公安机关骨干作用的同时，组织和依靠各部门、各单位和人民群众的力量，综合运用政治的、经济的、行政的、法律的、文化的、教育的等多种手段，通过加强打击、防范、教育、管理、建设、改造等方面的工作，实现从根本上预防和治理违法犯罪，化解不安定因素，维护社会治安持续稳定的一项系统工程。

3. 建立公安经费保障机制，提高公安民警待遇

1995 年颁布实施的《人民警察法》第 37 条规定："国家保障人民警察的经费。人民警察的经费，按照事权划分的原则，分别列入中央和地方的财政预算。"第 38 条规定："人民警察工作所必需的通讯、训练设施和交通、消防以及派出所、监管场所等基础设施建设，各级人民政府应当列入基本建设规划和城乡建设总体规划。"第 40 条规定："人民警察实行国家公务员的工资制度，并享受国家规定的警衔津贴和其他津贴、补贴以及保险福利待遇。"第 41 条规定："人民警察因公致残的，与因公致残的现役军人享受国家同样的抚恤和优待。人民警察因公牺牲或者病故的，其家属与因公牺牲或者病故的现役军人家属享受国家同样的抚恤和优待。"

多年来，党中央、国务院和地方各级党委、政府，对公安经费保障给予了高度重视，为公安机关履行职责创造了必要条件。但是，由于公安工作任务日益繁重，目前全国公安机关经费保障不足问题仍然普遍存在，特别是中西部地区一些县级公安机关经费保障尤为困难，在一定程度上影响了严格公正执法。解决公安机关尤其是中西部地区县级公安机关经费困难问题，既要有灵活措施以解燃眉之急，又要建立健全保障机制以为长久之策。

2003 年 11 月，中共中央做出《关于进一步加强和改进公安工作的决定》（中发〔2003〕13 号），明确提出："按照收支脱钩、全额保障、突出重点、分步实施的原则，建立公安经费保障机制。研究制定公安机关装备配备、各项经费开支定额等标准，并按照事权划分的原则，由中央财政和地方财政分别予以保障。加大中央财政对中西部地区县级公安机关的补助力度，保障基层公安机关办公、办案的经费支出。增加公安基础设施建设投入，实施公安监管场所及西部地区公安派出所'两所'建设工程。公安机关要严

格经费管理，提高资金使用效益”。同时还指出，要“贯彻落实公安民警生活待遇‘高于地方、略低于军队’的原则，确定符合我国国情的、体现公安民警职业特点的工资待遇。根据国家经济和社会发展水平，不断提高公安民警的岗位津贴和警衔津贴。中央财政对因公牺牲民警实行抚恤制度。建立人民警察因公伤亡保险制度”。

2004 年 9 月 30 日，财政部、公安部印发了《关于制定县级公安机关公用经费保障标准的意见》（财行〔2004〕157 号），制定县级公安经费保障标准，保障公安机关吃“皇粮”，这标志着公安经费保障工作，特别是县级公安机关经费保障工作进入了一个新的里程，县级公安机关公用经费保障实现了定额保障标准，保障标准划分四类：一类 2.6 万元/人年，二类 2.1 万元/人年，三类 1.9 万元/人年，四类 1.7 万元/人年。

4. 实施全面深化公安改革

党中央、国务院对公安工作高度重视，对公安队伍建设十分关心。党的十八大以来，习近平总书记等中央领导同志多次听取公安工作汇报，并就深入推进公安改革、进一步加强和改进新形势下的公安工作和公安队伍建设作出重要指示。2015 年 2 月，中央审议通过并印发实施《关于全面深化公安改革若干重大问题的框架意见》及相关改革方案。①

全面深化公安改革的总体目标是：完善与推进国家治理体系和治理能力现代化、建设中国特色社会主义法治体系相适应的现代警务运行机制和执法权力运行机制，建立符合公安机关性质任务的公安机关管理体制，建立体现人民警察职业特点、有别于其他公务员的人民警察管理制度。到 2020 年，基本形成系统完备、科学规范、运行有效的公安工作和公安队伍管理制度体系，实现基础信息化、警务实战化、执法规范化、队伍正规化，进一步提升人民群众的安全感、满意度和公安机关的执法公信力。

全面深化公安改革共有七个方面的主要任务、100 多项改革措施。一是健全维护国家安全工作机制，二是创新社会治安治理机制，三是深化公安行

①《关于全面深化公安改革若干重大问题的框架意见》及相关改革方案将印发实施. 人民日报，2015－2－16（1）.

政管理改革，四是完善执法权力运行机制，五是完善公安机关管理体制，六是健全人民警察管理制度，七是规范警务辅助人员管理。

全面深化公安改革坚持以问题为导向，将改革的指向聚焦在三个方面：一是着力完善现代警务运行机制，提高社会治安防控水平和治安治理能力，提高人民群众的安全感。二是着力推进公安行政管理改革，提高管理效能和服务水平，从政策上、制度上推出更多惠民利民便民新举措，提高人民群众的满意度。三是着力建设法治公安，确保严格规范公正文明执法，提高公安机关执法水平和执法公信力，努力让人民群众在每一项执法活动、每一起案件办理中都能感受到社会公平正义。

在创新社会治安治理机制方面，这次改革从完善治安管理防控机制、创新惩防犯罪工作机制、完善国际警务合作机制、健全情报信息主导警务机制等方面，提出了创新治安治理方式、提高治安治理水平的若干措施。围绕创新立体化社会治安防控体系，建立健全更加注重源头预防、综合治理的社会治安治理模式。加快建立以公民身份证号码为基础的公民统一社会信用代码制度，推动建立违法犯罪记录与信用、相关职业准入等挂钩制度。健全社会治安组织动员机制，推动社会治安社会化治理。健全涉众型经济犯罪、涉电信诈骗犯罪侦查工作机制。健全同有关部门密切协作、高效顺畅的海外追逃追赃、遣返引渡工作机制，等等。

在深化公安行政管理改革方面，这次改革从深化行政审批制度改革、扎实推进户籍制度改革、创新人口服务管理、健全完善外国人在中国永久居留制度和改革边防出入境、交通、消防监督管理制度等方面，提出了一系列服务改革开放、促进经济发展和便民利民的政策性措施、制度性安排。建立行政审批事项定期清理和行政审批权力清单制度。扎实推进户籍制度改革，取消暂住证制度，全面实施居住证制度，建立健全与居住年限等条件相挂钩的基本公共服务提供机制。落实无户口人员落户政策。建立户口迁移网上流转核验制度和居民身份证异地受理制度，方便异地办理户口和身份证。改革内地往来港澳边检查验模式，提高通关效率。向县级公安机关下放出入境证件受理审批权限。健全完善统一规范、灵活务实的外国人在中国永久居留制度。改革驾驶人培训考试，推行驾驶人自主预约考试、异地考试等制度。深化机动车检验改革，全面实施省内异地验车，逐步推行跨省异地验车。加快建立跨省异地处理交通违法和缴纳罚款制度。缩小建设工程消防审批范围。全面落实报警求助首接责任制、群众办事一次告知制、窗口单位弹性工作制，大力推行“预约服务”“绿色通道”和“一站式”等服务模式。积极搭建综合性网络服务平台和新媒体移动终端，推行行政审批事项全程网上流转，方便群众咨询、办事和查询、监督，等等。

在完善执法权力运行机制方面，这次改革从完善执法办案制度、执法司法衔接机制、执法责任制、人权保障制度等方面，提出了规范执法权力运行、促进社会公平正义的一系列改革举措。探索实行受案立案分离和立案归口管理制度。健全行政裁量基准制度，细化量化裁量标准。深化执法公开，落实执法告知制度。围绕推进以审判为中心的诉讼制度改革，完善适应证据裁判规则要求的证据收集工作机制，完善严格实行非法证据排除规则和严禁刑讯逼供、体罚虐待违法犯罪嫌疑人的工作机制，建立健全讯问犯罪嫌疑人录音录像制度和对违法犯罪嫌疑人辩解、申诉、控告认真审查、及时处理机制，完善侦查阶段听取辩护律师意见的工作制度。规范查封、扣押、冻结、处理涉案财物程序，实行涉案财物集中管理。完善执法责任制，健全执法过错纠正和责任追究制度，建立冤假错案责任终身追究制。探索建立主办侦查员制度，落实办案质量终身负责制，等等。

全面深化公安改革还明确提出，根据人民警察的性质特点，建立有别于其他公务员的人民警察管理制度和保障机制。按照职位类别和职务序列，对人民警察实行分类管理。适应正规化、专业化、职业化建设要求，建立健全人民警察招录培养机制。贯彻落实人民警察生活待遇“高于地方、略低于军队”的原则，建立符合人民警察职业特点的工资待遇保障体系。完善人民警察抚恤优待制度，建立健全人身意外伤害保险等职业风险保障制度。依法维护人民警察执法权威。规范警务辅助人员管理，等等。①

---

①《关于全面深化公安改革若干重大问题的框架意见》及相关改革方案将印发实施．人民日报，2015－2－16（1）．

四、 公安经济相关理论研究综述

查阅外国警察资料及外国学者撰写的警察学著作，除了简单涉及有关警察装备及预算的内容外，尚未发现提出“公安经济”或“警察（务）经济”的概念，更没有系统的理论研究。在西方经济学研究中也没有专门的“公安经济”或“警察（务）经济”研究内容，只有与公安经济相关的犯罪经济学、恐怖经济学等理论研究。

诺贝尔经济学奖得主加里·贝克尔（G. Becker）在20世纪60年代将经济学的分析方法和工具扩展到对犯罪、婚姻、家庭等非市场行为的研究领域中，由此奠定了犯罪经济分析的一般选择理论框架。20世纪70年代以来，美英学者开始进行社会问题经济学研究，并不断修订出版有关教科书①。他们所进行的污染经济学、犯罪经济学与犯罪防范经济学，以及对贫困问题、失业问题等的经济学分析，都与公安经济问题研究相关，都可以作为公安经济研究的重要参考文献。20世纪90年代末、21世纪初，我国犯罪学界受国外犯罪经济学的影响，撰写了一批犯罪经济学方面的论文。2002年，宋浩波出版了我国第一部《犯罪经济学》专著。宋浩波认为：“犯罪经济学是运用经济学的原理和经济分析方法，研究、分析、探讨经济等利益因素与犯罪人的意识相互作用的规律及预防、控制犯罪的对策理论的一门新兴学科。”②其主要内容包括：关于犯罪成本和收益理论的研究；关于犯罪行为经济模型的研究；关于控制犯罪行为的对策研究等。③

在国内，张泽民在《公安研究》1988年第2期发表了《社会经济发展与公共安全建设——关于建立一门新学科的思考》，文章对建立公安经济学率先发表了初步见解。肖文波在《公安研究》1994年第2期发表了《刍议

① [美] 安塞尔·M. 夏普、查尔斯·A. 雷吉斯特、保罗·W. 格兰姆斯著，郭庆旺译. 社会问题经济学（第十五版）. 中国人民大学出版社，2003. [英] 格兰德、普罗佩尔、罗宾逊著，苗正民译. 社会问题经济学. 商务印书馆，2006.

② 宋浩波. 犯罪经济学. 中国人民公安大学出版社，2002：1.

③ 宋浩波. 犯罪经济学. 中国人民公安大学出版社，2002：17.

公安经济学》，对公安经济学的概念、研究意义等进行了粗略探讨。他认为："公安经济学，并非是要研究公安机关如何经商赚钱，而是指运用现代经济学对价格、货币、市场研究的理论和方法，对公安决策及其实施进行预测研究，通过探讨公安行为的预期收效与所需的成本（如警力、财力、物力以及为加强此工作放弃或削弱彼工作的牺牲）之间的关系，以确定和实施最优公安决策，让有限的公安资源发挥出最大的效益，从而更加有效地发挥公安机关的职能。"他认为，公安经济学亟须研究的课题主要包括：工作方式、方法的研究；专项斗争的确定；上级业务会议的传达贯彻；侦破工作的警力部署；机构设置与警力配备；巡警的警区设置与警力安排；队伍建设；公安后勤行政管理等。尽管戴文殿在《公安研究》1994 年同期发表《试论公安"投入"、"产出"与公安现代化建设》，但此后公安学界未能继续对此方面作深入的理论探讨。只是在 2003 年年初，《人民公安报》发表过魏世银等的通讯报道《办案也讲经济学》，介绍 2002 年以来湖北省房县公安局实施"案件成本核算"见成效的有关情况。①

进入 21 世纪以来，为适应我国公安装备财务工作改革与发展的需要，公安部和中国人民公安大学等不断加强对公安装备财务管理和警务保障的研究，先后出版了相关论著②和教材③。这些研究成果多是从公安警务保障角度进行探讨，尚不具备公安经济学学科理论研究的形态，但作为我国公安装备财务管理理论与实务的专门研究成果无疑是公安经济学构建的重要基础和内容要素。

2004 年李艳岩出版了我国第一部《治安经济学》专著。李艳岩认为，"治安经济学是一门独立的学科，是研究社会治安的经济功效和经济条件的

---

① 魏世银等．办案也讲经济学．人民公安报，2003－1－6（5）．

② 公安部装备财务局编．公安后勤保障工作研究．中国人民公安大学出版社，2003；王立峰主编．公安装备财务．中国人民公安大学出版社，2005；张玲．公安机关经费支出监管理论与实践．中国人民公安大学出版社，2007；聂国丽．现代警务保障．中国人民公安大学出版社，2003.

③ 王光主编．公安装备与财务管理．中国人民公安大学出版社，2002；王立峰主编．公安装备培训教材．中国人民公安大学出版社，2007.

学科。具体而言，它是从治安活动具有经济意义的观点出发，分析社会治安与经济发展的相互制约的关系，并探讨加强治安系统的社会功能和工作效力，以达到提高治安成果的经济效益、促进国民经济发展的目的。这一定义也可简述为：治安经济学是利用经济学的方法和手段，研究治安功效的一门学科，包括研究治安的投入—产出、治安效用、治安的社会收益、治安对一国或地区经济增长的贡献等。”① 该书以经济理论、经济管理理论和治安理论为基础，用经济学方法，以成本效益理论为主线，对治安经济学问题进行系统分析、研究，尝试提出了治安投资、治安成本、治安效益、治安经济选择、治安体制选择等概念。

2009 年、2010 年，何俊鹏开始撰文探讨警务经济理论问题。他在 2010 年发表了硕士学位论文《警务经济理论初探》②。正文共分为四大部分。第一部分详细探讨警务经济的研究意义和研究思路。该部分主要探讨警务经济理论研究的学术意义、现实意义，以及分析警务经济理论研究的基本路径和方法论，对警务经济理论的研究分析提出相关思路和见解。第二部分是关于警务经济的概念及特征研究。通过对警务、警察、社会控制等相关概念的辨析，对警务以及警务经济的概念进行研究，在此基础上详细分析警务经济的基本特征。第三部分对警务经济基本理论进行研究，是全文的核心。该部分提出警务经济的五个基本理论：警务供给需求理论、警务成本收益理论、警务市场理论、警务生产理论和警务比较优势理论。通过对这五个基本理论的深入探析，为实务研究奠定理论基础。第四部分对我国当前警务实务相关问题进行分析，将警务经济理论与警务实务问题挂钩，深入分析当前我国警务效益遇到的困境，并提出相关改善之策，论证警务规模经济的形成以及集约型警务的实现。

---

① 李艳岩．治安经济学．法律出版社，2004：1.

② 何俊鹏．警务经济理论初探．西南政法大学，2010 年硕士学位论文．

第三章

公安经济运行规律研究

一、公安经济与国民经济协调发展的规律

二、追求社会效益与经济效益之统一的规律

三、公安资源配置实行计划控制与市场调节相结合的规律

四、科学开发与合理配置警务人力资源的规律

五、创新警务战略与改革警务机制同步推进的规律

六、依靠科技进步改善公安战斗力生成模式的规律

七、以公共警务为主、私人警务为辅的警务多样化规律

八、加大治安防范投入与提高犯罪成本相一致的规律

从社会性质上讲，公安经济属于公共经济的范畴。所谓公共经济，也称公共部门经济或政府部门经济，指公共部门的经济活动。西方经济学把所有经济主体分为公共部门（Public Sector）和私人部门（Private Sector）两大类。公共部门是指政府及其附属物，私人部门是指企业和家庭。无论政府还是企业和家庭，都以各自的行为方式参与国民经济运行，影响国民经济的发展方向和进程。在西方宏观经济学的核心理论中，把政府、企业和家庭看作三个平等的主体，相互关联而又各有自己的运行规律。如果不考虑国际市场的因素，一国国民经济就取决于这三者的经济活动。从世界各国公共安全职能主体来看，公安机关（或警察部门）是政府公共部门的重要组成部分，其公安建设和公安资源的有效配置及利用都必然涉及公共经济问题。至于私家侦探、保安服务等私人警务主体虽然属于私人经济范畴，但却是公安经济的有益补充。因此，以经济学原理为指导，以公共经济学方法为工具，以满足社会公共安全需求为目标，以有效配置和充分利用公安资源为主线，系统揭示公安经济——公安建设和公安工作中的经济活动——的规律性，是公安经济理论研究的主要任务。从经济学理论与公安经济实践相结合的角度概括，公安经济活动的良性运转和发展主要存在以下规律：公安经济与国民经济协调发展的规律；追求社会效益与经济效益之统一的规律；公安资源配置实行计划控制与市场调节相结合的规律；科学开发与合理配置警务人力资源的规律；创新警务战略与改革警务机制同步推进的规律；依靠科技进步改善公安战斗力生成模式的规律；以公共警务为主、私人警务为辅的规律；加大治安防范投入与提高犯罪成本相一致的规律。显然，这应当成为公安经济学研究的核心内容。

一、 公安经济与国民经济协调发展的规律

（一）公安与经济的辩证关系

马克思主义认为，经济基础决定上层建筑，上层建筑又反作用于经济基础。经济与政治是辩证统一的关系。经济是政治的基础，经济决定政治，政

治反作用于经济。所以，列宁强调指出："政治是经济的集中表现。"①

按照马克思主义的辩证唯物主义和历史唯物主义观点，公安是政治上层建筑的重要组成部分，公安与经济作为两种特定的社会现象，二者之间具有辩证统一的关系。一方面，经济是公安的基础。这种基础作用主要表现在：①经济是公安产生、发展和消亡的原因。公安不是从来就有的，是社会生产发展到一定阶段，因经济利益分化进而导致社会分层和阶级矛盾后，适应统治阶级维持社会公共秩序的需要而逐步产生的。②社会经济制度的性质决定公安的性质。公安的性质直接由国家的政治性质决定，但其根本性质却是由经济因素决定的。公安的性质取决于其所依赖的经济条件和所服务的经济利益。归根结底，公安总是为占统治地位的一定阶级或社会集团的经济利益服务的。我国是人民民主专政的社会主义国家，因此我们的公安事业建设是为人民服务的。③经济是决定公安建设和公安工作运行的物质基础。公安主要是以警察暴力为基础的武装性质的治安行政管理和刑事执法活动，而治安行政管理和刑事执法实际也是一种经济力。公安工作所消耗的警械武器装备、警察人员的生活保障品等都是人类经济活动的产物。④经济是公安队伍诸要素发展的推动力量。公安人员的招募、教育训练、装备及其工作运行的经费保障等，都必须以一定的经费支出为基础。经费及其他物质资源投入不足，就会严重制约公安建设的水平和公安工作效能的发挥。另一方面，公安对经济也有反作用。这种反作用主要包括：第一，代表绝大多数民众利益的合法的公安工作，能够为经济社会发展提供良好的治安环境。公共安全对任何一个国家来说，都是有序进行经济建设必不可少的条件。第二，非法的"公安"行为则会给民众的利益带来侵害，对社会经济秩序起消极破坏作用。现实中，公安机关个别部门少数警员为了获取非法经济利益直接插手社会经济纠纷，甚至以权谋私、非法经营等，严重干扰了社会的经济秩序，败坏了公安机关的声誉。第三，公安经费及其他物质资源投入过多或者铺张浪费、治安效益低下，也会影响到经济发展。

当前，中国特色社会主义进入新时代以及社会主要矛盾的新转化，对党

---

① 列宁选集．第 4 卷．人民出版社，1960：441.

和国家的各项事业尤其是发展质量和效益提出了更高要求。公安工作是上层建筑中与经济基础结合最为紧密的环节，特别是公安行政管理工作和经济社会发展与人民群众生产生活广泛关联。公安机关要主动适应新发展提出的新要求，认真研究推出服务经济发展新的政策措施，不断研究推出便民利民惠民新的重大举措，着力深化公安“放管服”工作①，最大限度地激发社会创造创新活力，为促进改革发展营造优质高效的服务环境。

由于政治、经济体制及经济社会发展水平等原因，公安支出、公安资源、公安人力等公安经济要素在一国的各地区间分布是不平衡的，由此造成的经济活动可能成为影响该地区经济社会发展和公安建设、公安工作的重要因素甚至是决定性因素。一方面，公安支出的增减、警务基础设施建设及人力资源开发等，会受到管理体制及地区经济因素的制约和影响；另一方面，公安支出的增减、警务基础设施建设及人力资源开发状况、近期公安效益等，也会对这些地区经济发展的治安环境产生深远的影响。

---

① 2016年5月9日，国务院召开全国推进放管服改革电视电话会议。李克强总理强调，本届政府紧紧围绕处理好政府与市场关系，按照使市场在资源配置中起决定性作用和更好发挥政府作用的要求，始终抓住“放管服”改革这一“牛鼻子”，坚韧不拔地推进政府职能转变。这是一场深刻的刀刃向内的自我革命，通过改革以审批发证为主要内容的传统管理体制、革除与审批发证相关联的寻租权力和不当利益、改变与审批发证相伴的“看家本领”，推动政府加快适应社会主义市场经济发展要求，最大限度减少审批，多措并举加强监管，不断创新优化服务，打造便利、公平的市场环境，更大激发市场活力和社会创造力，推动政府治理体系现代化。李克强总理指出，“放管服”改革是一个系统的整体，既要进一步做好简政放权的“减法”，打造权力瘦身的“紧身衣”，又要善于做加强监管的“加法”和优化服务的“乘法”，啃政府职能转变的“硬骨头”，真正做到审批更简、监管更强、服务更优，这是一个艰巨复杂过程。李克强说，“放管服”改革实质是政府自我革命，要削手中的权、去部门的利、割自己的肉。计利当计天下利，要相忍为国、让利于民，用政府减权限权和监管改革，换来市场活力和社会创造力释放。以舍小利成大义、以牺牲“小我”成就“大我”。所谓“放管服”，简单地说，就是持续推进简政放权、放管结合、优化服务，不断提高政府效能。“放”即简政放权，降低准入门槛；“管”即公正监管，促进公平竞争；“服”即高效服务，营造便利环境。

有学者提出把公安投入外在影响问题作为公安经济学研究的基本问题之一。[①] 公安投入增加后最为直接的作用就是带来直接的安全效益的提升。同时，也会带来间接的正向外部影响。例如，一个特定地区安全环境的改善可以直接带来投资、消费以及各类资源的流动，由此将带动该地区经济社会的发展。因此，从经济社会发展角度考虑，是否在一个特定地区增加公安投入，不仅要考虑可能带来的除治安效益之外的直接经济效益，更应该考虑可能波及更大范围的正向的外部性的社会影响，由此作为公安决策的依据。

（二）国家实力、公安经济潜力与公安经济实力

国家实力是衡量一国国情和基本资源最重要的指标，也是衡量一国经济、政治、军事、公安、技术实力的综合性指标。“实力”（Power）是进行政治与经济分析的一个基础性概念。“在社会科学领域，国家实力包含着三个相互联系但互不相同的方面，即国家实力是由国家资源和资源的转化及转化结果三部分组成的有机整体”[②]。其中，国家资源指的是一国在某一时期内拥有的基本资源（领土、人口、矿产、能源等）、物力、财力、技术等物质要素和文化、知识、制度、思想、意志等各方面精神要素的总称，这是国家实力的基石。没有资源，则国家也就无实力可言。资源的转化是指国家运用资源的过程，包括国家对公安资源进行配置的过程。转化的结果是指国家资源的转化运用最终是增强了还是削弱了国家实力，包括是增强还是削弱了社会公共安全。

公安经济潜力是指能被国家在平时或紧急状态时动员起来构成公安实力的资源的总和。公安经济潜力是一个国家可能用于公安需要的经济能力。它包括可能用于公安活动的人力、物力、财力、经济管理能力和经济动员能力。经济发展与社会公共安全之间的矛盾，使得国家在平时不可能把资源都用于公安，但影响公共安全的危害因素又时时存在。那么在治安紧急状态

---

① 张光．说说公安经济学．现代世界警察，2014（4）．

② 陈波主编．国防经济学．经济科学出版社，2010：126．

下，公安经济如何由平时状态转向紧急状态呢？这就是公安经济动员所要解决的问题。所谓公安经济动员，是指国家为满足治安管理和应对突发事件需要，有计划、有组织地提高公安经济应变能力，将公安经济由平时状态转入紧急状态所进行的一系列活动。公安经济动员是将经济力转化为公安战斗力的杠杆和途径，也是公安经济与国民经济的重要衔接点。

公安经济实力是国家直接用于国家安全和社会治安需要的现实经济能力。它包括公安活动中的人力、物力、财力、经济管理能力和经济动员能力，是公安经济潜力转化运用的现实形态。公安经济实力直接取决于国民经济实力和公安需求两大要素。国民经济实力是公安经济实力的基础，公安需求则决定公安经济实力的规模、水平和发展速度。

公安经济实力的构成要素主要包括：①公安队伍中警员的数量与质量、警械武器装备水平和公安后勤保障能力。这是整个公安经济实力中处于最前沿的因素，是实施治安管理和打击犯罪职业力量的重要保障。②公安科学技术水平和警械武器装备的研制能力。③公共安全品工业规模和发展水平，等等。

（三）实现公安建设与经济建设的良性互动

坚持公安建设与经济建设协调发展和良性互动、把公安建设融入经济社会发展体系的思想，是对新时代公安与经济关系的深刻认识和把握。

1. 如何理解公安与经济的良性互动

公安与经济的互动，直接含义是指公安与经济两大部门之间的相互影响和相互作用；而二者的良性互动则是指公安与经济之间形成相互促进、相互交融、共生共长、共同发展的局面。这种互动是公安建设与经济建设协调发展的集中体现，是一个国家社会稳定与经济发展关系处于融洽状态的标志。

公安与经济的互动关系，反映着新时代强警与强国、稳定与发展的关系。经济建设是社会发展的中心和基础，公安建设是经济建设的公共安全保障，两个建设都是国家至关重要的核心利益。从根本上说，公安与经济之间的关系不是相互排斥、相互对立的，而是相互融入、相互带动的，既要使公安建设融入经济建设中，又要以经济建设带动公安建设跨越发展。

实现公安与经济的良性互动是一个世界性难题。其最大难点在于：如何根据国家在一定时期内面临的公共安全与经济发展的客观形势，确立国家的总体战略目标；如何将资源合理配置于公安与经济社会发展其他部门；如何使分别投入于公安部门和其他经济社会部门中的资源能够产生效益上的“合力”；如何使国家总体战略目标效应最大化。解决了这些难点，就可以达到公安与经济良性互动的境界。

2. 实现公安与经济良性互动的深层原因

从现代公安资源配置趋势上看，有实现公安与经济良性互助有三个深层原因：一是现代公安和警务活动对资源的需求呈现出数量大、时间急、技术含量高、结构复杂等特点，单靠独立的公安经济部门已经无法履行职责了，必须紧紧依托国民经济体系。二是现代科技尤其是信息技术的飞速发展，使民用技术与警用技术的界限越来越模糊，许多民用高新技术成果具有极高的警用价值，平时可为经济建设服务，应急时稍加改造即可转为警用。三是公安部门消耗的巨大资源无论在平时还是在危急之时也应对服务民用领域构成支持，以最大限度地减少实现国家公安战略目标的总成本。

这个问题还涉及公安建设与经济建设协调模式的选择。当今世界该类协调模式主要有两种：第一种是传统的“板块”式，公安与经济两大建设体系相对封闭、互不相通，公安投入一经形成便会进入警务消费领域，从总体上就不再直接参与社会财富的价值增值过程，由此形成了公安投入与经济建设投入在资源分配中的竞争性关系，即“此少彼多”的零和博弈关系；第二种是“融合”模式，公安领域与民用领域的技术成果、人才、资金、商品、信息等资源要素呈现双向扩散、交流和融合的态势，二者在争夺资源中的竞争关系开始弱化，“共生共长”的互动使二者之间产生了一种正和博弈关系，公安建设的机会成本由此大大降低。

公安与经济的互动关系，事实上连接着国家总体战略目标的两端：一端连着经济社会发展，另一端连着社会公共安全。只有把这个重大关系协调好了，使之产生良性互动，国家才会进入安全与发展相互促进的良性循环；反之，就有可能给整个社会的生存与发展带来严重的负面影响。

3. 把公安建设融入经济社会发展体系

党的十一届三中全会以来，公安部党委科学分析和准确判断国家安全形势和社会治安环境的重大变化，明确指出公安建设和公安工作必须主动服从服务于党和国家的中心工作，特别是要坚持服从服务于经济建设这个中心。公安工作必须紧紧围绕全党全国工作大局，自觉服务经济建设，积极促进全面、协调、可持续发展，努力为现代化建设创造稳定的社会环境。

新时代，随着当代科学技术、产业革命和新警务变革的迅猛发展，为推动公安事业科学发展，我们需要对公安建设和公安工作的发展模式进行新的思索。要在始终不渝地坚持公安建设与经济建设协调发展方针的同时，进一步从国家发展战略全局出发，按照全面、协调、可持续发展的思路，确定把公安建设和公安工作融入经济社会发展体系之中的重要指导思想，统筹公安资源与经济资源，注重公安经济与社会经济、警力资源和民力资源、警察人才和其他人才的兼容发展，在更高层次上实现公安建设与经济建设相互促进、协调发展的理想目标，这是公安经济建设必须做好的一篇大文章。

总之，从协调式发展到融入式发展，应当成为我国政府和公安机关正确处理公安建设与经济建设相互关系的战略选择。

（四）保持公安经费与经济的同步增长

公安经费的增长幅度要与国家、地区的经济社会发展水平、社会治安形势、政府可支配财政收入及本地其他行业的发展状况相适应。当前，我国经济社会在不断发展，财政收入在不断增加，同时公安工作任务也在不断加重，警力在不断增多。在此情况下，公安经费应该随着经济社会的发展和财政收入的增加而增长。这就是说，在科学测算和制定出各项公安经费开支定额和装备配备标准以后，各级公安机关要会同有关部门，根据本地经济社会发展情况和财政状况，定期对公安经费保障机制尤其是各项公安经费开支定额和装备配备的基本标准进行调整，研究、形成公安经费的逐步增长机制。要随着经济的增长，明确规定和相应提高公安经费支出占当地财政总支出的比例。

此外，要重视公安开支弹性系数在公安经济学研究中的应用问题。我们可以用公安开支弹性系数来刻画公安开支变化与经济发展之间的数量关系。在数值计算上，公安开支弹性系数等于公安开支变化率除以国内生产总值的变化率。公安开支弹性系数能够反映出公安开支变化同经济发展的定量关系，可以作为公安建设与经济建设协调发展的一个重要衡量指标。

二、 追求社会效益与经济效益之统一的规律

（一）公安决策要讲究效益

所谓效益，一般是指效果与利益。公安效益，主要是指公安机关人、财、物（主要是公安经费）的投入所产生的效果（包括社会效果、法律效果、政治效果、经济效果）与利益（主要是社会公众安全利益）。长期以来，在我国公安建设和公安工作中存在着两种相互对立的倾向。一种倾向是在改革强力推进、社会矛盾不断加剧的情况下，“稳定压倒一切”始终是上级衡量地方党委和政府政绩的一道“高压线”。因此，一方面，普遍高度重视社会治安和稳定工作，什么都让公安机关出面；另一方面，不少地方又因为经济发展水平不高，无法保障公安建设和公安工作正常运行所需的经费开支。另一种倾向是不少公安机关的领导者，向党委和政府汇报工作成绩时，往往突出甚至夸大公安队伍建设成就、社会治安稳定程度等；向党委和政府争取人、财、物时，又会强调治安形势如何混乱、刑事犯罪案件如何多发、警力如何紧缺，等等。而一旦发生影响恶劣的重大案件或其他公共危机事件，那些深入现场的党政负责人和公安机关指挥者又都要求限期破案或妥善处置。因为一旦处置不当或激化矛盾导致事态扩大，影响社会稳定，一旦实施责任追究还会危及自己的“乌纱帽”。这种传统的“公安政绩”经济观在增强党政领导及公安领导者的稳定责任意识方面有其必要性和积极意义，但其平时忽视公安经济保障，应急时又不得不投入巨大人、财、物的做法，结果会使得公安建设和公安工作的社会效益与经济效益都不可能实现最大化。不少人认为，公安工作是一项复杂的社会性工作，难以量化和计算，因此主要应追求社会效益而不是经济效益。目前各级党委和政府及其公安机关都在强调公安工作要追求社会效果、法律效果和政治效果的统一，这无疑是正确

的。但从公共经济学角度看，公安工作作为一种特定的政府行为，也同样存在着一个投入与产出的问题，投入的是一定数量的人、财、物，产出的是一定水平的社会治安效益。因此，笔者认为，公安经济追求的价值目标，应当是社会效益与经济效益的统一。

根据现代公安管理理论，公安机关是为社会公众提供公共安全产品的职能主体，具体的公安警务工作既是公安机关履行职责的手段，也是实现公安工作目标的过程，制定并实施正确的警务决策则是实现警务工作目标的重要前提。张光教授认为，科学的、高质量的警务工作决策的制定，必须满足以下原则要求：一是目标价值原则，即针对现实警务问题做出的决策一定是符合公安工作总目标的，依此实施的警务工作行为是能够最大限度地满足公安工作总目标要求的，也就是公安机关实施这一警务决策是有意义的，符合公安机关整体价值标准的。二是效益原则，即公安决策选择在有效满足公安工作目标的前提下，决策者必须要在多个备选方案中寻求高效益的工作方案，也就是尽可能选择低投入、高产出的“最省钱”的工作方案，这也是现代科学管理理论的基本要求。

张光指出，公安机关作为政府实施公共管理的一个重要部门，在履行职责的过程中，要花费一定的公共预算资金作为履职成本，这就要求必须讲求来源于社会公众税收的公共资金的使用效益，即尽可能使用最小的公共资金预算投入来完成公安工作任务、实现公安工作目标。从这个意义上讲，除执行紧急警务特殊需要而无其他“低成本”的替代方式外，在日常执法管理工作中，应当尽量避免为了“营造声势”或“威慑力更强”等非公安工作目标的需要，不计成本地选择执法方式、开展执法活动。因此，面对纷繁复杂的公安执法环境，决策者、执行者必须要坚持公安决策制定与执行的目标价值原则和效益原则，力求做到追求公安工作目标价值与追求公共资金投入效益的协调统一。任何公安决策的做出，都要考虑是否符合公安机关履行职责的需要，是否能够有效增加人民群众的整体利益。在答案肯定的前提下，应最大可能地采取“低投入，高产出”的实现路径，这既符合现代科学管理的基本要求，从根本上说，打造“节约型”公安机关也是符合人民群众根本利益的正确选择。[1] 这必然涉及公安供求关系分析、公安收入与开支分析、公安成本与收益分析等具体公安经济问题。

(二) 公安供求关系分析

1. 公安需求

供给与需求是分析一系列公安经济问题的有效工具，更是公安成本收益分析的基础。所谓公安供给，就是指国家公安职能部门给社会提供的公安执法服务。公安需求则是指社会公众消费公安执法服务的主观愿望和客观能力，是人们对于现存的公安资源的肯定性要求和现实行为。从理论上讲，公安需求决定公安供给，当人们在社会生活中对公安这种公共管理调整设施及手段迫切需要并积极谋求治安秩序的维护时，公安供给就必然发生。

国家安全与社会稳定需要公安机关有效发挥职能作用，即对公安需求提出要求。国家安全与社会稳定的目标确定与公安需求量呈现出正相关的关系，目标设定值越高，对公安需求也就越强烈；而现实安全环境则与公安需求呈现负相关关系，现实安全环境优，则对公安需求相对少。当前，我国正处于全面建成小康社会的关键历史时期，比任何时期对国家安全和社会稳定的要求都更为迫切，因而对公安需求的质与量也都提出了更高的要求。公安经济学研究首先就要对国家安全与社会稳定目标和现实安全环境双重因素作用下的公安需求进行科学度量和论证，并通过相关经济学模型予以精确描述，从而为公安需求与供给的平衡奠定基础。

何俊鹏认为，“警务需求是国家、社会、公民基于自身安全稳定的需要而对警务产生的需求。从国家安全、政治稳定的宏观层面看，它是一种整体社会需求；从个人主体需求的层面看，它是一种微观个体需求。警务需求是一切警务活动的出发点和落脚点，只有社会出现各种各样的复杂情形并最终导致社会相关群体对警务有了需要，警务职能部门提供相应的警务服务才有

① 张光．警务工作要追求价值与效益的统一．人民公安报，2012－11－12.

意义。”①

将公安建设和警务活动过程置于人类知识递增和行为模式优化的背景之下，随着社会经济生活的不断发展，社会公众对相关的治安权利、义务、责任、程序等公安资源的需求就愈加广泛，国家或社会的公安供给水平也就随之提高。进而公安的供给还体现出从均衡（相对适应）到非均衡（相对不适应），再从非均衡到新的均衡之动态演进规律。

公安需求依其内在结构可分为主观需求（消费愿望）和客观需求（消费能力）；依主体不同可分为三个层次，即个体公安需求、群体公安需求和整个社会公安需求；依需求的现实性可分为现实公安需求与预期公安需求；依需求的表达层次可分为形式公安需求与实质公安需求，等。

2. 公安供给

公安供给是作为公安供给主体的公安机关提供具体服务和职能，以达到满足相关社会客体需求目的的一系列过程。如国家公安机关为维护社会治安秩序而提供的治安行政管理、刑事执法和社会服务职能，物业公司为保证社区安全而提供的安保服务，相关保卫部门为保证重要人物安全而提供的个人保卫职能等。公安供给的研究意义在于公安资源提供的合理性和有效性，即供给是否基于需求，是否达到预期目的，资源供给能否做到调剂余缺和优势互补，公安职能和服务在执行过程中是否合法、有效等。

张光教授认为，所谓公安供给，就是应对公安需求提供满足需要的公安活动，也就是公安机关维系国家安全与社会稳定的实现成果。② 公安供给能力是受多种因素影响与制约的。一个地区的公安供给能力首先取决于党委和政府对公安工作的领导力。党委和政府高度重视公安工作，公安供给能力就会有所增强。其次，取决于其经济发展总体水平和经济实力。经济发展水平越高、经济规模越大，可用于公安事业发展的资源投入能力也就越强，公安供给能力就会得到一定提升。再次，取决于制度的先进性。当前，公安供给

① 何俊鹏．警务经济理论相关理论问题探析——我国警务经济理论的概念特征和研究路径．吉林公安高等专科学校学报，2009（4）．

② 张光．说说公安经济学．现代世界警察，2014（4）．

能力更多表现出的是维护国家安全与社会稳定的能力，而这不仅取决于公安机关自身的努力，更有赖于社会治理体系与治理能力现代化背景下的社会力量的广泛参与、共同治理。最后，取决于公安机关自身的管理绩效。公安机关科学管理水平高，在有限的资源投入下能够取得“无增长改善”的成效，则必然会不断提升公安供给能力。

3. 公安供求的关系——公安需求决定公安供给

一般说来，私人经济中个人的需求受到市场提供商品品种、技术、数量的制约，因而具有产品供给决定消费需求的基本规律。而公安经济的供求关系则具有特殊性，与私人微观经济领域中“产品供给决定市场需求”这一规律不同。公安需求是反过来决定公安供给的，社会民众对于社会公共安全秩序有什么样的需要和要求，国家就有义务提供与此相应的安全保障服务。这便是公安需求决定公安供给规律的特殊性。需要指出的是，公安需求决定公安供给具有相对性。由于公安供给受到现实经济、社会、科技水平等条件的制约，并非所有公安需求都能够得到实现和满足，只能在既定条件允许的前提下实现公安供给最大化。同时，公安需求具有无限性。只要产生社会治安问题，违法犯罪现象的社会根源不被消除，民众对公共安全的渴望和需求就永远不会停止，社会对公安的需求便会不断产生。社会发展的规律告诉我们，自从阶级社会产生以来，利益冲突加剧导致违法犯罪产生，民众对于公共安全的需求从来就没有停止过，因而决定了公安需求具有无限性的特征。

4. 公安供求均衡论

均衡（equilibrium）概念最初源自物理学，意即当一个物体同时受到几个方向不同的外力作用时，若合力为零，则该物体将处于静止或匀速直线运动状态。后来均衡概念被推而广之，用以表示物质世界中相反力量的对抗与平衡，宏观上国与国之间的战略均势是均衡，微观上人与人之间的权利义务对等关系也是均衡。在其终极意义上，它既是一种普遍的社会现象相辅相成、相互转化的理论概括，又是整个宇宙秩序对立统一规律的反映①。经济

① 冯玉军．法经济学范式．清华大学出版社，2009：288.

学家马歇尔首次将均衡概念引入经济学的分析当中，他把经济活动中各种对立的、变动的力量处于一种力量相当、相对静止、不再变动的状态称为均衡。

我们把经济学中的均衡分析扩展到公安建设和警务活动及其规律的研究之中。狭义的公安均衡就是公安供求均衡，即国家公安机关所进行的公安建设和警务工作等活动同人们消费公安供给的主观愿望和客观能力两相适应。公安供求均衡有两重含义：一是公安供给与需求在量上处于均等状态，由此决定的公安成本最低、收益最大；二是决定公安供求已有一整套从立法、执法到监督的有序机制，能保证这种均衡持续产生最优行为选择和约束条件。广义的公安均衡是指公安资源在社会生活中均衡配置的持续状态和目标模式。它具有外部适应性、内部协调性、状态稳定性、力量平衡性以及结构对等性的特点。作为哲学上对立统一规律的投映，公安均衡可以用来分析宏观如公共警察与私人警察、中央警察与地方警察、国内警察与国际警察之间的关系，微观如警察执行法律、维持秩序与提供服务等职能力量的合理配置问题，无论在公安工作基本原则的普适性方面，还是在公安工作程序选择与规范设计的可操作性方面，这一理论均有极其重要的意义。

如前所述，资源优化配置是经济学研究的基本问题，公安资源的优化配置则成为公安经济学研究的基本问题。公安需求与公安供给的平衡决定了社会资源投入公共安全领域的总量。而公安资源投入公安领域后如何有效、合理地配置和使用则成为公安经济学必须回答的一个核心命题。这里，公安资源配置的依据就是如何使有限的资源在可替代的公安机关警种、部门、工作之间进行合理配置，使公安产出最大化。例如，在打、防、管、控一体化战略布局中，打击、防范、管理、控制应以何种比例投入力量更为合理；在公安信息化建设中，是按照整体布局还是分散布局更有利于公安信息资源的有效利用，以防止“信息孤岛”现象的发生，最大限度地实现资源共享，避免资源浪费等，都是公安经济学应研究解决的现实问题。

论社会治安服务有效供给

袁春瑛

社会治安服务是指针对违法犯罪产生的过程、诱发因素和外部条件所开展的一系列维护社会治安秩序的活动。由于政府拥有巨大的财政支撑和动员社会资源的能力，同时又具有广泛的社会代表性，因此，社会治安服务的供给是政府治理领域中的一项重要内容，有效的社会治安服务供给亦往往被视为政府“善治”的表现。社会治安服务的有效供给不仅是一种状态，同时也是一个主观的和评价性的概念。要实现社会治安服务有效供给的目标，首先需要明确衡量社会治安服务供给“有效与否”的评价标准，在此基础上才能够对某一时期（或）地区社会治安服务的供给状况进行客观分析，进而找出影响其有效供给目标实现的关键所在。

一、社会治安服务属性分析

（一）社会治安服务的公共物品属性

良好的社会治安秩序，是社会公共财产安全、公民人身财产安全和民主权利的重要保障。而在维护良好的社会治安秩序的过程中，有可能通过刑罚或行政处罚的方式对公众的行为进行限制。从这一角度而言，社会治安服务显然应属于公共物品范畴而非私人物品范畴。公共物品所具有的消费的非排他性和非竞争性特征，对社会治安服务显然也是适用的。首先，社会治安服务具有消费的非排他性。例如，某地区公安机关通过“严打”活动震慑了一批犯罪分子，使得治安状况得以改善，公众的安全感得以提升。该地区内所有的居民都能够从中受益，很难将某些居民排除在受益范围之外。即使这种排除在技术上是可行的，但从成本—收益的角度来看，没有采取排他性措施的必要，因为新增加者对其他人的消费效用不存在任何影响，即社会治安服务的边际成本为零或接近于零。反之，如果该地区的社会治安环境非常恶劣，则会影响该地区内每一位居民的安全感和生活质量。正是由于社会治安服务具有消费的非排他性这一特征，社区居民往往一方面会毫不吝啬地增加自我安全防范的投入成本，以确保自己及家庭成员的生命、财产安全；另一方面又会尽量在社区治安治理中“搭便车”，以最小的投入获得社区民警以及其他社区居民提供的社区安全服务，以实现安全利益的最大化。其次，绝大部分社会治安服务具有消费的非竞争性，即可以由多个消费者同时消费而不互相影响。如联网报警服务、治安巡逻、对危险物品的管理、指挥交通等社会治安服务的提供，辖区内所有的居民都能从中受益。当然，这些社会治安服务的非竞争性是以消费者人数在一定限度之内、不出现拥挤为前提条件的。超过了这一限度，这些服务的非竞争性就会大打折扣，此时新增加的消费者对现有的消费者的效用会产生负面影响。从理论上讲，任何人在遇到险情或困难的时候都可以根据需要报警，要求警方提供帮助。这种消费从某种程度上讲是具有竞争性的，因为在警务人员有限、报警电话有限等客观条件下，一些人的报警服务需求会妨碍和影响到他人在同一时间对报警服务的需求。

（二）社会治安服务的特殊属性

社会治安服务除了具有一般公共物品所具有的消费上的非排他性、非竞争性特征外，还具有其他一些特征，这些特征使得其有效供给的实现比一般公共物品更为复杂。

1. 投入成本大、覆盖面广

犯罪学理论认为，犯罪行为的产生是多种因素综合作用的结果，任何人都无法准确地预测犯罪行为将在何时、何地发生。因此，建立严密的治安防控网络是预防违法犯罪行为发生的必然措施，这就意味着需要投入大量的人力、物力等社会资源。戈登·塔洛克曾对偷窃行为的投入成本做过分析，他认为：“偷窃行为的发生一个最直接的后果就是，必然会促使人们投入一定的人力、物力、资源用于进行反偷窃。比如，私人为了安全安装防盗门、防盗锁，甚至将贵重物品交由银行看管以及整个国家配备大量的警力、设立了监狱、法庭等各种设施。"① 这些反偷窃的人力、物力、资源，就是社会治安服务供给过程中的投入成本。

另外，社会治安服务是一种外部效应极大的公共物品，一个地区社会治安服务的优良与否直接影响到相邻其他地区治安形势，而这种影响往往是负面的。如果社会治安服务的覆盖率较低，治安控制力量较弱的地区就会成为犯罪分子的"避风港"，从而影响整体社会治安秩序。

2. 协作性

首先，社会治安需要公民协作。没有公民积极的帮助以提供信息，并愿意在法院作为目击者作证，警察在解决犯罪问题或者确立在法院得到惩罚的罪证方面就会缺乏效率②。其次，公民或团体的合作可以节省警察部门的投入，提升治安服务供给的绩效。如公民饲养看家犬、购买安装报警设备以及邻里组织街区巡查，及时发现和报告犯罪及其他可疑行为。再次，安全防范教育宣传等需要服务接受者的自愿配合才能实现预期目的。因此，良性和有效率的社会治安服务的提供，是供给主体和服务对象之间相互协作的过程。

3. 特殊强制性

社会治安管理不同于其他国家行政管理的特点之一，就在于其所具有的特殊强制性，如治安拘留、传唤、取缔、盘查、强制带离现场、缉捕，等等。这是因为，良好的社会治安秩序不仅为广大社会成员所认可，更重要的是其各项具体内容受到一系列具有普遍约束力和带有强制力的国家刑事法律与治安管理行政法规的规范和保护。每一个社会成员必须自觉遵守，危害社会治安秩序将受到法律的制裁。因此，社会治安服务的手段、方式必须在法律法规规定的范围内依法进行。

---

① 戈登·塔洛克著、李政军译．寻租——对寻租活动的经济学分析．西南财经大学出版社，1999：27.

②［美］奥斯特罗姆·帕克斯和惠特克著、毛寿龙译．公共服务的制度建构．上海三联书店，2000：43.

4. 供给效率难以精确评估

社会治安服务属于公共物品中的“软品”①，即不能形成某种物质形态的公共物品，难以直接评估其品质和数量。社会治安服务供给效率评估的困难在于，很难对社会治安服务的投入成本和收益进行定量评估。社会治安服务的投入成本既包括显性成本，也包括隐性成本。对于供给过程中发生的显性成本是可以计量的，而对于隐性成本则很难给予精确的计量。尽管人们可以感受到良好的社会治安服务所带来的社会经济效益，但对其大小却很难进行精确量化。

二、社会治安服务有效供给的基本要求

在经济学中，有效供给一般是指生产者（厂商）在一定时期和一定价格水平下愿意而且能够提供的某种商品的数量。作为一种社会经济活动，社会治安服务需要遵循市场经济活动中的供需均衡原则，按照满足居民消费偏好的要求行事。此外，衡量社会治安服务供给的“有效性”应注意以下几个方面的问题：

首先，在不同的社会经济发展阶段，影响社会治安秩序的社会经济因素是有差异的，这种差异使得社会治安服务的供需关系处于不断变化之中。也就是说，社会治安服务“有效供给”是一个相对的概念，并非意味着完全满足和适应各种安全服务需求，只能最大限度地做到与一定的经济社会环境相适应。

其次，社会治安服务需求本身是有矛盾和冲突的，如某种治安服务供给满足了个人的安全服务需求，但未必适应经济社会发展需要；某种治安服务供给适应了经济社会发展的需要，但未必满足个人的安全服务需求。因此，社会治安服务的有效供给应以社会公众的治安服务需求为导向，以使公众满意为核心目标。

再次，社会治安服务的有效供给表现为社会治安服务资源配置和运用最优化。与其他经济活动一样，社会治安服务需要一定的经济资源投入。显然，短期内社会为维护社会治安秩序投入的资源是有限的，即社会治安服务

① 赵宝廷，路卓铭．公共品概念扩展：软品与硬品的组合．求是学刊，2009（2）．

资源投入量不是一个变化较大的因素，因此，衡量社会治安服务有效供给的标准之一是，在现有资源投入条件下是否最大限度地增进了公众的安全效用、提高了资源配置和运用的效率。另外，维护良好的社会治安秩序、保障公众的人身、财产安全是政府的一项基本职能，也是公众的公共利益和公共诉求，因此，社会治安服务有效性的衡量标准还应体现在实现治安服务均等化的程度上。

基于上述认识，笔者认为衡量社会治安服务供给的“有效性”应从供需均衡、动态改进、超额负担最小和广泛均等四个方面进行判断。需要指出的是，社会治安服务有效供给的实现需要对这些原则进行综合考虑，不能仅依据某一原则对社会治安服务供给的“有效性”作出总体判断。

（一）供需均衡

社会治安服务领域的“投入—产出”活动，其最终目标是要使得服务供给与服务需求保持平衡。一般而言，某一时期内社会治安服务的供需均衡状况取决于对社会治安秩序的破坏力和控制力两者之间的力量对比。当对社会治安秩序的破坏力量能够得到有效控制时，社会就会呈现出一种有序状态，可称之为实现了社会治安服务的供需均衡；反之，当这种破坏力量在局部或总体上超过了社会的控制力量时，社会失序就不可避免，即出现了社会治安服务的供需失衡。在现实生活中，社会治安服务的供需失衡状态往往表现为社会违法犯罪严重、治安灾害事故增多和公众安全感下降。通过违法犯罪状况、治安灾害事故、群体性治安事件、社会容忍程度等指标，可以反映社会治安服务供需均衡的情况。

（二）动态改进

心理学研究表明，人们的快乐和痛苦大多是建立在比较的基础上的，因此一个一直处于上升阶段的人会比一个一直处于下降阶段的人要快乐得多。同理，公众是否对某一时期的社会治安服务感到满意，在很大程度上取决于与其他时期社会治安环境的比较，而并非仅取决于某一时期刑事、治安案件的发案数。也就是说，即使人们对初始的社会治安服务效果不太满意，但只要其认为服务效果有很大改进，人们的满意度将处于上升状态；反之，如果初始的社会治安服务较好，但没有任何改进，人们的满意度则会降低。在福利经济学中，这种情况被称作“适应性预期”。基于此，可采用反映社会治安状况的动态变化趋势的变动指标以衡量其动态改进情况。不过，这些变动指标需要与社会治安资源投入指标的动态变化进行比较才能判断是否实现了动态改进。这是因为，在社会经济资源既定的条件下，我们不可能因为社会治安服务的需要而不顾及其他社会福利目标。如果社会治安服务的供需均衡是以巨大的社会经济资源投入为代价的，那么，即使是达到了绝对均衡，也不能视为是有效的。

（三）超额负担最小

“超额负担”一词最早用于描述政府税收行为导致纳税人的福利损失大于政府的税收收入，从而形成税收负担①。借用这种描述方式，社会治安服务供给过程中也有可能产生超额负担。从宏观角度来看，因社会治安服务供给投入而耗费的社会经济资源可能会被从治安服务中得到的社会福利抵消，甚至多于从治安服务中得到的社会福利，从而产生超额负担；从微观方面来看，除了因供给社会治安服务所耗费的社会经济资源给居民带来的福利损失（如税收或者付给保安公司的服务费）之外，在社会治安服务的供给过程中也有可能给公众造成一些福利损失，如警察部门为了提高其对社会治安秩序的控制力度，往往对一些场所进行秘密或隐蔽监控，从而给公众日常生活带来诸多顾忌而造成额外的福利损失，这种福利损失即是超额负担。基于此，可采用冤假错案发生率、警务人员违法违规行为发生率、对社会公众隐私的干涉程度、支付意愿/公共安全负担等指标，直接或间接反映社会治安服务供给过程中产生的超额负担。

（四）广泛均等

广泛均等不但要求实现社会治安服务的广覆盖，而且在当前公共服务均等化的时代主题下，更为重要的是实现社会治安服务供给的均等化。从目前我国社会治安服务的供给现状来看，在“条块结合、以块为主”的治安管理体制下，地区之间社会经济发展状况的差异导致了在社会治安服务供给方面存在较大差异，这些差异在城乡之间、地区之间表现得尤为明显。可以采

---

① 卡尔·E. 凯斯等著，李明志等译．经济学原理（上册）：微观经济学．清华大学出版社，2003：407.

用变异系数来反映治安服务供给的区域差异，用以衡量社会治安服务均等化程度。根据变异系数的基本原理，构建衡量地区间社会治安服务供给的均等化指数，直接比较不同时期不同地区社会治安服务均等化水平的变化程度。

通过对上述各维度下评价指标的分析、比较及判断，我们可以对某一地区当前社会治安服务供给的"有效性"进行评价。另外，还可以通过这些指标建立动态预警模型，预测和模拟该地区未来某一时间跨度内的社会治安秩序变化的基本走向，以便当地政府及司法部门及时研究应对策略。由于每一维度下各单项指标对社会治安状况的影响力度不尽相同，在对某一地区社会治安服务供给的"有效性"进行具体评价时，应根据各评价指标在反映该地区整个社会治安状况中所起到的作用和影响力的不同，赋予它一个合适的份额比例即指标权数，从而使最终的评价结果能够比较客观和准确地反映该地区社会治安服务的有效供给状况。

三、实现社会治安服务有效供给的基本思路

通过上述分析可以看出，社会治安服务有效供给是一个非常复杂的问题，包含着多方面的内容。应明确实现社会治安服务有效供给目标的基本思路，不断提高供给能力和水平。

第一，构建开放式供给体系。西方新公共管理和新公共服务改革的实践经验表明，提升社会治安服务供给的有效性，并不是一个简单地将社会治安服务供给的任务交给政府还是交给市场的问题，而是一个实现社会治安服务供给主体多元化的问题。毋庸置疑，政府的作用应该是主导性的，但政府的供给能力受到多种因素的限制。我国作为一个发展中的大国，城乡之间、地区之间差异较大，仅仅依靠政府供给社会治安服务是不切实际的。而且社会治安服务本身的协作性特点，也要求必须充分利用社会资源。因此，除必须由政府供给的基本社会治安服务外，需要充分利用市场供给主体力量和社群组织力量，形成政府、市场、志愿多元供给机制并存、多元供给主体并存、多元供给方式并存的社会治安服务多元化供给格局。我国实行社会治安综合治理，这一方针已经并将继续为社会治安服务多元化供给格局的实现提供政策上的保障。国内外治理犯罪的历史经验表明，实行社会治安综合治理是符合社会稳定发展需要的理性选择。

第二，明晰多元供给主体的功能边界，优化供给主体结构。从当前我国社会治安综合治理方针的实施效果来看，政府、市场及第三部门之间的作用边界并不是很清晰，政府对市场的过度干预和对志愿事业领域的过度“包办”，影响了市场及第三部门供给主体效能的发挥。社会治安服务有效目标的实现，要求首先需要厘清供给主体之间的供给权责划分、功能空间和效率边界，并动态选择不同时期和不同条件下的最优供给者。基于此，可按社会治安服务需求的层次性，根据社会治安服务的受益范围，选择合适的供给主体。如受益范围遍及全国的社会治安服务由中央政府提供，受益范围主要是地方的社会治安服务由相应层次的地方政府提供，受益范围较小的俱乐部性社会治安服务则可以由私人和其他社会力量来提供，等等。

第三，提高供给效率。从我国的实际情况来看，在新中国成立后相当长一段时期内，尽管公安工作一直坚持专门机关与群众路线相结合，但社会治安服务主要是由公安机关供给的，市场、第三部门的治安辅助力量发挥的作用非常有限。改革开放以来，随着人流、物流的加剧，社会治安环境日益复杂化，公众对社会治安服务的需求呈现出多元化和个性化的趋势。在政府部门供给能力有限的现实条件下，社会治安服务供需矛盾凸显，迫切需要进一步提高供给效率。政府作为最主要的供给主体，应明确社会治安服务的职责定位，并应在政策上大力扶持市场、第三部门的治安辅助力量，充分发挥监督、指导作用。

资料来源：《中国人民公安大学学报（社会科学版）》2011 年第 4 期。

（三）公安收入与开支分析

1. 公安预算

公安机关的收支决策是通过预算的编制过程完成的。在公安预算的编制过程中，通常要面临两个互为关联的问题：一是公安支出的规模应当控制在怎样的水平上？二是如何保证公安部门的资源配置具有更高的经济效率？

所谓公安预算，是指公安机关在每一个预算年度的全部公共收支结构一览表。简言之，公安预算是公安机关的公共收支计划。公安预算是用以反映公安开支在公安产出所需要的装备、人员、基础设施和其他投入项目上是如何分配的。公安预算的主要功能是：①它反映和规定了公安机关在预算年度内的活动范围、方向和重点。②它是立法机关和全体社会成员监督公安机关收支运作的途径和窗口。公安收入，不论形式如何，最终都来自社会成员税费的缴纳。公安支出，不管项目如何，最终都要用于向社会成员提供公共安全物品或服务。公安收支同社会成员的切身利益息息相关，人们自然要关注和监督反映公安收支运作情况的预算。③它是控制公安支出规模的一个有效手段。包括公安机关在内的政府部门及其官员历来倾向于多支出。经过立法机关审议才能生效的公共预算，在将公共支出置于监督之下的同时，实质上形成了对公共支出规模的有效控制。

2010 年 11 月，时任英国内政大臣特雷莎·梅对外公布了一份被认为是英国半个世纪以来最彻底的警务改革计划，以广泛征求社会各界，尤其是基层民众的意见。这份改革计划长达 42 页，共分五个部分，详细介绍了这次警务改革的原因和内容。其改革原因之一是纳税人对内政警察部门的高投入低产出现象极为不满，警察经费面临削减。“英国警察经费自 2000 年以来以每年 24% 的速度增长，本年度已达 130 亿英镑。”审计发现内政部经费投入与产出严重不成比例，浪费问题严重。例如，内政部曾花 600 万英镑为警察誓言作宣传广告，就曾受到广大公众的指责，认为内政部只会做表面文章而没有把钱花在打击犯罪方面。在这种情况下，英国议会已于 2010 年 6 月 22 日宣布将在未来四年逐年削减包括内政部在内的“问题部委”的经费预算。①

2. 公安收入

公安收入，作为保障公安支出的财源，系指公安机关为履行其职能而取得的所有社会资源的总和。公安收入的基本问题，就是如何把公安机关所创造或提供的公共安全物品或服务的成本费用恰当地分配给社会成员。为此，从经济学角度看，应当依循以下两个基本原则：①受益原则。它指公安机关所创造或提供的公共安全物品或服务成本费用的分配，要与社会成员从公安机关所创造或提供的公共安全物品或服务中获得的效益相联系。我国推行社

---

① 谢华．英国最新警务改革探源．人民公安报，2010－11－13（8）．

会治安综合治理战略方针的一个重要原则就是“谁受益，谁付费”。由于公安机关所创造或提供的公共安全物品或服务，大多属于联合消费或共同受益的性质，客观上很难说清每一个社会成员受益多少。因此，应当由政府从所征收的税费中统一支出。也就是说政府所征税费之中应当包含社会治安费用。②支付能力原则。它是指公安机关所创造或提供的公共安全物品或服务成本费用的分配，要与社会成员的支付能力相联系。收入水平较高的公民、法人，特别是营利性组织，应当比收入水平较低的社会成员负担更多的税收，其中自然包括社会治安费用。按照这个原则，公安机关所创造或提供的公共安全物品或服务成本费用的分配，与社会成员所获得的公安边际效益大小无关，而只应依据社会成员的支付能力进行。

3. 公安支出

公安支出，系指政府为保障公安机关履行其职能而提供或支出的一切费用的总和，是公安机关以其所取得的社会资源创造或提供公共安全物品或服务的过程，说到底，就是警务活动的成本。换句话说，一旦政府及其公安机关在以多少数量、以什么质量向社会提供公共安全物品或服务方面做出了决策，公安支出实际上就是执行这些决策所必须付出的成本。所以，公安支出也就是公安职能行为的成本。公安支出是政府公共财政活动的一个重要方面，是国家公安发展战略的数字化，在国家公共开支中占有非常重要的位置。可以说，公安支出的数额反映着政府调节控制社会公共安全秩序的规模和深度，也反映着公共财政在公安建设和社会治安控制中的地位。

公安支出研究的问题主要包括：①公安支出的结构。公安支出总是由不同项目的支出所构成的。对此，可以采用不同的方法进行分类。基本方法是理论分类法和预算分类法。对公安支出的理论分类，从性质上可分为消耗性支出和转移性支出；从目的上可分为治安性支出和服务性支出。根据2009年10月29日召开的全国公安机关加强公安经费保障工作电视电话会议信息，2009年中央财政在已有支持的基础上加大力度，安排的全国公安机关转移支付资金较以往有大幅度提高，重点用于办案业务和武器装备，突出了重点保障，坚持“基层优先、重点优先”的原则。县级公安机关、经济困难地区市级公安机关将作为重点予以保障，按照“公开、公平、公正”的原则确定分配方案。[1] 对公安支出的预算分类，是根据公共预算所编列的支出项目来进行的。公安预算支出项目编制通常与公安机关的职能或机构设置相结合，即有多少职能就设置多少支出项目，有多少机构就设置多少支出项目。从2004年起，在财政部门的支持下，全国公安机关狠抓公安机关公用经费保障标准的制定和落实，取得了明显成效。目前，全国绝大多数县级公安机关公用经费已经按照标准纳入财政预算，迈出了公安经费规范化保障的关键一步。当前，公安部在财务管理制度改革上的重点是商请财政部抓紧修订《公安机关财务管理办法》，明确管理责任，细化管理措施，明确公安机关人员经费、公用经费、业务装备经费、基础设施建设经费的具体开支范围，明确公安经费核算办法，不断完善公安预算、支出和建设项目的财务核算体系及绩效评估体系。[2] ②公安支出模型。统计资料表明，公安支出无论是从绝对量还是相对量（警察公共支出占GDP的比重）来看，在各国都呈现不断上升的趋势。对于公安支出增长现象的解释，我们可以19世纪德国经济学家瓦格纳的“政府活动扩张法则”来说明。瓦格纳考察了当时几个工业先进国家的公共开支记载后，得出结论：政府活动不断扩张所带来的公共开支的不断增长，是社会经济发展的一个客观规律。同样，随着经济社会的快速发展，社会矛盾越来越复杂，刑事犯罪率不断上升，维护社会治安秩序的需求随之递增，公安机关提供的公共安全物品或服务的范围越来越广，所有这些都必然导致其人、财、物需求的增长。

在公安支出研究中涉及的主要概念除公安支出外，还包括名义公安支出、实际公安支出、公安负担等。由于公安支出的特殊性，加之各国对公安支出的不同认识，因此在对公安支出的界定、比较上存在一定的困难。笔者认为，可以从以下两种角度对公安支出加以界定。

其一，运用功能方法和部门方法两种方法对公安支出加以界定。所谓功能方法，就是根据费用功能界定，如将用于公安建设、治安防范、警务执法

---

① 张彬．公安经费保障体制改革呈现六大亮点．人民公安报，2009－10－30（2）．
② 张彬．公安经费保障体制改革呈现六大亮点．人民公安报，2009－10－30（2）．

等方面的费用界定为公安支出。按照这样的界定方法，公安支出就是一国在一定时期内用于公安及其相关行为的支出。显然，这是一种“宽口径”的公安支出概念，它不仅包含了公安部门的支出，而且也包含了其他部门用于公安方面的支出。所谓部门方法，就是指根据政府公安部门的花费进行加总。按照这种界定方法，公安支出主要是一国在一段时期内用于公安部门的开支。包括用于支付警察队伍及其他常备治安力量的薪金报酬，维持公安工作运行费用、警察教育训练费用、公安科研及警械武器装备购置费用、公安部门基础设施基本建设费用，等等。这是一种“窄口径”的公安支出概念。

其二，从考虑通货膨胀因素的角度，划分为名义公安支出和实际公安支出。名义公安支出也称货币公安支出，是以当年价格表示的公安支出；实际公安支出是按某一基年的市场价格去除通货膨胀因素后计算得出的公安支出，不包含在不同年份中因价格变动对公安支出的影响，因此实际公安支出能较合理地反映一段时期内的公安支出真实变动情况，便于对不同年份之间公安支出的比较。

公安负担是指公安支出占国民生产总值或国内生产总值的比重。这一概念的科学性需要建立在可靠的国民收入数据的基础之上，而实际上各国国民收入数据的可靠程度并不一样。因此，应用这一概念时要十分慎重。公安负担这一概念非常有用的一点是它说明了一个国家的“公安化”程度，即一个国家的支出在多大程度上被用于公安，GDP 更高比例用于公安支出的国家可以被认为比把低比例的 GDP 用于公安支出的国家更“公安化”。

国家要保持一支能够维护社会公共安全秩序的警察力量，就需要支付一定的经费，公安支出便成为支撑公安事业和公安队伍建设的重要因素。总的来说，决定公安支出需求的因素可以被分为以下几个范畴：警务活动、经济因素、治安环境和其他相关因素。

警务活动：公安支出的最重要产出是社会公共安全，而社会公共安全是政府需要首先考虑和分析的。基于这样的考虑，政府应关注警务活动并对公共安全威胁做出预估，以作为预算公安支出的依据。

经济因素：在研究公安支出需求时，众多经济因素也起着相当重要的作用。总体的经济环境对公安支出起着长期的基本约束作用。在国家内部，经济因素，如经济发展的水平、实际经济增长、政府预算以及公安与有关产业的相互影响等，都是非常重要的公安支出需求影响因素。我们可以应用 GDP 或 GNP 的增长率、人均名义和实际收入来研究衡量收入对公安支出的制约。其他影响公安支出需求的内部经济因素包括国内公共债务、通货膨胀、非公安政府支出（以衡量机会成本）和公安产业。就国际经济影响因素而言，国家外汇储备的增加和国际警务合作与援助等是影响公安支出需求的重要因素。这里需要说明的是，公安支出与经济增长是公安经济理论研究的热点问题，原因有两个：一方面是由于这一问题涉及资源在经济和公安领域的配置这一公安经济学的核心命题；另一方面是社会公共安全与经济发展是各国政府着力追求的两大基本目标，处理好二者的关系也是各国面临的共同难题。

治安环境：社会治安问题、刑事犯罪、群体性治安事件，特别是非传统安全因素等，是影响和危害社会公共安全秩序的主要因素，是公安警务活动的主要对象。因此，社会治安形势和环境状况是决定公安支出需求的核心因素。

其他相关因素：一方面，一个国家或地区的人口变量（如人口的数量、密度及流动性等）、公民自觉守法、报警求助的文明素质、对警务资源的合理消费等，对公安支出的需求均具有重要的影响；另一方面，地区经济社会发展的不平衡也是影响不同地区公安支出需求差异的重要因素。

相关资料

警备开支应当用于真正需要帮助的人

尔尔一木

去年夏天，我出差至纽约。一个周末，美国同事科斯蒂带着我和她那 11 岁的儿子丹尼尔，一起去纽约郊外的佐治湖度假。

在高速公路上行驶了 40 分钟后，我们拐上了一条乡间公路，确切地说那是一个大坝，约有2米高，路边围着约有1米高的绿色钢丝栅栏，坝坡上贴着光滑的瓷砖，坝下是草地和小树林，风景非常不错，我们决定在这里下车活动一下。

下车后，我和科斯蒂坐在一棵大树下乘凉，丹尼尔则兴奋地东跑西跳，还突然提议说要到坝下的草地上去玩。科斯蒂指着路边的一块警示牌告诉他说不能下去。我顺着科斯蒂的手看去，那块牌子上写着大意为“危险区域，请勿下坡”几句英文，丹尼尔看了看坝下说：“下面是干燥的草地，不危险！”

科斯蒂和我一听，觉得也有道理，这么好的草地不下去走走实在可惜，于是就和丹尼尔一起跨过铁栏杆，从贴着瓷砖的坡面上滑了下去。我们在草地上玩了一阵后，想回到坝上来接着赶路，然而等我们准备往上爬的时候，问题发生了，那个坡面下来容易上去难，爬不到两步就滑下来了，我们沿着大坝找了好久，都没有发现有什么台阶之类的东西，我们急坏了。

最后，科斯蒂只能无奈地掏出手机报警，寻求警察的帮助。几分钟后，一辆警车和一辆消防车呼啸着来到这里，两位警察从车上下来，一位负责指挥消防车搭梯“救人”，另一位则拿着一个笔记本，似乎等着我们上去后要登记些什么。在消防梯的帮助下，我们很快回到了坝上，那位手拿笔记本的警察走过来对科斯蒂说：“请您为此支付100美元！”

晕了，这也要收费？这不是明摆着敲竹杠吗？科斯蒂掏出钱包来正想付钱，我抢前一步对警察说：“警察服务社会是应该的，哪能收费？再说，纳税人不是已经为你们付了薪水了吗？”那位警察说：“的确如此！但这个收费并不是用来支付我们的工资，而是用来充足警备开支和社会服务！我们本来在街头巡逻，为真正有需要的人提供服务，但是你们置警示牌于不顾，明知故犯翻越栏杆到下面去，为了帮助你们，导致许多真正需要帮助的人得不到我们的及时帮助，这是非常不公平的，而且你们的行为也使警备开支遭到没必要的浪费，这甚至可以理解成削弱了我们全力服务社会的力量。所以根据美国法律，你们必须要承担相应的责任，这既是对你们的一种处罚，也是给你们一个补偿社会的机会！”

我终于明白了，原来这种看似蛮横无理的“敲竹杠”，才是一种真正的人情，至真至深的人情味！正这样感慨着，科斯蒂已经把钱递给了警察，我在那一刻也意识到自己必须要为此而承担相应的责任，于是连忙从口袋中掏出33美元，递给科斯蒂说：“不能全由你出钱，这是我应该承担的责任！”科斯蒂有些迟疑地一愣，那位警察则会心地笑笑说：“收下吧，她做得非常正确！”接着，他把手中的笔记本递给我们签字，然后说了一句“祝旅途愉快”，就钻进警车走了。

警车绝尘而去，但警察们那种别样的人情味深深地打动了我：是啊，只要每个人都能承担起自己的责任，并且时刻想着他人，那么我们就一定能创建一个祥和而美好的世界！

资料来源：《美国警察的别样人情》，《人民公安报》2010年11月13日，第8版。

在公安经济理论研究中，公安支出需求之所以成为一个重要的概念，主要基于以下几个原因：第一，这种需求关系可以说明一个国家或地区在公安领域与非公安领域两者之间资源的配置方式，我们可以描述为盾牌与黄油之间的权衡。第二，一旦一个国家或地区的公安支出需求体系得以确定，人们就可以处理和跟踪随时间变化的社会治安负担分摊的问题。第三，需求函数可以用来进行短期预测。第四，只要公安需求得以确定，就可以对其弹性进行评估。第五，如果明确了需求函数，就可以分析研究有关公安资源分配次优选择的标准化问题。

当然，我们可以综合运用政治学、社会学、经济学和数学等跨学科的分析方法研究建立公安支出需求模型，并对公安支出需求作详细的计量分析。限于个人学识水平，这里只是提出需要研究的问题。

4. 公安经费收支

（1）公安经费的内涵。公安收入与开支的核心内容是公安经费的收支。公安经费，是指国家以货币的形式向公安机关提供的费用。它主要用于公安民警个人（包括离退休人员）以及正常办公所必须消耗的费用，是确保公安机关为维护日常的机关工作及一般业务工作开展所必需的财力方面的支持。保障公安机关日常行政工作运转、发挥政府职能作用的最基本的经费，是公安支出中最主要的经费项目之一。公安经费由经费收入和经费支出两部分组成。其中，经费收入包括财政拨款收入、预算外资金收入以及其他收入三部分；经费支出包括经常性支出、专项支出和自筹基本建设支出三部分。①

公安经费主要来源于国家赋税。由于我国政府行政单位是依法设立的，对社会提供公共服务，其工作人员一般列为国家公务员编制。活动经费是由政府预算拨付资金来保证其开展活动所需的必要财力。因此，公安经费作为政府财政预算分配的一部分，是社会总产品和国民收入通过分配和再分配用于公安机关以实现其职能作用的财政预算支出。

（2）公安经费支出管理的原则。公安经费支出，是公安机关为近期队伍建设和完成公安工作任务所发生的资金耗费和损失，范围广泛、项目繁多。为了合理地确定各项定额，有效使用预算资金，科学合理地开展财务分析和财务监督，提高经费使用效益，保障公安工作顺利开展，对各类公安经费支出的管理应当坚持以下原则：②

——分级管理、分级负担，事权与财权相统一原则。分级管理原则，是指需由中央决策且只有中央能承担的事务，由中央管理；需中央决策，地方有能力承担的事务，由中央授权地方管理；地方能决策并有能力承担的事务，由地方管理。按照事权划分和现行财政管理体制规定，公安机关所需经费由中央和地方财政分级管理、分级负担。现行分税制是适应社会主义市场经济体制，深化我国财税体制改革的方向和目标，也是处理中央与地方政府财政分配关系的一种规范方式③。事权是财权的核心，是获得财权的依据；而财权则是事权的动力，是行使事权的物质基础。根据上述原则，中央政府的事权和财政支出范围大体包括三类：一是体现国家整体利益的公共支出项目需要集中管理，由中央政府直接负责的社会事务，经费由中央财政安排，主要包括中央政府的各类行政机构和少数由中央政府负责的社会公共事业。二是体现中央和地方共同承担的社会事务，经费由中央与地方共同承担，主要包括一些跨区域的基础设施建设和公共安全等公共福利事业。三是体现中

① 张玲．公安机关经费支出监管理论与实践．中国人民公安大学出版社，2007：2.

② 张玲．公安机关经费支出监管理论与实践．中国人民公安大学出版社，2007：9~12.

③ 为进一步理顺中央与地方的财政关系，促进社会主义市场经济体制的完善，我国于1994年实行了分税制改革。

央负有间接责任，但通过地方政府来具体负责实施的社会事务。

——量力而行和尽力而为相结合的原则。由于我国国民经济发展和财政增长很难满足包括公安事业在内的诸多事业快速发展的需要，公安工作和队伍建设对资金的需要与资金供给不足的矛盾将长期存在。缓解这一矛盾的有效途径就是要坚持量力而行和尽力而为相结合的原则。量力而行，就是要尊重客观经济规律，从财政经济状况的实际出发，充分考虑财力可能，去办那些经过努力可以办到的事。尽力而为，就是要在财力许可的范围内，充分发挥人的主观能动性，分清轻重缓急，合理安排、使用各项资金，努力挖掘各方面的潜力，发挥有限资金的最大效益，把那些能够办到的事情办好。量力而行和尽力而为是辩证统一的关系。只强调尽力而为而忽视量力而行，超越客观条件办事，就会事与愿违，欲速则不达，影响公安事业的顺利发展和公安工作任务的完成；反之，只强调量力而行而忽视尽力而为，经过努力可以办到的事不积极去办，同样会影响公安事业的发展和公安工作任务的完成。因此，公安经费支出管理必须把二者有机结合起来。

——社会效益和经济效益相统一的原则。公安机关实施的是公共安全职能活动，必须把社会效益放在首位，社会效益是经济效益的前提，忽视社会效益就会违背公安工作的宗旨；而经济效益是社会效益的物质基础，只讲社会效益而脱离经济效益，社会效益也会失去进一步发展的依托和动力。因此必须把二者有机统一起来。提高资金的使用效益是公安经费支出管理的一项基本要求。

——勤俭节约的原则。这是公安经费支出必须长期遵循的一项基本原则。公安经费主要来自政府财政预算，其资金耗费基本上是一种消费性支出，所以必须坚持勤俭办事的方针，合理、有效地使用各项资金，反对花钱大手大脚和铺张浪费的现象，将勤俭节约原则落实到资金筹集、分配和使用的每一个环节。同时，还必须注意优化资源配置，调整支出结构，提高资金使用效益。

（3）提高公安经费的使用效益。提高公安经费使用效益应重视对公安经费的管理。加强公安经费管理，提高公安经费使用效率是公安经济学研究的重要内容。“二十公”会议指出，保障机制不完善，经费保障不到位，工资待遇不统一，是各级公安机关面临的普遍性问题，也是努力多年却一直未能解决好的一大难题。公安经费使用与管理中的漏洞造成的经费流失、截留与挤占，使得经费保障落实不到位，制约着公安经费保障机制建设。长期以来，公安机关并没有真正树立效益观念，没有把节约行政成本作为公安改革要解决的突出问题。实际工作中对公安工作的“投入”既有“皇粮”吃不饱、保障不足的问题，又存在管理混乱、铺张浪费等问题，对公安工作的“产出”（实际效果）缺乏科学合理的考核评价标准，“人海战术”“不惜一切代价”达到目的的做法尚普遍存在。之所以产生这些问题，除了受到“条块结合、以块为主”的公安管理体制中之条块关系不顺、中央与地方事权和财权分离等因素的影响外，主要在于公安经费保障标准不完善，基层公安财政预算虚无化，公安经费保障缺乏法律的刚性规定以及公安财务收支监督不力等①。近年来各级公安机关通过加强公安经费管理有效地保障了经费的使用质量，但超预算办事、超标准开支和超财力建设的“三超”现象还不同程度地存在，公安经费管理需要加强制度建设。公安经费管理体制，应实行规划、计划、预算和执行一体的管理制度，实行规范的、严格的项目评审体制，实行公安运行资本金制度，实行较为严格的公安经费监控制度。

从市场资本运作的角度来考察，国家财政供给公安机关的经费，是给公安机关提供一种“资本量”，公安机关使用国家供给的“资本量”进行运作，必须要产生一定的“资本”效益。按照市场资本运作的规律，从宏观的角度认识公安经费的使用效益，凸显了两个基本点：一是公安经费要发挥出其应有的效益，必须要有最低经费保障线；二是部门预算基础工作的极端重要性。只有科学、精确地编制出既符合公安经费支出实际又为财政部门所认可的最低经费保障数额需求预算以保障公安工作的良性运转，才能从整体上发挥出公安经费的使用效益。

提高公安经费使用效益的基本对策：一是建立以提高警察执法服务能力和满足社会公共安全需求为牵引的公安经费预算管理制度，将公安经费分

---

① 张玲. 公安机关经费支出监管理论与实践. 中国人民公安大学出版社，2007：235 ~ 238.

配、使用与提高警察执法服务能力和满足社会公共安全需求结合起来并制定相关规划。二是建立集中统一的公安经费管理系统。主要是实现五个统一，即统一管理体制、统一目标、统一预算、统一制度、统一财经立法。三是建立严格的规范的项目评审制度，引入第三方评审，按科学的程序，严格审查项目，确保公安经费开支的效率。四是加强完善警察装备供应一体化建设，建立消耗标准、工艺标准和管理标准为一体的一体化体系，减少暗箱操作、随意付款等行为的发生。五是完善公安经费职务消费制度，减少铺张浪费。六是积极探索公安物资商业化管理，借鉴国外警察商业化管理中的合理因素，在保障单位和非保障单位之间建立一种买卖关系的激励制度。七是建立公安经费使用效益的评价体系，尤其是建立警用装备的消费、重大公安建设项目投资、教育训练、公安物资储备和警察人力资源效益的评价体系。

（4）建立健全警察财政管理体制和公安经费保障机制。大多数国家除设立中央政府及其警察部门外，还要按照国家行政区划设立各级地方政府及其警察部门。各级地方政府及其警察部门都有侧重地执行一系列公共部门职能，具有不同的支出责任与收入权力，从而共同组成国家财政活动体系的特定部分——多级政府间警察财政管理体制。警察财政管理体制是指国家警察财政的组织体系、管理制度和管理形式。其核心问题包括：中央政府与地方政府间警察财政责任的适当划分；采用警察财政分权管理体制的合理性；警察财政分权管理体制中各级政府间的财政收入分配；各级政府间的警察财政补贴和转移支付等。

“机制”一词，源于希腊文。在机械学中，指机器的构造和工作原理；在生物学中，指有机体各部分的构造、功能、特性及其相互关系和作用等。后来，“机制”被扩展引用到心理学、哲学、经济学、管理学等学科中，泛指工作系统各要素间相互联系、相互作用的结构、过程和方式等。概括地说，“机制”就是“带规律性的模式”。[①] 因此，公安经费保障机制，是指与公安经费保障相关的法律、法规、制度、措施构成的相对稳定并能够使公安

---

① 郑杭生主编．社会学概论新修．中国人民大学出版社，2003：33.

经费保障长期处于良性运行态势的结构、功能及其作用过程和作用原理。简单地说，公安经费保障机制就是公安经费保障工作中带规律性的模式。它不仅包括财政、发展改革部门对公安机关的经费投入，而且包括公安经费的管理、监督等诸方面内容，是公安财务装备管理工作的核心①。

公安机关是国家的“公器”，属于公共部门。其性质任务决定了公安经费是国家财政支出的重要组成部分，必须由各级政府财政予以保障。新中国成立以来，伴随着我国政治经济形势和体制的发展变化，公安经费保障机制大体经历了五个阶段四种模式②：1949 年至 1954 年，全国公安机关实行统一核定、分级领报的经费保障模式；1955 年至 1958 年，全国公安机关对公安业务经费实行垂直统一的保障模式；“文化大革命”期间，公安业务经费日常管理及制度建设处于停顿涣散、混乱无序的状态，严重制约和延缓了公安经费保障机制建设的进程；20 世纪 70 年代末，公安部、财政部曾一度达成待国家财政状况好转后，对公安业务经费中部分科目的经费实施全国统一垂直管理的初步意向；1996 年，适应国家财税体制改革要求，公安部、财政部提出建立公安经费保障机制的基本框架，按照事权划分的原则，决定将公安机关预算中需要财政预算安排的经费分别列入中央和地方财政预算；建立中央对地方、上级对下级的公安业务经费补助制度，并以转移支付的形式予以规范，用以增强中央和省级公安机关的宏观协调能力。

在我国，建立与社会主义市场经济体制和分税制财政体制相适应的、符合事权划分原则的、在各级政府财政预算和基本建设规划中予以计划保障的公安经费保障体制和管理制度，是实现公安经费管理规范化、科学化的根本保证。

《人民警察法》第 37 条规定：“国家保障人民警察的经费。人民警察的

① 么子国．论公安经费保障机制的完善．中国人民公安大学学报（社会科学版），2005（2）.

② 参见刘季英．公安业务经费保障体制的沿革与启示．中国人民公安大学学报（社会科学版），2002（1）；么子国．论公安经费保障机制的完善．中国人民公安大学学报（社会科学版），2005（2）.

经费，按照事权划分的原则，分别列入中央和地方的财政预算。”第38条规定：“人民警察工作所必需的通讯、训练设施和交通、消防以及派出所、监管场所等基础设施建设，各级人民政府应当列入基本建设规划和城乡建设总体规划。”多年来，党中央、国务院和地方各级党委、政府，对公安经费保障给予了高度重视，为公安机关履行职责创造了必要条件。但是，由于公安工作任务日益繁重，目前全国公安机关经费保障不足的问题仍然普遍存在，特别是中西部地区一些县级公安机关经费保障尤为困难，在一定程度上影响了严格公正执法。解决公安机关尤其是中西部地区县级公安机关经费困难问题，既要采取灵活措施以解燃眉之急，又要建立健全保障机制以为长久之策。2003年11月，中共中央做出的《关于进一步加强和改进公安工作的决定》，明确提出：“按照收支脱钩、全额保障、突出重点、分步实施的原则，建立公安经费保障机制。研究制定公安机关装备配备、各项经费开支定额等标准，并按照事权划分的原则，由中央财政和地方财政分别予以保障。加大中央财政对中西部地区县级公安机关的补助力度，保障基层公安机关办公、办案的经费支出。增加公安基础设施建设投入，实施公安监管场所及西部地区公安派出所‘两所’建设工程。公安机关要严格经费管理，提高资金使用效益。”国家法律和中央政策对公安经费保障作出了基本规定，当前最需要的是依法建立具体可行的公安经费保障操作机制和管理办法。有专家据此提出，完善公安经费保障机制的主要原则是：收支脱钩、规范保障行为原则；全额保障、确保基本需要原则；突出重点、解决贫困地区原则；分步实施、建立增长机制原则。①

① 么子国．论公安经费保障机制的完善．中国人民公安大学学报（社会科学版）2005（2）．

相关资料

人员经费不足制约警方“打拐”

李娜　陈迹

“如果全国能增加3000个‘打拐’专项编制，如果从中央到地方各级财政能够设立‘打拐’专项经费补助办案单位，制约‘打拐’工作发展的问题基本可以解决。”公安部刑侦局打击拐卖妇女儿童犯罪办公室主任陈士渠2010年8月2日接受《法制日报》记者采访时如是说。

陈士渠说，拐卖案件多为流窜作案、团伙作案，抓捕、解救、调查取证等涉及多个省、区、市，办理“打拐”案件比其他案件花费要多得多。据统计，解救一位被拐卖的妇女、儿童，平均花费在2万至3万元，团伙案件需要几十万元，重大团伙案件有的甚至需要上百万元。然而，目前全国九成省级公安机关无专项经费，仅天津、河北、吉林、云南、四川五个省级公安机关设有“打拐”专门机构，昆明、南宁、成都三个市设有“打拐”大队。全国公安机关专职“打拐”人员每个省两三人不等，加起来不足百人。而“打拐”经费的不足影响了这一工作的深入开展。省一级公安机关只有云南、四川、广东三个省有“打拐”专项经费，其他省级公安机关均靠在公安机关的业务经费里面划拨。

资料来源：《人员经费不足制约警方“打拐”》，《法制日报》2010年8月3日，第5版。

2004年3月16日，公安部印发的《关于加强公安装备财务工作的意见》明确指出：“公安经费保障机制主要包括分级保障体制、公安经费开支定额标准、经费补助方式、随财政支出增长逐年增长规定、管理监督措施和政策支持等内容。”笔者认为，依照上述法律、政策及原则，完善公安经费保障机制的主要措施应包括：

一是构建事权明晰的分级财政保障机制。事权和财权一致是分级财政保障的基本原则，因此，要完善公安经费保障机制，就要对能划分清晰的事权、财权进行划分，明确各级财政的保障内容及责任。2006 年，时任长沙市市长的谭仲池在深入调查研究的基础上提出建议：增强中央和省级财政在地方政法机关经费保障机制中的保障功能；分地区（东部发达地区、中部次发达地区和西部欠发达地区）实行不同的地方政法机关经费保障最低标准和保障机制；分类明确各级政府财政对地方政法机关经费保障的责任。地方政法机关维持正常运转所需的人员经费、公用经费、业务经费、装备费用和基础设施建设费用等五项支出，应根据不同性质分别纳入不同的政府财政预算，形成“人员经费同级地方政府财政负担，中央财政实行专项补助；公用经费同级地方政府财政负担；业务经费省级财政负担、中央财政专项补助；装备经费中央财政负担、省级财政按比例配套；基本建设经费同级地方政府负担，中央财政专项补助”的财政保障新机制。①

二是构建标准规范的公安经费预算机制。近年来，按照党中央、国务院的战略部署，国家财政推出了以部门预算为中心内容（包括收支两条线、国库集中支付、政府采购等）的一系列财政体制改革的新举措，构建了适应社会主义市场经济发展要求的公共财政体制框架。公安经费支出是国家财政支出的一个重要组成部分，自然也要实行部门预算。部门预算是以部门为对象的预算，就是各部门根据国家财政法律、法规和政策规定及其自身职能和发展需要，对下年度的经费收入和支出做出预测计算和统一编制后，报经财政预算主管部门审核和权力机关（同级人大）审议通过，反映部门全年所有收入和支出的经费预算。这里所说的部门就是指支出部门，即直接与财政发生拨领款关系的政府部门（包括公安部门）。在不超过预算总额和不打乱各项预算安排的前提下，支出部门负有执行和管理预算职能。支出部门是预算的编制单位，要做到一个部门一本预算，清清楚楚一本账。预算一经批准，就具有法律效力，必须依照执行。公安部《关于加强公安装备财务工作的意见》明确要求：“从 2005 年起，各级公安机关以标准（指公安经费保障标准）为依据，编制部门预算。按照我国现行分级保障的财政体制，各地公安

① 谭仲池．建立分地区分级分类按比例负担的地方政法机关经费保障机制．公安研究，2006（6）．

机关要积极争取党委、政府和财政部门的支持，进一步加大对公安经费的投入，实现公安经费由财政全额保障。公安经费开支定额标准，要随经济社会发展逐年增长。”

预算在经费管理中是一种控制、调节手段。公安经费预算对公安机关的规模和结构起着重要的控制和调节作用。它是公安队伍建设的财力基础，对现代警务活动方向具有巨大的制约作用，调节着警力规模和结构；调节着现代化公安科学技术装备的规模和结构；调节着民警的生活福利和工作积极性等。鉴于公安机关的公共执法与服务性质，如果国家不能有效保障公安经费（即保证公安机关“吃皇粮”），一方面会导致公安民警无法完全履行职责；另一方面也容易导致其利用其他途径和手段获取经费（俗称“吃杂粮”），甚至把公安机关变成“自费行政单位”，进而影响公安机关的形象和民警执法权威。有学者指出：“自费行政的出现，必然导致执法扭曲。在自费行政单位的执法中，除了行政目标、公众需求与可能之外，本部门的经济利益成为执法活动必须考虑的因素，强制服务、垄断经营、不合理收费、乱罚款就难以避免，法律就成了其追逐经济利益的工具。”① 因此，在某种程度上，公安经费保障机制的建立和完善，不仅仅是一个经济问题，而且是一个政治问题，直接关系到党和政府的形象，关系到党群关系、警民关系等。

长期以来，公安机关沿袭着粗放型的预算模式，即按照各单位不同功能支出的“基数”编制预算，也就是每年在一定“基数”的基础上按照一定的比例增长编制预算。这种预算方式往往缺乏精确的基础数据，只是按照大概数编制，其原则是报多不报少，财政部门也掌握了公安机关“报多不报少”的习惯，对上报的预算不论多少，都要拦腰“砍一刀”，切下一块预算数额（当然也不排除财力原因）。公安机关也就只好批多少花多少，预算内经费不足，就不断写报告要求预算外追加经费，跑要专项，到处去找上级领导要经费等。财政部门对此颇有微词。因此，各级公安机关必须克服以往编制预算时的盲目性，进一步增强预算的科学性和合理性。在编制预算时，各级公安机关应当依据当地经济发展水平、社会治安形势、公安机关担负的职

---

① 张步洪编著．中国行政法学前沿问题报告．中国检察出版社，2003：241.

责任务、公安工作效能等，科学核算出本部门的所有支出，包括行政经费、下属单位的事业经费、公共工程投资、各种专项经费等，将其全部纳入本部门预算范围，向财政部门申报。实行部门预算的一个最基本的要求就是精确，即对公安机关一年的各项收入、支出在编制预算时要切实做到不重复、不漏项，特别是不得在预算之外保留其他收支项目，这就叫“零基预算”，也就是从零开始计算一年的精确收支数据。因此，在预算安排时计划要充足，特别要订足预备费，少留机动，预算批复后非经法定程序不得随意增加。而这恰恰是公安经费预算的薄弱环节，需要着力解决。公安部《关于加强公安装备财务工作的意见》指出：“预算管理是财务管理的核心，也是做好经费保障的重要措施。各级公安机关要按照部门预算的有关要求，进一步细化预算，规范预算程序，针对公安工作的特点，提高预算编制工作的前瞻性，留足必要的准备金和物资储备金。对重大财务活动和年度预算，要集体研究决策，做到依法、科学、民主理财。”

在美国，绝大多数的警察局要制定预算，包括发放工资、购买装备和服务设施、制定支出预算和审计部门财政记录等。在小一点的警察局，警察局局长和负责管理财务的下属通常都缺乏准确有效地管理财务的能力。最近，警察管理者试图通过使用一种“计划项目预算系统”（PPBS）来提高本部门的财务管理能力。这一新方法要求警察管理者明确目标和主旨并系统地确定可用资金。PPBS 的使用以及类似的现代管理技巧可以在未来的时间里显著地改善警察系统的运作。①

由日本“条块结合、以条为主”的警察管理体制所决定，其警察经费来源有两个：国家预算和都道府县预算。国家预算包括国家警察的所有支出，如行政管理支出，警务人员的工资和津贴，警用通信设施及警用电话专线费用支出，刑事鉴定支出，警用车、船、直升机等警用装备的维修保养费用，保护要人及安全警卫支出，调查同国家安全有关的犯罪和其他特别犯罪需要的经费开支，警察学校等教育机构的行政管理支出及教育训练经费等；同时，还要提供给都道府县警察部分经费，用于购置警用车辆和直升机，增

---

① 公安部外事局编著．美国警察体制概况．群众出版社，2003：198～199.

建、改建警察学校，特定重要案件的搜查经费等方面。都道府县警察需要的经费由都道府县地方财政预算拨给，如警务人员工资、津贴及其制装开支，调查一般犯罪案件的开支，预防犯罪活动经费，交通警察经费开支，警察署、交番和驻在所等设施的维修保养开支等。①

三是构建快速反应的公安经费应急机制。公安机关具有不同于其他行政机关的特殊性，在目前暴力犯罪增多、反恐任务繁重、群体性事件频发以及抢险救灾任务加重的情况下，迫切需要建立灵敏的应急反应机制。相应地，建立公安经费应急投入机制就十分必要。在分级财政体制下，各级政府及其财政部门必须在公安部门预算总盘子中安排一定数额的应急备用金（比如，安排本年度预算的5%），由各级公安机关履行规定报批手续后，专项用于侦办重特大案件和处置突发性事件。

四是构建运转协调的公安经费补助机制。在我国，各地经济社会发展水平的差距比较大，公安经费保障水平的差距也比较大。在此情况下，必须建立对经济欠发达地区基层公安机关的经费补助机制，明确上级公安经费补助的范围、方法、数额、增长机制和奖惩措施等。公安部要积极争取党中央、国务院以及国家发改委、财政部等有关部门的大力支持，进一步加大对地方公安机关的经费补助力度。省级公安机关和有条件的地市级公安机关也要根据本地实际情况，积极会同发改、财政部门制定切实可行的办法，增加对基层公安机关的经费补助。

五是构建严格的公安经费管理机制。公安装备是构成公安战斗力的重要因素，是衡量公安警务保障水平的重要标志。公安机关要制定公安装备发展规划和配备计划，切实加强装备管理，建立健全装备的购置、分配、调拨、使用、报废等管理制度，努力提高装备管理水平。江泽民曾强调："要向管理要效益，同样的物力、人力、财力，管理得好，就会事半功倍，管理得不好，就会事倍功半。"由于我国仍处于并将长期处于社会主义初级阶段，在当前和今后相当一段时期，公安机关要牢固树立节约意识和效益意识，以对纳税人高度负责的精神，保证每一分财政资金都能最大限度地发挥效益。第

---

① 公安部外事局编著．日本国警察及部分执法机构概况．群众出版社，2003：37～38.

一，要按照财政体制改革的要求和公安工作发展的需要，全面清理涉及公安财务和装备管理的法律、法规、规章和其他规范性文件，提出废、改、立的意见和建议，逐步建立和完善与财政体制相适应的公安财务规章制度；第二，要按照部门预算要求，制定公安机关部门预算管理有关规定，建立和完善预算制定、执行、控制制度；第三，要加强收入管理，实行收入统一、归口管理，做到应收尽收，防止搞特殊化；第四，要科学规划，杜绝低水平重复建设，克服“重收轻支”和“重钱轻物”的现象，坚决杜绝铺张浪费、贪大求全、盲目购置等问题，要管好单位资产，提高资产的共享性和共用率；第五，进一步加强和规范政府采购工作，将公安机关的所有物品采购和工程建设纳入政府采购范围。

六是构建健全有效的公安经费监督机制。公安部发布的《关于加强公安装备财务工作的意见》强调：“要加强财务监督，主动配合外部监督，及时发现和堵塞管理漏洞。要研究制定涉案财物管理办法，明确各个环节的责任，严禁挪用、侵占等行为。要贯彻‘收支两条线’管理规定，将公安机关的各项收入全部纳入预算管理，坚决杜绝私设小金库和账外账。”特别要建立和完善财务补助金的监督检查和责任追究制度，防止挪用、截留和冲抵，确保专项补助经费及时足额到位。为此，公安部正在建立中央财政和省级公安转移支付资金信息管理系统，利用信息化手段加大稽查力度；同时还将会同财政部开展绩效考评，违反规定的将严肃追究责任，并视情况扣减下一年度转移支付资金。这些举措旨在切实推进公安经费保障机制改革，进一步提高基层公安经费保障能力。①

① 周刊评论员．切实用好中央转移支付资金．人民公安报·安全科技周刊，2010－3－22（7）．

公安经费保障三则

公安经费保障体制改革全方位推进

张　彬

为全方位推进公安经费保障体制改革，2009 年 10 月 29 日召开的全国公安机关加强公安经费保障工作电视电话会议提出，在保障体制上，将现行政法经费保障体制改革为明确责任、分类负担、收支脱钩、全额保障的体制。在政策上，建立分项目、分区域的分类保障政策，重点加强经济困难地区的市级、中西部县级的保障，办案业务经费、业务装备经费和业务基础设施建设投资由中央、省级和同级财政共同保障。在机制建设上，建立公用经费正常增长机制，规范和完善公用经费保障标准，制定业务装备配备标准和业务基础设施建设标准。在管理制度上，建立健全适应政法经费保障体制改革需要的专门管理制度，健全公安装备财务机构，充实财务人员；中央财政和省级财政拿出大笔资金，实行中央和省级公安转移支付，保障改革顺利实施。① 财政转移支付属于最重要的财政补贴，表现为各级政府间、尤其是上级政府拨付给下级政府的财政资金的流动。在我国，公安财政转移支付制度主要是中央政府和省级政府（上级）财政为了引导地方政府（下级）的社会治安管理行为，协调地方政府公安财政财权和事权的不对称状态，调节地区之间（主要是东西部之间）因客观因素造成的公安财政保障水平差异，将中央（上级）财力的一部分（资金或警察装备）转移给地方（下级）的再分配制度。

资料来源：《公安经费保障体制改革全方位推进》，《人民公安报》2009 年 10 月 30 日，第 1 版。

---

① 根据联合国《1990 年国民账户制度修订案》，“转移支付是指货币资金、商品、服务或金融资产的所有权由一方向另一方的无偿转移。转移的对象可以是资金，也可以是物。”参见：高培勇．公共经济学（第二版）．中国人民大学出版社，2008：348.

立足服务大跨越　警务保障谱新篇

公安部装备财务局

2008年中央部署开展政法经费保障体制改革以来，全国各级公安警务保障部门在公安部和各级公安机关的坚强领导下，坚持“服务中心工作、服务公安实战、服务基层一线”的总要求，以推进公安经费保障体制机制改革为主线，实现警务保障工作的跨越式发展，为公安工作和公安队伍建设奠定了更加坚实的物质基础和保障支撑。公安警务保障从源头理顺体制，让经费、装备、基建等困扰基层公安机关的老难题不再是“头疼事儿”。

一、顺体制：基层执法办案告别经费难

为从源头上构建有利于公安工作发展的稳定保障，公安部紧紧抓住政法经费保障体制改革这一历史机遇，积极主动开展工作，取得了显著成效。五年来，全国公安经费保障能力显著提升。据统计，2008年至2012年，全国公安经费总量增长74%，年均增长14.8%。

全国公安机关分级次经费增长比例图

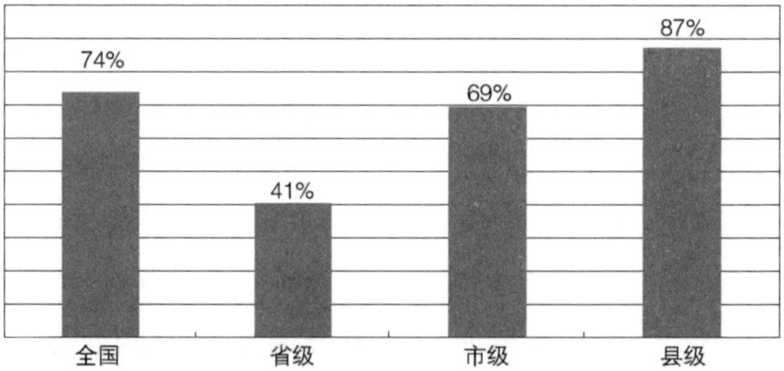

2008年至2012年，全国公安经费保障能力显著提升

——明确了经费保障责任。将“分级负担、分级管理”的经费保障体制改革为“明确责任、分类负担、收支脱钩、全额保障”的体制，进一步明确了中央、省级和地方各级财政对公安经费的保障责任。改革前，中央和省级对市县公安机关并无硬性保障责任，所安排的转移支付资金都属临时补助性质，没有稳定的制度保障。改革后，新的体制明确了中央和省级财政不

仅要做好本级公安经费保障，同时要通过安排公安转移支付资金，切实承担起对市县级公安机关相应经费的保障责任，从根本上解决市县因财力不足所导致的保障困难。据统计，2008 年至 2012 年，中央和省级安排的公安转移支付资金和基础设施投资总量增长了 4 倍，占市县公安经费的比重由 4.5% 上升到 13%。

——确立了分类保障政策。改革确立了分项目、分区域、按比例的分类保障政策。明确人员经费、日常运行公用经费、办公基础设施建设经费、基础设施维修经费由同级财政负担；办案业务经费、业务装备经费、业务基础设施建设经费由中央、省级和同级财政分区域按责任负担，其中，中央和省级政府对中西部地区县、经济困难地区和特殊地区的承担比例，平均达 50% 以上，最高可达 90% 以上。在分类保障政策下，公安办案（业务）经费、业务装备经费和基础设施建设经费保障水平显著提升。据统计，2008 年至 2012 年，办案业务经费增长 72%；业务装备经费增长 150%；基础设施建设经费增长 81%。

——调整了公用经费保障标准。为解决县级公安机关公用经费保障严重不足的问题，2004 年 9 月，财政部、公安部联合出台了《县级公安机关公用经费保障标准指导意见》。截至 2007 年底，全国 99% 的纳入保障标准范围的县级政府，将公安机关公用经费纳入财政年初预算全额保障，全国县级公安机关人均公用经费比 2004 年增长 56%，公安经费第一次实现按标准保障，几十年来县级公安机关“罚款保运转”、“办案无经费”的困境得到明显改善。但是，由于原定标准过低，严重不适应当前实际需要。为此，各地又积极商促财政部门调整提高本地公用经费保障标准。截至目前，北京、上海、江苏、江西、广西、重庆、贵州、陕西、甘肃、宁夏、新疆等 11 个省区市已经完成标准调整提高工作。如新疆和江西，将最低保障标准分别由 2 万元和 1.7 万元，提高至 5 万元和 3 万元，与当前县级公安机关公用经费实际需求基本相符。

二、强装备：一线民警单警装备实现全覆盖

制定出台公安装备建设“十二五”规划，单警装备配备至每个民警，县级公安机关第一次实现了装备配备的标准化、规范化和体系化，历时七年

完成了2010型警用巡逻车研制。

——推进基层一线公安民警单警装备配备。各级公安机关将单警装备标准作为强化一线民警战斗力、规范执勤执法工作的重要举措，狠抓标准落实工作。截至目前，全国所有基层一线公安民警实现人手一套单警装备，民警单兵作战能力和个人防护能力明显增强。

——出台县级公安机关业务装备配备标准。2010年，财政部、公安部联合印发《县级公安机关基本业务装备配备指导标准（试行）》。随后，各省级财政部门会同公安机关出台了本地县级公安机关业务装备配备标准，县级公安机关在历史上第一次实现了装备配备的标准化、规范化和体系化。据统计，目前全国县级公安机关业务装备配备达标率为80.3%，预计到2013年年底，全国县级公安机关实现全部达标。

——深入实施公安装备建设规划。2011年5月，公安部颁布《全国公安装备建设"十二五"规划》，提出了指挥信通、刑事技术、侦查技术、应急处突、社会管理服务、执法勤务等6个方面20项公安装备建设任务。按照规划，"十二五"期间全国公安机关将基本建成符合现代警务机制，适应公安实战需求的公安装备体系。目前，规划确定的各项建设任务正有序开展，大批适应公安实战需要的侦查技术投入使用，大批执勤执法装备配备到基层一线，有力保障了执勤执法和侦查破案的开展。

——公安装备研发取得新的进步。近年来，公安装备研发工作紧跟公安业务工作需要，研发列装了大批新型警用装备，公安装备科技水平大大提升。如历时7年，完成了2010型警用巡逻车的研制工作，公安机关从此开始拥有真正意义上安全可靠、系统集成、适应实战的专门警用巡逻车；根据应急处置工作需要，组织研发了警用移动式路障车、警用液压自动路障车、警用高机动性突击车、警用炊事车、警用淋浴车等特种警用车辆，达到了技术标准统一、装备搭载规范、突出应急实战、提高安全防护性能等设计指标；9mm转轮手枪研制成功并在公安机关大量配备，进一步提高了基层民警作战能力；DNA测序装备和试剂实现国产化，为高科技装备走进基层一线创造了条件。

三、优环境：基础设施条件大改善

五年来，全国公安基础设施投资总量增长96.8%，公安基础设施条件全面改善，既适应了公安工作的需要，又促进了规范执法。

——构建了比较完备的公安基础设施建设标准体系。2010年6月公安部积极推动国家发改委、住建部出台了《公安机关业务技术用房建设标准》(建标130－2010)。该标准与国家先期颁布的看守所、拘留所、强制戒毒所、派出所、监管场所特殊监区及党政机关办公用房等建设标准一起，构成了比较完备的公安基础设施建设标准体系，公安基础设施建设全面走上规范化、标准化之路。

——公安基础设施建设投资力度明显加大。2011年11月，国家发改委印发的《"十二五"政法基础设施建设规划方案》核定"十二五"期间公安机关业务技术用房、公安派出所和公安监管场所建设规划面积5977万平方米，比以前全国公安机关基础设施建设面积总和还多。随着规划的全面实施，2008年至2012年，全国公安基础设施投资总量增长96.8%，其中中央投资增长了4倍。

——业务技术用房建设加快推进。2011年，公安部制定出台《全国公安基础设施建设"十二五"规划》。其中，公安机关业务技术用房规划面积3091万平方米，占规划总面积的42%。截至目前，全国公安机关共完成建设面积1647万平方米，公安机关执法办案场所区域设置更加规范，窗口单位服务环境更加优越，业务技术用房承载功能更加完备。

——公安派出所无房危房问题得到全面解决。公安部推动出台了《公安派出所建设标准》《中西部地区"两所一庭"建设规划》和《中部地区公安派出所建设规划》。各级公安机关按照规划、标准，积极推动公安派出所建设，大力解决派出所无房危房问题。五年来，全国公安机关完成建设面积1143万平方米，占全国现有派出所总建筑面积的43%，除少数城区派出所因建设用地征用困难还存在无房、危房问题外，其他派出所无房、危房问题得到全面解决。

——公安监管场所更加适应法治文明的要求。五年来，公安监管场所建设经历了一个漫长的发展过程，从少到多、从小到大、从慢到快，分类和设置逐步规范，在房屋建筑、设施设备和场地建设等多个方面取得了长足发展。全国公安机关完成公安监管场所建设面积1591万平方米，一大批坚固安全、功能齐全、管理方便的公安监管场所建成并投入使用。

四、保重点：统筹资源服务大局

坚持围绕中心、服务大局，统筹资源安排，优化支出结构，积极调配资源，建立保障制度，加大经费投入，全力保障公安部党委各项中心工作的开展。

——全力保障重大安保任务和重大突发事件处置工作。针对近年来重大安保任务多、重大突发公共安全事件和重大自然灾害高发频发的形势，各级公安机关坚持以实战为牵引，大力加强应急保障机制建设，强化应急经费保障，完善应急储备体系，构建顺畅的调运渠道，推动区域应急保障联勤机制建设，高效完成了北京奥运会、上海世博会等重大活动安保任务和四川汶川地震、青海玉树地震、甘肃舟曲泥石流等一系列重大突发事件处置工作。如在甘肃舟曲泥石流灾害救援中，公安部调集的第一批应急救援物资，先于公安部救援队伍抵达兰州，为救援队伍第一时间投入抢险救援，提供了及时有效的物资装备保障。

——全力保障社会治安防范打击工作。各级警务保障部门积极工作、争取经费，在财力物力上坚持全力以赴、超常投入，有力保障了打黑除恶、缉枪治爆、“打四黑除四害”、打击拐卖儿童妇女犯罪和“清网”、“亮剑”等一系列专项打击整治行动的顺利开展。

——全力保障民警教育培训工作。按照公安部党委关于构建“大教育、大培训”工作体系的重大决策部署，各级警务保障部门积极调配资源、建立保障制度、加大经费投入。2008年以来，中央安排培训补助专款近20亿元，全国各地累计投入教育训练经费近100亿元，有力推动了民警教育培训工作的顺利开展，有力提高了公安队伍的整体素质和战斗力。

——全力保障公安信息化建设。按照公安部党委的决策部署，各级警务保障部门积极工作，争取中央安排专项建设投资，确保地方配套投资落实到位，有力保障了金盾工程建设顺利实施，“情报信息主导警务”战略不断深化实施，公安机关维护国家安全和社会稳定的能力显著提升。

五、调结构：推动公安工作平衡发展

通过深入推进公安经费保障体制机制改革，特别是公安转移支付资金重点投向中西部地区和市县基层公安机关，公安经费保障的地区差距、层级差距和警种差距逐步缩小。

——东、中、西部公安经费保障差距明显缩小。从东、西部地区差距看，2008 年西部地区公安机关人均经费相当于同期东部地区的 57.2%；2012 年西部地区公安机关人均经费相当于同期东部地区的 70%，西部和东部地区公安机关的人均经费差距缩小了 12.8 个百分点。从东、中部地区差距看，2008 年中部地区公安机关人均经费相当于同期东部地区的 52.4%；2012 年中部地区公安机关人均经费相当于同期东部地区的 64%，中部地区和东部地区公安机关人均经费差距缩小了 11.6 个百分点。

——市县基层保障水平明显提高。从县级保障情况看，2008 年全国县级公安机关人均经费相当于同期省级公安机关的 36.9%；2012 年全国县级公安机关人均经费相当于同期省级公安机关的 42.9%，县级和省级人均经费差距缩小了 6 个百分点。从地市级保障情况看，2008 年全国地市级公安机关人均经费相当于同期省级公安机关的 56%；2012 年全国地市级公安机关人均经费相当于同期省级公安机关的 63%，地市级和省级人均经费差距缩小了 7 个百分点。

六、强基础：夯实警务保障事业发展根基

规范警务保障机构设置，加强理论研究和文化建设，狠抓队伍建设和管理监督，为实现可持续发展奠定基础，截至 2012 年共出台直接关系警务保障工作的法律法规 12 部、制订规范性文件近 60 份。

——理论研究不断深入。为主动适应新形势新发展的要求，全国警务保障工作始终坚持把加强理论研究置于重要位置，努力用先进的理论指导工作实践。2011 年初开始，公安部装备财务局历时两年多，组织编写《公安经费保障体制改革》《公安财务管理》《公安装备管理》《公安被装管理》和《公安基本建设》等系列教材，累计 140 万余字，在历史上第一次形成了比较系统的警务保障理论体系。连续举办了 6 期警务保障理论征文活动，在全

国警务保障部门不断掀起理论研究的高潮。

——管理制度不断健全。积极落实“按制度管人、依制度办事”的工作要求，不断完善适应警务保障工作实际的管理制度体系。截至2012年年底，已出台直接关系警务保障工作的法律法规12部、制订规范性文件近60份。同时，公安部装备财务局结合实际工作，出台了一系列制度，涵盖了经费保障、财务管理、装备管理、基础设施建设管理、国有资产管理等警务保障工作的各个方面，警务保障制度体系基本建立。

——信息化建设加快推进。近年来，成功开发并应用了公安转移支付资金管理、财务管理、装备管理、基础设施管理、应急储备管理等业务信息系统，建设了公安装备资产管理信息平台、公安装备财务管理综合平台和决策支持系统，实现了警务保障数据集中统一管理、整合共享；完成编制公安装备资产类、财务管理类、基建管理类、基础数据类代码标准，建立全国统一的公安装备财务信息化标准体系等。

——财务监督机制逐步完善。针对公安转移支付资金使用管理、部机关预算执行、“小金库”治理等，组织开展了一系列财务专项检查，严肃了财经纪律，加强监督管理，保障了警务保障任务的完成。积极发挥财务监督在推进廉洁队伍中的作用，进一步拓展监督范围、突出监督重点，初步建立了及时监控、专项核查、整改反馈、绩效评估、适时公开的财务监督机制。

——队伍建设上新台阶。公安部举办多期省级警务保障部门负责人、业务骨干培训，开展了覆盖全体警务保障民警的公安经费保障体制机制改革知识在线考试，各地也普遍结合实际，积极开展各类教育培训。在机构建设方面，截至2013年3月底，全国有22个省份统一了省级警务保障部门名称，有14个省份和2个计划单列市完成了机构升格或主要负责人职级高配，有15个省份设立了总会计师。在人员构成方面，全国警务保障人员中具有大学本科以上学历的比例，由2008年的38.5%，上升至2012年的49.6%。

资料来源：《立足服务大跨越　警务保障谱新篇》，《人民公安报》2013年4月27日，第3版。

让公安发展的“源头活水”奔涌长流

——210 工程建设经费保障综述

公安部装备财务局

警务保障是公安事业“肌体”内不可或缺的“血液”，公安经费则是警务保障的基石，是公安发展的“源头活水”。只有做好经费保障工作，才能保证“气血充足”。“210 工程”① 实施以来，各级公安机关积极争取党委、政府重视支持，采取扎实有效举措，健全完善政策标准，深化公安经费保障体制机制改革，努力构建稳定的经费保障渠道，实现经费保障由“临时应付保运转”向“统筹规划谋发展”的转变。2015 年，全国公安机关总收入、人均经费、人均公用经费，分别比 2010 年增长了 70%、67%、36%，有力保障了公安工作需要。

1. 完善经费保障体制，实现全额保障目标

2011 年以来，各级公安机关围绕“210 工程”建设，紧紧抓住政法经费保障体制改革这一难得的历史机遇，结合实际、多措并举，努力争取政策、用足用活政策，促进了公安经费保障体制不断完善。

一方面，争取资金投入固定化长效化。按照“明确责任、分类负担、收支脱钩、全额保障”的公安经费保障体制，公安部装备财务局努力争取中央财政通过安排转移支付资金，承担对市县级公安机关的保障责任。在中央财政大力压缩专项转移支付资金的背景下，部领导亲自协调，向财政部反映公安转移支付制度的重大意义和作用。在财政部的鼎力支持下，最终确保公安转移支付资金和所有公安专款得以全部保留，公安转移支付制度得到固化。

各地公安机关积极争取地方党委、政府重视，争取财政、发改委等部门支持，落实本级保障责任，加大对公安经费的投入力度。省公安厅担负起督促责任，确保本级投入不低于前期水平。大多数省份狠抓公用经费本省达标率，

---

① 2011 年 9 月，公安部召开全国公安装备财务工作会议，明确提出经费保障、装备建设、基础设施建设、应急保障、基础工作、队伍建设等 6 个方面 210 项重点任务，简称“210 工程”。

并通过党委会议纪要、财政发文等形式，积极探索建立公用经费增长机制。

“210 工程”建设期间，中央转移支付资金始终向中西部地区公安机关倾斜，有力促进了东部、中部、西部公安经费保障趋于平衡，有效促进了全国公安工作协调发展。2010 至 2015 年的五年间，西部地区公安机关占全国公安经费总支出的比例由 23.8% 逐步提升至 27.5%。

另一方面，促进资金分配合理性科学性。公安经费保障政策是各级公安机关做好经费保障工作的根本性依据，影响面广、权威性强。近年来，中央安排转移支付资金总量保持较高水平，促进转移支付资金分配政策更加合理、更加科学，对于提高公安经费使用效益有着重要意义。

针对公安转移支付资金分配中，市级和县级的比例与实际需求不相适应的问题，公安部装备财务局与财政部有关部门反复沟通协调，争取调整转移支付资金分配比例。2013 年财政部明确将市级比例从 20% 提高到 25%；2015 年 10 月印发的《政法经费分类保障暂行办法》删除了转移支付资金的分配比例限制，省级财政可根据实际灵活确定市级和县级的分配比例。该项政策的调整，有利于市级公安机关加大装备经费投入，支持市级公安机关开展技侦、网侦、DNA 数据平台、大情报系统、警用地理系统等跨区域、跨警种和大型业务装备建设。

长期以来，交警部门的经费保障模式使该警种很少受益转移支付资金政策，容易导致执法问题。为使转移支付资金政策惠及交警，在公安部装备财务局的积极呼吁下，从 2013 年起，财政部在下达年度基层公检法司转移支付资金时明确“对公安交警，应按照预算管理体制，将经费隶属于市县的交警部门纳入公安转移支付资金保障范围”。收支脱钩、全额保障的交警经费保障体制逐步建立，减少了交警经费保障对罚没款和行政事业性收入的依赖，有力推进了交警的装备建设，提升了交警的执法规范化水平。

为促进警航事业加快发展、适应新型安全需要，公安部装备财务局通过多种渠道向财政部反映将警用航空建设纳入公安转移支付资金保障范围。经公安部、财政部两部会签，2015 年，公安部印发通知，明确“分配给维稳任务较重的市级公安机关的中央转移支付资金，可用于其购置警用航空器材（含警用无人机）、机载装备和保障装备”。该文件的出台，拓宽了市级公安机关警用航空建设的资金渠道，对警航力量的发展壮大和格局优化有积极的促进作用。

与此同时，公安部装备财务局紧紧抓住中央深化财税体制改革的契机，积极开展建立事权与支出责任相适应的公安经费保障体制研究，努力推动“按照事权与支出责任相一致原则，健全公安经费保障体制”这一项公安改革任务早日形成成果。

2. 调整经费保障标准，增强基层保障能力

县级公安机关公用经费保障标准是建立和完善公安经费保障机制的重要内容，是有效解决县级公安机关经费保障困难的基本措施。2004 年9 月，财政部、公安部联合出台《关于制定县级公安机关公用经费保障标准的意见》，为规范和保障公安机关经费需求发挥了重要作用。但是，随着物价水平的上升、公安机关办案业务量的增加，原定公用经费保障标准已不适应工作需要。为有效增强基层公安保障能力，切实解决基层经费保障困难问题，公安部装备财务局把推动调整县级公用经费标准作为“210 工程”的重点任务紧盯不放，逢会必谈，挂旗督办，强力推动，督促指导各地在2004 年制定的县级公用经费保障标准基础上，根据各地实际需要，调整提高保障标准。同时，借公安改革的春风，积极与财政部就完善县级公安机关公用经费保障标准和公用经费正常增长机制，以及建立市级公安机关公用经费保障标准一事进行商议。

各省级公安机关领导高度重视本地县级公用经费标准调整工作，多次向当地党委主要领导汇报，亲自出面协调财政部门；各地警务保障部门积极开展调查研究，全面掌握基层实情，认真进行测算分析，提出调整意见，并积极与财政部门沟通争取。目前已有北京、天津、山西、黑龙江、上海、江苏、浙江、安徽、江西、山东、广东、广西、重庆、贵州、云南、西藏、陕西、甘肃、青海、宁夏、新疆等21 个省份和新疆生产建设兵团提高了公用经费保障标准。浙江2015 年将县级公安机关公用经费最低保障标准上调1 万元，城区公安分局上调1.5 万元，并明确市级公安机关公用经费保障标准原则上不低于6 万元；安徽2014 年将人均最低保障标准由不低于1.7 万元调整到不低于3.8 万元；江西2013 年将原来一、二类地区的县级人均公用经费标准上调了 1.9 万元，三类和四类地区分别上调了 1.6 万元、1.3 万元；陕西 2012 年将县级人均保障标准上调 1 万元，同时建立激励约束机制：对于达到或高于标准的县，在安排政法专款中予以奖励，对于低于标准的县核减或停拨，并予以通报；贵州 2012 年在调整标准的同时，明确规定了县级财政保障的办案（业务）经费最低标准。

县级公用经费标准的调整，有效增强了基层公安机关的保障能力，全国县级公安机关人均公用经费由 2010 年的 4.03 万元增长至 2015 年的 5.66 万元，增长 40%。更重要的是，通过“210 工程”建设，基层公安机关所需经费由各级财政予以全额保障、按标准保障，基层保障困难问题得到根本性解决，彻底改变了基层公安机关主要领导“很大精力在四处化缘”和“因经费不足而影响执法办案”的不正常局面，有力促进了执法规范化建设。

3. 坚持 “三个服务”， 保障各项重点工作

经费保障工作只有围绕公安事业发展，把好建设方向、把准资金投向，才能赢得支持，才能获得不断前进的强大动力。五年来，全国警务保障部门以“210 工程”为载体，坚持“服务中心工作、服务实战需求、服务基层一线”，有力支撑了公安工作和队伍建设。

优先保障中心工作的经费需求，服务中心工作开展。各级警务保障部门及时了解本地公安机关中心工作开展的经费需求，积极争取专项资金或统筹安排专门经费用于中心工作的开展。各级警务保障部门还大力保障配备执法记录仪、规范化设置执法办案场所的经费需求，全力助推执法规范化建设。

积极加大装备建设投入，有力保障了公安装备建设实现跨越发展。警务装备是实战能力提升的重要支撑。为贯彻落实《全国公安装备建设“十二五”规划》，各级公安机关警务保障部门积极争取装备建设项目经费，普遍加大了对公安装备建设的经费保障力度。“十二五”时期，全国公安装备经费总量比“十一五”时期增加了 1.5 倍。有力支撑了指挥通信、刑事技术、侦查技术、应急处突、社会管理服务等执法勤务装备建设，警用地理系统和警综平台、视频监控系统、情报平台等现代技术装备手段建设以及警用航空建设。

着力保障信息化建设经费需求，助力立体化社会防控体系和便民利民服务平台的构建。五年来，全国公安机关建成了以大数据中心建设为龙头、全面覆盖公安业务、基本满足应用需求的信息系统以及全警种深度应用的综合性平台。基于“大数据”“云计算”的公安情报信息平台建设和基于“互联网+”技术的公安装备建设形成良性互动，成为提升警务效能的“倍增器”，为构建立体化社会防控体系打下坚实基础。随着公安信息化综合运用逐步推广，各种便民利民的服务和平台层出不穷，真正实现了让数据多跑路、让群众少跑腿。

4. 出台管理办法，提升财务规范化水平

联合财政部出台《公安机关财务管理办法》是“210 工程”的一项重要任务。

“210 工程”启动之初，公安机关实施财务管理基本遵循的 1997 年 1 号文件已经执行了 14 年。随着部门预算改革、国库管理制度改革、政府收支分类改革、预算外资金管理改革等一系列财政改革和司法保障体制改革的深入推进，以及公安机关面临形势任务的变化，该文件中的很多内容已不适应财务管理工作需要，各级公安机关财务人员多年来不断反映这一问题，呼吁公安部尽快商财政部进行修订。

公安部装备财务局积极回应公安财务人员的期待，加强与财政部的沟通协调，积极推动两部联合修订有关文件。2011 年 3 月，公安部装备财务局联合财政部行政政法司在北京召开了公安机关财务管理办法座谈会。在之后的三年里，公安部装备财务局广泛征求各方意见，反复修改完善；同时与财政部行政政法司随时沟通情况，做到出现问题第一时间知晓、第一时间沟通、第一时间解决。经过不懈努力，办法于 2014 年 5 月 22 日正式印发。

《公安机关财务管理办法》较好解决了公安机关财务管理基本制度与财务管理实际工作不相适应的问题。作为这项工作的主要参与者，经费保障指导处处长王春英说，办法出台历时 7 年，经深入调研、反复研究、广泛征求意见，最终颁布实施实属不易，办法为推进公安机关财务规范化、科学化、精细化管理提供了坚实基础，有利于经费保障效能的提升。

5. 创新管理方式，最大限度提高使用效益

公安机关财务管理水平高低直接关系到公安机关的整体保障效能，关系到公安机关依法履职的顺利进行。“210 工程”实施五年来，全国公安机关警务保障部门一手抓经费保障，一手抓财务管理，最大限度提高经费使用效益，实现了由“勤俭持家型”向“科学理财型”转变，呈现良好发展势态。

以信息化提升管理水平。信息化是加强财务管理工作的重要引擎。各级公安机关警务保障部门积极推进财务管理工作与信息化有机融合，以信息化促进财务管理工作的科学化、精细化。公安部装备财务局建成并广泛应用公安装备资产管理平台、财务管理服务信息平台，不断深化公安转移支付资金管理信息系统应用，进一步健全经费、装备、资产等底账。天津、吉林、山东、广东、海南、贵州、云南、甘肃、青海、宁夏、新疆等地启动应用了省级财务管理平台系统，实现财务管理信息的分层次管理和集成化管理。北京实现了对全局18个警务保障管理系统的集中管理与信息共享，建立了全局统一的“管理、服务、查询、分析”为一体的资产动态管理新模式，形成了“警务网上运作、信息网上共享、管理网上进行”的信息化工作格局。广东开发使用了“广东公安警务保障平台”，实现了不同系统间数据共享，打造了便利的、人性化的服务窗口。

以科学化改进预算管理。预算管理是公安机关财务管理的核心。各级公安机关警务保障部门不断强化预算约束，预算管理科学化水平不断提高。公安部装备财务局推动项目库管理，打破部门警种界限，将项目按层次分为一级项目和二级项目，确保项目设置突出重点、高度概括、数量精简、综合统筹，更好保障各类突发性、即时性、变化性经费需求。北京进一步加强直属单位预算管理工作，前置介入直属单位涉及经费事项的党委会和办公会，提供政策支撑、通报指标预算，规范资金使用。上海推行“编制有目标、执行有监控、完成有评价、评价有反馈、结果有应用”预算全过程管理，健全完善“问效+问责”的预算绩效评价管理机制。天津、安徽、湖北、广西等省份在预算编制、预算绩效管理方面获得了财政部门的奖励。

以规范化完善内部控制。内部控制是防范公安机关经济活动风险的利器。各级公安机关警务保障部门积极探索，采取多种措施，不断完善内部控制。北京为提高财务管理水平，改变原有的市公安局统管和单位核算并行的两级管理方式，建立一套“统一经费核算、统一工作模式、统一人员管理”的财务统一管理运行模式，具有里程碑的意义。浙江衢州强化问题导向，市公安局和各县（市、区）公安（分）局均成立以“一把手”为组长的内部控制领导小组，由警务保障部门牵头成立由各部门“一把手”参与的领导小组办公室，负责对内控风险点进行全面梳理评估，对重点业务固化流程，明确风险控制点；其资产管理方面的内部控制工作流程建设成效尤为突出，得到浙江省财政厅的充分认可，在浙江省财政厅行政政法工作座谈会上作交流发言，同时被《浙江财税与会计》刊载。山东研发的“行政单位经济业务内控管理平台”以经费预算为源头，沿资金运行轨迹，将内部控制贯穿经济活动的决策、执行和监督全过程，实现对经济活动的全面控制，荣获山东省科学技术进步二等奖；省公安厅被财政部确定为首批单位内控规范联系单位，《中国会计报》对其内部控制建设进行专题报道。

以全程化加强财务监督。财务监督具有制约性和促进性，对财务管理的规范化、精细化、阳光化具有重要意义。各级公安机关警务保障部门坚持事前监督、事中监督、事后监督相结合，日常监督与专项监督相结合，全程实施财务监督。装备财务局每年派出稽查组开展工作，同时组织开展全覆盖的省际交叉稽查。宁夏对资金使用管理进行专项督导、定期通报，签订重点项目责任书，并与财政部门联合考核评比，建立了网上网下督导巡查机制，将资金使用管理情况与以奖代补、下年度资金分配挂钩，奖优罚劣。安徽采取制度执行、任务导向等形式规范工作流程，并充分运用按月考核、按月通报等手段加强日常管理，在项目建设中，严格执行事前预算、事中监督、事后审核的管理原则，实现全过程管理和监督。各级公安机关警务保障部门通过省际与市际交叉稽查、全面自查、重点抽查、专项稽查等方式，加大对三公经费、专项资金的财务监督力度，防止各类资金游离于财务监管之外，实现财务监督全覆盖。

资料来源：《让公安发展的“源头活水”奔涌长流——210 工程建设经费保障综述》，《人民公安报》2016 年 5 月 25 日，第 3 版。

（四）公安成本与收益分析

1. 公安成本与收益分析的概念及特点

成本与收益分析是经济学的主要分析方法。成本与收益分析，是指在一项决策中，以货币为单位，认真核算这个项目所有的收益和成本，然后对它们进行比较，确定这个项目是否值得投入的一种方法。它是建立在严格定量、定性分析基础之上的，是可以普遍应用的科学方法之一。[①]

在测度公安工作的各种成本和评价项目收益的时候，一般而言，成本是即时的、客观存在的，可以用货币估算出来，而收益的测量则比较困难，尤其是与公安工作相关信息的价值收益往往经过较长的时间才能显现出来。因而在公安机关这类非营利性公共部门中测算服务的价值效益比普通的企业更为困难。尽管如此，经济学的成本与收益分析的许多假设与比较方法却可以用于从各种可能的分析与比较中权衡收益的大小。

公安机关投入各种物质成本开展各项警务工作所取得的收益是为经济社会发展和民众生活所创造出的稳定的社会治安环境。社会对公安机关的执法服务需要是无限的，而政府对公安机关的经费等成本投入则是有限的。所以，对于公安成本与收益的科学分析，既可以用来衡量公安工作的社会效益和经济效益，也可以反映出政府和社会对公安工作的投入、支持水平。

公安机关经费使用的成本与收益分析具有以下特点[②]：（1）公安机关进行与经济相关的决策，要以社会秩序等级和公众安全感最大化为目标，而不能像私人经济部门一样仅以利润为目标。公安机关作为政府中的一个非营利性部门，输出的公共产品是与公共安全密切相关的各类服务，其本质属性就是满足公民的安全需要而不以出售服务与产品为目标。这就要求在对公安经费使用过程进行成本与收益分析的同时，要本着管好用好政府预算资金的原则，在对有限的公安经费合理使用的同时，强调输出与公共安全相关的公共产品的质量和数量，真正做到全心全意为人民服务。（2）公安工作的许多投入和产出不能直接用市场价格来估计。这主要是由两个因素决定的：一是与公安业务工作分析相联系的市场价格根本不存在，因为大部分公共安全产品不是在市场上进行交易的，而是无偿提供或输出的；二是考虑到市场失灵现象的存在，在许多场合价格不能反映相关产品的真实社会边际成本或社会边际收益。公安工作的收益主要是社会收益，由于产品的无偿性决定其收益

---

① 张玲．公安机关经费支出监管理论与实践．中国人民公安大学出版社，2007：107.

② 张玲．公安机关经费支出监管理论与实践．中国人民公安大学出版社，2007：108～109.

无法用货币来计量，所以相关产品的社会边际成本和社会边际收益同真实商品在现实状况下的不准确的价格是不能作比较的。公共安全产品对于每个公民来说边际收益不符合普通商品所遵循的“边际效益递减”这一规律。

2. 公安成本论

（1）公安成本与成本管理。经济学是研究如何使稀缺性资源达到最佳配置的一门学科。成本理论是经济学的重要理论。要获取收益必须支付成本，如果成本投入过量，会付出不必要的代价；如果不够，则不能达到预期收益。《现代汉语词典》（第7版）① 里给“成本”下的定义是：产品在生产和流通过程所需的全部费用。人类社会要生存和发展，就必须进行生产，而“生产就是将投入转化为产出的过程”。同样，开展公安建设和实施警务活动也需要成本投入。综合考虑成本概念和公安工作的特殊性，笔者认为，公安成本是指公安系统运作的全部费用支出。它具体包括在公安队伍建设、公安基本设施建设和警务工作等各个环节中，公安机关为实现警察管理目标和履行公安职能所耗费的人力、物力、财力和时间资源。与生产成本相比，公安成本具有非生产性、不确定性等基本特征。

成本管理，是对企业生产经营过程中的成本核算、成本分析、成本决策和成本控制等一系列科学管理行为的总称。成本管理是企业管理的一个重要组成部分，它要求系统而全面、科学和合理，它对于促进增产节支、加强经济核算、改进企业管理、提高企业整体管理水平具有重大意义。同样，从经济学的角度审视和管理公安成本，将有助于公安工作在选择上做出更加理性的决策。现代公安的高投入、高消耗，以及对经济社会发展产生的巨大影响，要求在公安决策中对经济因素予以更多关注，要争取以最小的公安成本达成最大的公安效益。这就必然要求公安机关牢固树立成本意识，科学实施成本管理。

① 中国社会科学院语言研究所词典编辑室．现代汉语词典．高务印书馆，2017：164.

相关资料

房县公安局实施“案件成本核算”见成效

魏世银等

湖北省房县是国家级贫困县，当地公安机关年人均经费只有8000元，经费不足已成为制约公安机关侦破案件的主要瓶颈之一。为此，房县公安局从自身实际出发，推出以最少的经费投入取得最佳办案实效的“案件成本核算”制度，经过一年多的实践取得明显效果。他们通过实施“案件成本核算”制度，把全局上下节约“一张纸”“一度电”“一元钱”挤出的40多万元配套资金，投入建立了公安专网，使科技发挥出巨大的效益。一批作案后潜逃多年的犯罪嫌疑人通过网络被验明正身，纷纷落网，为该局节省了大量的人力和经费，彻底改变了过去民警盲目外出追逃造成成本过大，甚至无功而返的经费浪费状况。房县公安局经济案件侦查大队在落实“案件成本核算”制度中，把提高侦查人员法律业务素质放在首位，每周抽出两个晚上及周六一天时间集中学习。此外，该大队还请来税务、审计等部门的专业人员为民警传授业务知识，使每个侦查人员都能精通一法一技。

“案件成本核算”制度的实施，较好地解决了房县公安局日益繁重的案件侦破工作与经费严重短缺之间的矛盾，仅从该局刑侦部门提供的数据来看：2002年该局共侦破刑事案件397起，追捕在逃人员89名，数量比往年有所增加，而用于破案和追逃的经费却比上一年度分别下降了31%、27.5%，仅此一项就节约办案经费近30万元。

资料来源：《办案也讲经济学》，《人民公安报》2003年1月6日。

（2）公安成本的经济分类。

——公安平均成本（average costs），又称单位公安成本。它是指开展或实施一项平均单位的公安建设和警务活动所支出的费用或所付出的代价，等于公安总成本/公安供给。由于平均成本不是针对某项公安建设和警务工作的，而是对诸多公安建设和警务工作进行综合检验，因此，公安平均成本的高低是衡量一国警察系统是否有效率的直接标准，是公安支出的外在表现。

——公安边际成本（marginal costs）。它是指开展或实施某项公安建设和警务活动而支出的额外或增加的费用。这一概念反映的是随着公安建设及其警务工作量的增加，公安成本与收益的相对变化情况。由于存在边际成本递增的经济学规律，研究公安边际成本的意义也就在于论证增加警务资源供给的合理性，否则无限地供给反而会导致警务不经济的现象产生，比如在实践中无限地增加警力未必就能降低犯罪率，增加警力到何种限度最为合适必须符合公安边际成本的规律。

从经济学的均衡理论角度看，我们也可以提出公安的边际成本—收益均衡模型。公安作为公共安全品，由国家提供，而国家对公安事业的投资原则应当是：最后一笔警务花费所得到的公安边际收益恰好等于支出此项开支的警务运作所需要投入的公安边际成本。换言之，公安供给符合边际效用递减规律，即警察越多，从新增警察中获得的效用就越少；警察法令朝令夕改或同一种警务供给过多，其效用递减，人们遵守秩序的积极性就越小。以我国改革开放 40 年来的公安队伍建设进程为例，1978 年，有公安民警 71 万人。改革之初，针对百废待兴、社会治安秩序混乱的情况，我国加快了公安建设的步伐，警种部门不断分化，队伍规模不断扩大，目前已发展到 200 万人。实践证明，在改革开放初期，公安机关拨乱反正，加快民警队伍规模建设，对于加强公安工作和维护治安秩序发挥了重要作用。但随着公安部门的不断增加和队伍规模的持续扩大，警种林立、机构臃肿、人浮于事，官僚化倾向日益严重，增加了公安系统的组织管理成本，新增了“内耗”成本，致使新增警察的边际效用递减。由此我们认为，警察的最佳供求均衡点应位于边际公安成本等于边际公安收益的水平。如果边际公安成本大于边际公安收益，说明警察供大于求，存在着警察干预过度和公安成本投入过剩的情形，应予以缩小，直到边际公安成本等于边际公安收益为止；如果边际公安成本低于边际公安收益，说明警察的最佳效益尚未实现，警察供不应求，公安建设的投入不足，应扩大警察供给，直到边际公安成本等于边际公安收益时为止。

——公安机会成本。研究公安机会成本的意义，在于处置同一事件时如何在多种选择模式下获得最优策略，科学分配既定警务资源并获得最大收益。我国千古流传的“田忌赛马”① 的故事便是机会成本理论最好的诠释。如在处理同一突发公共安全事件时，出动哪些警种、多少警力，动用哪些警械装备获得的社会效益和警务效益会更显著，这便是公安机会成本分析的目的。如何将不同级别的资源在相关领域进行合理分配以获得事半功倍的效果值得深思和研究。

——公安寻租成本。公安权力交易，从法学角度来看是一种行贿受贿行为，经济学理论称为“寻租”。寻租者为获得非法的警务相关利益而付出的成本便是公安寻租成本。这样的成本不仅体现在寻租行贿所产生的费用以及通过中介的交易成本中，而且体现在寻租者和被寻租者承担因违法犯罪而受惩罚的风险成本以及对社会造成的损失上。通过公安寻租成本分析，可使警察违法成本得以量化，违法根源得以解释，从而对整体警务进行绩效和道德评价。

——公安运行成本。公安运行成本是所有公安职能业务活动得以实现所

① 据《史记》卷六十五《孙子吴起列传第五》记载，战国初期，齐国使者到大梁来，孙膑以刑徒的身份秘密拜见，劝说齐国使者。齐国使者觉得此人是个奇人，就偷偷地用车把他载回齐国。齐国将军田忌非常赏识他，并且待如上宾。田忌经常与齐国众公子赛马，设重金赌注。孙膑发现他们的马脚力都差不多，可分为上、中、下三等。于是孙膑对田忌说：“您只管下大赌注，我能让您取胜。”田忌相信并答应了他，与齐威王和诸公子用千金来赌注。比赛即将开始，孙膑说：“现在用您的下等马对付他们的上等马，拿您的上等马对付他们的中等马，拿您的中等马对付他们的下等马。”比了三场比赛，田忌一场败而两场胜，最终赢得齐王的千金赌注。于是田忌把孙膑推荐给齐威王。齐威王向他请教兵法后，就请他当军师。田忌在比赛规则内，调换了赛马的出场安排，舍弃其一赢得其二，由此获得最终胜利的思想，与现代运筹学合理安排资源和条件，用最好的方法实现目标的原理是一致的。总体上看齐威王和诸公子的马优于田忌的马，但由于田忌利用了孙膑的最佳组合法，结果赢得胜利。孙膑的最佳组合使我们看到力量重新配置和整合的重要性，力量配置和整合得当就可以起到事半功倍的效果，力量配置和整合不得当的结果可能直接导致事倍功半。“田忌赛马”是中国历史上有名的揭示如何善用自己的长处去对付对手的短处，从而在竞技中获胜的经典事例。

必需的制度成本和物质成本，主要包括公安立法成本、公安执法成本、公安建设成本和警务改革成本等。在实际业务中，体现在制定相关法律的立法投入、公安业务工作中的个人工资及办公费用、公安机关固定资产投资建设经费和警员培训经费，等等。公安运行成本分析的目的在于研究公安机关内部利益分配及调剂机制，以便在各警种、部门间科学地分配资源。

——警务协作成本。所谓警务协作，是指两个或多个地区甚至国家之间作出的关于相互进行警务交流与协作的承诺。这种承诺一般是通过正式签订警务合作协定来确认和保障实施的。一般分为国际警务合作与国内警务合作。不同地区或国家警察机关建立的警务协作机制负有为维护社会公共安全而共同预防控制违法犯罪的责任。从经济层面看，这种警务协作机制提供的社会公共安全是一种公共品。不同地区或国家警务协作机制的形成可以被看做是一种经济选择，通过这种形式，一个地区或国家能够提升其社会公共安全水平，同时减少它的公安成本或负担。

目前，公安保卫任务的日益繁重和公安经费的紧张，对公安机关提出了寻求提高资金的使用效率和价值的挑战。特别是在治安问题外溢和犯罪跨区域化不断增强的情况下，各地公安机关不得不考虑通过加强双边或多边警务合作的渠道实现资源共享、节约警务成本，改变单打独斗的非效率警务行为。2010 年以来，各地公安机关认真贯彻落实公安部党委的决策部署，强力推进区域警务合作，东北、环首都、西北、泛西南、苏浙皖沪、中部五省、泛珠三角七大区域警务合作机制相继建立，覆盖全国、辐射全警、联动有关部门的警务合作格局已基本形成，并在实战中发挥了重要作用，为保障中心任务、维护社会稳定、服务经济发展作出了重要贡献，已成为新形势下公安机关开展整体防控、实施整体作战、提升整体战斗力新的增长点，成为公安机关统筹内外资源、形成整体合力、提升社会管理能力和服务水平的新的切入点。为进一步加强和规范公安机关跨区域、跨警种、跨部门、跨国（境）警务合作，公安部在总结各地开展警务合作经验的基础上，于 2011 年 9 月 9 日出台了《关于全国公安机关加强警务合作的指导意见》。该意见提出了围绕中心、服务大局，简便高效、服务实践，常态合作、应急联动，资源共享、互助共赢的警务合作基本原则和“常态、共享、联动、共赢”的基本理念。

区域警务合作在提高警务效率和提升警务质量方面，发挥着越来越大的作用。建立区域警务合作机制，将有效增强打击合力，尤其是对打击一些社会影响大、群众反映强烈、跨区域流窜作案等重特大案件和交通整治行动，既可以强化打击整治力度和精确度，又可以减少人力、财力成本，形成高效有序的合力。从公安经济学角度看，对这些区域警务合作实践要认真进行总结，既要全面梳理那些行之有效的有益做法，又要客观分析制约合作的突出问题，特别是要深入研究在应对紧迫任务、处置重大事件、加强日常协作等实际工作中，如何做到健全合作机制、提高合作效率、节约警务成本，不断提升区域警务合作的层次和水平。据统计，泛西南地区警务合作机制自2010年建立一年多来，各成员单位间累计提请警务合作1.3万余次，互通信息近8000条，合作破获刑事案件2700余起，抓获在逃犯罪人员2400余名，挽回经济损失3400余万元。①

相关资料

国际警务合作成本论

张　杰

（一）国际警务合作成本分类及其效益体现

1. 国际警务合作的有形成本和无形成本。

国际警务合作的成本可以分为有形成本和无形成本两类。凡是可以用支付金钱形式表现出来的耗费属于有形成本，如预算，财、物、人力；无形成本指不直接以金钱支付的时间、距离、程序等，如期限、机制、策略、国家间警务关系、素质、法治、国际印象等。具体投入的目标包括：国际侦查协作、国际通缉、跨国追捕与遣返、犯罪受益的追缴、诉讼移转等。

---

① 公安部：泛西南六省警务合作一年来成效显著．中国政府网，2011－11－2.

有形成本与无形成本共同制约合作的成效。就案论案，忙于投入人、财、物力，忙于结案，缺乏对犯罪预谋过程、团伙分工情况的深挖和思考，缺乏对个案规律的思考，每次遇到此类案件均重复工作，就是有形成本过度投入的表现。因此，成本与效益的关系反映出战略与战术的关系：短期节约成本，战术有利，但长期战略上可能有害；短期收益较好，可能长期收益有害；有时有利，有时有害。

与之相对应的无形成本，如法制、素质，在国际警务合作中也非常重要。各国法律间的差异和冲突、司法管辖壁垒制约着合作的成果。一些犯罪嫌疑人的出逃国与本国在引渡、赃款没收等方面存在法律空白，只能就案论案，由此付出了巨大的成本。美国联邦调查局国际案件处一位资深官员在谈到对付跨国案件时也不得不承认：语言问题是联邦执法部门在海外采取执法行动的主要障碍之一①。就中国来说，懂外语的往往能满足事务性工作却不能满足专业性案件翻译的需要，因此不得不另请翻译，就造成了因无形成本不足导致有形成本过度投入的后果。在我国公安院校近年来所承办的诸多外国执法官员及警官培训的国际合作项目实施中，由于自身缺乏高水平的双语教学人才，常常要同时聘请几个语种的翻译同场翻译，有形成本投入相当高。如果能够培养大批业务能力强、有开拓精神、熟悉当地语言文化和法律、能够打开局面的综合性人才投入到国际警务活动中，则会取得更好的效益。

2. **国际警务合作的时间成本和机会成本。**

从时间投入看，国际警务合作作为一项高度专业化工作，不是转瞬即逝的专项行动，需要长期经营。如境外追逃案中有关逃犯的证据、法律文书的制作完成、送达时间是事先还是抓获时，对案件很关键。如果时间滞后，则国外法庭可能已作出保释决定或转入诉讼程序，导致追逃遥遥无期，经历几代警察才可能有结果，使应有的效益丧失殆尽。公安机关在侦办跨国犯罪案件中，若境外调查取证不够及时，往往会导致对犯罪嫌疑人按期逮捕起诉较为困难。一些涉外案件最终不能对犯罪嫌疑人及时提请逮捕起诉的原因之

---

① 于澄涛．境外追捕逃犯问题分析．公安研究，2003（1）．

一，就是境外调查取证不够及时，缺乏境外犯罪活动的有关证据。要减少时间成本的丧失，应及时同步开展境内外调查取证，或请求外国警方协助取证，以免境外取证滞后或取证时间过长而导致对犯罪嫌疑人超期羁押、证据不足，不能及时将犯罪嫌疑人逮捕起诉。

国际警务合作对时间的要求比对普通案件更高，而准确把握时间的难度又比普通案件难度大。因为各国的法律程序和机制不同，国际合作的经验与节奏也不同。影响时间成本的主体不仅包括我国，还包括与我们合作的对象国家。影响对象国家的时间成本的因素主要有两个：一是主观上的，即我们对对象国的了解程度和熟悉程度；二是客观上的，即对象国家的时间意识、重视程度、法律程序等。前者完全是我们可控的，后者大部分是我们不可控的。在后者当中，关于重视程度的问题是受交往合作的印象成本（无形成本）影响的。因此，我们应当注意：不同成本之间的关系是互相制约和影响的关系，不是毫不相干的。

与此相应的机会成本是指在具有稀缺性的国际警务合作中作出一个选择，从而放弃其他方式途径的代价，它从动态角度考察国际合作，从而促使警务机关面对多种行为方式作出经济学上最有效益的合理选择。机会成本在国际警务合作的实践中，表现在选择何种方式将境外犯罪嫌疑人转移到我国，或多种方法下选择什么样的次序实施。例如，赖昌星案中，对赖昌星的起诉如果最初从刑事犯罪起诉的话，那么效果可能是引起加拿大司法界的重视；在选择遣返回国方式上，最先据经验认为，非法移民遣返途径成功可能性大，即吊销其护照或其他方法证明其为非法入境，并要求被请求国以非法入境为由将其驱逐出境并遣返回国，这比引渡和刑事诉讼更灵活、限制更少。然而，事实与我们的期望正相反，这种机会成本带来了遣返的不成功。在上一程序转入下一程序的时候，都有瞬间时机争取到境外执法部门支持。相反，逃犯申请难民庇护，可能导致移民部门作出撤销签证或拒绝延期签证的决定，遭遇难民资格认定诉讼，过程繁杂，持续时间有时长达数年，追逃成本甚至超过外逃犯犯罪所得。如果选择更能引起加拿大重视的刑事诉讼、通过刑事司法协助途径，结果则可能有所不同。

机会成本往往与时间成本呼应，即形成在实践中怎样把握战机的博弈。

机会成本与时间成本的投入应遵循针对性和战机性原则，即根据合作事务的不同情况、目的与要求，有针对性地采取相应方式，抓住有利于警务合作而不利于作案人的时机。

（二）提高国际警务合作效益的途径

经济学上，效益是通过成本最小化或资源最优化配置实现的。国际警务个案合作收益的计算是简单的，只需对追缴收益简单计算便可知晓。然而，实践中常常会忽略宏观层面的经济收益，对能够带来直接经济收益的警务合作不惜成本，这是一种急功近利的表现。个别大案罪犯花重金买回，固然反映了执法的严肃性，但如果所有的追逃都不惜代价，不考虑经济成本，那就难免得不偿失了。近年的许多逃犯是我国从东南亚重金“买”回来的，这几乎是“成功”追缉的主要手段了，似乎再也找不到更好的办法。[①] 动用上百万美元追回普通逃犯，违背成本与效益关系规律，也不符合国际警务合作的渐进性。现阶段我国的国际警务合作在以下几个方面还存在降低成本、优化配置的空间：

1. 从利益中建立依赖关系， 建立有约束力的机制。

目前，国际警务合作成本居高不下的一个重要原因是：制度未能形成、合作不够深入。合作各方在司法理念、法律制度等方面差异较大。一旦涉及司法合作，机制的不同、观念的分歧、细节的推敲、心理层面的不信任，都将增加合作成本。

不信任来自对利益分配的担忧和信息的不确定性。合作方关心的不仅是“能获益吗”而且是“谁获益更多”，利益成了合作的基础。国际警务合作是不断博弈和妥协的过程，主权国家的行动准则是以最小的代价换取最大的利益，但如果总是企图通过相互依赖关系让对方做出更多的让步、承担更多的责任以获取最大的利益，就有可能导致国际警务的不合作。国家应该抓住一切机会谋取实际利益，在国际案件的处置中遵循“两利相权取其重，两害相权取其轻”的原则，逐渐让这一原则形成具有约束力的国际警务合作机制，即在各国警务机关领域里由愿望汇聚而成一套明示或默示的原则、规

① 于澄涛．境外追捕逃犯问题分析．公安研究，2003（1）．

范、规则和决策。

例如，在打击腐败的国际警务中，中国、印度这样的国家属于腐败资金流出国，一般说来，在国际警务合作中更易倾向于关注腐败资金的追缴与返还；而英国、美国这样的国家作为腐败资金流入国，对合作追缴资金的积极性不高，他们更倾向于关注如何实施预防性措施。同时，中国缺乏与众多的资金流入国和犯罪分子潜逃目的国博弈的筹码。这首先是因为中国法治薄弱，而且没有同国际接轨，也不是诸如全球性反洗钱组织的成员。其次，与中国签订引渡条约的国家仅二十余个，只占全球200多个国家的10%，而且这些国家大多数是发展中国家，不是很多出逃者的理想避难所。也就是说，在国际警务合作中我国依然属于依赖他国的角色，尤其依赖发达国家。这使得我们在国际警务合作的某些时候难免陷入政治性的讨价还价中，付出更多的政治成本。

共同的利益和依赖关系是警务合作产生的前提，但是共同利益和依赖关系并不意味着会产生国际警务合作。例如，环保和气体排放问题虽然属于社会公共利益，但各国很难采取合作行为、集体去实现利益。可见，要推进国际警务合作的发生和发展，当务之急是抓紧制定完善法律机制的战略计划，积极寻求共同关注点，或者说积极寻找彼此依赖点：比如，非法移民、知识产权、禁毒、反恐、网络犯罪等，即通过彼此的需要，来缩小矛盾冲突。伴随着我国改革开放的深入和与世界交往的增多，这种彼此需要的切入点会越来越多。国际联系越紧密，相互之间交易的成本就越高。而成本昂贵的国际交往中，一套成熟的国际警务合作机制具有较强的权威性和制约性，这种属性会使机制体系中的成员减轻不确定的心理，使合作的可能性得到加强，随后通过国际合作机制的设计和创新来降低交易成本。

对中国而言，国际警务合作未来方向应是用机制控制交易成本。机制的初期载体可以是一些若干国家构成的地区性或国际性组织。我国目前在与东盟的警务合作以及在上海合作组织框架内与俄罗斯和中亚国家的警务合作中，已经取得了一定成效。当然，这种合作框架还需要更多的实质内容。当把更多实质的、具体的警务合作放置到逐渐成熟的组织中，伴随着合作机制的日益成熟，它所扶持的合作项目可以不断地增加，国际警务合作的成本就逐渐降低了。

2. 从国际警务专业化到建立专业型警察。

我国目前在国际警务中具备职业化条件的是警务联络官，其主要职责是负责与外国执法部门联络、交流情报信息、促进侦查与司法协助，做好中国人领事保护工作，建立良好的警务关系。各国情况不同，警务联络官的工作重点也不同。目前的警务联络官的派驻方式是流动的、可变的。这不利于人力、信息和关系网等资源与成本的利用与发挥。例如，派驻某国的警务联络官任期届满后回原派出单位，其经验、关系网就不会再用于国际警务。因此，流动性的派驻方式加剧了国际警务资源的有限性，不利于资源的优化配置。这就需要通过加强警务联络官的职业化建设，变绝对流动人才为相对固定人才，确定编制和人员，工作流动岗位固定在我国派驻国警务联络处范围内，不回原单位，就可以促进资源的优化配置，降低成本。

3. 从教育和培训中挖掘国际警务合作的成本空间。

当代社会中，任何一项事务的专业化或职业化的前途或基础，都必然落实到对相关人才的教育培训事业上。当前，我国亟须解决的一个重大战略问题，就是要建立健全科学的涉外警务培训机制，努力培养一支具有国际外交和国际警务知识的复合型人才队伍。并且在这种涉外警务培训中，就可以尝试与不同地区、不同层面的国家开展双边或多边合作，综合利用各自的资源和优势联合培养国际警务合作人才。提高涉外警务人员的语言水平、外交能力和涉外法律、涉外警务专业技能，增强涉外警务工作效能，是降低国际警务合作成本，提高国际警务合作效益的根本途径。目前各地公安机关挑选的警务联络官人选，大多对外语言能力和国内警务经验只是具有一般水平的人员，缺乏全面系统的涉外警务教育培训，将他们直接派到国外在实践中摸索、锻炼，从长远和全局来看，不是一个经济实用、节省成本的好办法。

4. 从国际司法与内务的有机结合中建立中国国际警务 “托拉斯”。

欧盟司法与内务合作启动乃是深入推进欧洲一体化进程的本质要求，是一体化发展到一定阶段的必然产物。司法与内务合作在欧洲层面实现了有机整合，它对巩固欧洲一体化成果、维护整体利益有着重要意义。从全球看，后冷战时代的国际社会环境是一个边界日益开放的环境，内部安全和外部安全紧密相连。全球一体化不断深入的地区，面临着恐怖主义、大规模杀伤性武器扩散、非法移民与反移民及有组织犯罪等非传统安全问题，内务与司法合作成为维护秩序的必然选择。这就要求我们，要把我国公安机关与外国警务机关的合作范围扩大到与外国司法机关的合作。中国司法与执法权力的划分不同于其他国家，因此，改革中国司法体制，建立中国国际警务的“托拉斯”是降低成本、提高合作效率的必然选择。

5. **树立起从双边到多边再到区域的警务合作趋向的发展理念。**

目前，中国国际警务合作，主要以单个国家为交往对象，未形成区域作战的思路，因而国际警务交往活动在不同问题领域经历着多重多次博弈，在成本上忽视了对区域优势的利用。随着国际警务相互依存的程度越来越高，国际合作体之间交往活动越来越频繁，区域警务合作作为国际警务合作基本形式之一，更符合警务便利原则，可以避开当事国因社会、政治、经济、法律、警察等制度各异带来的障碍，使立案国不至于因经济成本过高放弃追究，使协查和追逃诸项工作成为集团内部的必需业务而得到保证和加强。

总之，在未来国际警务规划中，应以效率、效益最大化为原则。成本预算不仅是国际警务的必修科目，还应是警察部门的日常工作。警务领导指挥者不仅是业务专家，还应是善于计算成本的总裁。国际警务合作中的成本论也是我们创建“节约型社会”的具体体现和要求。

资料来源：《国际警务合作成本论》，《中国人民公安大学学报（社会科学版）》2008 年第 5 期。

（3）加强公安成本管理。工作效率低、服务态度差、资源浪费严重几乎是所有国家特别是发展中国家政府机构（包括警察部门）存在的共同问题。造成这些问题的原因，通常都认为是人员少、素质低、装备差、技术落后、经费紧张等。因此，政府（包括警察机关）对其内部的改革，往往局限于组织机构的改革，希望通过撤并机构、调整权责关系、改革人事制度、建立激励机制等办法，提高工作效率和服务质量。然而，每一次改革都收效甚微。结果是机构继续膨胀，人员不断增多，政府财政负担加重，工作效率和服务质量依然没有明显的提高，公众对政府的信任危机进一步加剧。在过去60余年中，我国公安机关进行了多次机构改革。每一次改革都强调减少机构、裁减人员、分清职责、提高效率，但结果是分工越来越细，部门、警种、机构越来越多，警察队伍越来越庞大，群众对警察的不满也越来越明显。面对这些问题，我们仍习惯于把原因归咎于警员素质不高、警力不足、经费紧张、装备落后、保障不力。当然，这些问题是客观存在的，但扩充警力、增加经费、改善装备、提高素质是永无止境的。我们深入地考察就会发现，警察机关的改革之所以难以取得成效，其症结就在于背靠政府这棵大树，没有外部竞争的压力。因此，在警务工作中，只注重投入和过程，而缺乏成本和效益观念。“注重投入”表现为抱着“人多好干事，钱多不压身”的思想，在如何向政府争取更多的编制和经费上下功夫；“注重过程”表现为只求表面上轰轰烈烈，而不考虑实际效果如何；“不计成本”表现为人海战术、疲劳战术、“形象工程”，造成大量警力、时间和钱财的浪费。

在企业的生产经营活动中，面对变幻莫测的商战，随时都面临着生死存亡的危机，企业的命运只能掌握在自己手中。因此，以最少的投入、最低的成本、最优的服务去获得最大的利润和效益，以求在激烈的市场竞争中立于不败之地，是所有企业特别是私营企业管理所追求的最高目标。国外大量的研究表明，公共部门的管理与私营部门的管理，在本质上并没有多大的差别，私营部门能够做到的，公共部门也应该做到，而且应当做得更好。因此，要提高政府部门的工作效率和工作质量，必须改革传统的行政管理模式和管理方法，大力吸收和借鉴企业管理的经验。

就我国公安管理改革而言，至少应当在以下几个方面引进企业管理的先进经验：一是实行目标管理。公安机关各部门、各警种、各项警务工作都应当确定并细化工作目标，按照工作目标制订具体的工作计划，工作计划一经批准，就要严格执行。要坚决杜绝实践中存在的“拍脑袋”、想当然、随意性大的习惯做法。二是实行成本管理。公安机关开展每一项工作，事先都要精打细算，把人、财、物、时间和精力的投入与要达到的工作目标和工作效果联系起来综合考虑，力争以较少的投入获得较大的效益。要下大力气解决长期存在的人海战术、加班加点、疲劳作战等浪费警力和精力的问题，以及在基础设施、装备和科技等硬件建设方面不从实际出发，盲目建设、重复投资的问题。三是实行质量管理。每一项警务工作都应该建立质量标准，细化质量指标，形成考核体系，进行严格的考核。对达到质量标准的及时给予肯定性评价和相应的激励；对达不到质量标准的，或“返工”再做，或给予必要的处罚。例如，对于侦查破案工作来说，衡量一个具体的刑事案件的办案质量如何，至少要看案件的事实是否查清，证据是否确实充分，犯罪嫌疑人是否归案，定性是否准确，程序是否合法，办案过程中是否存在违法违纪行为，在具备条件的情况下案件是否得以及时侦破。只有对这些问题作出肯定的回答，才能认定这一案件符合质量标准。四是实行竞争管理。公安机关作为国家执法机关，当然不存在被取消、被淘汰的问题。因此，就整体而言，不存在外部竞争的压力。这也正是公安机关长期依赖政府、改革收效不大的重要原因。然而，警察存在的合理性并不意味着公安机关就可以不进行改革。面对我国经济体制改革和政治体制改革的大趋势，面对成功的企业改革所产生的强烈示范效应，面对公众对自身安全和社会安全期望值的提高，公安机关时刻要承受来自外部的各种巨大压力和挑战，其“竞争对手”不是某一个部门或组织，而是政府、社会和广大群众。从这个意义上讲，公安机关必须树立风险意识和危机意识。这样才能正视自己的问题和不足，才可能下决心进行深层次的内部改革。在公安管理中引进企业的竞争管理机制，关键在于建立一个优胜劣汰的用人机制，打破铁饭碗、砸碎大锅饭、搬掉铁交椅，使人人有压力、时刻有风险，真正形成“能者上，庸者让，劣者汰”的局面。五是实行全程管理。现代企业管理的一个重要特点是对生产过程实行全程管理，对产品实施售后跟踪服务，目的是为了保证产品质量，为顾客提供良好的服务，树立企业的良好形象和信誉。以此为鉴，对警务工作实行全程管理，就意味着从决策、计划、实施、结果到效益，都要进行有效的监督。在这方面，澳大利亚联邦警察的“重案管理”模式值得我们学习和借鉴。

据澳大利亚警方介绍，联邦警察通常会根据某一案件的具体情况，在全国范围内挑选联邦警员临时组成侦查小组，指定小组负责人，制订详细的工作计划，计划的内容包括破案的要求，拟采取的工作步骤、工作措施和所需时间、经费、装备、人员等。工作计划经领导审定后，全部输入计算机，由专门设立的“行动监测中心”负责跟踪掌握和监督计划的执行情况，根据工作进展情况和出现的问题，及时提醒行动小组，必要时对计划的调整和变更提出建议。当工作结束后，行动小组要向“监测中心”作出报告。① 这种管理方法，不仅注重对警察工作效果的监督，而且注重对其工作过程的监督，实质上是一种全面的质量管理模式。

长期以来，在我国公安经费保障中，一方面经费保障不足，另一方面又存在着各种浪费现象。主要表现在：②

——公务接待、会务、评比表彰等活动和日常机关管理中有浪费现象。在接待方面，有超标准接待问题。在会务方面，工作刚部署下去，随后即召集工作进展汇报会，各种现场会、经验交流会、推广会和总结会偏多，规格越来越高，要求越来越细。这些工作在一定意义上说是必要的，但毕竟不是中心工作，不宜过多过滥。在日常机关管理中，水、电和办公用品的使用更是存在浪费现象。

——基础设施建设中存在浪费问题。公安机关由于机构多、工作分散，许多业务所、队都是单独办公。前几年，许多公安机关在“三基工程”建设中，加强了基础设施建设。但是，也出现了重复建设和超标准建设、超标准装修等问题。加强基础设施建设非常重要，但把办公设施建成严重脱离当地经济发展水平和老百姓生活水平的豪华“衙门”，也是有悖公安机关全心全意为人民服务的根本宗旨的。

——装备建设中存在着浪费问题。随着公安机关办公自动化、装备现代化和警务信息化的发展，一些先进的技术装备越来越多地应用到侦查破案和公安行政管理中。但有的公安机关片面追求高、精、尖性能，不顾当地经济和财政状况，有的昂贵设备由于缺乏专业人才而使用不当，造成损坏，有的装备长期处于闲置状态，从而降低甚至失去了实际使用价值，造成了严重浪费。特别是在公安信息化建设中存在着条块之间，部门警种之间重要建设、

---

① 罗锋．改革开放30年：中国社会治安形势和犯罪控制战略．群众出版社，2009：244.

② 张怀民，刘云．节约公安行政成本的若干思考．公安研究，2008（10）.

互不兼容、“信息孤岛”现象。此外，在车辆购置、维修和通信开支等方面也有浪费现象，这些都加大了公安经费的支出。

此外，还表现为经常化的不计成本的人海战术、加班加点、疲劳作战等浪费警力和精力的现象。

有人提出，目前公安机关加强成本管理应采取的基本对策是①：第一，强化公安成本意识。要教育民警从思想上认识到降低公安成本的意义，树立正确的公安成本观，即成本节约观和成本效益观。加强公安成本管理不是指单纯的公安成本绝对额的减少，而是在尽可能节约公安开支、减少损失和杜绝浪费的同时，提高公安成本产出率。第二，将公安成本控制的范围扩展到整个公安工作。节约公安成本应贯穿于每一次警务活动的始终，控制公安成本应从每一项警务工作着手，根据警务活动和警务工作的具体情况真正有效地进行公安成本控制，降低公安成本。第三，将时间作为公安成本控制的一个要素。时间就是效率，时间就是警力。时间的节约是最大的节约。在讲求效率的今天，我们应当充分重视警务活动的时间要素。第四，努力实现从公安成本节约到公安成本避免。传统的公安成本降低方法基本是通过公安成本的节省来实现的，即力求不浪费资源和通过改进工作方式方法以节约行将发生的公安成本支出。这是公安成本控制的战术上的改进，属于降低公安成本的一种初级形态。但是，这种公安成本降低治标不治本，只是公安成本管理的一种改良。现代警务管理需要寻求新的降低公安成本的方法，从根本上避免不必要公安成本的发生。公安成本避免思想的根本在于从警务管理角度挖掘公安成本降低的潜力，认为事前预防重于事后调整，以避免不必要的公安成本发生。这种高级形态的公安成本降低需要公安机关的每一次警务活动避免不必要的环节，以达到公安成本控制的目的。

3. 公安收益与成本的相对均衡及相关性分析

将公安产品的供给纳入经济学分析，目的之一是希望国家在确定公安成本投入数量时，应该像私人厂商那样进行理性边际决策，追求利润最大化，通过对公安资源的有效组合，力求以最低的成本投入获得最高的法律效益和

---

① 薛典武．警务管理企业化初探．公安研究，2010（6）．

社会效益。现实社会中，由于影响公安需求的政治、经济、法律和文化诸因素不断发展变化，公安需求也处于不断发展变化之中，而公安的供给也难以达到与需求完全吻合的理想均衡状态，此即公安非均衡状态。公安非均衡状态是指人们对现实公安执法与服务活动的一种不满意或不满足，意欲改变而又尚未改变的状态。公安非均衡的类型主要有公安供不应求和供过于求两种情况。从某种意义上讲，公安非均衡乃是警务变动和发展的动因。非均衡是绝对的，均衡是相对的。公安供求只能在非均衡——均衡——非均衡的循环过程中走向未来。

何俊鹏认为，警务收益与成本的相关性分析，主要包括以下几个方面：①

（1）警务收益与成本的回归分析。回归分析是在一系列变量当中挑选两个变量，将其他变量进行固定，然后通过改变一个变量来发现另一个变量是如何变化的，其意义在于通过变量间的变化关系找到相互间的关联性。如在分析警务问题中将其他变量固定，通过改变社区警务室的投入来观察区域治安形势的变化，或者通过改变监控器的安装数量来观察重点行业或区域的治安情况。同理，可以任意选择警察业务所有变量中的两个或多个进行相关分析，从而得出科学的判断结论。

（2）警务成本收益的弹性分析。警务成本收益弹性，是警务收益量对于警务成本投入变动的相对反映，以收益投入弹性系数表示为：警务收益投入弹性系数＝警务收益量的增长率/警务成本投入量的增长率。弹性系数越大，表明投入特定警务成本所获得的收益就越多，反之则越少。警务资源只有投入收益投入弹性系数大的领域，才能尽可能地获得效益最大化，如在邻里关系较为陌生的社区安置警务室的成本收益将大于关系融洽的社区。

（3）警务乘数效应分析。乘数效应是宏观经济学的一个概念，表现为一个变量的变化以乘数加速度方式引起最终量成倍增加。警务乘数效应表现为警务资源的投入变化会以乘数加速度方式引起警务收益成倍增加。比如，在警察实务中，多增加一名巡警产生的城市治安收益并不会很明显，而培养

① 何俊鹏．警务经济理论相关理论问题探析——我国警务经济理论的概念特征和研究路径．吉林公安高等专科学校学报，2009（4）．

一名警察的成本却很高，乘数效应小。但在治安死角多安装一盏路灯或者多安装一个监控器获得的治安效果将会成倍增大，而成本投入却相对较低，乘数效应明显增大。警务经济成本与收益的乘数效应分析是警务测量的重要分析方法。

相关资料

以最少的警务资源把工作做到最强

黄玉敏　李娜　董月亮　刘冰

一个企业要想在竞争中立于不败之地，必须进行成本控制，而公安机关要想用最少的警务资源把保护人民群众生命财产安全的事业做到最强，把服务经济社会发展的社会效果做到最大，也同样需要成本意识和成本管理。对此，寿光市公安局进行了有益的探索。

2008 年年初，寿光市公安局的民警们发现日常培训教材中出现了一些从来没见过的关于成本管理的思考题。5 月，该局 200 名中层管理人员分四批被送到北京大学公共管理学院研修。很快，寿光市公安局就把“成本经”用在了日常工作中。最近，市民发现“110”又多了一项新职能：只要大额取款，群众拨打“110”电话预约，就近派出所的“110”巡逻车就会提供无偿护送服务。这不是增加了警务成本吗？寿光市公安局的“成本账”很快打消了人们的顾虑。

歹徒在银行盯梢，然后尾随取款人进行抢劫，这一作案手法虽不新鲜，但由于多为外地流窜作案，存在取证难、破案难和抓捕难的特点，往往投入了大量警力和财力还收效甚微。以 2006 年寿光市公安局破获的一起尾随取款人抢劫案为例。连续两周时间里，市局每天抽调 50 名警力和 10 辆警车，采取大范围撒网、重点部位巡逻和蹲点守候等方式才将案件侦破。按照民警每人每天伙食费 10 元计算，可得出民警伙食费为 7000 元，按照每辆车每天巡逻 100 公里计算，得出车辆油耗为 8769. 6 元。也就是说，在不算警力资源消耗的情况下，这次破案成本高达 15769. 6 元。与之形成鲜明对比的是对大额取款群众免费护送的成本投入。在寿光，面积最大的乡镇（区）只有4平方公里，并且所有乡镇（区）都有银行网点。也就是说，多数情况下，群众不需要出乡镇（区）就能存取款。根据去年的护送记录，最长的护送也不超过10公里，一次护送油耗仅为6.264元。

“几块钱的护送油耗成本，最多十几分钟的护送时间，让我们的巡逻更有效了，犯罪分子无机可乘了，群众感觉更安全了!”站前派出所所长李翔告诉记者。2008年以来，寿光市的尾随取款群众抢劫、抢夺案件比去年同期下降了75%。这只是经济账和警力账，更大的效益是收获了群众的口碑。一时间，“110”能为大额取款群众免费护送的消息在大街小巷的流传中成为佳话，“人民公安为人民”的亲民形象也在无形中树立了起来。

“主动防御是减少警务成本的最有效手段!”在成本核算中悟出这一道理的寿光公安渐渐完成了警务理念从被动到主动的转变。他们建立网上信息研判体系，根据预警信息指导各派出所做好安全防范；他们以社区为单位，把群众的自行车逐一登记编码，存入档案，实行“实名制”管理，有效遏制了自行车被盗案的发生；他们主动来到辖区企事业单位，帮助做好安全防范工作……

防范措施的到位带来了发案的减少，2008年1至11月，寿光市刑事案件发案数比去年同期减少79起，“两抢一盗”等可防性案件发案数减少45起。发案少了、警务支出少了，社会效果却得到了最大的体现。在最近的行风评议中，寿光市公安局上升40位次，取得了全市行风评议一等奖，寿光公安的“成本经”让基础工作越干越扎实、越干越有劲、越干越轻松。

资料来源:《现代管理给公安队伍注入活力——寿光市公安局实现“三基”工程建设由量到质飞跃的调查（一)》,《人民公安报》2008年12月29日。

何俊鹏认为，无论是警务供求关系分析，还是警务成本收益分析，都有一个共同的目的，即在纷繁复杂的社会条件制约下，所有警务职能部门在分配警务资源、制定警务处置措施、进行警务绩效评价等方面，利用警务经济理论获得最优策略，从而实现警务稀缺资源的合理配置并获得社会警务效益的最大化。① 然而，警务经济作为公共经济的一个领域，受到诸多社会现实条件的制约，比如效益与公平的价值冲突、自由与正义的价值冲突、科技与道德的价值冲突等，因此纯粹理性的效益最大化策略并非警务最优策略，也不一定能够获得最佳的社会效果。这就决定了警务部门在选择警务策略时，要始终秉持相对合理主义的态度，不仅要充分考虑警务经济理论的科学性，而且要顾及社会的公平、正义，这才是获得警务最优策略的出路，也才能使警务经济理论研究具有合理性和可行性。

（五）公安效益与社会治安状况评价

1. 公安效益论

我们对公安成本与收益进行分析的目的，就是科学衡量和谋求最佳公安效益。所谓公安效益，是指通过公安建设和警务活动对公安资源的最优配置，除去各种成本消耗后，实现公安资源使用价值在质上的极优化程度和量上的极大化程度及其所得到的综合效果。用公式表示为：公安效益＝公安收益－公安成本。公安效益反映了公安工作的价值，是对公安工作成果的衡量与评价。公安机关应当像企业追求经济效益那样追求公安效益。在投入一定公安资源的条件下，力争取得尽可能大的效果，使效益最大化。应该注意的是，西方主要发达国家实现警务现代化之后，在警务保障大幅度增长、编制大幅度增加后，仍面临着犯罪继续增长的态势。因此，公安效益，正在成为世界警察科学中一个崭新的研究领域。近几十年西方警务改革的一系列新举措，如社区警务、警察素质改善和警力资源科学配置等，实际上都是在追求警务工作的效益提升，以尽可能少的投入取得最大的成果，我们应当从中汲取有益的经验。

由于公安职能活动范围的广泛性和变动性，公安效益的表现形式多种多样：在总体上表现为社会治安秩序的好转；在社会生活方面表现为公众安全感和满意度的提高；在社会生产方面表现为良好生产秩序和经济秩序的维护

① 何俊鹏．警务经济理论相关理论问题探析——我国警务经济理论的概念特征和研究路径．吉林公安高等专科学校学报，2009（4）．

等。从公安效果的综合评价角度看，公安效益不仅包括经济效益，还包括政治效益、法律效益、社会效益、伦理效益等。公安效益及其实现的基本特征表现为普遍性（平等性）、公开性、不平衡性及不可预测性等。

对公安效益进行实证分析的目的，就在于寻找使个人的理性行为既与其预期效益相吻合又和整个社会公安资源的有效配置并行不悖的途径，通过调整公安建设和完善警务工作来实现适宜的公安制度架构。

2. 公安绩效评估

绩效含有成绩和效益之意，两者是一个相辅相成的统一体。成绩产生效益，效益反映成绩，效益是成绩的导出，而成绩是效益的根本所在。成绩侧重于从定量的角度进行考评，而效益则更侧重于从定性的角度进行考评。一般说来，绩效概念中包含了组织绩效和个人绩效两个层次，是指作为行为主体的组织或个人在其工作和活动中所取得的成就或产生的积极效果。公安绩效属于组织绩效或政府绩效的范畴。所谓政府绩效，在西方也被称为“公共生产力”“国家生产力”“公共组织绩效”“政府业绩”“政府作为”等，它指政府在社会管理中的业绩效果、效益及其管理工作效率和效能，是政府在行使其职能、实施其意志的过程中体现出的管理能力。[①] 国内有学者将政府绩效分为政治绩效、经济绩效、文化绩效和社会绩效等方面。

现代政府管理（包括公安管理）的核心问题是提高绩效。要提高绩效，必须首先了解和评估现有绩效水平，要应用科学的方法、标准和程序，对政府及其部门的业绩、成就和实际工作做出尽可能准确的评价，诊断组织中存在的问题，在此基础上对政府绩效进行改善和提高。政府绩效评估（包括公安绩效评估）就是将政府及其部门的实际工作结果与绩效目标相比较，根据政府效率、管理能力、管理成本和公众满意程度等方面进行分析与判断，评价政府组织实际工作的成果，从而对政府组织的绩效进行全面的评价。政府绩效评估包括政府部门自我评估、专家评估、公民及舆论评估多重评估主体。

1993 年初，时任美国总统克林顿成立了由副总统戈尔主持的“国家绩

---

① 中国行政管理学会课题组. 政府部门绩效评估研究报告. 中国行政管理，2005（5）.

效评审委员会（NPR）”。在该委员会于 1993 年 9 月提交的第一份报告《从繁文缛节到以结果为本——创造一个工作更好并且花费更少的政府》（以下简称《戈尔报告》）中，提出了 384 项建议、1250 个具体的步骤，成为克林顿政府行政改革的行动指南。在《戈尔报告》出台前的两个月，即 1993 年 7 月，美国国会通过了《政府绩效与结果法案》（GPRA），从而将政府绩效评估制度法制化。在《政府绩效与结果法案》指导下，戈尔和他的委员会建立了一系列衡量部门和个人工作成绩的机制。其中美国政府责任委员会提出了一个指标体系，该体系不同程度地反映了质量、经济、效率、效果等标准，值得我们在进行公安绩效评估时借鉴。①

第一，投入指标。衡量某一项目或服务消耗的资源。

第二，能量指标。度量一个机构提供服务的能力。

第三，产出指标。衡量为服务人口提供的产品数量或服务单位。

第四，结果指标。衡量项目和服务的结果，具有定量和定性的特征。

第五，效率和成本效益指标。这些指标集中于一个项目是如何实现的。

第六，生产力指标。按照戴维德 · N. 阿曼斯（Ammons）的理解，生产力指标是一个融效率和效益为一体的指标。

3. 创新社会治安评价体系的思路设计

公安效益的好坏或高低，在很大程度上表现为社会治安秩序状况的好坏或安定与否。而衡量社会治安秩序状况的基本手段，就是开展科学的社会治安评价和公众安全感调查。社会治安评价是社会发展水平评价的重要内容之一，是运用社会评价的基本原理和方法，依据合理的指标体系和客观的统计调查资料，对特定阶段、特定地域的社会治安总体情况和态势，进行定量与定性相结合的科学分析评价活动，是人们科学认识和把握治安秩序状况的基本方法。建立科学、客观、公平、公正的社会治安评价指标体系，定期准确分析评估社会治安状况与态势，能够为政府科学决策提供依据，引导有关部门加强和改进社会服务与管理，及时预警并解决突出的社会治安问题，从而有利于提升公众安全感和满意度，维护社会和谐稳定，促进经济社会协调发展。

---

① 张燕君．美国政府公共部门绩效评估的实践及启示．行政论坛，2004（3）．

所谓社会治安状况评价指数，是指衡量社会治安状况的客观指标数值，就是通过一定的统计方法，将不能直接相加（乘）的统计描述指标值转换为可以直接相加（乘）的统计指标值，并运用一定的方法，对综合评价的各指标根据其重要性的不同赋予不同的权重系数，最后求得综合评价值，然后根据其结果分析治安状况的水平。它由客观评价的社会安全指数和主观评价的居民心理安全指数两类组成。①

自2002年开始，国家统计局每年年底定期开展全国群众安全感抽样调查。该抽样调查按照多阶段、分层、整群、概率比例抽样方法，在全国31个省、自治区、直辖市共抽取几百个县、市和市辖区的几千个乡、镇、街道，调查10万个左右的家庭，每个家庭随机抽取一名16岁以上的人员。调查项目涉及群众对公共安全的基本感受（分为安全、基本安全，以及您认为当前哪一类问题最影响您的安全感等选项）、群众对社会治安状况的基本评价（分为好、一般，以及您认为您所在地的社会治安状况与去年相比如何等选项）、群众最关注的社会问题等。调查结果显示我国公众安全感逐年增强。

总的来看，当前开展的各个层次的社会治安评价，过于倚重刑事案件类指标，公众安全感和满意度所占权重低，抽样调查样本选择的代表性和客观性不足，各地评估结果缺乏可比性。夏德才认为，创新社会治安评估体系，要以公众安全感和满意度为根本标准，综合考虑经济、社会、人口、地域等因素，坚持以人为本、客观公正、科学评估、相对稳定四项原则。在此基础上，完善社会治安评估指标体系，规范开展公众安全感和满意度调查，准确分析与比较社会治安评估结果。②

（1）科学设置社会治安评估指标体系。社会治安评估具体包括社会治安破坏力、社会治安控制力、公众安全感和满意度三类指标，这三类指标在社会治安评估指标体系中所占权重分别为25%、25%、50%。三类指标内容之间具有内在的密切联系并相互影响，社会治安破坏力与社会治安控制力的

---

① 周华梅，韩俊平．社会治安状况评价指数体系的新探索．管理观察，2011（30）．

② 夏德才．建立以公众安全感为核心的社会治安评估体系探析．公安研究，2009（12）．

高低或此消彼长，直接影响公众安全感和满意度；而公众安全感和满意度既反映了公众对社会治安状况的主观感受、承受度，对社会治安工作的满意程度，也反映了社会治安破坏力及社会治安控制力对公众主观感受的影响。因此，公众安全感和满意度指标在社会治安评估指标体系中占50%权重并不过分。社会治安评估三类指标包含23个子项目指标内容，各子项目指标内容及权数见下表。

社会治安评估指标体系表

评估类别	序号	子项目指标	权数
社会治安破坏力	1	实有人口失业率	3.125
	2	万人刑事类和治安类案件110接报数	3.125
	3	万人刑事案件立案率	3.125
	4	万人命案立案率	3.125
	5	万人“两抢”“两盗”案件110接报数	3.125
	6	“八类”案件占刑事案件的比例	3.125
	7	万车交通事故死亡率	3.125
	8	万人火灾事故伤亡率	3.125
社会治安控制力	9	万人警力数、巡警数	3.125
	10	百警打击处理数	3.125
	11	命案破案率	3.125
	12	万人“两抢”“两盗”案件破案数	3.125
	13	万人治安案件受理查处数	3.125
	14	外来人员登记管理率	3.125
	15	万人群防群治队伍人数	3.125
	16	社会治安经费占GDP的比例	3.125

（续表）

公众安全感和满意度	17	公众对居住地的安全感	10.0
	18	公众对单位/学校所在地的安全感	10.0
	19	公众对公共场所的安全感	10.0
	20	公众对本地区社会治安打防控工作的满意度	5.0
	21	公众对居住地社会治安打防控工作的满意度	5.0
	22	公众对本地区民警工作的满意度	5.0
	23	公众对110接处警工作的满意度	5.0

（2）规范开展公众安全感和满意度调查。公众安全感和满意度是社会治安评估的根本标准，准确掌握公众安全感和满意度，才能客观、公正地评估社会治安状况。公众安全感和满意度调查，应当由具有公信力、影响力的社会第三方专业性机构组织施行。按照统计学、社会学方法抽取调查样本，根据各区（市、县）人口比例进行配额抽样，样本量一般不低于被调查地区实有人口总量的0.5‰。可采取多层随机抽样法，确保不同区（市、县）、年龄段、文化程度、收入水平、就业情况以及男女性别的样本比例大致平衡。为了与上一年度的调查数据进行对比，一般从上一年度参与调查的受访者中选取约三分之一的样本量作为固定样本进行对比研究。调查方法宜采取入户面对面的访问方式，访问员采用读录法进行，即由访问员读出问题及选项，受访者回答后由访问员填写。访问每位受访者时间掌握在十分钟至三十分钟。访问结束可赠送一份小礼品。调查结束后，由复核员随机抽取20%受访者进行电话回访复核。

公众安全感部分的调查内容主要有：对本地区整体社会治安环境的评价；对居住区、单位/学校所在地、公共场所治安环境的评价；与一年前比较，本地区社会治安状况以及居住区、单位/学校所在地、公共场所的治安状况分别有何变化；对居住区、单位/学校所在地、公共场所感到安全或不安全的主要原因；居住区、单位/学校所在地、公共场所有无以及有何突出治安问题；晚上一个人在家时是否害怕陌生人来访；夜间独自一人在居住区附近走路是否害怕；如果自己人身或财产受到不法侵害会不会报案；如果自己受到不法侵害，敢不敢当即反抗；在公共场所看到有人实施违法犯罪行为时有何反应；最关注的三个社会问题等。将调查问卷内容复核后录入计算机，经统计软件分析处理，得出公众安全感及相关部分分值。

公众满意度部分的调查内容主要有：对本地区社会治安打防管控工作、居住地治安打防管控工作的评价；与一年前比较，社会治安打防管控工作、居住地治安打防管控工作分别有何变化；对本地区民警整体工作状况、居住地民警工作状况的评价；与一年前比较，本地区民警整体工作状况、居住地民警工作状况分别有何变化；分别评价居住地民警在警容警貌、业务能力、工作责任感、执法规范化、执法力度、工作纪律、办事效率、服务态度、警民关系等方面的表现；分别评价 110 的处警速度、服务态度、处理方式、处理结果等。将调查问卷内容复核后录入计算机，经统计软件分析处理，得出公众满意度及相关部分分值。

（3）准确分析与比较社会治安评估结果。通过科学、规范的调查统计，分别得出 3 类 23 个子项目指标的实际值；将各子项目指标的实际值、满意值标准化处理后，得出各子项目指标得分；将所有子项目指标得分及指标权数按加权算术平均法处理，得出社会治安评估综合得分。公式如下：

$$\text{社会治安评估综合得分}=\frac{\Sigma\text{（子项目指标得分/权数）}}{\Sigma\text{ 权数}}$$

根据调查统计数据，分析评估各子项目指标变量与社会治安状况之间的关系，及时发现社会治安工作中的薄弱环节和不足之处；通过对公众安全感和满意度各指标变量的分析评估，及时发现影响公众安全感和满意度的主要问题，从而能够为进一步加强和改进社会治安工作、改善社会治安状况、提升公众安全感和满意度提出有针对性的对策和建议。

基于各地区的调查分析结果，可就各地区社会治安状况进行横向比较评估。就全国范围而言，在公安部指导下，在各地社会治安评估体系、指标权数、评估方法大体一致的前提下，可将全国分为东、中、西部三大类地区，分类进行评估比较，以引导各地区取长补短，优化整合各种资源，解决本地区社会治安工作中的突出问题，从而切实维护广大人民群众的切身利益，为地区经济社会发展创建更加安定的治安环境。

深圳市社会治安评估分析办法

2007年11月7日，中共深圳市委办公厅、深圳市人民政府办公厅印发了《深圳市社会治安评估分析办法》的通知，要求各区委、区政府，市委各部委办，市直各单位，市各人民团体，中直和各省（区）市驻深各单位，市属各企业认真贯彻执行。该办法内容如下：

第一条 根据《中共中央办公厅、国务院办公厅转发中央政法委员会、中央社会治安综合治理委员会关于深入开展平安建设的意见》（中办发〔2005〕25号）、《深圳经济特区社会治安综合治理条例》《深圳市社会治安综合治理领导责任制实施办法》等文件的有关规定，结合深圳的实际，制定本办法。

第二条 实行社会治安分析评估，旨在建立客观、科学、有效的评估分析机制，对土地面积、人口状况等不同的各区的治安状况和工作水平进行定量评估分析和横向对比，为市委、市政府的相关决策提供依据；引导各个地区优化整合各种资源，采取有针对性的措施，解决社会治安工作中的突出问题；加强对全市社会治安状况的掌握，及时发现工作中的薄弱环节，鼓励先进、督促后进，促进社会治安综合治理各项措施在基层落到实处。

第三条 社会治安分析评估，要按照实事求是、突出重点、全面衡量的原则，切实做到综合评估与个别点评相结合、阶段性评估与年度考核相结合。

社会治安分析评估的内容，具体包括社会治安状况指标、社会治安打防控指标、社会治安民意测评3个方面25项内容。

第四条 社会治安状况指标

1. 实有人口万人刑事案件发案率、同比。

2. 实有人口万人“命案”（指故意杀人、伤害致死和致人死亡的爆炸、投毒、放火、抢劫、强奸、绑架案件，下同）发案率、同比。

3. “命案”占同期刑事案件总数的百分比、同比。

4. 实有人口万人“八类”暴力案件（指故意杀人、爆炸、抢劫、伤害、强奸、放火、劫持、绑架案件，下同）发案率、同比。

5. “八类”刑事案件数占同期刑事案件总数的百分比、同比。

6. 实有人口万人“两抢”日均犯罪报警数、同比。

7. 实有人口万人“两盗”日均犯罪报警数、同比。

8. 实有人口万人日均警情、同比。

9. 万车死亡率、万车事故率、交通事故死亡人数下降比率、简易程序处理事故率。

10. 实有人口万人火灾事故宗数、伤亡人数。

第五条 社会治安打防控指标

11. 民警人均打击处理数（包括逮捕数、劳教数、收教数、收戒数，其中逮捕数按100%权重计算；劳教数、收教数、收戒数按50%权重计算）。

12. “命案”破案率；“八类”刑事案件破案率。

13. 实有人口万人“两抢”案件破案数；实有人口万人“两盗”案件破案数。

14. 实有人口万人治安案件查处宗数，由多向少排序。

15. 年度治安经费占财政经费支出的百分比；实有人口万人年度专职群防群治队伍人数。

16. 实有人口万人年度安全文明小区新创建数；实有人口万人年度“抓难治乱”安全文明小区数；引进物业管理的安全文明小区所占比例数。

17. 外来人口信息采集率；出租屋信息采集率。

18. 实有人口万人出租屋信息通报数；实有人口万人房屋租赁执法宗数。

19. 出租屋信息反馈处理率。

20. 实有人口万人出租屋刑事发案数，同比；出租屋发案数占同期刑事案件发案的比率、同比。

21. 实有人口万人突出治安问题和重大刑事案件实施责任倒查的宗数。

22. 对其他专项行动成效评估，根据工作部署另行制定考核指标。

第六条 社会治安民意测评指标

23. 公众安全感、同比。

24. 年度社会治安满意度、同比。

25. 群众对校园及周边治安整治的满意度，适时进行专项测评。

第七条 每项评估排序第一名得6分，第二名得5分，以此类推，第六名得1分。各项得分数相加为区的总分。根据各区总分的情况，确定社会治安分析评估的排名。

对于有若干款的评估项目，各款权重相同。每款评估排序第一名得6点，第二名得5点，以此类推，第六名得1点。各款得点数相加得到的总点数决定该项评估排序。

第八条 社会治安分析评估由市社会治安综合治理委员会办公室负责牵头，各有关职能部门参与，根据实际情况对各区各项指标逐项列出形成评估数据报告。各项相关数据由市公安局、统计局、财政局、小区办、出租屋综管办等部门提供，并以其提供的数据为准。实有人口数包括常住人口数和流动人口数，常住人口数以市公安局人口处掌握报公安部报表统计的人口数为准，流动人口数以市出租屋综管办掌握的流动人口有效信息为准。民意测评由市统计信息局按照国家统计局规定的考查办法实施。

各相关部门和各区综治办要在每季度次月15日以前将数据和报告报市综治办。

第九条 评估分析每季度进行一次，年终进行年度总评。第15、16、22、23项为年度总评项目，季度评估时不进行。

季度评估分析后要召开治安形势分析会，并形成评估分析报告，报市综治委领导，抄送市纪委、市委组织部、市监察局、市人事局，各区综治委。

年终总评的结果，作为当年社会治安综合治理目标管理责任制考核的重要依据。

季度评估排名情况要进行通报；季度评估排名倒数第一的区，区分管领导和综治办主任要到市综治委说明情况和接受市综治委领导点评。

第十条 各区可参照本办法规定，结合实际，制定本区的社会治安分析评估办法。

本办法由市社会治安综合治理委员会办公室负责解释。

第十一条 本办法从印发之日起实施。

三、 公安资源配置实行计划控制与市场调节相结合的规律

以公安经费和公安装备为主要载体的公安资源所具有的特殊性、专营性，以及地区经济发展不平衡性等，决定了公安资源的配置主要应实行计划控制和国家转移支付。同时，大量的警民通用装备则应通过市场采购，这必然涉及公安产业与装备经济管理问题。当然，在这里，计划与市场都是手段，不是目的。因此应当以计划控制为主，以市场调节为辅，二者综合运用。

（一）公安资源配置

1. 公安资源配置效率

现代公安工作中的资源配置与社会经济生活中的资源配置一样复杂。在一个包含众多公共安全消费者而且通过特定警民关系联系起来的现代社会中，有多少公共安全消费者，几乎就有多少种安全需求偏好结构，而且，同一公安消费者不同时间的需求偏好还可能发生改变。如何安排出一种人人都满意的治安秩序来，即达到社会公安资源的最佳配置状态，是一个不容易说清楚的问题。

对资源配置效率含义的最严谨解释，是由意大利经济学家菲尔弗雷多·帕累托（Vilfredo Pareto，1848—1923）做出的。按照帕累托的说法，如果社会资源的配置已经达到这样一种状态，即任何重新调整都不可能在不使其他任何人境况变坏的情况下而使任何一人的境况更好，那么，这种资源配置的状况就是最佳的，也就是有效率的。如果达不到这种状态，即可以通过资源配置的重新调整而使得某人的境况变好而同时又不使任何一人的境况变坏，那就说明资源配置的状况不是最佳的，也就是缺乏效率的。这就是著名的“帕累托效率”准则。实际上，在现实社会经济生活中，“帕累托效率”是不可能完全实现的。大多数的经济活动都可能是以其他人境况变坏为条件而使某些人的境况变好。就公安工作而言，往往是通过限制少数违法犯罪者的行为而使大多数人的生活环境安全。“帕累托效率”准则的意义，只不过是为实行市场经济的社会提供了一种合理配置资源的判断标准。将其应用到公

安经济管理中，可以解释为：公安建设和警务活动的任何措施，都应当使每个公民的安全所得多于个人行为受必要限制的所失；或者从全社会来看，绝大多数公民的所得（主要是安全感）多于少数违法犯罪者的所失。如果做到了这一点，公安资源的配置就可以说是具有效率的。

探讨公安资源配置效率的实现条件，需要引入社会边际效益和社会边际成本的概念。一种物品或服务的社会总效益（total social benefit，简写为 TSB）是指人们从消费一定数量的该种物品或服务中所得到的总的满足程度。一种物品或服务的社会边际效益（marginal social benefit，简写为 MSB）则指人们对该物品或服务的消费量每增加一个单位所增加的满足程度。一种物品或服务的社会总成本（total social cost，简写为 TSC）指的是为生产一定量的物品或服务所需消耗的全部资源的价值。一种物品或服务的社会边际成本（marginal social cost，简写为 MSC）则指的是每增加一个单位该种物品或服务的生产量所需增加的资源消耗的价值。①

2. 公安资源配置中的市场失灵

我们所生活的经济制度环境是市场经济环境。在以市场为资源配置主体的环境中，对于作为公安职能部门的警务活动的经济学分析，由于不能引入完全竞争的市场机制，因而在实现公安资源配置的效率方面就有可能出现市场失灵的现象。

公安执法与服务具有鲜明的公共属性，可以用经济学中的公共品理论加以解释。公共品理论，最初由经济学家用来作为政府支出理论的基础，但是后来它已经越来越多地引起了政治学家的注意，并用来作为思考有关政治问题的一个研究方法。公共品（public goods）是相对于私用品（private goods）而言的，按著名经济学家萨缪尔森（Samuelson，1954）给出的定义，公共品是“每个人对这种产品的消费，都不会减少其他人对该产品的消费”。公安执法与服务作为公共品的一种典型形态，从公共经济学的角度看，具有以下基本属性：①公安执法与服务是向整个社会共同提供的，全体社会成员联合消费、共同受益，即它具有效用的非可分割性；②一个或一些社会成员享

---

① 高培勇编著．公共经济学（第二版）．中国人民大学出版社，2008：3.

受这些公安执法与服务，并不排斥、妨碍其他社会成员同时享用，即它具有消费的非竞争性；③它在技术上没有办法将拒绝为其付款的社会成员排除在受益范围之外，即它具有受益的非排他性。具有如此特点的物品或服务，显然不同于一般的物品或服务：消费者不愿为此付出成本，企业及其他组织既无权也无力生产或提供这种物品或服务，市场也无法供给这类物品或服务。因此，这种公共安全物品或服务的生产或提供只能由政府的职能部门——公安机关或警察组织通过非市场的方式来实现。

公安资源配置的市场失灵或者说不完全竞争状态的出现，主要是由公安执法与服务的公共性决定的。如果完全靠市场配置公安资源、竞争公安服务，就很难保证警察执法与服务的公正性和公平性。特别是在社会主义法治国家建设中，绝不能搞警察私有化。社会公共安全需要，是相对于私人个别需要而言的，它指的是社会作为一个整体或以整个社会为单位而提出的安全需要。其突出特征在于：①整体性。它是由所有社会成员作为一个整体共同提出的，或者说是大家都需要，而不是由哪一个或哪一些社会成员单独或分别提出的。②集中性。它需要由作为社会公共安全职能组织和力量的警察来集中执行或提供，而不能由哪一个或哪一些社会成员通过分散的活动来加以满足。③强制性。它需要以国家法制为后盾，依托警察行政权力，动用强制性的手段来实施，而不能依托个人意愿，通过市场交换的行为来实现。社会公共安全需要是人类生存和生活中最基本的、不可或缺的、必须满足的需要，不是可有可无、可以满足也可以不满足的需要。既然市场机制在满足社会公共安全需要上是无效的，那么政府通过建立警察组织、保障警务活动来担负满足社会公共安全需要的任务，就是最经济且顺理成章的事情了。自然，公安资源配置的职能主要应由政府公共财政通过编制预算计划来履行和保障。

3. 警务市场理论分析

在经济学上根据买卖双方的数量和成交价格的决定机制不同，可以把市场分为四种类型：完全竞争市场、垄断竞争市场、寡头垄断市场、完全垄断市场。何俊鹏认为，根据警务职能的不同，我国警务市场主要为警务完全垄断市场和警务垄断竞争市场两种。其中，刑事司法职能和行政职能为警务完全垄断职能，即形成国家完全垄断市场；为满足社会广泛安全需要而广泛设置的私人警务市场（保安公司、物业公司等）因为具有一定的盈利和竞争性质，所以是警务垄断竞争市场。由于社会平等市场主体不能随意进入警务市场，必须经过严格的资格审批和管控，因而目前我国不存在警务完全竞争市场；由于警务行政权、司法权为国家公安机关专有，与其他警务市场主体并非平等主体，而是监管与被监管的关系，我国也不存在警务垄断寡头市场。警务经济市场分析的意义在于论证警务供给主体进入警务市场的合理性和可行性，以解决警务供不应求的矛盾。①

笔者认为，除了法定的警察治安行政管理和刑事执法权力资源不能由市场机制配置外，对于一些基础性的治安防范资源配置，完全可以探索市场化、社会化的路子。比如，在落实社会治安综合治理措施中，可以按照“谁出资，谁受益”的原则，动员、组织有关企事业单位出资、出物、出人开展治安联防和内部安全保卫工作；在城乡社区、街道、重大建设项目现场实行治安防范承包制；大力发展现代物业管理和保安服务业，在城乡居民小区、企事业单位实施有偿治安服务，等等。

（二）公安装备与公安产业

1. 公安装备经济管理

（1）公安装备经济管理的内涵及要求。随着社会主义市场经济的建立和发展，经济因素已经广泛存在于我国公安机关装备建设的各个方面。从范围上看，存在于公安装备规模、结构、研制、生产、采购、使用、维修、报废、成本、价格、合同、财务之中；从层次上看，存在于国家、地方、公安部门及装备研制、生产、试验等单位和装备使用、维修等单位的装备建设之中；从部门和行业来看，存在于公安机关各部门、各警种的装备建设活动之中等。同时，随着新警务变革的不断发展及警械武器装备日益高新技术化和信息化，经济因素在公安装备建设中的地位和作用日益突出。如何对公安装

① 何俊鹏．警务经济理论相关理论问题探析——我国警务经济理论的概念特征和研究路径．吉林公安高等专科学校学报，2009（4）．

备建设中的经济因素或从经济的角度对公安装备建设活动进行有效管理就显得越来越重要，对提高公安装备建设活动的有效性和装备资源的综合效率意义越来越大。

所谓公安装备经济管理，是国家和公安机关及相关组织，为了提高公安装备资源经济效益和社会效益，对公安装备经济进行决策、组织、指挥、协调、监督和控制的活动过程。它包括两个大的方面：一是宏观公安装备经济管理，即国家和公安部对整个公安装备经济体系和装备经济活动进行的控制、指导、调节和监督；二是微观公安装备经济管理，即装备研制、生产、试验、使用、维修等单位对装备经济活动进行的管理。

公安装备经济管理的主体是国家和公安机关及相关组织和代表；公安装备经济管理的客体是平时和战时的公安装备经济活动；公安装备经济管理的方式主要有经济的方式、行政的方式和法律的方式等；公安装备经济管理的目的是获得最佳经济效益和公安效益。具体地讲，公安装备经济管理主要包括公安装备经济规模管理、公安装备经济结构管理、公安装备全系统全寿命经济管理和公安装备动员经济管理以及公安机关应急物资储备调拨机制建设等。公安装备经济规模，从价值角度看，是指公安装备建设消耗和占用人力、物力数量的多寡。公安装备经济规模管理是国家和公安机关对装备规模进行调节的活动，是公安装备经济管理中的重要环节。根据国民经济的承受能力和社会公共安全形势需要，科学地确定和调整公安装备经济规模，不论对社会公共安全，还是对国民经济发展都有着十分重要的意义。

公安装备经济结构，是指装备经济各要素、各环节和各部分的相互比例关系及内在联系，它决定着装备经济的内部构造。公安装备经济规模确定后，必须根据公安实践的需要进一步确定和调整公安装备的警种结构、功能结构、技术结构和地区结构等，这便是公安装备经济结构管理的任务，其根本目标是实现公安装备结构的最优化。

警械武器等公安装备是一个完整的系统，并且其论证、研制、生产、配置、使用、维修与报废等，都有一定的寿命周期。公安装备全系统全寿命经济管理的基本任务就是通过对公安装备经济活动进行科学有效的管理，确保公安装备经济健康运行，提高公安装备经济运行的经济效益、公安效益和社会效益。公安装备全系统全寿命经济管理的内容主要包括成本、质量和进度管理，风险管理，信息管理，采购管理，装备经济动员管理等。其中采购管理工作一般包括三个方面：制订装备采购计划、签订装备订货合同、监督合同履行。在公安装备管理工作中，装备采购市场化改革这些年取得了很大进展，但也存在许多突出问题，主要是装备经费有很大部分耗费在分配流通之中。因此，公安经济学要认真研究如何实现由传统的采购方式向装备合同采办形式的转变，节约经费，提高装备采购的经济效益，尤其要科学合理地确定装备成本与价格。在我国，公安装备全系统全寿命经济管理应遵循寿命周期费用最小原则，费用、质量性能和进度兼顾的原则和集中统一领导的原则等。

公安装备经济动员是国家或公安机关为应付打击犯罪、控制大规模突发治安事件、灾害事故等紧急警务行动，以及参加各类抢险救灾等公共危机处置过程中，使整个公安装备经济系统由平时状态转入战时状态，迅速提高公安力量的装备水平和装备保障能力所采取的一系列措施的总和。公安装备经济动员管理是装备经济动员过程中的一系列管理活动，其从纵向看，有平时动员管理、战前动员管理、战时动员管理和恢复动员管理等；从横向看，有装备科研与生产动员管理、警民通用装备及保障物资征集管理、警民通用装备设施征用管理等。此外，还包括装备保障力量建设管理等。

当前，各类紧急突发性事件频发，迫切需要建立公安物资装备重点地区应急和全国联动保障机制，以保证公安民警遇事招之即来、来之能战、战之能胜。因此，公安部《关于加强公安装备财务工作的意见》（2004 年）要求建立应急物资储备调拨机制。这是公安机关应急反应机制的重要组成部分。此后，公安部启动中央应急物资储备仓库建设，各省级公安机关在 2008 年前完成警用装备综合仓库建设，同时还要建立全国警用仓库库存物资区域内统一调控制度，制订出台应急储备物资调运预案，确保工作需要。① 经过几年的努力，目前我国已初步建成了以公安部警用装备储备中心为核心、部直属六大区仓库为枢纽、省级仓库为基础、市县级仓库为补充的应急储备保障

---

① 李晓萍．县级公安公用经费保障力争明年底全部达标．人民公安报，2006－5－22.

体系，总建筑面积达10万平方米，60%省级仓库库容达到或超过公安部提出的2000平方米要求。①

公安装备经济管理的一个关键环节是加强公安资产管理。目前，这方面存在的主要问题有标准不全、底数不清、监督和评估机制还没完全建立。这些问题归结起来，表现为三大矛盾：一是资产管理和经费管理的矛盾；二是粗放式管理与精细化保障的矛盾；三是资产的存量膨胀与使用率不高的矛盾。资产应动态化管理，要和预算管理相结合，按标准化配置。

目前，从发展趋势看，要求年度预算编制与资产管理相结合。因为资产是事业部门管，预算是财政部门管，如果二者不结合，买多少，卖多少，财政部门根本不知道。解决方法：一是要结合部门的职能任务确定标准；二是要将资产详细分类，建立资产科目体系，按照分类分配标准；三是要明确处置管理办法，惩罚违规行为。在预算管理方面，要做到科学安排预算，根据资产存量制定预算，以避免公安机关和地方的重复建设；要盘活存量，利用好存量；要完善信息化手段，解决信息传递不确定、无序、低效的问题；要在具体操作中改进编制预算的技术方法。

相关资料

全面提升公安装备财务工作科学化管理水平

2011年9月5日公安部召开的全国公安机关装备财务工作会议强调，要坚持服务中心工作、服务基层一线、服务实战需求，紧紧围绕“保障有力、管理规范、基础扎实、服务到位、廉洁高效”的总目标，以深化公安经费保障体制机制改革为主线，以服务公安实战为牵引，以科技手段为支撑，全面提升公安装备财务工作科学化管理水平，为提升公安机关依法履行职责能力提供强有力的物质保障。会议深入分析了当前和今后一个时期公安工作面临的形势和任务，就进一步加强公安装备财务工作提出了明确要求。会议指

---

① 杨淑珍．当家理财话保障．人民公安报·安全科技周刊，2010-3-15.

出，装备财务工作是公安工作的重要组成部分，是公安工作正常开展的物质基础。进一步加强公安装备财务工作，是深化司法体制机制改革、确保公正执法的必然要求，是公安机关依法履行职责使命、圆满完成各项安保任务的必然要求，是实现科学管理、努力打造廉洁公安机关的必然要求。各级公安机关要从全局和战略的高度，充分认识新形势下进一步加强公安装备财务工作的极端重要性，着力提升科学管理水平，真正把人民给的每一分钱都用好，让有限的资金发挥出最大的效益。

会议强调，要坚持服务中心工作，紧紧围绕“三项建设”，进一步加大对信息化建设、社会治安防范体系建设、社会管理创新、执法规范化建设的保障力度，着力夯实公安工作长远发展的根基。要坚持服务基层一线，按照“重心下移、保障下倾、投入下沉”的要求，切实加大对基层公安机关特别是中西部县级公安机关经费保障力度，进一步加强装备财务制度建设，强化内部监督制约机制，严格落实招投标制度和审计监督制度，充分运用制度手段规范保障、强化管理，着力提升基层警务保障水平。要坚持服务实战需求，加强重大突发事件应急保障，加强一线民警执法勤务装备建设，着力提升公安机关的核心战斗力。

会议强调，要毫不动摇地坚持“两手抓、两手都要硬”的方针，把政治建警、素质强警、从优待警和从严治警有机结合起来，大力加强公安装备财务队伍建设，努力打造一支讲政治、精业务、善管理、重廉洁的公安装备财务队伍。要切实加强装备财务队伍思想政治建设，坚定理想信念、永葆忠诚本色。要切实加强装备财务队伍业务能力建设，加强对装备财务民警的教育培训，努力成为公安装备财务工作的行家里手。要牢固树立成本意识、效益意识，学习借鉴现代科学管理手段，增强科学理财能力，不断提高财政资金使用效益。要切实加强装备财务队伍纪律作风建设，严格执行廉洁自律各项规定，守得住思想道德的防线、党纪国法的红线和廉洁从政的底线。要厉行节约、量力而行，坚决避免贪大求洋、奢侈浪费和重复建设，确保每一分钱都花在“刀刃”上。

资料来源：《孟建柱在全国公安机关装备财务工作会议上强调：坚持服务中心服务基层服务实战全面提升公安装备财务工作科学化管理水平》，《人民公安报》2011 年 9 月 6 日。

（2）公安装备建设应树立“大装备”观念。周宇雷认为，在现代警务机制下，公安装备建设应树立三个理念，实现四个创新①。首先要树立“装备就是战斗力”的理念。好的装备不仅可以提高工作效率和提高破案能力，而且可以减少民警伤亡。其次要树立“以人为本”的理念。要为民警提供起码的装备器材，增强其防护能力。最后要树立“有备无患”的理念。许多公安装备不是时时刻刻都在使用的，但在紧要关头又不能没有，因此不能因为用得少就不予配备。

关于公安装备管理创新的四个方面：第一，装备管理模式要创新。要改变由装备部门“接力棒”式进行的纯采购模式，积极参与各警种的公安装备建设，指导装备建设。要按照项目论证、项目立项、项目配备、项目运行、项目终止的流程，履行装备部门的义务，建立大装备管理模式。随着经济社会的发展，社会分工越来越细，公安专业设备技术含量越来越高，小而全、多而不精的装备模式不再适应现代警务机制的需要。建立统一的实验室、信息中心和科研机构，真正实现资源共享，才能发挥有限设备的最佳效能。同时，受现有财政体制和警种业务的制约，目前公安装备建设逐步形成了“分级负责，警种独立”的格局，同一公安机关内部装备由建设各警种多头管理、重复进行。为使装备建设有序发展，必须树立“大装备”观念，实现“纵向统一，横向整合”的装备建设管理模式，即由省公安厅统一负责公安装备建设，同时，同一公安机关内部各警种装备建设归口管理。第二，装备项目要创新。继续坚持科技强警的战略，坚持传统装备和信息化装备建设两手抓的方针。积极为基层推广科技含量高的传统装备，引进高新尖装备，以高科技支撑信息化建设。第三，专业知识要创新。公安装备项目多，各警种装备各不相同，跨学科、跨专业的设备比比皆是。只有努力学习，与时俱进，才能掌握日新月异的新器材、新装备。第四，对公安装备的研究要创新。当前，我国正处于改革的攻坚阶段和发展的关键时期，随着经济关系深刻调整带来的深层次社会矛盾逐渐凸显，犯罪的智能化、暴力化程度提高，反恐防暴任务加重，群体性突发事件增多，传统安全与非传统安全

---

① 周宇雷．公安装备建设应树立“大装备”观念．人民公安报，2010－4－18.

问题交织并存，处置难度加大，迫切需要加强公安装备建设，大力推进公安装备的现代化进程。具体措施有：一是要进一步加强对反恐应急、防暴制暴、非致命性警用武器等特种警用装备的研发和列装工作，既提高公安机关的应急处置能力，又增强公安执法的文明程度，充分体现人道主义精神。二是充分利用社会各方面的力量，大力加强公安装备科学研究，扶持一批实战效果好、技术含量高的科研项目，不断增强公安装备的科技含量，提高公安装备的现代化水平。三是建立健全公安装备标准体系。装备配备标准是公安装备建设的基本依据。

（3）我国警用装备的发展现状及方向。警用装备是衡量一个国家和地区维护社会治安整体实力和水平的重要标志。从总体上看，我国警用装备的发展还是比较快的。全国“二十公”以来，在党中央、国务院和各级党委、政府高度重视下，公安经费保障体制改革进一步深入，中央和地方财政对公安经费的投入力度加大，特别是用于警用装备建设的经费逐年递增，为警用装备的快速发展提供了有力保障。“十二五”期间，全国公安机关规范警用装备管理机制，完善警用装备配备标准和体系，努力提高公安民警的装备素养和水平。当前和今后一段时期，警用装备发展的主要任务是构建反恐防暴装备体系、信息通信装备体系、刑事侦查装备体系、技术侦查装备体系和治安防范装备体系等五大装备体系。①

——警用装备列装和配备趋于合理化，以高科技为主体的警用装备被广泛应用到公安一线，并随我国维和警队走出了国门。我国警用装备发展进入了一个崭新阶段。

近年来，公安部加强警用装备建设的宏观指导，坚持标准化、规范化、专业化、现代化的总体目标，结合警用装备发展和建设的实际需要，组织制定各类警用装备的技术标准上千个，警用装备的列装和配备趋于合理化。经过各级和各有关方面的不懈努力，我国警用装备的品种和数量大幅增多，装备保有量逐年递增，科技含量显著提高，有效改善了公安机关的执法条件，增强了公安队伍的战斗力。

① 警用装备建设和发展应侧重四方面．人民公安报·安全科技周刊，2010－4－26.

遵循“需求为牵引、技术为推动、经费保障为后盾”的原则，近年来，我国公安机关重点加强了警用武器、非致命性器械、刑事技术装备、技术侦查装备、反恐处突装备、警用特种装备、警用车辆等十余类装备的组织研发力度，成功研制并列装了上千个品种的新型警用装备，以高科技为主体的警用装备已被广泛应用到公安一线。目前，北京、上海、重庆、山西、广东、陕西、郑州、武汉、南宁等14个省（市、地）已建立警务航空队，购置各类警用直升机27架①，在执行各项警务活动中发挥了其他装备不可替代的重要作用；单警装备在公安基层一线的配备率已达到97%；防护装备设计研发向人性化、轻量化、系列化、模块化和标准化方向发展，并实现了各功能单元相互独立、互相兼容；警用车辆逐步从通用交通工具向专业交通装备转化，与各项勤务活动的结合越来越紧密，与专业技术装备的结合越来越一致，一批新型警用车辆已经投入到公安实战中。

警用装备水平的整体提升，已成为完成各项公安工作任务的基本支撑点和提高队伍战斗力的重要增长点。在2008年“1·25”冰冻灾害、“5·12地震”、奥运会安保和2009年新中国成立60周年大庆安保等重大事件中，警用卫星通信车、防暴运兵车、反恐突击车、云梯车、水炮车、宿营车、淋浴车、炊事车等以专业设备为支持，具有现代化、系列化、高科技特征的警用特种车辆为公安机关完成维护稳定和抢险救灾工作任务提供了有力支撑。随着我国国际影响力的不断提升，警用特种车辆和警用装备走出了国门，在更为广阔的天地里发挥着重要作用。这一切都表明我国的警用装备发展进入了一个崭新的阶段。

——警用装备的现状还不能令人满意，至今还未能建立起一套科学、规范、完整的管理体系，各地装备建设和发展不平衡。

虽然我国警用装备水平整体提升较快，但与当前公安工作的实际需要相比，警用装备的现状还不能令人满意，一方面是管理不规范，对警用装备的研发、定型、采购等至今还未能建立起一套科学、规范、完整的管理体系；

① 据《中国航空报》2012年7月25日报道。目前，我国公安系统已拥有各类警用直升机近50架。

另一方面是发展不平衡，不同地区警用装备使用管理水平差异明显。东南沿海经济发达地区少数公安机关的某些警用装备的水平已经与欧美发达国家相差无几，甚至在信息化装备等方面已超越西方，但中西部经济欠发达地区的警用装备仍然与当前公安机关所担负的维稳和反恐任务有一定差距。这些地方由于经费短缺，有的连最基本的交通、通信装备都不能保证，高精尖装备更是凤毛麟角。

——警用装备建设和发展应把握三原则。

当前我国警用装备建设可以说是挑战和机遇并存。一方面，随着科学技术的日益发达，国际国内形势的深刻变化，公安工作对警用装备的需求越来越强、要求越来越高；另一方面，国民经济的持续健康发展、综合国力的进一步增强，为发展以高科技为主体的警用装备提供了坚实的技术支援和物质保障，为警用装备的快速发展提供了难得的契机。

警用装备的发展，应符合经济社会发展的一般规律，但更为重要的是，警用装备水平的整体提升，将关系到公安机关在未来履行维护国家安全、社会稳定、反恐处突和应对各类公共安全事件中能否拥有新的引擎、获取新的优势、取得新的成就。

新形势下警用装备建设和发展要把握好以下三个原则：一是服务公安工作原则。警用装备的发展应严格遵循服从、服务公安中心工作的原则，为公安业务工作服务、为基层公安机关服务。二是提高战斗力原则。一方面不断顺应经济社会发展的大潮，顺应公安工作面临的一系列新课题，树立警用装备新的发展理念；另一方面，要不断顺应司法体制和工作机制改革的形势，在警用装备建设上求变求新求活，使之不断适应建立现代警务机制的要求。三是以人为本原则。以服务一线、突出实战为基础，在提高警用装备的先进性和科学性也就是在科技含量上下功夫，不断改进和完善警用武器、非致命性器械和防护装备等装备，研制和列装一批科技含量高、符合地域特点、适应公安实战需要的新型警用装备。

——当前警用装备建设和发展应侧重四方面。

一是科学编制和实施《全国公安装备“十三五”规划》，提出今后五年或更长一段时间警用装备发展的总体目标、指导原则、重点项目和实施步骤，大力研发以高科技为主体的警用装备。各级公安机关也要加强对警用装备的研究，制订地方警用装备五年建设规划，探索新形势下加强警用装备建设的新思路、新方法，并积极争取国家相关部门的支持，在保障装备经费足额、及时到位的基础上，加大对贫困地区的支持力度，努力缩小与经济发达地区的装备差距，确保全国警用装备建设均衡发展。

二是规范警用装备管理机制。认真贯彻落实两办有关文件要求，管好用好装备经费。有效解决警用装备采购秩序不规范、渠道多样、装备参差不齐的问题，建立并严格落实政府采购的行业控制、资格认证、公开招标等制度，规范装备采购渠道，通过源头控制，实现警用装备采购质量的最优化。对公安机关使用的主要装备和一些技术要求高的高科技装备，统一由公安部装备财务局委托标准化委员会制定技术鉴定标准。

三是完善警用装备配备标准和体系。要对警用装备进行科学分类，提高装备配备的针对性和合理性。不仅要注重单警装备的作战能力，更要注重发挥各类装备的合成效能；既不能无视基层的实战需要，搞单纯的自上而下的分级配备，也不能一味贪大求全，盲目高配，重复建设。应从宏观上进行统一规划，按照不同的标准配备，构筑警用装备配备的区域性框架，地市级公安机关以高科技装备为依托，县级公安机关以实战性、专用性装备为支撑，一线实战单位以通用性、普通性装备为基础，形成纵向呼应、横向联动、相互补充、相互支援的装备配备体系。

四是努力提高公安民警的装备素养和水平。要把警用装备培训纳入全国公安机关教育训练总体规划和“大教育、大培训”的训练内容之中；纳入各级公安机关教育训练工作考核范畴，并建立奖惩激励机制；纳入中高级领导干部培训、县级公安局长轮训内容和公安民警训练科目，努力提高警用装备的应用水平。

2. 公安产业

公安产业是支撑国家警察力量和安防事业的物质技术基础。一个国家的公安产业基础及其提供的警械武器装备、刑事技术装备及其他安防装备的效率，是国家公共安全事业的重要支撑。

公安产业既具有一般产业的共同特性，也有区别于一般产业的不同特性。面对现代治安问题日益复杂、刑事犯罪不断增长的形势，在警械武器、安全防范及各类公安技术装备价格昂贵、成本不断上升、公安预算日趋紧张、经费增幅放缓的时代，各国都不可避免地要关注自己的公安产业效益及竞争力问题。这使得如何调整公安产业基础、提高公安产业效率的问题更加突出。在这样的情势下，公安产业被人们所批评的问题主要有垄断与卖方寡头垄断、合同缺乏竞争性、警械武器装备“镀金”、成本超支、交货延迟、过度利润、劳动生产率低下、出口率低等。此外，人们还批评某些专营性公安产业部门大量重复进行高成本的研发项目造成浪费，以及由于每个国家及其警察系统只顾本国、本系统的优势项目而造成的短期生产行为等。

公安产业基础主要由向公安部门提供警务产品的公司和企业以及与公安相关的装备公司和企业组成。这些资产往往受到政府和公安机关的特殊关注。从公安产业产权结构来看，公安产业主要分公有和私有两大类。公有部门主要由政府、军工或公安部门管辖的科研、公司或企业来研发和提供产品或服务，私有部门则由私营科研公司或企业研发和提供产品或服务。在我国，许多关键性警务装备都是由公安部有关研究机构和公安机关控制下的安防企业专门研制和提供的，带有专营的性质和垄断的色彩。从公安产业结构来看，主要由四部分构成：一是以信息化和指挥系统建设为核心的警务办公类产品装备的研发与购置；二是警械武器装备的研发与购置；三是刑事科学技术装备的研发与购置；四是民用治安防范技术装备的研发与购置等。

伴随着社会主义法治国家建设的历史进程，在现代市场经济和信息时代条件下，传统的公安产业在经济发展方式上应当从以下几个方面实施转型：在研发力量和机制上，要实行专业化与社会化相结合；在产品设计制造性能上，要提高信息化、精确化，并突出非杀伤性；在资源配置上，要把计划控制与市场调节有机结合起来，把国内安防市场与国际安防市场连接起来。由于警械武器研究与开发的成本极高，因此，只有大批量生产才能使其成本下降。在国内订单较少的情况下，为降低单位成本，公共安全产业不得不将其产品出售给警务合作成员国或其他国家。值得注意的是，英国的警务传统因为一直强调平民化和最小使用武力原则，所以目前它成为最主要的非杀伤性警械武器的研制与出口国。这说明，当今市场经济条件下，包括警械武器在内的公共安全品的研发与交易，已经成为国民经济体系中一个重要的产业，它既能够满足本国公安警察部门的装备保障，也能对国民经济发展作出一定的贡献。

3. 中国安全技术防范产业

改革开放以来，随着国民经济的持续增长和人民生活水平的日益提高，社会各领域和公众对安全方面的需求普遍上升，曾经专属政法机关工作手段的安全技术防范，以日渐立体化的快速发展趋势，从重点单位、要害部门走向社会，融入大众百姓生活之中。安全技术防范是指以安全防范技术为先导，以人力防范为基础，以技术设备和实体设施为手段，所建立的一种将探测、延迟、反应功能有机结合的安全防范服务保障体系①。

20 世纪八九十年代，安全技术防范概念逐步被社会各界认识和接受，安全技术防范市场逐步扩大。到 1992 年前后，我国安全技术防范已发展成为一个新兴行业，安全技术防范系统的应用已经从国家重点、要害部门延伸到社区、学校等民用设施。与此同时，一些外资企业开始进入中国市场。为了扶持、保障这个新兴行业的健康发展，公安部陆续成立相关的行业组织和中介机构，不断加强对社会面的管理、服务力度。

1987 年至 1988 年间，经国家技术监督局批准，成立了全国安全防范报警系统标准化技术委员会（TC100）和公安部安全与警用电子产品质量检测中心（北京）、安全防范报警系统产品质量监督检测中心（上海）。截至目

① 以预防入侵、盗窃、抢劫、破坏、爆炸等违法犯罪活动和重大治安事件为主要内容的安全防范，一直是公安机关的职能所在。作为安全防范工作中采用的基本技术，即安全防范技术，通常可分为物理防范技术（Physical Protection）、电子防范技术（Electronic Protection）和生物统计学防范技术（Biometric Protection）三大类。物理防范技术即实体防范技术，如建筑物和实体屏障以及与其相配套的各种实物设施、设备和产品（如各种门、窗、柜、锁具等）；电子防范技术即应用于安全防范的电子、通信、计算机与信息处理及其相关技术，如入侵报警技术、视频监控技术、出入口控制技术以及与其相关的各种软件、系统工程等；生物统计学防范技术即主要是指利用人体的生物学特征进行安全防范的一种特殊技术门类，如指纹、掌纹、虹膜、声纹等。目前，公安机关已经在刑事侦查、治安管理、出入境管理、交通管理、边防管理、监所管理等工作中广泛应用各种安全防范技术。

前，全国安全防范报警系统标准化技术委员会已编制 120 余项涉及技防产品、系统以及管理的国家或行业标准，其中仍在执行的有 100 余项，初步建立了技防工作的标准化体系。1992 年，经民政部批准，中国安全防范产品行业协会成立。该协会成立后，相继通过举办"中国国际社会公共安全产品博览会"及"中国安防国际高峰论坛"，引进和推广先进安防技术、推动国内外安防技术合作、开展安防业务咨询与培训、组织制定行规行约、强化行业自律等活动，充分发挥其在引导和推动安全技术防范行业健康快速发展中的作用。目前中国安全防范产品行业协会已经从单纯的产品企业的集合体演变成一个凝聚安防行业各类企业的平台，成为了政府与企业沟通的桥梁。

近 40 年来，中国安防产业应运而生，发展迅速。据 2008 年的统计，我国具有一定条件和规模的安防企业超过 2 万家，从业人员超过了 100 万人，行业总产值达到 2000 亿元左右，市场增长速度连续多年保持在 20% 以上。其中，视频监控系统产品发展最快，年增长率约为 25%，在电子类安防产品中占据了约 50% 的份额。①

经过近 40 年的快速发展，我国安防产业已形成了集研发、生产、销售、工程与系统集成、报警运营与中介服务等为一体的新兴朝阳产业。近几年来，安防市场的外部环境变化日新月异，国民经济保持良好发展势头，经济总量迈上新台阶，老百姓生活质量快速提高，此时当然就会把安全保障的投资放在关键位置；而消费链末端的大众安全消费水平的提高也自然带动了各领域对安全方面的需求；数字化、网络化、智能化、集成化、民用化技术的进一步提高，更促进了安防产品的升级换代；此外，平安城市建设、西部大开发、城市应急指挥体系建设、国际反恐形势、城镇化改造、城市民用住房改造等诸多因素，无不推动着朝气蓬勃的安防业向全面商业化、民用化的方向拓展。安防产业越来越受到社会各界的广泛关注，已成为构建社会治安防控体系、维护社会稳定、全面建设和谐社会的重要组成部分。目前，我国安防行业已形成视频监控、出入口控制、入侵报警、防爆安检、实体防护等几十类上万种产品。国内安防市场初步形成了珠江三角洲、长江三角洲、京津

① 中国安防行业网，2011 - 6 - 19.

唐地区三大安防产业集群三分天下的格局。

但业内人士认为，安防行业存在的困难与问题也不容忽视，如安防行业自主知识产权较少，高技术安防产品研发能力低，新产品与核心技术多依赖进口，未能形成有序的科技创新体系；企业经营管理粗放，整体水平不高；法律法规体系不够完善，行业管理依然薄弱，市场秩序有待进一步规范；安防管理的技术支撑环境差，标准滞后，产品检测、认证评估手段较低；安防基础理论研究薄弱，制约安防技术效能发挥等。为解决目前存在的问题，有关专家提出，我国安防行业应充分整合行业资源，积极推进国家与行业的技术标准、合格评定、行业培训、安防系统工程安全评估与评价、行业信用等体系的建立和完善等。①

相关资料

国内千亿安防市场亟待走出经营误区

即便安防企业拥有广阔的市场前景，人们也很难将其与安防强国联系起来。整个行业创造力不强、产品同质化严重、低价竞争的现象屡见不鲜。在传统的“重销售、轻创造”的经营模式下，中国要实现安防大国到安防强国的转变，还需要走很长一段路。

2 万家企业抢占“千亿蛋糕”

2009 年上半年，在金融危机的影响下，全球经济遭受重创，中国安防行业也未能幸免。很多出口型安防企业的业务量急剧下降。到了下半年，国家出台一系列经济刺激计划，使得市场逐渐回暖，很多外销型企业开始转入内销。年底，整个安防行业的总产值达到 1900 亿元，比上年增加了 18% 。

然而，这个数字并没有给人们带来太多的喜悦。深圳某家监控设备生产

① 杨淑珍，赵源．安全技术防范加快立体“亲民”进程．人民公安报·安全科技周刊，2010 - 3 - 8.

企业的负责人表示，我国的安防行业产值不断提高，整个行业的企业数量也在不断增加，在市场竞争日趋激烈之时，多数企业的经营状况并不尽如人意。

统计数据表明，我国安防行业的企业数量达到2万多家，主要分布在珠三角、长三角和京津唐地区，形成三大产业集群。在众多的安防类企业中，50%以上的都是规模不大的中小型企业，每年的产值在500万元~1000万元之间。规模大、年产值突破千万元的企业屈指可数。如果按照最近公布的中国安防行业2100亿元产值、2万家公司计算，平均每个公司的营业额是1000万元，去掉原料、人工成本等，公司的利润所剩无几。

轻视科研，行业发展一大隐患

面对市场规模不断扩大的朝阳行业，众多的安防企业却未能尝到甜头。这与安防企业“重销售、轻科研”的经营理念有着很大的关系。

众所周知，我国的安防行业从20世纪90年代起步，经过20多年的发展，很多技术已经成熟，这大大降低了进入安防行业的门槛。此外，随着大家安全意识不断增强，相关的安防产品市场需求日益旺盛，监控类产品、智能门禁、防盗报警类产品的运用范围不断扩大，已广泛运用到公共建筑、住宅小区等场所，成为智能建筑中不可缺少的一部分。

在市场需求不断扩大、技术较为成熟的背景下，不少人士投身到这个新兴行业中。统计数据表明，2007年我国的安防从业人员超过100万。在这个庞大的安防队伍中，销售、生产人员的数量占到从业人员总数的半壁江山，挑起了行业的“大梁”，从事研发的技术性人员数量少得可怜。众多企业在销售和研发人员上的分配比例失调，为行业的健康发展埋下了隐患。

在“重销售、轻科研”的经营模式下，安防产品同质化、低价竞争的现象时有发生，行业整体利润出现下滑。慧聪网董事局主席郭凡生认为，安防企业在参与市场经营活动时，按照传统制造业的发展模式，不断扩张生产线、扩大产品的销售规模，这种以规模、数量上扩张的经营方式在安防市场启动之时，能够帮助企业迅速发展壮大。但是，经过十多年的发展，整个安防行业已经步入稳步发展阶段，市场逐步趋于饱和，由此，以量制胜的模式很难续写高利润的传奇。

差异化竞争能否续写高利润传奇

当“重销售、轻创新”发展模式的弊端逐渐暴露出来后，很多人士开始思考未来安防行业的发展之路。

郭凡生认为企业应当增强自己的研发实力和品牌价值，走差异化的企业经营之路。他用耐克公司的例子阐述了差异化的经营模式。耐克公司是世界最大的运动鞋制造厂家，拥有良好的市场口碑。公司总部只有几十人，主要研究人怎么走路、怎么运动、设计人性化的产品。公司没有一家工厂，新产品设计出来，交给各地的代工企业。整个公司在运作过程中，拥有差异化的产品和强大的品牌优势。这两大优势使得耐克公司在市场中具有强大的核心竞争力。耐克公司从中获取巨大的经济效益。

郭凡生的观点获得了不少业内人士的认同。业内资深人士孟平表示，在安防企业的产品性能、价格差距逐渐缩小时，企业要想从低价战中“突围”出来，应当加大产品的研发力度，寻找差异化的市场需求。根据地区、使用环境、使用人群以及应用行业的特色，生产出不同类型、符合行业需求的安防类产品。根据技术发展趋势以及国家大环境的变化，及时调整自己的经营策略，积极抢占新技术制高点。比如手机远程监控、手机付费等远程操控技术将成为未来物联网技术的新亮点，企业应当抓住机会，及早布局，尽快转变经营理念，由单纯的安防产品提供商转变为安防系统解决商，扩展业务范围，为企业的发展寻找更多的商机。

除此之外，业内专家认为安防企业要获得较大的发展，还需要加强品牌建设。品牌是企业或产品个性化的符号。在激烈的市场竞争中，好的品牌可以帮助企业提高自身的价值，夺得更多的市场份额。企业应当充分规划好品牌发展战略，不断丰富品牌的文化内涵，提升企业的核心竞争力。

资料来源：《国内千亿安防市场亟待走出经营误区》，《中国建设报》2010年7月19日。

4. 应急产业①

应急产业作为为突发事件预防与应急准备、监测与预警、处置与救援提供专用产品和服务的产业，是国家战略性新型产业和科技先导产业。自2014年国务院办公厅发布《关于加快应急产业发展的意见》以来，我国应急产业呈现井喷之势，应急产业规模不断壮大，应急产业体系基本形成，为防范和处置突发事件提供有力支撑，成为推动经济社会发展的重要动力、维护国家公共安全的重要组成部分。

图片来源：《解放军报》2017年12月20日，第10版

——发展应急产业，民心所向正当时

我国幅员辽阔，地理气候条件复杂，是世界上自然灾害最严重、灾害史最长的国家之一。频发的自然灾害酿成的灾荒不绝于史书，因此，过去有西方学者甚至称我国为“饥荒的国度”。

灾害事件不仅造成严重的人员伤亡，还深刻影响着地区的经济和社会发展。据民政部《2016年社会服务发展统计公报》显示，2016年我国各类自然灾害共造成近1.9亿人次受灾，直接经济损失5032.9亿元。总结这些灾害事件的教训，人们不难

① 何楚洋，徐晶晶．应急产业：守护国家公共安全的重要屏障．解放军报，2017－12－20（10）．

发现，针对灾害事件提高防灾应急、安全生产和应急管理等公共安全能力，与提高国土安全、国防安全等领域的传统安全威胁抵御能力一道成为当务之急。

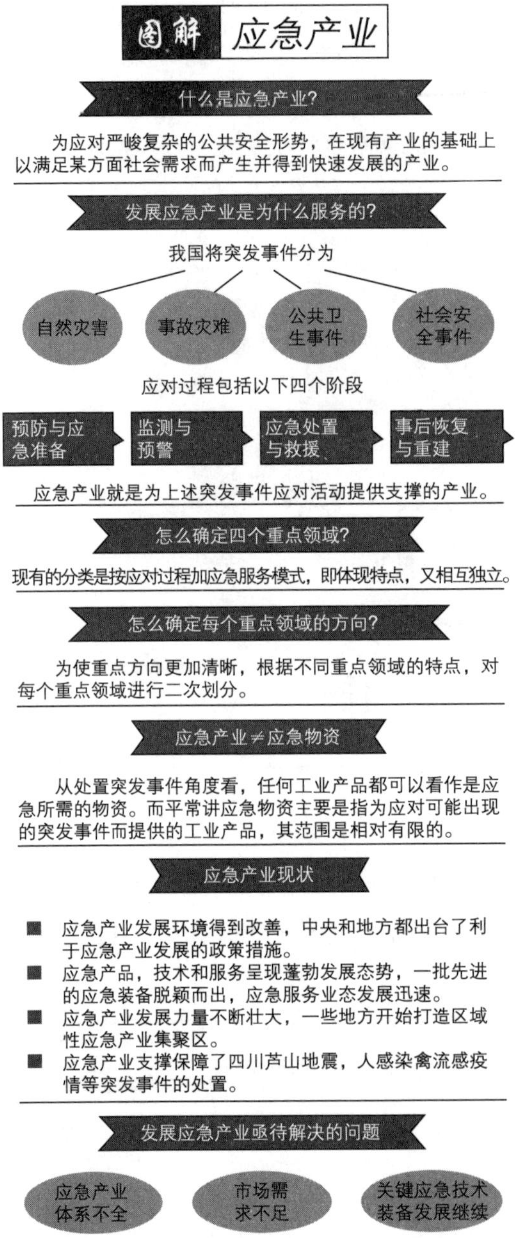

制图：张 悦

根据《中华人民共和国突发事件应对法》，我国将突发事件分为自然灾害、事故灾难、公共卫生事件和社会安全事件四大类，应对过程包括预防与应急准备、监测与预警、应急处置与救援、事后恢复与重建等阶段。而应急产业，正是应对上述灾害事件并提供物质支撑的产业。

当前，发展应急产业已成为世界各国共识，欧美许多发达国家把应急产品和特种技术作为国家战略发展方向予以重点支持。目前，我国自然灾害频发，公共安全形势严峻，应急能力却相对薄弱，这个现状对提升基础设施和生产经营单位安全水平、突发事件救援能力、全社会抵御风险能力和维护国家公共安全都提出了更为迫切的要求。培育应急产业是我国产业结构调整、供给侧结构性改革的必然要求，是新的经济增长点的重要内容。大力推动应急产业发展，可谓民心所向，正当其时。

——拥抱新蓝海，“潜力股”变“绩优股”

某山地突发泥石流，居民被困家中，一款轻型应急悬索车克服沟壑障碍，第一时间赶到现场架起一座索桥，将居民渡送至安全地带……2016年11月，在湖北随州，一场应急产业联盟组织的模拟演练成为大家关注的焦点。应急产业联盟的成立，带动着全社会共同参与到灾害事件应急体系中来。这个由100家从事应急产业的企事业单位、科研院所和社会组织自愿组成的全国应急产业联盟，整合了国内政、产、学、研、用优势资源，正加速推进应急产业的发展之路。

近几年，中共中央、国务院先后出台《关于加快应急产业发展的意见》《应急体系的“十三五”规划》和《国家综合防灾减灾救灾规划》，对我国应急产业提出了明确要求：到2020年，要建成与有效应对公共安全风险相匹配，与全面建成小康社会要求相适应，覆盖应急管理全过程，全社会共同参与的突发事件应急体系。

一连串利好政策，让应急产业这支“潜力股”变身地道的“绩优股”。在工信部和国家发改委联合公布的《应急产业重点产品和服务指导目录》中，囊括了监测预警产品、预防防护产品、处置救援产品和应急服务产品四个领域，细分为包括自然灾害监测预警产品、事故灾难监测预警产品等在内的15个发展方向，包含无人机监测设备、各类机器人、云计算安全服务、地震台站等266个产品和服务。

当前，国家对公共安全的重视、社会对应急产业的需求、各方面发展应急产业的积极性均达到前所未有的态势。应急产业的出现和发展具有较强的时代特征，是经济社会发展到一定阶段的产物。我国应急领域相关产品和服务产值已有近万亿元规模，成为新的蓝海市场。每一个人、每一个行业、每一个组织、每一个地区，都是有应急需求的。应急产品与百姓生活息息相关，公众的应急救援意识也正日渐提升，无论从硬需求还是从软需求上来看，应急产业的发展都值得期待。

——机遇蕴含挑战，发展任重道远

众所周知，伤后1小时之内是抢救的黄金时间。在2016年中国国际应急产业发展论坛上，中国民用航空应急救援联盟秘书长孙守军提出的“伤后1小时抢救”概念耐人寻味。他说：“我国目前仅有10余架专业救护用飞机，医学救援提出的伤后1小时抢救概念很难实现，航空医疗救援体系发展滞后将会成为我国应急产业发展的一大梗阻，发展‘空中120’刻不容缓。”

尽管我国应急产业得到长足发展，但仍然任重道远。目前我国应急产业体系不全，应急产品和服务还分散在现有相关产业中，只有从国家层面统筹规划，遵循就近就急原则，才能从真正意义上实现公共安全应急。

谁掌握关键技术，谁就能决定救援效率。我国应急产业整体的自主创新能力有待提高，科技资源分散，缺少统筹和整合，如大深度大吨位沉船快速打捞装备、超高层建筑火灾救援装备等装备技术即缺乏。

在2017年的上海国际消防与应急产业展览会上，市场需求不足也是企业提到的最多的问题。有效激活全民公共安全消费需求，不仅能够推动应急产业市场的发展，更能带动应急物资储备、重要设施和应急队伍建设等应急末端的发展。另外一个值得思考的现象是，与展会现场先进的消防应急装备相比，民众对消防应急概念的理解、对消防应急设备的有效应用能力却显得有些落后。

据民政部统计的国民应急救护的普及率，我国是1.5%，前几年是1%。首都机场安装了很多AED心脏除颤仪，对心脏有问题的人进行紧急救助，几十台机器虽然布起来了，会使用的人却不多。因此，要不断增强民众应急意识，实现全民参与的国家公共安全。

针对上述问题，国务院办公厅《关于加快应急产业发展的意见》对2020年前应急产业发展的主要任务和所需政策措施进行了系统部署，提出了增强自主创新能力、健全产业结构、促进集聚发展等6项主要任务，以及产业标准、财税支持、人才队伍建设等5条政策措施。这些任务和措施更加侧重指导性、方向性和可操作性，对于保障人民群众生命财产安全、维护国家公共安全具有重要意义。

中国应急产业建设与研究三则

中国应急产业大事记

2014年12月，国务院办公厅发布《关于加快应急产业发展的意见》，明确了应急产业发展的总体要求、主要任务和政策措施，提出到2020年，应急产业规模显著扩大，应急产业体系基本形成，为防范和处置突发事件提供有力支撑，成为推动经济社会发展的重要动力。这是我国首次对应急产业发展作出全面部署。

2015年7月，为促进应急产业发展，提高处置突发事件应急保障能力，做好国家应急产业示范基地管理工作，工信部、国家发改委、科技部印发《国家应急产业示范基地管理办法（试行）》。

2015年10月，工信部、国家发改委、科技部发布《关于公布首批国家应急产业示范基地名单的通知》，确定中关村科技园区丰台园、河北怀安工业园区、烟台经济技术开发区、合肥高新技术产业开发区、随州市、贵阳经济技术开发区、中海信创新产业城等7个产业基地为首批国家应急产业示范基地（专业类）。

2016年10月，由工信部为指导单位，工信部中小企业发展促进中心等单位发起组建的全国应急产业联盟正式成立。联盟致力于开展应急产业重大问题研究，提出应急产业重大技术攻关组织方案，组织应急产品和服务示范应用，制定应急产业技术、产品和服务团体标准，组织国内国际应急产业合作、交流、展览展示，组织应急产业培训和学术活动等。

2017年7月，工信部印发《应急产业培育与发展行动计划（2017－2019年）》，旨在明确2017－2019年我国应急产业培育和发展重点任务，推动应急产业持续快速健康发展。

2017年7月，国务院办公厅印发《国家突发事件应急体系建设“十三五”规划》，《规划》指出，大力推进应急产业健康发展，制订应急产业发展培育计划。到2020年，建成与有效应对公共安全风险挑战相匹配、与全面建成小康社会要求相适应、覆盖应急管理全过程、全社会共同参与的突发事件应急体系，应急管理基础能力持续提升，核心应急救援能力显著增强，综合应急保障能力全面加强，社会协同应对能力明显改善，涉外应急能力得到加强，应急管理体系进一步完善，应急管理水平再上新台阶。

2017年11月，工信部、国家发改委、科技部发布《关于公布第二批国家应急产业示范基地名单的通知》，确定四川省德阳市、辽宁省抚顺经济开发区、长沙高新技术产业开发区、福建龙州工业园区、新疆生产建设兵团乌鲁木齐工业园区等5个产业基地为第二批国家应急产业示范基地（专业类）。

资料来源：何楚洋、杨昊整理：《中国应急产业大事记》，《解放军报》2017年12月20日，第10版。

国务院办公厅关于加快应急产业发展的意见

国办发〔2014〕63号

各省、自治区、直辖市人民政府，国务院各部委、各直属机构：

应急产业是为突发事件预防与应急准备、监测与预警、处置与救援提供专用产品和服务的产业。近年来，我国应急产业快速兴起并不断发展，在突发事件应对中发挥了重要作用，但还存在产业体系不健全、市场需求培育不足、关键技术装备发展缓慢等问题。发展应急产业一举数得。为加快我国应急产业发展，经国务院同意，现提出以下意见：

一、充分认识发展应急产业的重要意义

（一）发展应急产业是提高公共安全基础水平的迫切要求。当前我国公共安全形势严峻复杂，突发事件易发频发，防控难度不断加大。发展应急产业能为防范和应对突发事件提供物质保障、技术支撑和专业服务，提升基础设施和生产经营单位本质安全水平，提升突发事件应急救援能力，提升全社会抵御风险能力，对于保障人民群众生命财产安全、维护国家公共安全具有重要意义。

（二）发展应急产业是培育新的经济增长点的重要内容。随着我国经济发展、社会进步和公众安全意识提高，社会各方对应急产品和服务的需求不

断增长。应急产业覆盖面广、产业链长，加快发展应急产业有利于调整优化产业结构，催生新的业态，形成新的经济增长点；有利于促进中小微企业发展，增强经济活力，扩大社会就业。

（三）发展应急产业是提升应急技术装备核心竞争力的重要途径。突发事件处置现场情况复杂，对应急技术装备的适应性、可靠性、安全性要求更加苛刻。我国应急产业起步晚，一些产品技术含量不高，部分关键技术产品依赖进口。加快发展应急产业将带动相关行业领域自主创新和技术进步，促进国际先进技术和理念的引进消化吸收再创新，提升我国应急技术装备在国际市场的核心竞争力，推动经济转型升级。

二、总体要求

（四）指导思想。以邓小平理论、“三个代表”重要思想、科学发展观为指导，深入贯彻落实党的十八大、十八届二中、三中、四中全会精神和国务院决策部署，以企业为主体，以市场为导向，以改革创新和科技进步为动力，加强政策引导，激发各类创新主体活力，加快突破关键技术，不断提升应急产业整体水平和核心竞争力，增强防范和处置突发事件的产业支撑能力，为稳增长、促改革、调结构、惠民生、防风险作出贡献。

（五）基本原则。

市场主导，政府引导。充分发挥市场配置资源的决定性作用，完善政府宏观引导和政策激励，进一步推进简政放权，营造良好发展环境，用改革的办法调动市场主体发展应急产业的积极性。

创新驱动，需求牵引。着力推进原始创新、集成创新和引进消化吸收再创新，掌握共性技术，突破关键核心技术，尽快缩小与国际先进水平的差距，促进科技成果产品化、产业化；培育市场需求，推进应急产品在重点领域应用，形成对应急产业发展的有力拉动。

统筹推进，协同发展。健全应急产业发展机制，加快形成适应我国公共安全需要的应急产品体系，推行应急救援、综合应急服务等市场化新型应急服务业态，不断提高应急产业对应对突发事件的综合保障能力。

服务社会，服务经济。把社会效益放在更加重要的位置，引导企业承担社会责任，研发应急产品，储备生产能力，完善应急服务，实现经济效益与社会效益相统一。

（六）发展目标。到2020年，应急产业规模显著扩大，应急产业体系基本形成；自主创新能力进一步增强，一批关键技术和装备的研发制造能力达到国际先进水平，一批自主研发的重大应急装备投入使用；形成若干具有国际竞争力的大型企业，发展一批应急特色明显的中小微企业；发展环境进一步优化，形成有利于产业发展的创新机制，为防范和处置突发事件提供有力支撑，并成为推动经济社会发展的重要动力。

三、重点方向

（七）监测预警。围绕提高各类突发事件监测预警的及时性和准确性，重点发展监测预警类应急产品。在自然灾害方面，发展地震、气象灾害、地质灾害、水旱灾害、病虫草鼠害、海洋灾害、森林草原火灾等监测预警设备；在事故灾难方面，发展矿山安全、危险化学品安全、特种设备安全、交通安全、海洋环境污染、重污染天气、有毒有害气体泄漏等监测预警装备；在公共卫生方面，发展农产品质量安全、食品药品安全、生产生活用水安全等应急检测装备，流行病监测、诊断试剂和装备；在社会安全方面，发展城市安全、网络和信息系统安全等监测预警产品。同时，发展突发事件预警发布系统、应急广播系统及设备等。

（八）预防防护。围绕提高个体和重要设施保护的安全性和可靠性，重点发展预防防护类应急产品。在个体防护方面，发展应急救援人员防护、矿山和危险化学品安全避险、特殊工种保护、家用应急防护等产品；在设备设施防护方面，发展社会公共安全防范、重要基础设施安全防护、重要生态环境安全保护等设备。

（九）处置救援。围绕提高突发事件处置的高效性和专业性，重点发展处置救援类应急产品。在现场保障方面，发展突发事件现场信息快速获取、应急通信、应急指挥、应急电源、应急后勤保障等产品；在生命救护方面，发展生命搜索与营救、医疗应急救治、卫生应急保障等产品；在抢险救援方面，发展消防、建（构）筑物废墟救援、矿难救援、危险化学品事故应急、工程抢险、海上溢油应急、道路应急抢通、航空应急救援、水上应急救援、核事故处置、特种设备事故救援、突发环境事件应急处置、疫情疫病检疫处理、反恐防爆处置等产品。

（十）应急服务。围绕提高突发事件防范处置的社会化服务水平，创新应急服务业态。在事前预防方面，发展风险评估、隐患排查、消防安全、安防工程、应急管理市场咨询等应急服务；在社会化救援方面，发展紧急医疗救援、交通救援、应急物流、工程抢险、安全生产、航空救援、海洋生态损害应急处置、网络与信息安全等应急服务；在其他应急服务方面，发展灾害保险、北斗导航应急服务等。

四、主要任务

（十一）加快关键技术和装备研发。通过国家科技计划（专项、基金等）对应急产业相关科技工作进行支持，推动应急产业领域科研平台体系建设，集中力量突破一批支撑应急产业发展的关键共性核心技术。鼓励企业联合高校、科研机构建立产学研协同创新机制，在应急产业重点方向成立产业技术创新战略联盟。鼓励充分利用军工技术优势发展应急产业，推进军民融合。创新商业模式，加强知识产权运用和保护，促进应急产业科技成果资本化、产业化。

（十二）优化产业结构。坚持需求牵引，采用目录、清单等形式明确应急产品和服务发展方向，引导社会资源投向先进、适用、安全、可靠的应急产品和服务。适应突发事件应对需要，推进应急产品标准化、模块化、系列化、特色化发展，引导企业提供一体化综合解决方案。加快发展应急服务业，采用政府购买服务等方式，引导社会力量以多种形式提供应急服务，支持与生产生活密切相关的应急服务机构发展，推动应急服务专业化、市场化和规模化。

（十三）推动产业集聚发展。适应现代产业发展规律，加强规划布局、指导和服务，鼓励有条件地区发展各具特色的应急产业集聚区，打造区域性创新中心和成果转化中心。依托国家储备和优势企业现有能力和资源，形成一批应急物资和生产能力储备基地。根据区域突发事件特点和产业发展情况，建设一批国家应急产业示范基地，形成区域性应急产业链，引领国家应急技术装备研发、应急产品生产制造和应急服务发展。

（十四）支持企业发展。充分发挥市场作用，引导企业通过兼并重组、品牌经营等方式进入应急产业领域，支持有实力的企业做大做强。发挥应急产业优势企业带头作用，培育形成一批技术水平高、服务能力强、拥有自主知识产权和品牌优势、具有国际竞争力的大型企业集团。利用中小企业发展专项资金等支持应急产业领域中小微企业，促进特色明显、创新能力强的中小微企业加速发展，形成大中小微企业协调发展的产业格局。

（十五）推广应急产品和应急服务。加强全民公共安全和风险意识宣传教育，推动消费观念转变，激发单位、家庭、个人在逃生、避险、防护、自救互救等方面对应急产品和服务的消费需求。完善矿山、危险化学品生产经营场所、高层建筑、学校、公共场所、应急避难场所、交通基础设施等应急设施设备配置标准，完善各类应急救援基地和队伍的装备配备标准，推动应急设施设备装备与建设主体工程同时设计、同时施工、同时投入使用。健全应急产品实物储备、社会储备和生产能力储备管理制度，建设应急产品和生产能力储备综合信息平台，带动应急产品应用。加强应急仓储、中转、配送设施建设，提高应急产品物流效率。利用风险补偿机制，支持重大应急创新产品首次应用。推动应急服务业与现代保险服务业相结合，将保险纳入灾害事故防范救助体系，加快推行巨灾保险。

（十六）加强国际交流合作。多层次、多渠道、多方式推进国际科技合作与交流，鼓励企业引进、消化、吸收国外应急先进技术和先进服务理念，提升企业竞争力。鼓励跨国公司在我国设立研发中心，引进更多应急产业创新成果在我国实现产业化。支持企业参与全球市场竞争，鼓励企业以高端应急产品、技术和服务开拓国际市场。鼓励国外先进应急技术装备进口。引导外资投向应急产业有关领域，国家支持应急产业发展的政策同等适用于符合条件的外商投资企业。组织开展展览、双边或国际论坛及贸易投资促进活动，充分利用相关平台交流推介应急产品和服务。

五、政策措施

（十七）完善标准体系。充分发挥标准对产业发展的规范和促进作用，加快制（修）订应急产品和应急服务标准，积极采用国际标准或国外先进标准，推动应急产业升级改造。鼓励和支持国内机构参与国际标准化工作，提升自主技术标准的国际话语权。

（十八）加大财政税收政策支持力度。对列入产业结构调整指导目录鼓励类的应急产品和服务，在有关投资、科研等计划中给予支持。探索建立政府引导应急产业发展投入机制，带动全社会加大对应急产业投入力度。落实和完善适用于应急产业的税收政策。建立健全应急救援补偿制度，对征用单位和个人的应急物资、装备等及时予以补偿。

（十九）完善投融资政策。鼓励金融资本、民间资本及创业与私募股权投资投向应急产业，支持符合条件的应急产业企业采取发行股票、债券等多种方式，在海内外资本市场直接融资。按照风险可控、商业可持续的原则，引导融资性担保机构加大对符合产业政策、资质好、管理规范的应急产业企业的担保力度。鼓励和引导金融机构创新金融产品和服务方式，加大对技术先进、优势明显、带动和支撑作用强的应急产业重大项目的信贷支持力度。

（二十）加强人才队伍建设。建立多层次多类型的应急产业人才培养和服务体系，着力培养高层次、创新型、复合型的核心技术研发人才和科研团队，培育具有国际视野的经营管理人才，造就一批领军人物。支持有条件的高等学校开设应急产业相关专业。依托有关培训机构、高等学校及科研机构，开展应急专业技术人才继续教育。利用各类引才引智计划，完善相关配套服务，鼓励海外专业人才回国或来华创业。

（二十一）优化发展环境。完善相关法律法规，支持应急产业发展。建立应急产业运行监测分析指标体系和统计制度。加强应急产品质量监管，依法查处生产和经销假冒伪劣应急产品的违法行为。依托现有的国家和社会检测资源，提升应急产品检测能力。完善事关人身生命安全的应急产品认证制度。鼓励发展应急产业协会等社团组织，加强行业自律和信用评价。对应急产业发展重大项目建设用地，在符合国家产业政策和土地利用总体规划的前提下予以支持。

六、组织协调

（二十二）健全工作机制。建立由工业和信息化部、发展改革委、科技部牵头的应急产业发展协调机制，及时研究解决重大问题，推动应急产业健康快速发展。选择有特点、有代表性的企业，建立联系点机制，跟踪应急产业发展情况，总结推广成功经验和做法。

（二十三）加强督查落实。各地区、各部门要高度重视应急产业发展，切实加强组织领导，抓紧制定落实各项政策措施分工的具体措施，确保各项政策措施落实到位。应急产业发展协调机制牵头单位要组织对各地区、各有关部门落实本意见的情况进行督查。

附件：重点工作任务分工表（略）

国务院办公厅

2014 年 12 月 8 日

资料来源：国务院办公厅印发的《关于加快应急产业发展的意见》，中央政府网，2014 年 12 月 24 日。

天行有常，预弭为上

谢金波

应急产业，对许多人来说既熟悉又陌生：说它熟悉，是因为这一产业堪称庞大，涉及装备、材料、医药、轻工等人们熟悉的领域；说它陌生，则是因为它“小荷才露尖尖角”，属于不折不扣的新兴产业。

我国幅员辽阔，地理气候条件复杂，自然灾害种类多且发生频繁。民政部《2016 年社会服务发展统计公报》显示，2016 年全国各类自然灾害共造成 1.9 亿人次不同程度受灾，因灾直接经济损失 5032.9 亿元。

灾害事件不仅造成严重的人员伤亡，还对地区的经济和社会发展产生深远的影响。因此，在应对灾害、灾难和各类突发事件过程中的事前准备、事中应急响应和有效处置、灾后的快速恢复和可持续发展成为世界各国政府和公众越来越关注的焦点问题，开展科学的应急管理、发展朝阳的应急产业、打造安全的居住家园已成为国际社会发展的共同目标。

“既重视国土安全，又重视国民安全；既重视传统安全，又重视非传统安全。”2014 年 4 月 15 日，习近平总书记在中央国家安全委员会第一次全体会议上强调，要准确把握国家安全形势变化新特点新趋势，坚持总体国家安全观，走出一条中国特色国家安全道路。

防灾减灾救灾关系到人民的生命和财产安全，是维护社会稳定和谐的基石。早在 2007 年，我国就颁布《中华人民共和国突发事件应对法》，提出应急物资储备保障、应急产品研发和应急产业化。在《国务院办公厅关于加快应急产业发展的意见》中明确指出，应急产业是为突发事件预防与应急准备、监测与预警、处置与救援提供专用产品和服务的产业。

随着中国的经济发展、社会进步和公众安全意识的提高，各界对应急产品和服务的需求不断增长，推动应急产业快速兴起，并且在应对突发事件中发挥了重要作用。目前，我国消防、安防、安全应急、信息安全、应急通信装备、防灾减灾装备、防汛抗旱器材、反恐装备等领域专用产品和服务的产值达到近万亿元规模，已经形成新的蓝海市场。

“预弭为上，有备为中，赈济为下。”从古至今，人们在应对灾害的实践中不断认识自然、适应自然、改造自然，从而形成了丰富的防灾减灾思想和措施。进入新的历史阶段，伴随应急产品科技水平逐步提高，新产品开发、新技术应用范围日益广泛，各地开始探索物联网、云计算等新兴技术在应急管理中的应用，成功将物联网技术运用于大坝安全防护、泥石流监测预警等，为提高国家安全能力奠定了坚实的基础。

天行有常，不为尧存，不为桀亡。作为一个发展中大国，我国生存安全问题和发展安全问题、传统安全威胁和非传统安全威胁相互交织，维护发展利益的任务艰巨繁重。面对新的挑战，我们必须清醒认识和准确判断国家所处历史方位和面临的形势任务，坚持贯彻总体国家安全观，不断开拓国家安全工作新境界，走好中国特色国家安全道路。

资料来源：《解放军报》，2017 年 12 月 20 日，第 10 版。

5. 公安采办

公安采办是联结公安产品供给和需求的关键环节，在公安建设和警察现代化中占有十分重要的地位。如何在有限的公安资源约束下，既采购到警方所需要的公安产品，又收到最大的采办效益，成为公安采办关注的重要问题。

公安采办是警方为满足公安任务或保障公安任务需要，就警械武器和其他系统、物品或劳务提出方案、计划、设计、研制和试验，签订合同、生产、部署、后勤保障、改进及处理的过程。从外延上看，广义的公安采办包括对所有公安所需物品和服务的采办，而狭义的公安采办仅主要指警械武器装备的采办；从内涵上看，有时公安采办可以被理解为一次交易过程，这可以看做是对公安采办的最狭义的理解。广义的公安采办则可概括为三大部分：科研（研究、发展、试验与签订）、生产（或采购）及使用与保障，它是从警方所需产品或劳务提供之前一直延续到其使用活动结束的全系统、全过程的经济行为。

由于现代警械武器及其他公安装备日趋先进、复杂，公安采办日益成为一种包含多种专业、复杂、综合性的工作，采办内容日趋复杂，采办规模越来越大。因此，公安警械武器及其他公安装备的采购是一宗大生意。

警械武器等公安装备市场在涉及政府的地位、成本趋势、技术进步、成本曲线和规则方面有一些显著的特征。①政府是公安装备市场的中心。公安采办市场不是一个完美的市场，政府常常扮演唯一的采办者角色，而主要警品承包商也常常是某种警械装备的垄断者，这使得公安采办市场表现出与一般商品市场明显不同的特征。由于公安职能只能由政府来承担，那么公安采办市场的买方主体就自然而然具备了垄断性。政府是决定市场需求和供给量的主要推动力量，能够影响公安产业的规模、结构、进入和退出、价格和利润、所有制以及技术水平。政府关于买什么、在什么地方买、怎样买的决策等将是至关重要的。而其保护、支持、财政扶持、基础设施与资本投入、教育和意识形态的有关政策也是非常重要的。公安部《关于加强公安装备财务工作的意见》要求“各级公安机关要按照《政府采购法》的要求，进一步完善公安机关政府采购制度，规范采购行为。公安机关武器装备、个人防护、技侦、特种警用车辆等公安专用装备和特种警用装备研究特殊业务应用软件，要按照公开、公平的原则，由公安机关统一组织集中采购。”②警械武器装备，特别是高新技术公安装备是非常昂贵的，并且在实际的合同中有成本上升的趋势。③技术进步是现代公安装备市场的一个鲜明特征。从总体上看，公安装备市场和公安产业主要是由政府来调节的。

在公安采办市场的买方独家垄断情况下，从需求方的角度看，现代公安产品生产的总体特征表现为以下几个方面：①强调公安装备的高技术性能而非成本。②风险由政府承担，政府往往对研发和某些项目提供资本和基础设施投资。③公安装备承包商与采购官员和警方人员关系密切。④很多研究机构和公司由国家垄断或由公安部门直接控制，这意味着竞争的难度加大。从供给方的角度看，现代公安装备生产在固定成本、资产专用性、研发风险与研发投入等方面都表现出一些不同的特点。主要表现在：一是固定成本大，难以形成规模效益。二是资产专用性大，沉没成本大。三是具有一定的保密性等。

6. 推进公安后勤保障方式社会化

尽管存在着公安装备市场的垄断性或不完全竞争性，但从降低研发及采购成本、提高公安采办效率和效益的角度看，除了少部分需要极度保密的公安专用技术装备外，大多数通用装备的采购及保障应走社会化的路子。这就需要我国公安机关自觉适应新形势新任务新要求，在更高的起点、更大的范围和更高的程度上，积极推进后勤保障方式社会化。

有学者指出："公安后勤社会化，是指随着社会生产力的发展，公安机关后勤服务由供给型、福利型、封闭型的自我服务，逐步向建立在专业分工协作基础上的市场化服务转化，最终实现社会化服务的过程。"① 公安后勤社会化是一个循序渐进的过程，必须积极稳妥推进，既要防止因循守旧，更要防止走向极端，一哄而上，达不到预期效果，对公安事业的发展产生负面作用。

积极推进后勤保障方式社会化，其基本指导思想是坚持寓警于民、警民结合的方针，能利用民用资源的就不自己铺摊子，能纳入国家经济科技发展体系的就不另起炉灶，能依托社会保障资源办的事都要实行社会化保障，使公安队伍把更多的时间和精力用在执法能力的提高上；其主要的内容和范围应是实现"七化"，即生活保障社会化、通用物资储备社会化、基础设施建设社会化、人才培养社会化、警队文化事业社会化、公安科研社会化、装备生产和维修保障社会化等；其主要的方法和步骤，是在积极推进后勤保障方式社会化的过程中，明确责任、找准问题、制订方案，立足实际、搞好试点、逐步展开；其根本的标准和要求，是积极推进后勤保障方式社会化，遵循市场经济运行的规律，进行市场化运作、法制化管理。自 2004 年以来，

---

① 钱青. 公安后勤改革应奔向"三化"：工作科学化 保障法制化 服务社会化. 人民公安报，2003－8－26.

公安部一直强调各级公安机关要按照《政府采购法》的要求，进一步完善公安机关政府采购制度，逐步扩大采购的范围，规范采购行为。公安机关通用装备要实行政府采购。对于公安机关武器警械、个人防护、技侦、刑事技术、特种警用车辆等公安专用装备和特种警用装备，要按照公开、公平、公正的原则，由公安机关统一组织集中采购。

四、 科学开发与合理配置警务人力资源的规律

（一）公安人力资本与公安人力经济

1. 公安人力资本

公安耗费的复杂性决定了公安经济成本是多方面的。一般说来，公安经济成本是指公安给一国造成的总经济成本，主要包括公安建设和警务活动对一定人力、财力、物力的消耗。也就是说，公安经济成本不仅限于直接的治安经费支出，还包括公安对物质资本和人力资本的消耗，以及对国民经济的影响。

现代经济学中，人力资本是指通过教育、培训而形成的存在于人体内的知识、技能、健康等各种能力的总和。人力资本的积累是有成本的，人力资本一旦形成就会带来预期收益。公安人力资本投入既包括警察人力资源开发、警察教育训练费用和警务工作对警力的耗费，也包括社会辅助警力及保安服务人员的耗费。

公安人力资本问题解决的是何种人力供给结构安排能够最大限度地提高公安人力资本与收益的比率，实现以最小的人力资本投入取得最大的人力成果产出。例如，不同年龄、学历结构警员的合理配置问题，职业警员与辅警的合理配置问题，一线执法警员与机关文职人员的比例问题，现代化装备与技术工具代替人力投入问题等各种可替代方案的对比可达到更为经济的实现公安工作目标的节省人力资本的途径。

公安工作所赖以进行的人力主体是警察队伍，警察队伍的构成要素是警察人员，警察履行治安行政管理和刑事执法职责的过程实际上是公安人力的支出和消耗。公安工作是一项高压力、高危性的职业，天天处于艰苦的工作

环境，担负着超负荷的警务劳动，时刻面临着各种危险的侵袭，这些都对警察的身心健康造成极大的损耗，警察因公负伤致残和牺牲生命的比例逐年增加。“时时有流血，天天有牺牲”已成为我国人民警察这一职业的真实写照。据统计，新中国成立至2009年60年间，全国公安机关先后共有10768名民警光荣牺牲，151468名民警英勇负伤；改革开放后的1981年至2007年间，全国公安机关因公牺牲民警总数为8682人，平均每年牺牲334人。① 同期全国公安机关有14万名民警光荣负伤。② 其中，2001年至2006年，全国公安机关共有2718名民警牺牲。③ 这是一组用鲜血写成的数字，这是一支用忠诚实践诠释“国家安危，公安系于一半”的特殊队伍。这种公安人力资本的投入与消耗是维护社会公共安全必须付出的代价，但也是非常沉痛的代价。由公安工作的性质任务所决定，我们无法减轻公安工作强度和完全避免民警因公伤亡，但政府完全可以增加对公安建设和公安工作的投入，提高民警的工资待遇，提高公安教育训练水平，改善民警工作环境和防护装备，尽量减少不必要的民警伤亡。同时，还应提高对因公负伤致残和牺牲民警家庭的抚恤标准等。

新中国成立以来全国公安民警因公伤亡情况统计表

年份	负伤（人）	牺牲（人）
1949—1980		1026
1981	639	70
1982	574	66
1983	875	87
1984	703	83
1985	519	103

① 人民公安报编辑部. 人民公安，与共和国同行——纪念新中国公安工作60周年. 人民公安报，2009-9-29.

② 于呐洋. 公安队伍30年：热血铸警魂奉献写忠诚. 法制日报·周末，2008-11-30.

③ 法制日报，2007-4-4.

（续表）

1986	1037	144
1987	2197	168
1988	5691	203
1989	8294	254
1990	7193	304
1991	9106	308
1992	7153	300
1993	8851	359
1994	9759	379
1995	9677	460
1996	11681	515
1997	8142	522
1998	8177	442
1999	5559	533
2000	5840	429
2001		443
2002	6520	443
2003	6076	476
2004	6920	492
2005	4134（其中重伤 872 人，轻伤 3262 人）	414
2006	2657	398
2007	3345	452
2008		486
2009	2871（不含轻微伤）	431
合计	151468	10768

资料来源：1949 年～1980 年、1981 年～1998 年统计资料摘自《法制日报》1999 年 2 月 13 日。1999 年～2009 年统计资料及新中国成立 60 年合计数字为笔者根据公安部发布的有关信息整理。未查到 1949 年～1980 年、2001 年、2008 年的全国公安民警因公负伤统计数字。近年来的统计数字均含公安边防、消防和警卫部队。

2. 公安人力经济分析

以警察队伍为主体的公安人力是国家正规公安力量的基础，公安预算中相当大的一部分用于公安人力支出，公安人力的状况直接影响公安工作与公安队伍建设的进程和结果。因此，公安人力经济也是公安经济理论研究的一项非常重要的内容。特别是运用劳动经济学的分析工具研究公安人力和人力资源问题具有很大的发展空间和研究价值。

公安人力是社会分工和发展的产物。一般说来，可以把公安人力分为三个层次来理解：一是直接从事公安工作和警务执勤的职业警察；二是既包括从事公安工作的警察，也包括支持、协助警务活动、从事治安防范工作的各种社会力量；三是从事公安教研、科研、生产的教育训练、科技人员和其他辅助者等。本报告主要从第一种理解入手来研究公安人力经济问题。

（1）警察人力规模。警察人力在各国公安力量建设中占有重要地位。国际上，衡量警察比例一般采用三种表述：一是警察人数/每万人；二是警察比居民人口；三是警察与国土面积比。据统计，第二次世界大战后各国警力普遍上升，到 1990 年，主要大国的警力为：英国，14 万人，警察与人口比为 1∶414；美国，专职警察 63 万人，私人警察 50 万人，警察与人口比为 1∶460；法国，21.8 万人，警察与人口比为 1∶250。

美国人 D. H. 贝利认为导致警力变化的主要因素有：①社会的不平等现象，居民受教育、就业及收入的悬殊常会引发社会问题。悬殊越大，社会问题越多，导致对警力的需求增多。例如，在越贫穷、经济发展水平越低的国家，警察人数往往越多。②城市人口密度加大，警力也随之加大。③警力随犯罪率的上升而加强。犯罪和警力往往和辖区大小、地域位置、城市特性、居民的差异性等紧密相关。

有学者研究认为，当警察比例达到一定数值之后，即呈饱和状态而不再增长。如巴黎市 1875 年警察与人口比为 1∶271，1913 年比例为 1∶336，1980 年比例为 1∶477。从 1913 年到 1980 年的近 70 年间，警力增加较慢。又如，伦敦市警察与民众比例在 1830 年为 1∶416，而 1970 年为 1∶467。140 年来警力增长几乎停止。因此，警察与人口比例似乎有一个合理的恒定值，一旦进入这个比值范围，增长速度就会减慢。①

世界主要国家和地区警力比较

国家及地区	立案数（件/万人）	总警力（万人）	警力绝对数（警察/万人）
美国	536.71	80	30.01
加拿大	998.21	7.54	25
英国	1020.52	21	34.67
法国	678.56		16.45
德国	803.06		19.73
俄罗斯	177.89		122.46
中国内地	40	180	11
中国香港			67
中国澳门			125
日本			23

资料来源：王大伟主编：《英美警察科学原理——世界警务革命向何处去》，中国人民公安大学出版社2007年版，第455页。

（2）警察人力结构。警察人力结构是指各种类型的警察人力之间的比例和相互关系，包括警种结构、职务结构、岗位结构、年龄结构、学历结构等。

（3）警察人力需求。一个国家的警察人力通常来源于本国的劳动力市场。提供警察人力的劳动力市场包括了单一买方及大量的自愿或被征募提供劳务的个人。在警务劳动市场上，警方是“独家垄断”购买者，公安部门对警察人力的需求是由公安支出、公安警察部门与民事部门的相对工资水平、相对要素价格和要素替代机会成本等因素决定的。警察人力需求方面的问题主要包括新警招募、要素替代、服务期限等。

买方对警察人力的需求，反映在为实现理想的警察队伍建设数量和质量

① 王大伟主编．英美警察科学原理——世界警务革命向何处去．中国人民公安大学出版社，2007：451.

所采用的招募新警及训练、管理政策上。作为警察人力主要买方的公安机关及其警察力量，在分析中可以作为垄断购买者，对具有警务价值技能的人（如侦查员、特警队员、刑事技术人员等）来说更是如此。

人力供给取决于工资，同时也受未来训练的影响，这种训练能够创造人力资本。公安机关是警员在职训练的主要提供者。作为创造人力资本的投资，训练包括了出于对未来收益的期望而投入的当前资本。由此产生了关于警察训练的成本与收益方面的问题：谁负担成本？谁获得收益？这里，人力资本的显著特征是，训练这种投资的产权被赋予受训的个人，因此，人力资本和受训人员是不能截然分开的。这影响到个人与警察组织之间的训练成本分配，所以需要对一般训练（可转移的）与特殊训练（不可转移的）加以甄别。

（4）警察人力供给。警察人力供给主要研究在既定市场价格和其他因素影响下警务劳动的供给数量和结构。在供给分析中，公安警察部门与其他民事部门收入的差异、社会失业率、社会对警察尊重程度和对公安的偏好、地区经济发展水平等因素对警察人力供给都有重要影响。警察人力供给的要素主要包括人口统计、相对于民用部门的薪金收入、教育训练、技能获得等。人力供给与需求的互动或相互影响将决定一个市场中薪金和非货币补偿的比率。

公安警察部门与其他民事部门的收入差、非货币收益和社会地位等因素对警察职业选择有重要影响。我们可以假设经济体中存在警察部门与其他民事部门两个部门，个人在决定是否进入警队时必然会对每一个部门中的薪金和非货币收益进行比较。在警队工作一般比较艰苦，具有一定的危险性，甚至可能危及生命。但与其他民事部门工作相比，从警可获得许多非货币收益，如为社会服务的荣誉感、稳定的职业性等。个人通过比较警、民两部门之间的工资以及非货币收益，决定是否加入或者继续留在警队。当然，在当代中国，还要充分考虑人口的数量与就业的难度。所以，每年通过参加公务员考试竞争公安民警职位的大学生与日俱增。

在现代社会，不同国家为组建警察力量会使用职业化与社会化的不同结合方式。与民用部门相比，公安警察部门的就业或服役（宪兵警察或武装警察）具有某些鲜明的特征。第一，警察队伍中所有个人必须服从法律规定的强制性规则，即众所周知的警规警纪。违反这些规则和纪律将会受到诸如降级、禁闭或者被开除警籍等惩罚（若触犯法律则要追究法律责任）。中国、法国等国的警察法律明确规定：警察从业人员不允许参与或组织游行、示威和罢工等。第二，警员必须接受国家所确定的就业薪金、就业条件和服务年限。严格禁止运用非法手段谋取私利。第三，从事警务工作就意味着奉献，在危急时刻甚至要牺牲其生命。这是在警察队伍中工作或服役所具有的一种极端形式的非货币劣势，当然也是警察职业的崇高价值所在。许多国家的警察法或警察条令中都将此要求纳入新警宣誓内容。

（二）警察人力资源管理

警察人力资源是警力资源的构成要素之一，是指储存在警察体内、能按一定要求完成一定工作的体能和智能资源。资源主体，包括个体资源和群体资源。个体资源由人的感知、气质、性格、兴趣、动机、态度、能力等个人素质和知识、技能等构成，通过先天遗传和环境教育过程形成；群体资源是由多个个体组成团队乃至整个组织所产生出的整体特性和效力。在资源形态上，包括现实的警察成员，也包括尚未从警的具有潜在警察素质的在校警察院校学生。警察人力资源作为警力资源最主要的承载者和体现者，是唯一具有主动性、能动性的资源要素，是起主导和关键作用的战略性资源。

警察人力资源管理，指警察管理主体运用现代科学方法，对与一定物力相结合的警察成员进行合理的培训、组织和调配，使人力、物力经常保持最佳比例，同时对警察的心理和行为进行恰当的诱导、控制和协调，充分发挥人的主观能动性，使其人尽其才、事得其人、人事相宜，以实现组织目标。它包括警察组织对警察成员的招考、录用、任用、考核、培训、奖惩、调动、报酬，直至退休的全过程的管理。其目的可分为两个方面：一是对人力资源外在要素——量的管理，使人和物发挥最佳效应；二是对人力资源内在要素——质的管理，充分发挥每个警察的主观能动性，以达到组织目标。而所有这些人力资源管理环节，都需要一定的经费支出和物质资源投入来保障。

相对于其他人力资源管理而言，警察人力资源管理具有以下特征①：

——在警察人力资源存量上，数量和质量同样重要。对于警察系统，拥有数量更多的人力资源和追求质量更高的人力资源，两者同等重要。只有保证一定的人员数量，同时提高个体人力资源水平，并将分散的、不同类型的人力资源有效整合，才能提高整体工作效益。因而，在保证数量的前提下，应注重内涵发展式的“无增长改善”，以切实提高警察素质。

相关资料

无增长改善论

王大伟

无增长改善论，英文为 Improve Without Growth，指警察在不增加人员编制、器材装备的前提下改善与提高警力。

20 世纪 70 年代，剑桥大学的一位物理学家荣获诺贝尔物理学奖。当人们参观他的实验室时，发现设备简单，人员很少。那位物理学家有一句名言：“我没有丰厚的资金，也没有充足的助手，但我有许多新的观念。”英国德文郡警察局局长约翰·安德逊在他的著作《从人力资源到观念的转变》中受此启发，在对传统的警察建设模式进行反思的基础上提出了新的警察哲学——无增长改善论。其理论要点如下：

1. 警力远远超过了社会承受力，大幅度增加开支是无益的、危险的。

2. 警察现代化不应该走警力高比例的模式。

3. 社区警务是改革方向，以社会为警力后备，以质量胜数量。

资料来源：王大伟主编：《英美警察科学原理——世界警务革命向何处去》，中国人民公安大学出版社 2007 年版，第 455 页。

——在警察人力资源培训中，知识和技能同样重要。知识分为普通知识

---

① 邢黎平．公安系统人力资本运行刍议（上）．公安学刊，2005（1）．

和专业知识，是从事警察工作的基础。技能指人们在各种活动中积累的经验，是做好警察工作的关键。警察技能一般是在工作实践中长期积累形成或通过在职培训、经验介绍、“传帮带”等形式学习他人经验后逐步转化而成的。一般说来，知识是人力资源的核心。但因警察工作涉及面广、随机性强，所以，实践形成的技能与教育形成的知识同等重要。

——在警察人力资源运行上，积累和配置同样重要。扩大和积累人力资源无疑是重要的，但对已有的人力资源进行合理配置以寻求最佳运行效率也同样重要。配置是指某一行为主体对其掌握或控制的资源的一种理性安排行为。只有警察人力资源在不同部门间达到最佳配置，即警种之间、层级之间、地域之间，在知识、技能、年龄等方面形成良好的结构，才能取得最大收益。特别是对于作为“关键少数”的核心人力资源的各级警察组织领导班子，更应严格选定，精心配置。

——在警察人力资源功能发挥上，激励警心是关键。人力资源是一种依附于人身的“潜在”资本。其运行水平主要取决于激励制度的科学性。应根据不同种类的业务特点和不同警员的个性特点，建立健全科学、合理、有效的激励机制，以充分调动每个警员的工作积极性和主动性。当然，这种激励既包括精神激励，也包括物质激励。从经济学角度看，应当让那些在公安机关不同岗位上兢兢业业工作并做出突出贡献的警员名利双收。

因此，在新的历史条件下，经济和社会能否快速发展已不再主要取决于自然资源和资本资源的占有和运用，而主要取决于人力资源开发利用的状况。重视人力资源的开发利用，也是新时期警察队伍职业化、科学化建设的必然趋势和客观要求。现代人力资源管理主要包括以下几大系统：人力资源的战略规划、决策系统，成本核算与管理系统，招聘、选拔与录用系统，教育培训系统，工作绩效考评系统，薪酬福利管理与激励系统，保障系统，职业发展设计系统，管理政策、法规系统，管理的诊断系统等。只有这样，才能确保各种人事政策与组织目标的统一，创造灵活的组织体系，形成先进的公安组织文化，培育警察的良好素质，提高整个警察人力资源的效能。

在实现公安工作目标中，公安民警的作用始终处于核心地位。作为最具创新性和能动性的活力资源，公安民警的人力资本作用能否得以充分发挥，决定了公安投入产出效率的高低。当前，影响公安民警人力资本效能发挥的主要问题有以下三个：① 一是具有高人力资本价值（经过专门化的公安教育培训）的在职公安民警如何有效地实现与执法工作的结合，而其他非执法工作则可由辅助警力（具有大众化教育经历）代替，以实现降低公安人力资本，最大限度地实现提高人力成本与执法收益的比率，实现以最小的人力资本投入取得最大的人力成果产出的目的。二是在警务活动中警力资源布局如何降低由经验决策、人海战术带来的高成本。通过挖掘警务活动的内在规律，并科学地进行排兵布阵，以实现公安警力使用的高效率。三是重视现代科技手段与装备的运用，不仅要通过现代警务技术实现“让人民群众少跑路”，而且还要力求实现“让公安民警少跑路”，确保充分发挥现代科学技术的作用，更为经济地替代公安民警投入，实现公安工作的目标和任务。

（三）西方关于警力配置之研究②

1. 关于警力适量数的研究

国外一般认为，按人口比例，平均每500人配一名警察比较适合，各国警力配备的差别很大。统计的标准各国也不统一，有的不算军事警察、特种治安部队或文职人员，因此很难做比较精确的对比。但1∶500仍是西方国家衡量警力与居民比例的一项通行标准。

20世纪60年代末期，英国内政部成立了专门小组研究此问题。经过调查认为，某一辖区警力的适量数应按下列公式计算：

在城市：$$N = \frac{P}{2000} + \frac{A}{355} + \frac{M}{6.3} + \frac{C}{160} \quad (1)$$

N 为某一辖区所需的警察数量(指基层警察数,不包括上层机构。下同)。

P 为辖区居民数。

A 为辖区面积,按英亩计算。

M 为辖区公路长度,按英里计算。

---

① 张光．说说公安经济学．现代世界警察，2014（8）．

②［英］本维尔德著，宜生编译．警察的组织与指挥．现代世界警察，1985（1）（创刊号）．

C 为辖区年发案数，按向警方报案数计算。

公式（1）表明，在城市每2000个居民应配备一名警察，每335英亩面积应配备一名警察，每6.3英里公路应配备一名警察，每年发案160起应配备一名警察。

在城市郊区：$$N = \frac{P}{1360} + \frac{M}{6.3} + \frac{C}{160} \quad (2)$$

可见，在城市郊区，不考虑辖区面积，而将居民警察的比数改为每1360个居民配备一名警察，其余与城区相同。

在农村：$$N = \frac{P}{3000} + \frac{M}{75} \quad (3)$$

即每75英里公路配备一名警察，每3000（40×75）个居民配备一名警察。面积大小与发案数可不考虑。

美国的一些研究人员着重从案件、事故的数量来决定警察数量。加利福尼亚的调查表明：$$N = \frac{C \times 0.5}{25 \times H} + K \quad (4)$$

其中，C 为每年各种案件、事故的发生数。

H 为每名警察每年工作的小时数。

K 为常数，根据警察、警官每年实际工作的情况而定，在加州此数为1.6。

公式（4）说明，在美国加州，每名警察平均用25%的工作时间处理案件、事故，而处理每起案件、事故的平均时间为半小时，考虑警察、警官每年实际工作的情况，还应加上1.6的“保险系数”K。

以上是研究人员提出的一些公式，但实际上各国、各地区之间警力的配备受政治、经济、财政支出以及机构体制、工作方法的影响很大。1970年，新西兰警方专门组织一个小组研究此问题，结论是：“机构和工作方法的改变，计算机及其设备的采用，大量使用文职人员等因素，对警察的数量有很大的影响”。因此，“很难得出一个合适的公式”。但各国的研究提出了决定警力的诸因素（如人口、面积、公路长度、发案率、警察工作时间）及其相互之间的关系，还是很有启发意义的。

2. 先进技术的采用与警力的关系

一般认为，随着先进装备和技术的使用，警力可以相对地减少。但我们不可贸然得出结论——技术愈先进，警力愈减少。英国警察数从 1939 年到 1965 年增加了 32.9%，按人口比例从 1：660 增加到 1：549。美国警察的增加根本原因是城市扩大、犯罪率上升、治安恶化，还与警察的工作方法有关。

百余年来，英国警察执勤的基本方法是在街区步行巡逻。随着技术的发展是否可以用机动车巡逻取代步行巡逻以减少警力呢？1967 年，英国内政部一个专门小组研究了此问题后得出结论：步行巡逻是十分必要的。其优点是：①着装警察在街上步行巡逻，本身给群众以安全感，给犯罪分子以威慑。②可以仔细观察街道和社会的情况，检查居民门窗是否牢固，熟悉居民上下班的情况和夜间的情况。③可以增进警民关系，随时帮助居民，居民有急难可以随时呼救。④可以向居民了解许多情况，搜集与掌握街道上治安危险分子的情况。总之，步行巡逻在预防犯罪上是有很大作用的，不可以轻易取消。该小组认为，机动车巡逻任务的重点是处理公路上的交通事故，有重大案件时及时赶到现场，及时堵截逃犯等。步行巡逻仍应保留，但步行巡逻应装备高灵敏度的无线电通信设备。

3. 警力配置的最佳方案

国外研究人员认为，一定数量的警察与器材，配置方法不同，效果大不一样。因此，应运用类似企业管理的方法求出配置的合理方案。他们按经济学的方法进行了“微观”和“宏观”研究。

“微观”研究是对一个警察站、一个巡逻队的研究，研究执勤班次、巡逻路线和岗哨布置怎样实施才能取得最佳效果。首先要搜集辖区的人口、住宅分布、发案数、事故数、交通情况、电话报警呼救情况以及居民的组织情况和要求等资料，然后根据不同特点拟订不同执勤方案。如在人口密集的城市中心，应以步行巡逻为主，在郊区职工宿舍区要以机动车巡逻为主，在重大案件频发区要配置足够的紧急出动力量，在高层建筑云集的区域要加强每栋楼的居民组织等。在有了执勤方案以后，再考虑适当的人力和器材的分配。

“宏观”研究则主要是把一个城市的警务作为整体研究，据以考虑全市的巡逻网络、通信网络、全面预防犯罪的措施、各个警察站的配合、统一指挥的能力以及紧急应变的力量等。作为整个城市来说，应有多层次的配置，第一层是步行巡逻，第二层是机动车巡逻，第三层是快速反应力量。这些层次的上面是指挥中心和各种技术支援机构。在配置警力与器材时要考虑四个方面的情况：一是预防犯罪；二是侦查与打击犯罪；三是技术与后勤；四是指挥机关。要从这四个方面的特点和相互之间的关系出发来确定最佳的警力与装备的配备方案，包括警力的构成方案。如警官与警察的比例，技术人员、文职人员与着装人员的比例。在技术人员中要合理安排技术专家、一般技术人员和技术操作人员的比例等，最后求得一个以最少警力与装备达到最大限度满足治安需要和使得群众满意的目的，这需要很精确的计算。

(四) 中国公安机关关于优化警力配置的探索

在中国，谈到警力，过去相当一段时期，往往是指警察组织的编制人数，偏重于警员数量。现在，我们逐步认识到，应以公安机关的人员编制、组织管理、警械装备、教育训练、警察科学技术、警务战略战术、警民关系等诸多警力要素的总体数量与质量及其在警务实践中形成和释放出的综合能量作为考量警力的内涵和标准，围绕如何科学配置与使用警力进行改革与探索。在这方面，天津市公安局宝坻分局、上海市公安局和北京市公安局的经验，以及将在后面警务改革与警务战略经济中介绍的大庆市公安局的改革经验，值得推介。

1. 天津市公安局宝坻分局“三比三量”的警力调配模式[①]

天津市公安局宝坻分局在警察人力资源管理实践中，坚持按客观规律办事，以优化警力配置为支点，探索出“三比三量”调配警力的模式，促进了全局一线单位各项公安工作的平衡发展。

在警力调配工作中，基层公安机关由于缺乏科学的依据，对一线基层单位的警力调配往往凭“经验”办事，缺乏精准性。这一方面造成部分单位

① 闫大恒．“三比三量”：警察人力资源管理的支撑点．人民公安报，2008－12－18（8）．

人员结构组合不合理，警力资源闲置浪费，削弱了队伍整体战斗力；另一方面造成部分单位警力紧张，对各项工作任务疲于应付，降低了工作标准，严重制约了自身职能作用的发挥，甚至影响了公安工作总体目标的实现。因此，科学合理地调配警力，充分发挥警力资源使用效益的最大化迫在眉睫。

对此，天津市公安局宝坻分局在对基层一线单位主要工作量和警力情况进行实际测算的基础上，提出了“三比三量”调配警力的方法：①辖区实有人口数量与警力数量之比——工作常量。②接警数量与警力数量之比——治安增量。这一比值的高低体现了单位民警在基本工作量之外因治安复杂程度而办理刑事、治安案件和调解民事纠纷等方面工作量的增减情况。③不同年龄段警力数量之比——警力能量。将单位人员按不同年龄段划分（46 岁至 59 岁、31 岁至 45 岁、20 岁至 30 岁）比较，这一比值高低体现了单位民警年龄结构是否合理科学及战斗力强弱。

通过警力的调配工作使每个基层一线单位的“三比三量”值基本趋于平衡，以达到各单位民警平均工作量的总体相当。在警力调配工作中，通过将每个基层一线单位的“三比三量”值与全局各基层一线单位平均比值相比较，如果有两项以上比值明显高于全局的平均值，说明这个单位警力处于相对紧缺状态，应及时补充警力。相反，如果某个单位有两项以上比值明显低于全局的平均值，说明这个单位存在警力相对过剩现象，应考虑对该单位进行人员削减或调换，避免警力资源闲置浪费。为及时掌握分局各单位的“三比三量”值情况，分局以半年为一个周期，对各单位（特别是派出所）实有人口数量、接警数量以及不同年龄段的警力数量进行一次准确的测算，并对民警辅以能力素质、工作绩效等方面的综合考评，为及时调配警力提供科学依据。

“三比三量”模式是以量化分析为依据调配警力，符合客观实际，能够做到人尽其才、盘活警力资源，使一线单位整体协调、均衡发展。“三比三量”调配警力的模式，不仅有效避免了一线基层单位因民警平均年龄偏大、体力不支等因素影响队伍战斗力的弊病，同时还解决了一线基层单位民警平均年龄偏低、队伍总体工作经验欠缺、工作水平不高等问题，使一线单位队伍的结构基本均衡，为一线基层单位保持旺盛的战斗力提供了保障，促进了全局整体工作的协调发展。

2. 上海市公安局试行文职雇员制度①

公安文职雇员，即指在非公安执法岗位上从事辅助性工作的、为公安机关的内部运作提供专业化、职业化服务的人员。实行公安文职制度，将公安机关执法岗位与内部的非执法岗位区别开来，可以使执法岗位上的职责任务更加明确。实行文职人员聘用制度是欧美发达国家现代警察管理的通例。资料显示，英国伦敦警察厅文职雇员占警员总数的31%，美国纽约警察局文职雇员占警员总数的17%，中国港澳地区的警察机关也把执法类与非执法类岗位分离，在非执法类岗位实行文职制度。2007 年 1 月 1 日施行的《公安机关组织管理条例》第 22 条规定："公安机关根据工作需要，经中央公务员主管部门或者省、自治区、直辖市公务员主管部门批准，可以对专业性较强的职位和辅助性职位实行聘任制。但是，对公安执法职位或者涉及国家秘密的职位，不实行聘任制。"公安机关应以此为契机，学习、借鉴欧美发达国家和地区的成功经验，加快文职雇员制度建设，以有效缓解警力不足的问题。

2001 年，上海市公安局开始探索文职制度，开创了中国警方文职制度的先河。2004 年 1 月，上海市公安局以浦东分局为试点，正式启动文职制度。2006 年，文职制度在上海警方全面推行。经过 7 年的努力，目前上海市公安文职制度的框架体系已基本形成。其间，上海市公安局先后两次向社会发布招聘公告，共招聘 2500 名文职人员，而实际报考则有 25000 余人，达到 1∶10 的比例。经过层层筛选，最后择优录取 2400 余人。其中，年龄在 30 岁以下的占总数的 77.8%。目前，浦东分局文职人员共有 235 名，分布在分局下属的 53 个部门，先后置换民警 178 名，增强了基层一线警力。目前，北京、广东、陕西等地警方正在探索实行文职人员聘用制度，在非执法岗位聘用文职人员，把置换出来的警力充实到基层执法单位。

上海市公安局文职岗位由高到低分为技术保障、辅助管理和行政事务三大类。这些文职人员素质相对较高，均具有相应岗位所需要的如文字速录、

① 于呐洋．缓解警力不足上海公安局首开先河探索文职制度——4 年 2400 多名文职快乐工作．法制日报，2008 - 10 - 20（2）．

计算机维护、影视制作、档案管理等职业技能。文职人员上岗后，大量未破案件的卷宗得到了规范清理，各类案件信息得以及时入库。仅以上海市公安局刑侦总队刑技中心的指纹比对岗位为例，目前共有 30 名文职人员，近两年时间指纹库共增加指纹百万余份，仅 2007 年就比对案件 2001 起，比中犯罪嫌疑人 1449 人，为公安侦查破案工作提供了重要的技术支持。民警转岗是发挥文职制度作用、决定文职制度成败的关键。在 110 接线、指纹比对、热线咨询、信息查询等岗位，由于工作量增加，过去配少量警力甚至没有配警力的，在实行文职制度后，直接安排文职上岗，由此也节约了 600 多名警力。通过文职制度的实施，上海市公安局警力向基层一线执法岗位转移，目前，分县局基层一线警力占其总警力的百分比达到 93.3%，超出公安部规定的最低标准 8.3 个百分点。据统计，上海警方，在文职岗位工作的 1600 余名民警已转到执法岗位，其中大部分转到了基层一线岗位。

长期以来，公安机关沿用的是单一的公务员管理模式，在体制上存在着“能进不能出，能上不能下”的弊端。文职人员实行聘用制，用人方式较为灵活，对不符合岗位要求的人员可以及时进行调整，保证了人员进出口的畅通，提高了人员的管理效能。

3. 北京 2000 名公安文职人员正式上岗①

2012 年新年伊始，北京市公安局首次公开招聘的 2000 名文职人员正式步入工作岗位，成为首都公安破解警力不足难题的又一有益尝试。与以往不同，此次北京市公安局的文职招聘工作，并非北京警方“单兵作战”，而是在北京市委、市政府支持下首都公安的一项制度创新，既有市级用人额度管理，也有经费全额保障，招聘岗位按照全市公安机关的岗位测算得出，并建立了纪律、考核、奖惩、培训、薪酬福利等一整套规范的管理办法。据悉，文职人员工作制度将作为北京市公安局的一项重要用人机制长效运行下去。

——全面调研招聘工作。北京市公安局启动文职人员工作机制最主要的动因就是克服警力不足。近年来，首都公安机关执法任务大幅增加，警力编制有限与警力需求增长之间的矛盾愈发突出。2009 年，公安部出台《关于

① 李松，黄洁．文职警员招聘如同公务员考试翻版．法制日报，2012-2-3（5）．

在城市公安机关实行文职人员制度的意见》，很快，北京市公安局的文职人员工作正式启动。2010 年 9 月，市公安局专门成立调研组，会同北京市编办、市人力社保局、市财政局、市监察局等部门，共同对文职招聘工作展开了全面调研。整整一年，北京市公安局在全局范围内开展了全面的岗位分析，重新核定岗位职责，科学筛选需要设置文职的职位和人数。目前，北京市公安局内部的一些综合管理岗位，如计算机网络维护、会计等岗位都是由民警在做，但事实上，这些岗位职责并不直接涉及执法，也不涉及保密内容，并非必须由民警来担负。当年招聘文职的 400 多个岗位都是这样的情形。

——规范确保制度延续。北京市公安局文职人员制度的整个运行过程最突出的特点就是“规范”。为了保证这项制度具有长久的生命力，北京市公安局并未急于求成，而是在充分调研的基础上，报请北京市委、市政府批准，作为一项重要工作制度落实下来。各项工作得到了相关部门的全力配合。而整个文职招聘的过程，几乎就是公务员招考的“翻版”。为了保证招考程序的公平、公正，北京市公安局将文职人员招考的笔试工作全部委托给了北京市考试中心，由考试中心出题、判卷、核定分数，考试内容也参考了公务员考试。整个招考流程包括资格审核、笔试、面试、体检、心理测试、政审、岗前培训等多个环节，与民警招考只差一项体能考核。据了解，北京市公安局当年招聘的 400 多个岗位，共有 25000 多人报名，最终有 14000 多人通过审核进入笔试阶段，竞争最激烈的岗位达到了 1∶50 的录取比例。

——打造优质文职队伍。当年招聘的文职人员在用工方式上全部实行劳务派遣制。针对文职人员“人事管理、行为管理、教育培训、绩效评估”等日常管理的重点，北京市公安局研究制定了 21 项管理制度，涵盖了文职人员日常管理的各层面。据了解，文职人员的职级档次和个人待遇直接挂钩。职级共划分为三档九级，文职人员工作每满两年可以申请晋升职级，其主管部门会根据其工作表现予以确定。文职人员最初试用期满后，平均年收入不低于 3.6 万元，公安机关还会为其上齐“六险一金”。此外，北京市公安局还为文职人员制定了一套完整的培训体系，除了岗前封闭培训的必经环节外，日常工作中，文职人员还将通过在岗培训、专项培训、轮岗培训等多种方式接受培训，不断提升业务能力与水平。对于文职人员，北京市公安局除了规范的管理外，更加追求“快乐工作、幸福生活”的目标，通过让文职人员与民警同工作、同生活，营造团结友爱、和谐奋进的警营氛围。

相关资料

借鉴现代企业成本理念提高公安队伍管理效益

郑昆义　刘世界　黄培育

现代企业成本理念就是以最小的成本投入，获取最大的效益的管理思维。将现代企业成本理念运用于警察队伍管理，可以较好地解决当前警察队伍管理中存在的警务资源使用效率不高、人财物浪费严重等问题，从而有效利用现有资源，盘活存量，提高增量，实现向管理要效益的目标。

一、加强成本管理提高警察队伍管理效益的现实意义

从现代企业成本理念来看，警察队伍管理成本是指为了提高警察队伍战斗力所进行的各项投入，主要由人力、物力、财力三方面构成，具体包括警务人员、警察机构、警用配备、后勤保障、业务经费、情报信息等，其中最主要的是警力成本。警察队伍管理效益是指通过加强警察队伍管理所产生的成果，通常包括政治效益、社会效益和经济效益，具体表现为警察执法水平和服务水平。警察队伍管理效益不是简单化的投入产出比率或比较关系，需要综合考虑许多相关因素并进行多角度分析才能作出科学的评估。当前，警察队伍管理中存在的粗放式管理的做法，主要是忽略了投入与产出的比率，造成警务资源的巨大浪费，影响了警察建设的健康持续发展。

（一）加强成本管理是盘活现有警力资源的迫切需要

改革开放以来，我国警察队伍规范不断扩大，民警总数已从 1986 年的 65 万增加到现在的 190 多万，但民警只占人口总数的万分之十一左右，只相当于发达国家警察比例的三分之一，警力不足的问题依然没有得到有效解决。受物力、财力、人员编制等方面条件制约，我国在短期内很难大规模增加警察数量，一味指望增加警察数量来解决警力不足的问题是不现实的。借

鉴现代企业成本理念指导警察队伍管理，可以增强警力资源意识，挖掘现有潜力，提高警力的使用效益。

（二）加强成本管理是实现警察管理科学化的现实需要

公安机关点多、线长、面广；公安工作岗位特殊，对象复杂；警察队伍数量庞大，素质参差不齐，管理难度相当大。近年来，各级公安机关在警察管理方面虽然采取了许多措施，取得了一定成效，但在管理的科学性和规范性上还存在许多问题，特别是那些不计成本的传统观念和做法，造成了许多不必要的浪费。因此，亟须通过加强成本管理来提升警察管理的科学化程度。

（三）加强成本管理是推动警察管理长远发展的需要

目前，我国仍然处于社会主义初级阶段，生产力仍不发达，经济社会区域发展极不平衡，大多数地方基层公安机关的人、财、物配备还比较简陋，而公安执法的范围广、数量多、难度大，这就要求公安机关在警察管理中要尽可能地节约成本，注重追求管理活动的效益。从管理经济学的角度看，现代警察管理模式应当实现从数量型向质量型、从规模型向效益型、从粗放型向集约型转变。

二、当前警察管理的成本效益分析

当前警察管理的效益不高问题，既有观念、意识层面的原因，又有制度、机制方面的原因。

（一）管理成本效益意识淡薄

在警力资源投入上，一味追求扩充警员和辅警力量，热衷于争取政府多拨款，将提高战斗力等同于拥有庞大的警察队伍；在日常管理上，重形式不重效果；在勤务工作上，习惯于强制命令，机械执行，搞人海战术、疲劳战术；在宣传导向上，缺乏合理调整和养兵的意识，鼓励民警加班加点，致使民警长期得不到休整，身心健康受到很大影响；在资源管理上，大多只涉及物力、财力资源的节约，很少把警力作为一种活力资源进行科学合理的开发利用。

（二）管理组织架构不合理

一是公安机关内部管理层次多、分工过细，机构设置职能交叉、职责不清，既浪费警力又影响效率。二是地方公安机关机构规格设置不统一，上下称谓不同，职级待遇差别甚大，既不利于统一管理，又影响工作积极性。三是警力配置不科学，机关警力过剩，人浮于事，推诿扯皮，工作效率低下，而基层警力紧张，警务繁忙，民警疲于应付。

（三）管理决策机制不规范

一是缺乏科学民主的决策流程。一些领导干部“心中无数决心大”，存在着“拍脑袋决策、拍胸脯保证、拍屁股走人”的现象。因决策不当、决策错误造成的损失和浪费十分惊人。二是制度化管理不到位。不少地方公安机关规章制度层出不穷，但并没有起到应有的效果。有的写在纸上、挂在墙上、讲在会上，成为摆设；有的不切实际，朝令夕改，让人难以适从。三是激励机制不完善。考评原则不明确，考评量化不科学，考评责任不清晰，考评结果没有很好运用，考评激励作用发挥不明显，存在着“有的干、有的看、有的在捣蛋”的现象。

（四）管理成本效益评估缺失

既缺乏适应警察管理和公安工作特点的成本效益评估体系，也缺乏来自市场等方面的成本效益评估压力，因而节约或浪费行政成本在警察绩效考核中没有得到应有的重视和体现。不少人认为公安机关吃的是“皇粮”，公安工作追求的是政治效益，所以往往不计成本，不看活动效果。

三、加强警察成本管理的路径选择

（一）树立成本意识，增强效益观念

首先，要会算投入与产出账。在研究制定实施一项管理活动之前，要比较分析成本投入值和能够获得的实际效益，在此基础上作出科学决策，努力以较少的成本投入实现较高的管理效益。

其次，要盘活库存账。把警力作为一种重要的活力资源来经营管理，对现有警务资源进行盘点，全面掌握队伍的现状、机构、装备、设备等，了解警员的数量、素质、分布、结构，通过警力动态配置测算，把职能和职位标准定准确，为有效整合资源、优化警力配置提供现实依据，从而实现从传统的警察人事管理向现代警察人力资源管理的跨越。

最后，要会算资产增值账。在现代社会中，对于体能、技能与智能的获得，社会需要支付的成本比例为1∶3∶9，而三者对社会财富贡献（人才资本增值）的比例为1∶10∶100。因此，警察管理成本的投入不仅要考虑量，更要考虑质。要准确分析测算多少投入才是最佳投入规模，既避免投入不足，又防止重复建设和浪费。要通过实施科技强警、素质强警战略，实现警察管理和公安工作从人海战术向精兵战术、从疲劳战向效益战的转变。

（二）完善组织架构，加强组织保障

通过建立健全结构合理、配置科学、程序严密、运转协调、监督有效的组织管理体制和工作运行机制，不断提高公安机关整体效能，促进警察执法效益。在机构设置方面，结合当前正在开展的规范县级公安机构设置工作，将传统公安机关的“水桶状”结构压缩成“扁平状”，减少管理层次，理顺管理关系，减少内耗，提高效能。重点是将职能相近、工作重叠、任务偏轻的机构撤销或合并。在职能设置方面，根据《人民警察法》进一步明确民警的职责范围和执法权限，准确定位，立足主业，减少非警务活动，从根本上避免警力调用的随意性。在岗位设置方面，根据岗位工作需要、个人意愿、民警性格、个人特长、年龄学历等情况，合理搭配，优势互补，并建立科学的岗位目标管理责任制。在警力设置方面，综合考虑辖区人口总量、经济发展水平、治安状况、地理环境等，以警务工作量为依据，从实战需要出发，严格落实基层警力最低配备标准，招聘文职人员置换警力，最大限度地把警力充实到基层，把机关做精，把实战单位做强。在勤务设置方面，作息安排可以根据实际情况从基层到机关自上而下逐步推行弹性制和分班制，而不拘泥于群众上班我上班、群众下班我休息的作息制度；巡防工作要由限时巡防向全天候巡防转变，在关键的时段、重点的地段要让群众见到警力。

资料来源：《公安研究》2009 年第 1 期。

五、 创新警务战略与改革警务机制同步推进的规律

以“警力有限，民力无穷”为理念，不断改革警务战略，实现警务专业化与社会化的融合；按照精简、统一、效能的原则，强力改革传统官僚警务体制、创新警务机制、优化警力配置，实现“无增长”改善；以及通过开展创意警务活动提高警务效益等，是当代公安经济良性运行发展的一条重要规律。

（一）警务社会化与社区警务战略

警务社会化是指公安机关将一部分权力交还给社会，由社会力量和专门机关共同完成维护社会治安秩序的任务。警务社会化实质上是专门机关和广大群众相结合方针的现实体现，是解决公安机关繁重工作压力的良好途径。在新的历史条件下，公安机关要充分运用社会资源维护治安，探索新形势下专门工作与群众路线相结合的有效实现形式。加强治保组织和群防群治队伍建设，探索成立治安志愿者协会等新型群防群治组织形式；积极发展保安服务业，推进公共安全服务产业化；发挥保险业、物业管理对维护社会治安、维护公共安全的作用；尤其要广泛推行城乡社区警务战略。

社区警务是20世纪六七十年代兴起于欧美发达国家、世纪之交盛行于世界各国的一种主流警务研究思潮和新一轮警务改革探索模式。笔者认为，在我国，社区警务是在政府倡导和警方积极参与及指导下，充分依靠社区力量，利用社区资源，强化社区功能，以调查、发现和解决社区治安问题为导向，以预防减少社区犯罪为根本目标，不断增强公众安全感，提高社区居民生活质量的治安战略思想及战术方法。社区警务为使社会治安综合治理战略方针落实到社区奠定了理论基础，提供了基层平台和可操作的基本单位，是社会治安资源和力量整合的基础工程，也符合依靠全社会优化配置公安经济资源的基本要求。

历史和现实已经反复证明，刑事犯罪和社会治安问题是各种社会矛盾的综合反映，是经济社会发展的伴生物。产生刑事犯罪和社会治安问题的根源在社会，预防犯罪和治安防范的义务也应当由全社会承担。公安机关、警察部门的责任在于依法控制犯罪和管理治安秩序，由于其权力、人力、财力、物力有限，不可能解决所有问题，更不可能铲除产生刑事犯罪和社会治安问题的根源。因此，要有效控制和减少刑事犯罪和社会治安问题，就必须走警务专业化与警务社会化相结合的路子，其最基本的战略就是推行社区警务。现代社区警务战略的基本理念是“以民为本”“警力有限、民力无穷”“打防结合、预防为主”。其基本要求是警力下沉、警务前移、警民携手、共创安全社区。社区警务战略的精髓是实现警民关系的伙伴化和警务活动的社会化。①

(二)改革警务机制突破"路径依赖"

路径依赖是制度经济学的一个重要理论，认为经济组织在一定环境下的运行过程中会产生类似物理学上的惯性，一旦进入某种路径，就会产生依赖，甚至不断强化，被锁定在无效率的状态中，导致发展停滞，难以脱身。这种路径依赖也同样存在于公安领域。由于警察职业的封闭性、警务工作的秘密性，思想僵化、墨守成规成为影响公安工作转型和警务改革的主要障碍。经过两个世纪的职业化、专业化和现代化建设，现代警察机构（包括中国公安机关）已经发展成为一架警种繁杂、层级林立的官僚机器，以至于管理自身就需要耗费大量的资源。这是妨碍公安战斗力提高的最大"顽敌"。

传统的公安组织架构是典型的官僚主义体制，主要表现为层级复杂、警种繁多、职责交叉不清，中上层机构臃肿、人浮于事，基层一线警力、财力、物力严重不足。从公安经济学角度看，要提高警务效率和公安效益，就必须改革传统的官僚主义体制，大幅度精减上层、充实基层，实现警务组织与指挥机制的"扁平化"。下面仅以近年来备受关注的大庆市公安局警务改革的成功经验为例，对其进行成本与效益的相关分析，以资各地借鉴。②

2005 年 1 月 1 日，70 个派出所的"集体消失"和 20 个公安分局的"拔地而起"，拉开了黑龙江省大庆市公安局"扁平化"警务体制改革的序幕。这是一场改变几十年体制的改革，取得了一系列"光彩照人"的成绩——大庆市公安局连续 6 年在全省公安重点工作目标考核中排名第一，30 项考核指标最多时有 26 项排名全省第一。在这场"扁平化"警务体制改革中，大庆公安局将收益与成本的概念引入其中。对警务体制改革的六年坚持，便是一场不断降低成本、增加收益的长期战斗。对改革的坚持推进，成就了这张漂亮的成绩单；这张漂亮的成绩单，也让这一场坚持有了更多前行的

① 张兆端．社区警务论——社会治安综合治理的社区化理论与实践．中国人民公安大学出版社，2003：题记．

② 以下资料引自周琼，冯锐．"扁平化"的大庆警务：坚持的力量．人民公安，2011（9）．

力量。

且让我们回到几年前，将这一笔“收益”与“成本”的细账，从头算起。

1. “扁平化”四部曲

2005 年 1 月 1 日，伴随着大庆警务新政的悄然“破茧”，70 个城市派出所全部撤销，取而代之的是 20 个整齐划一的城市公安分局。这让大庆市民惊诧不已。不仅如此，4300 名公安民警长年累月应对各种考核评比，仅三天一次的夜班就已经将他们折腾得够呛，他们揉揉疲惫的眼睛，一时间也想不明白这场警务新政到底意味着什么。但惊诧与迷惘持续的时间并不长。大庆的这场警务改革，动作之大、涉及面之广在公安史上可谓空前。伴随着多项改革措施的相继推出，身处大庆的人们几乎都迅速意识到，这是一场大刀阔斧却又与自己切身相关的改革。

可以用 16 个字来总结这场“扁平化”改革的四部曲：第一部是“垂直管理”。把公安分局人、财、物、权以及党组织管理全部拿到市局，改变原来由区委、区政府管理，各自为政的情况。第二部是“减少层次”。变过去市公安局、城市公安分局、派出所三层管理为市公安局、城市公安分局两层管理，把原来的 10 个城区公安分局和 70 个派出所统一整合为 20 个分局。大庆市公安局根据地理位置和治安特点设立 18 个城市公安分局，另设油田、公交两个专业公安分局。新设立的分局原则上辖区不超过 10 万人，主要出警半径不超过 10 分钟，民警编制在 100 至 150 名之间，行使县级公安机关和派出所职权。第三部是“整合机构”。将原来分局 16 个左右内设机构合并成 4 个部门，新分局内部实行“三队一科”建制，即若干个社区警务队、若干个治安巡防队、若干个刑事侦查队和一个法制综合科。第四部是“机制创新”。在执法部门实行“两人一组、三组一队”勤务模式，并运行相关工作机制。

2. 警力收益：从 48.5% 到 89.3%

六年前的东湖分局建华派出所，32 人的队伍，需要管理的辖区人口却接近 10 万。改革之后，辖区范围基本没变，民警数量却从 32 人猛增至近 80 人，翻了一倍还多。现在的东湖分局，不过是一线警力翻番的一个缩影。据统计，改革后的大庆市公安局，一线执法警力从 48.5% 迅速“扩张”到

89.3%，1116名在繁冗的机关事务中“憋”了数年甚至更长时间的警员得以“归位”。

其中，减少层级对警力的释放显而易见。仅以户籍这一项职能为例。改革前，大庆市公安局一个分局最多时下辖16个派出所，仅户籍员就有16人，每个户籍员日均办理户口7至8件，现在一个新分局只需要一个户籍员，一个人日均办理户口30至40件。过去10个人的活儿，现在两个人就够了，剩下的人全部可以充实到一线岗位上去。

纵向的“减少层次”如此，横向的“合并机构”同样如此。2004年6月，该局主要领导在跑遍全市70个派出所后算了一笔账——基层公安机关2100多人，分布于10多个部门。其中400多人在综合管理部门，700多人在各级领导和内勤岗位，600多人在交警队、看守所、拘留所，仅400多人在打击违法犯罪的实战岗位。

派出所如此，分局同样如此。大庆市公安局共设有22个部门，为与市局对口，每个分局也都设置了16至18个大队，每个队又有大队长、教导员、副大队长和内勤等干部。在实际工作中，这些管理者大多与一线任务脱节。而机构合并之后，分局内设机构从16个左右骤减为4个，单此一项就使一线警力几乎翻了一番。

3. 效率收益：1 >1 的 N 种可能

2008年9月26日下午5时40分，下班时间已过去10分钟，红岗分局接到报警，有一手机店老板被杀，身中30多刀。发生命案必须全警出动，这是警务改革后对每个分局的要求。于是，第一时间，70多名民警来到案发现场。刑警负责内部勘查，治安警负责外部巡逻和重点场所盘查，社区警负责走访。各警种配备的警车共有27辆，也都开到了案发现场附近巡逻。“这个气势多少年没看到了!”当时的现场群众至今回忆起来都忍不住连声感慨。工作一通宵，早晨7点半左右，犯罪嫌疑人在某洗浴场所被抓获。抓人地点与杀人地点间隔不足300米。犯罪嫌疑人坦言，警察来得实在太快也太多了，他被吓住了，不敢跑。本打算趁着凌晨去洗浴中心洗掉身上血迹再逃，没想到刚进来就被抓了。

这是改革后多警种合作的成功范例。三警集体出动，首先在见警率上就是对犯罪的震慑。而且每个警种各有优势，治安警对行业场所的熟悉程度，社区警对辖区各群体的熟悉程度，对刑警破案都有很大帮助。

具体案件的背后，是更具说服力的多项数字。2010 年，大庆市共立 8 类案件 768 起，比 2004 年的 3102 起下降了 75.2%。其中立命案 47 起，比 2004 年的 158 起下降了 70.2%；立抢劫案件 224 起，比 2004 年的 1937 起下降 88.4%。2005 年至 2010 年，大庆警方年均破获刑事案件 16625 起，比改革前的 9678 起提高 71.8%；现行命案年均破案率达到 95.8%，比改革前的 76.6% 提高了 19.2 个百分点；年均未破命案仅 3.2 起，比改革前的 37 起减少 91.4%；年均抓获刑事作案人员 5410 人，比改革前的 3752 人增加 44.2%。“搞了一辈子案件，这几年才真正知道如何系统评价刑侦工作的好坏。”这是改革后许多老刑警的感触。

如果说恰当的合作意味着 1+1>2，恰当的竞争则意味着 1VS.1>2。

在大庆市公安局局长桌前的两只笔筒，是良性竞争最形象的体现。一只笔筒里装的是写着 24 个分县局名字的签，另一只笔筒里装的是写着市局各部门名字的签。不论是上级机关来检查，还是新闻媒体采访，都会随机抽签，抽到哪里就去哪里。

这在改革前是不可想象的。有的分局 600 多人，有的分局才 100 多人；刑警大队七八十人，国保大队才七八个人，选哪个分局哪个大队，差别可大了去了。改革之后则不然。通过改革，至少搭建了“四个竞争平台”：通过“二人一组”，组与组之间形成一个竞争平台；通过“三组一队”，队与队之间形成一个竞争平台；通过均衡布警，每个分局的三队一科之间的人数大致相等，警种与警种之间形成一个竞争平台；通过合理设置，20 个分局的平均警力都在 100 至 150 人之间，分局与分局之间形成一个竞争平台。规模相当了，工作量也相当了，考核标准也合理了，大家都在同一起跑线上竞争，效率自然就上去了。

更直接的效率来自于层级的减少。有民警坦言，对于一个具体的案子而言，少走几个环节，总是要快一些的，所谓 1+1>1+1+1。据介绍，过去警令传递从分局局长到基层民警，常态化的途径是局长、副局长、大队长、副大队长、中队长、民警，有的还要从分局机关科队传到派出所所长、警长、民警。改革后，只需要经过局长、副局长、队长 3 个层次，反应速度和工作效率自然不可同日而语。再如，群众办理户口以前要走的环节多达 10 个，而现在只需社区民警调查、户籍内勤审核、分管局长审批 3 个环节，缩减了 2/3 的环节。

4. 经济成本：如何省下 3500 万元

很少有一场改革如此划算，不但不用加钱，还能省钱——警务改革第一年，大庆公安经费省了 3500 万元。对那些缺钱缺得厉害的改革对象来说简直是不可想象的。

许多人认为大庆市公安局"不差钱"——背靠着大庆油田嘛！其实他们却是有苦难言。当时有些派出所运转只能靠治安罚款和辖区企业赞助。红岗区、大同区的派出所公用经费全部为零，即使有经费保障的分局，经费也基本上都被分局留用，很难发放至派出所，市区 70 个派出所中只有开发区的 4 个派出所经费有保障。

缺钱，是警务机制改革的主要诱因之一。可一旦要钱，无形中就增加了改革的阻力。当时大庆市公安局改革的领导者喊出的口号——这场改革，不要钱、不要人、不要官！可明明缺钱缺成这样，还怎么省？而且一省就省了全年经费的将近一半呢？

2004 年，大庆市公安机关累计获得公用经费近 5900 万元，但由于市区派出所人均 2.5 万元的办公经费并没有到位，资金缺口达 2000 余万元。换句话说，2004 年的公安经费投入应该是近 8000 万元。而在改革后的 2005 年，大庆市政府按照公安局新的体制编制情况投入的公用经费是 4500 万元，满足了当年全部工作需要。同 2004 年相比，经费骤降 3500 万元。经费从哪里省？

办公场所的减少带来了最直接的经济成本降低。改革后，市区内办公场所由改革前的 90 余个锐减到 20 余个，日常运行的刚性支出大幅度减少；通过优化组合、提升效率，又节约了大量办案成本。与 2004 年相比，2005 年各个分局的综合公用支出减少 46.3%，日常运行支出减少 43.3%，单起刑事案件破案成本减少 34.6%。

成本控制的理念并非只存在于改革初期，在六年的改革过程中，"节俭实用"一直被作为改革后大庆公安的传统来培养。比如，在社区警务建设中，将警务室与居委会“同址办公”，既满足了工作要求，又削减了建设成本和日常支出。在装备购置上，坚持功能完善、标准统一，大宗装备由市局集中购置，避免了资金分散使用造成的浪费，把省下来的资金用于改善民警生活。在改革初期经费最紧缺的时候，市局仍专门拿出一笔资金用于债务“清零”。主要领导提拔或调转，都要进行债务审计，绝不给继任者留下麻烦和负担。

5. 观念成本：现实成效说服一切

如果说金钱是改革的硬成本，那么思想阻力便是软成本。一场动静如此大的改革，没有点思想波动是不可能的，只有真正让群众心里满意了、民警心里满意了、党和政府满意了，这场改革才算是成功了，才能一直坚持下去。

群众疑虑的是效果——70个派出所变20个分局，出警还能那么快吗？家里有个啥事儿，到分局去找警察办理还不得跑断腿？民警担心的是再分配的结果——拆了我的庙，“方丈”怎么当？机构合并了，干活会不会累趴下？政府顾虑的是影响力——分局财政不归我管了，以后指挥起来会不会不得力？

改革的决策者们心里明白，只有现实成效摆在眼前，思想阻力才能不攻自破。出警速度是最容易消除的疑虑。在分局的设立标准里，主要出警半径不超过10分钟赫然在列。而且派出所的出局反而让群众在户籍迁移上省了力。过去，居民只要住址离开了派出所辖区就需要办理迁移手续，现在只要不出分局辖区就不用办。由于分局辖区远大于原派出所辖区，因此户口办理量锐减，从源头上更加便利了群众。仅2005年就有10万人省去了办户口的麻烦，节省了大量的人力成本。老百姓更看重的是安全感、治安形势。这两点上去了，老百姓对改革就不会有什么意见。对于这两点，大庆公安局连续六年的排名第一足以证明。

民警们尝到的第一个甜头是就近工作，“只要有需求就能打报告，基本上没有不批准的”。改革前，城市公安分局经费和人事关系由区政府管理，民警多年跨区甚至上百公里跑通勤，一直得不到解决。改革后，市公安局可以自主地对民警进行人事调转，154名民警得以在居住地就近工作。

更重要的是，市公安局可以根据市区人口状况和治安复杂程度的变化自行调配警力。改革前，大庆市城区10个分局70个派出所，共80个固定值班点，每晚 3 至 5 人值班，而城区夜间的发案数包括治安案件在内不过二三十起，而且分布不均匀。即使分布均匀，一天晚上也没有 80 起。这样，忙的值班点民警通宵达旦还忙不过来，闲的值班点民警一夜无事，却不能回家，还非常疲劳，警力和车辆都处于浪费状态。现在，成立 20 个分局，由 80 个值班点变为 20 个值班点，民警夜班由原来的 3 天一次变为 5 天一次，而且每个值班点的警力比原来增加 4 倍。“机构虽然合并了，夜班反倒少了，一块干活的人也多了。”对于长年加班的民警来说，能多回家睡几个好觉，可是实实在在的好处。

经费管理权的收回对民警同样好处多多。以前的老体制实行的是财政区里供给，无形中在公安系统内部形成了同工不同酬的现象。经济条件好的地区，民警工资以外的津贴就多一些；经济条件不好的地区，民警只能望洋兴叹。比如，市局机关民警享有多种公务员补贴和津贴，但由于基层民警的组织人事关系在区里，就很难享受。这种因体制导致的收入差距无法弥补，而且最影响队伍的士气。改革后，这种市、区的差别彻底消除，分局的财政由区里拿到了市里，分局都是一级账户，直接对市财政，市局只是监督其能否正确使用经费。分局民警与市局机关享受同等待遇，包括以前没有的年终奖、通信费、购房货币化补贴等。

更大的甜头还在后面。派出所的撤销与“两人一组、三组一队”勤务模式的提出，使得大庆市公安局在提升民警层级待遇上有了更宽裕的空间，在依照公务员法和行政组织法的前提下，干部指数有较大幅度的提升。如今，三组一队的 6 个人里，可以确保 2 至 3 个人的科级待遇。两个里面就能有一个科级，这对民警的吸引力太大了。

对地方政府而言，对民警的指挥和使用是否会因为改革而出现障碍是他们最大的担心。实际上，虽然人财物三权在上，可还有三权在下——使用权、建议权、监督权。使用权就是说，招之即来，市局一定会为地方政府保驾护航。事实也确实如此。改革以来，各区各类案件数下降幅度惊人，为各区的经济发展与城市建设提供了一个良好的治安环境。而各级区政府也用行动表达了自己的放心。

（三）运用警情数据常量精确指导警务

1. 警务指导要求真务实，反对数字虚假

求真务实是辩证唯物主义一以贯之的科学精神，是我们党思想路线的灵魂，也是共产党员、人民警察必须具备的政治品格。应当肯定，近年来各级公安机关在抓公安业务和队伍思想作风方面采取了一系列有力举措，也取得了明显成效。但是不能否认，在公安工作中不能、不想、不敢讲实话、报实情，违背求真务实原则的现象和情况还依然存在，有的还比较突出。比较典型的是刑事案件立破指标问题。长期以来，往往将发破案数据作为衡量、考核、评估一个地方公安工作绩效和平安建设的主要指标。刑事犯罪是社会各种消极因素的综合反映，刑事案件发案数的升降与一个地区乃至全国的社会转型、经济发展、工作基础等各方面因素都有着错综复杂的关系。我国处于人民内部矛盾凸显、对敌斗争复杂和刑事案件高发期阶段，与其他社会问题一样，犯罪活动居高不下本身即属于经济社会发展过程中的正常现象，也是符合社会发展特定规律的。但在实际工作中，考核指标片面强调压发案率而几乎忽略高发案的客观因素，加之受考单位出于自身利益等多方面因素考虑，在考核结果上各地纷纷出现案件“稳中有降”的大好形势，再加上一些单位攀比心理、“争先创优意识”浓厚，出现案件“大幅度下降”“全面下降”也就不足为奇了。发案指标如此，破案指标也一样。为了单纯追求较高的破案数和破案率，“一人破串案、团伙分开算”，以及不破不立、破了再立等统计方式“技巧”应运而生，并形成了潜规则的“市场效应”。更需令人深思的是，上上下下似乎都知道这是怎么一回事，但似乎都在听之任之、默然处之。这在公安工作和队伍建设上的负面效应是明显的：一方面，为了“顾全大局”而隐案不报或一案多报，弄虚作假，违背了求真务实、实事求是的思想作风，误导了工作方向；另一方面，在思想上造成“工作上也是可以作假的”思维定式，从而使民警在思想上对个人价值、警察职业的神圣性产生怀疑。这些现象的存在，是与求真务实的精神格格不入的，是与公安工作的性质和宗旨格格不入的，也是与人民群众的利益和愿望格格不入的。长此以往，必将严重影响公安工作和队伍建设的健康发展。不讲真话已经可怕，更可怕的是把假话当成真话讲而且讲得理直气壮。宁波市公安局海曙分局在深入学习实践科学发展观活动中进行的一次问卷调查结果表明，基层民警反对和痛恨作假的比例占了95.17%。此风不刹不整，不利于公安队伍正确价值取向的确立。① 更为严重的是，这种虚假的数字容易导致警务决策与指导的失误，人为地加大公安工作的成本。

2. 公安部取消不合理办案指标②

2011年2月，公安部印发《关于改革完善执法质量考评制度的意见》（以下简称《意见》），明确提出要对现行考评指标进行全面清理，按照依法、科学、有效、统一的原则，禁止将罚没款数额、发案数、破案率、行政拘留数、劳动教养数等作为执法质量绩效考评指标。《意见》同时规定，要拓宽执法质量考评范围，加强对化解社会矛盾工作情况、执法安全情况、执法重点环节、执法能力和社会评价的考评；要创新执法质量考评机制，把日常考评、阶段性考评作为确定年度执法质量考评成绩的重要依据；大力推行网上执法质量考评；有针对性地组织开展专项检查考评等。公安部立足实践，全面清理"罚没款数额"等一系列不合理、不科学的指标规定，令人称快。《意见》直指一些地方公安执法中的不文明、不规范问题，下大力气推进公安机关规范执法和能力建设，这对提高执法队伍的素质和水平、保障公民的切身权益、维护社会的公平正义具有重要意义。

一段时间以来，由于种种原因，一些公安部门在执法质量考核中存在诸如罚没款数额、破案率等硬性指标。就某些方面来说，硬性指标的下达确实是压任务、压担子，有助于督促执法人员兢兢业业为民服务。但不可忽略的是，执法的数量计算不等于就是执法的质量考核，数字指标的完成，也并不意味着实现了维护社会公平正义的价值追求。如果将这两个方面混同起来，就可能出现某些执法人员为盲目追求考评指标不惜违规甚至违法操作的现象。如在有的地方，刑事案件立案存在不破不立、破后补立、破而不立等现

---

① 陈志国．培育公安团队正确价值取向需正确处理的有关问题探析．公安研究，2009（6）．

② 杨光．取消不合理办案指标令人称快．光明日报，2011－2－25（2）．

象，有的执法人员采取利诱、胁迫甚至暴力等不正当手段收集证据或者实施“钓鱼执法”等。这些违法违规操作，虽然表面上达成了指标，但造成了不少冤假错案。由于《意见》对症下药，所以必将对执法行为的规范和执法质量的提高起到积极作用。

公安执法，面广量大，不仅关涉千家万户，而且维系着社会的稳定和谐。执法的根本目的，不是为了完成指标，而是为了最大限度地保护公民的基本权利，保障社会的有序运行。为完成任务而违规违法执法，不仅无法维护社会公平正义，更可能放纵犯罪，伤及无辜，激化社会矛盾。进一步讲，《意见》用科学考核标准引导规范执法，使之回归严格、公正、理性、文明的本色，也是对执法机关和执法人员最大的爱护，是对执法形象和执法公信力的最大维护。

3. 警情常量测算与实施精确警务

近年来，一些公安机关都在探索建立科学有效的社会治安状况评价和公安工作绩效评估体系。北京、温州、杭州、上海等地一些公安机关相继开展了对反映社会治安状况与公安工作绩效相关指标常态值（简称常态值）的研究，有的将其称为警情常量或数据常量。所谓常态值，指的是在正常状态下的合理数值，即可以接受的现状或应该达到的目标值。常态值作为动态监测各项相关指标的坐标值，在实际工作中发挥着警示作用，可为建立科学的评价评估体系、服务领导决策、实施动态布警提供重要依据。不难发现，目前各地在实践中对常态值的测算方法形式多样、方法各异，但大多以历史数据的算术平均值加上相应的经验估值作为常态值，或人为确定相关影响因素的估值进行加权计算后作为常态值，有的方法人为因素影响过多，有的缺少科学的预测模型，说服力不强。

浙江省公安厅的葛牧、陈倩如整理和分析了近十余年来反映浙江省社会治安状况、公安工作绩效以及相关经济、人口等社会环境因素的一些指标，利用相关性、可信度及回归分析等方法，借助 SPSS 数据分析处理软件，探寻各项指标间的相互关系，力求建立起较为科学的常态值分析方法和具有通用性的预测模型。① 依托这种方法和建模方式，能够较为客观地测算出特定区域、特定时期社会治安状况与公安工作绩效的期望值，为基层公安机关科学评估工作绩效、及时调整勤务机制、动态科学布警提供依据。

相关资料

建立运用数据常量精确指导警务工作机制的探索与思考

北京市公安局课题组

2003 年以来，首都公安机关在深入实践整体防控、精确指导、精确打击的工作思路过程中，逐步建立形成了数据常量精确指导警务的常态工作机制，有力推动了首都公安工作由定性化、粗放型发展模式向定量化、集约型发展模式转变，不仅有效地确保了首都社会治安秩序的持续稳定，也极大地提升了首都公安机关主动掌控社会治安局势的能力。

一、精确指导数据常量的形成背景

按照现代警务理论，警务模式是指一定历史时代和社会条件下警务活动、警务资源的基本配置方式和内在运行机制。在当今社会转型的特殊历史时期，人财物包括裹挟其中的违法犯罪分子、赃款赃物流动的速度越来越快、数量越来越大、渠道越来越多、范围越来越广，违法犯罪活动数量规模不断攀升，组织化程度越来越高，作案手段的智能性、隐蔽性越来越强。公安机关再固守“以定性为主，发案一高就集中统一行动打战役”的传统警务工作模式，已无法适应新时期、新形势给公安工作提出的新要求。在总结长期公安实践经验教训的基础上，2003 年以来，首都公安机关经过深入调查研究和理性思考，逐步形成并确立了整体防控、精确指导、精确打击的工

① 葛牧，陈倩如．社会治安状况与公安工作绩效常态值测算方法研究．公安研究，2010（6）．

作思路。这一工作思路的核心，在于全面加强公安基础工作，将以往的集中统一行动还原为公安日常工作，始终保持对违法犯罪活动的全方位防控、全时空打击。其中的精确指导警务战略，就是立足于社会治安的现实和国家经济、社会、文化等发展的实际，运用数字化管理的手段和方法，将警情研判、精心组织、科学用警贯穿于各项警务工作的始终，追求有限警务资源效能的最大化，以建立起警力配置最优、资源消耗最低、警务效能最大的常态警务工作机制。在全面落实整体防控、精确指导、精确打击工作思路的进程中，首都公安机关依据要想大案少，刑事案件必须少；要想刑事案件少，治安案件必须少；要想治安案件少，治安秩序必须好的“沙堆效应”原理，提出了治安常态条件下的高发案类型、高发案地区、高发案时段的警情“三高”理论以及警力跟着警情走的基本工作原则，并尝试运用统计学计算方法，准确测定了“城八区”110警情常量标准。2004年7月，在总结前期实践成效的基础上，又专门制定了《精确指导警务工作的实施方案》，对全面推进全局运用业务数据常量指导警务工作进行了系统性的规范。几年来，通过积极实践，首都公安机关初步探索形成了一套符合社会治安规律和公安工作实际、基本涵盖公安主要业务工作的常量标准。其主要内容包含了四大类数据指标：一是治安状况预警数据，包括110刑事治安警情、刑事案件总量、危害严重刑事犯罪、多发性侵财犯罪、治安违法案件数量；二是行政管理预警数据，包括出入境管理、交通管理、消防管理等行政违法数量；三是工作绩效评价数据，包括破获刑事案件、查处治安案件、抓获违法犯罪嫌疑人、刑事拘留、治安拘留人员数量、行政违法处罚数量；四是地区经济发展、人口结构、群众安全感等其他综合参考数据。

二、精确指导数据常量的内涵及其价值

（一）公安业务数据常量的含义

常量是相对于变量而言的。无论是自然科学领域，还是社会科学领域，常量本质上都是对客观规律的一种反映，都具有一定程度的稳定性，但在表现形态上又有所差异。自然科学领域中的重力加速度G、圆周率π等常量，其数值通常是恒定不变的。与此不同，社会科学领域的常量，通常只在一定的时空范围内保持相对稳定，而且需要随着社会环境因素的不断变化进行调

整。公安业务数据常量是指运用科学的测算方法，从治安历史数据中提炼出来的、反映社会治安常态水平以及公安机关正常打防状态的数据参数，也是衡量治安形势不同等级、工作绩效高低并用于引导警务资源合理配置的基本定位数据。无论是从业务属性，还是从数据属性看，公安业务数据常量都可以归结在社会科学范畴，也就是说，其具有数值上的相对稳定和需要动态调整的双重特征。在内部构成上，公安数据常量一般包括基准常量和常量浮动值两部分。基准常量是公安业务数据常量的核心组成部分，也是进行警情分级、工作成效划分的数量基础。它通常来源于历史业务数据的算术平均值或者加权平均值，比如2月份警情基准常量可以用最近五年2月份接报的110警情平均值来反映。常量浮动值是运用统计学中正态分布等计算方法，从历史治安数据中提炼出来的、对社会治安状况和公安打防工作历史变化区间数量规律的描述。基准常量与常量浮动值是公安业务数据常量系统中不可分割的组成部分，它们既相互联系又有明显区别：基准常量是一个相对稳定的数值，体现了社会治安状况平稳运行的常态；常量浮动值是一个变化区间，体现了社会治安状况发展变化的波动规律。从直观上看，基准常量是一个点线的概念，在加入浮动值之后，数据常量实际上就拓宽成为一个区间，将两者结合在一起，不仅能够将复杂而又抽象的社会治安运行规律简化成为数量形式，为我们研究分析纷繁复杂的社会治安现象提供一种定量化的手段，而且更重要的是，数据常量具有丰富的警务内涵，对于公安机关科学组织警务工作、配置警务资源乃至建立规范有序的警务运行模式提供了可操作性标准。

（二）公安业务数据常量的分类

公安业务数据常量的具体分类，实质上反映了数据常量在公安业务工作领域的适用范围。从近年来的工作实践看，从最初110警情到刑事发破案、治安违法行为查处，再到交通管理、消防管理、出入境管理，数据常量已基本覆盖侦查办案、治安防范、行政管理等公安具体业务范畴，形成了与公安业务工作相互对接的业务数据常量体系。综合来看，数据常量有以下主要分类方式：

按照使用功能分类：可以区分为治安状况预警常量、工作绩效常量两大类。治安状况预警常量，是判断社会治安状况是否处于正常平稳状态的基础数据。主要包括：110 警情、刑事发案总量、危害严重刑事犯罪发案比例、侵财犯罪发案比例、治安案件数、交通事故数、火灾事故数，等等；工作绩效常量，是反映一定时期内公安机关保持正常打防工作水平的数据参数。如破获刑事案件数、破案率、破获重大案件、系列案件、侵财案件比例、刑事拘留数、查处治安案件数、治安拘留数等。

按照业务工作内容分类：可以制定刑事发、破案等综合性常量，也可以测算某方面业务工作的专项常量，如卖淫嫖娼类常量、交通事故类常量等。

按照发生区域分类：可分为全市性常量、各行政区域常量、最小作战单元常量等。

按业务工作环节分类：可以结合业务工作流程和执法办案程序，分别制定业务工作环节性常量，比如打击处理，就可以按流程分别制定抓获刑事作案人员常量、刑事拘留人员常量、批准逮捕常量、取保候审常量等。

按照时间序列分类：既可以按照日、周、旬、月、季度等正常时间序列分别测算常量，也可以结合违法犯罪活动季节性规律，分别测算规律性高发时期以及相对平稳时期的数据常量。在工作实践中运用较为普遍的是长中短期警情常量。其中，短期警情常量以 110 违法犯罪警情为主，主要功能是观察全市实时发案水平，是科学部署巡逻警力实施快速反应的动态标准；中期警情常量，是分析研判周、旬、月社会治安状况的客观依据，也是制定阶段性打防工作的重要参考；长期警情常量，主要体现季度、年度警情变化的长期规律，是我们判断一段较长时期社会治安状况走向、制订长效打防控工作方案的基础依据。

运用数据常量，既是全面落实科学发展观的客观要求，也是实现首都公安工作可持续发展的重要途径和手段。六年多来，首都公安机关坚持求真务实与大胆探索相结合，在创造性实践中不断丰富运用业务数据常量精确指导警务工作的方法和手段，取得了维护首都社会治安持续稳定的明显成效。一是以科学发展观为指导深化思想认识，实现了警务工作由感性思维到理性思维的转变；二是把握数据常量对治安规律的认识作用，实现公安工作由定性到定量的转变；三是发挥数据常量的标准统一性作用，实现了日常警务工作由突击应付向规范勤务的转变；四是发挥数据常量的导向作用，实现了警务工作模式由粗放型向集约型的转变；五是发挥数据常量的评价性作用，真正实现了从让我干到我要干的转变。

资料来源：《公安研究》2009 年第 6 期。

（四）以“创意”智慧提升警务效益①

在江苏省昆山市公安局张浦派出所勤务指挥室的电子屏幕上，终日不停地闪烁着代表巡逻车的数十个红色标记，它们看似杂乱无序，实则颇有章法，该所每天的巡防布局由此一目了然。该所用数字化方式安排巡防警力，实现了同步通过电子地图随时调整巡防布局，真正做到了“可视化布防”。据了解，运用“数字化巡防”新概念，昆山市由此进行了巡防机制大改革，实现了巡防资源的科学配置和巡防效能的有力提升，接报违法犯罪警情同比下降 38.91%，通过巡防抓获违法犯罪嫌疑人同比上升 22.85%，辖区群众对社会治安的安全感和满意度进一步提高。而促使公安机关运用科技手段推动警务机制变革的动力，则源自 2009 年年初苏州市公安局在全市公安机关推出的“创意警务”理念。

作为一个崭新的概念，“创意警务”是运用创意产业理念“越界”思考警务工作的产物，顺应了公安机关转型优化发展的需要。苏州市公安局通过在实践中学习先进的警务工作理念和思维方法，充分激发创新意识和创新潜能，积极推进警务机制、警务手段的设计革新，最大限度地将智力成果转化为现实战斗力，实现了以最小的成本获取最大的效益的目标，推动苏州公安工作实现了内涵式发展、无增长改善。

1. 小创意有效提升群众安全感

张浦镇周巷是一个外来人员相对集中的地区，5 平方公里的辖区里住着近 2 万外来人口，随之也带来了刑事、治安案件高发的压力，警方曾经为屡屡发生的外来租住人员家中财物被窃案件“犯难”。警方对案件进行分析研判后发现：外来人员居住的出租房内大多没有安装防盗设施，不少还使用着

① 丁国锋．“创意警务”：小成本获取大效益．法制日报，2009－12－11（2）．

防盗功能不佳的老式门锁，犯罪嫌疑人往往在午夜时分趁人们熟睡之机，通过插片的方式打开房门入室盗窃。辖区民警经过反复研究、试验后发现，如果在门上安装上一个防盗插销，任何插片撬锁的方式都将失灵。不久，民警向出租房住户介绍防盗插销成为主要防控工作，警方还为150余户出租户提供免费安装。而这个小创意实施仅1个月，张浦地区出租房入室盗窃案件就下降了29.15%。一个个灵光一闪的金点子、一项项成本低廉的小发明，民警在实践“创意警务”理念的同时，有效地解决了百姓日常生活中的大难题，获得了群众的拥护。

2. “创意警务”目标旨在“无增长改善”

在人员装备没有增加的前提下，如何应对日益繁重的保一方平安重任，实现“无增长改善”的目标？

2008年下半年以来，按照“全天候、弹性化运作和立体化防控”要求，苏州一线基层所队均已变“坐堂接警”为主动出警，变被动应付案件为主动压降案件，变单一的巡逻为集人巡、车巡、网上监控接力巡逻于一体的综合巡逻，完善了实战化的勤务机制、社会化的防范机制，并依托科技信息化促进打防控一体化。通过近一年的“大防控”机制变革，苏州警方用60%的基层警力投入换来了30%的警情下降空间。

开展“创意警务”以来，苏州警方把“创意警务”建立在准确把握约束公安工作发展的体制机制性瓶颈问题上。针对一方面警力资源紧缺，另一方面又存在分工过细、条块分割、资源浪费的现象，苏州警方研究如何进一步理顺体制、明确职责、归并职能、加强警种协作，实行集约化运作。

在苏州古城区的金阊公安分局，从2009年5月起悄然进行的一次机构改革“大瘦身”，印证了打破传统警务模式带来的公安警务机制“理念突围”。改革前，分局更多地强调业务对口，按照市局机构设置相应部门，职能交叉重叠，工作协调不顺，甚至造成工作内耗。据金阊公安分局局长介绍，该局将原有的14个科室、大队合并为“两室三队”后，内部管理、纪检督察、办案部门、治安管理等工作职能得到了整合归并，由此“挤”出的49名机关警力充实到了基层派出所，民警还实现了“一警多能、一警多用、一警多效”。改革运作两个多月来，该局的警情得到有效控制，警务效能明显提升。

3. 搭建创意平台，实现集思广益

“创意警务”的关键还是人。通过为民警搭建各类有效创意平台和载体，鼓励动员民警个体创造性工作，从细节上对警务工作研究创新，不仅使民警有了集思广益、建言献策的机会，还活跃和锻炼了整个队伍。

据了解，苏州市公安局为此还开展了“金点子”工程，组建警用逻辑学术团体，青年民警参与重点课题招标，启动“常见疑难警情征集系统”、网络警务论坛建设等工作，用看得见、摸得着的方式引导民警在移植、嫁接、交流和互通中开展创新，由此以成本、效益、双赢的理念指导警务工作“蔚然成风”。一些事关公安工作发展的战略性、方向性、瓶颈性问题通过重点课题研究的方式正逐渐得到破解。

苏州公安通过“常见疑难警情征集系统”，广泛收集基层在接处警、处置突发性事件、调解疑难纠纷中遇到的疑难问题，组织力量集中攻关，编发了《公安机关常见疑难警情处置方法》，及时破解了一些诸如噪声扰民、宠物伤人、债务纠纷、医患纠纷、非正常死亡引发的赔偿纠纷等长期困扰基层单位和民警执法执勤过程中的疑难问题，提高了执法质量和规范化水平。

开展“创意警务”以来，通过开辟局长信箱，收到基层民警的来信就达4600余封，市局党委加强了和基层的沟通，掌握了民警的思想脉搏，基层民警也可以直接了解市局党委的决策意图，通过互动交流，消除化解了内部的不和谐因素，为公安工作科学发展奠定了基础。

六、依靠科技进步改善公安战斗力生成模式的规律

（一）公共安全科技与公共安全运行系统

在过去的发展阶段中，各级政府极大关注公共安全这类社会公益性问题，制定了公共安全的各种行业标准和有关法规和政策。同时，许多先进的技术和产品也应用到公共安全领域，为公共安全的科学化、自动化和信息化

发挥了积极作用。但是，没有从根本上提高公共安全的水平，并且当前的公共安全问题在一定程度上影响了经济和社会的发展。社会发展的历史经验与理论研究表明，现代社会发展的主要标志是经济、科技和管理这三大要务的有机协同，以科技创新带动经济手段和管理方式创新是当代经济社会发展的基本趋势。特别是在国家和各地区科技发展战略的长期规划中，公共安全科技问题都作为一项专题来研究，表明了公共安全科技问题在社会发展战略研究中的重要性。但是，这些研究都忽视了公共安全运行系统与科技研究的关系这一关键性的问题。

传统的公共安全管理主要强调对安全意识的教育、安全标准和法规的制定和执行以及在安全防范和处理等方面，是公共安全系统管理的基础。随着公共安全管理对科技的需求，以科技提高公共安全水平已成为公共安全问题研究的当务之急。公共安全科技是建立在公共安全运行系统基础上，立足于防止一切灾害、事故等危险的发生，减少由于灾害、事故等危险的发生而造成的损失，尽快恢复生产、生活和社会秩序。并且，公共安全运行系统中存在的问题，为公共安全科技提出了具体的研究内容。在不同的经济、科技和管理这三位一体的运行模式下，公共安全系统会有不同的运行状态。根据系统非优理论，通过公共安全科技水平的提高，逐步建立安全与不安全的边界，通过预测要能够判断出公共安全在怎样的时空状态下达到不安全的临界点，采用怎样的预警预防手段控制和减少不安全事件的发生。在不同的经济、科技和管理水平的前提下，会形成与之相适应的正常运行保障系统模式、预警系统模式、处置系统模式和恢复系统模式①。因此，围绕着自然、社会、生产和生活可以建立公共安全运行系统的基本结构，如图公共安全运行系统结构图所示。

---

① 尹伟巍．新编公共安全管理．中国人民公安大学出版社，2004.

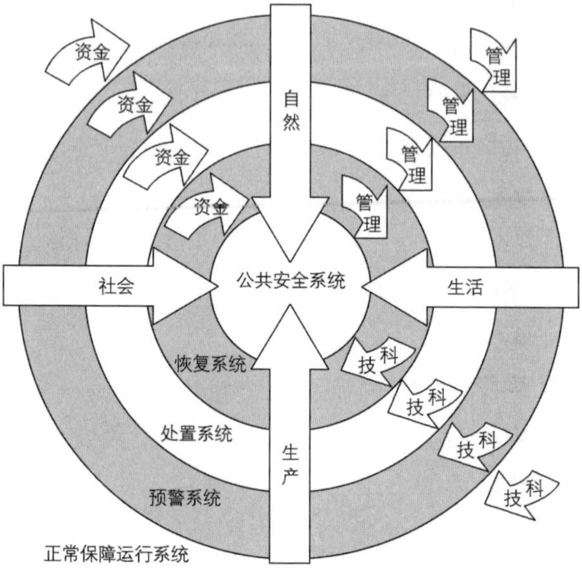

公共安全运行系统结构图

有学者针对公共安全各个领域所研究的科技问题，从安全的属性和科技研究的性质提出了建立公共安全科技体系。该体系分 3 个层次：公共安全管理层次、公共安全技术层次和公共安全教育层次。从公共安全科技层次结构可以看出，公共安全教育是基础，它涉及公共安全科技人才的培养、教育与培训体系的建立，奠定了科技贡献的基础。在此基础上研究开发公共安全技术，通过科技贡献率的变化可确定不同安全技术对公共安全的贡献比率，因此，可根据它的重要程度做好资金的投入规划。公共安全教育、公共安全技术决定了公共安全的管理水平，即 MPS = f （EPS，TPS）。①

（二）科学技术是推动公安战斗力发展的重要动力

进入 21 世纪，随着新警务变革的发展，高新技术前所未有地影响着公安及公安各要素的发展，极大地改变了现代公安的技术构成。以信息技

① 何平，米佳，尹伟巍．中国公共安全科技问题分析与发展战略规划研究．中国工程科学，2007（4）．

术为主要标志的高新技术，正在深刻地改变着公安战斗力要素的内涵。面对新警务变革的影响和冲击，必须依靠科技进步和创新实现公安战斗力生成模式的根本改变。要实现这个转变，提高科技对公安战斗力生成的贡献率也对与其相关的经济因素及它们的构成提出了转变的要求。相关经济因素的构成形成了公安战斗力生成模式转变的支撑环境，因此对其进行研究很有必要。

一般说来，公安战斗力生成模式主要由以下基本要素构成：人与警械武器装备，二者的组合方式，其外延还包括公安体制与警察训练以及由此产生的公安理论、警察士气、警务指挥艺术、公安队伍凝聚力等。战斗力生成模式在不同的时期有着不同的发展模式，随着公安形态的变化而不断发展。自从现代警察产生，公安战斗力的发展已经走过了两个世纪的发展历程。纵观公安战斗力的发展过程，我们不难发现，公安战斗力每提高一步，无不打着科学技术进步的深刻烙印。恩格斯在《在马克思墓前的讲话》中说：“在马克思看来，科学是一种在历史上起推动作用的、革命的力量。”邓小平则站在新的时代高度提出了“科学技术是第一生产力”的科学论断。实践反复证明，科学技术是推动公安战斗力发展的根本动力，离开了科学技术，公安战斗力的发展就成了无源之水、无本之木。

科学技术作为公安战斗力诸要素中的渗透性因素，对公安战斗力其他因素的影响主要体现在如下三个方面：一是科学技术是警械武器装备设计、制造的前提条件，科学技术的每一次重大进步都推动着警械武器装备的创新发展。二是科学技术在警察队伍内部的渗透，促使警察的科技素质不断提高。三是科学技术在公安领域的广泛应用和物化，推动着公安机关的体制编制和警务机制不断变革和发展。

（三）提高公安战斗力生成的科技贡献率

科技进步贡献率是指科技进步对经济增长的贡献份额，即扣除了资本和劳动之外的其他因素对经济增长的贡献。这些因素不仅包括科学知识、技术发展或工艺改进，还包括劳动者素质的提高和管理创新等。该指标是衡量科技竞争实力和科技成果转化为现实生产力的综合性指标，反映了科技支撑经济社会发展的整体效益。

公共安全科技贡献率是指在公共安全方面采用科技手段后使得公共安全指数提高的程度。在一定的科技贡献率前提下，会得出公共安全的综合效益，它是国家社会和经济发展战略方面的一个重要问题。显然，努力提高科学技术对公安建设和公安工作的贡献率，是现代化进程中增强公安战斗力、提高公安效益的重要途径。

对于科技进步贡献率的测算，主要采用生产函数法。这是目前国内外理论界广泛采用的一种方法，如生产函数模拟法、索洛余值法、CES 生产函数法、增长速度方法、丹尼森增长因素分析法等。

一般根据 $C-D$ 生产函数得出科技进步速率方程：$Y=A+\alpha\times K+\beta\times L$。

其中 Y 为产出的年均增长速度，A 为科技的年均增长速度，K 为资本的年均增长速度，L 为劳动的平均增长速度，α 为资本产出弹性，β 为劳动产出弹性。通常假定生产在一定时期内 α、β 为一常数，并且 $\alpha+\beta=1$，即规模效应不变。令 $E=A/Y\times100\%$，即为科技进步贡献率。

由科技进步速率方程可导出科技进步贡献率测算的一般公式：

$E=1-(\alpha\times K)/Y-(\beta\times L)/Y$

根据测算，目前我国的科技进步贡献率为 39%（估计公安科技贡献率不会超过这个比例），而美国、日本等主要发达国家的科技贡献率现已达到 80% 左右。

要提高公安科技贡献率，就必须制定科学的公安科技发展战略和规划，加大对公安科技的投入，提高其产出效益。边际效益在经济领域应用广泛，它是指市场中的经济实体为追求最大利润，多次投入进行扩大生产，一定阶段内每次投入产生的效益都会比上一次投资产生的效益有所增长。但当投入增加到一定程度时，再增加投入，效益不但不增反而会减少。这个理论告诉我们，大投入未必一定有大产出。我们常讲，要走投入较少、效益较高的路子，特别是转变公安战斗力生成模式，离不开资源的投入，但对于什么是“少”、什么是“多”如何界定很关键，而边际效益理论则为此提供了有效的方法。

美、法等国军队在装备建设上曾长期沿用“纵向技术一体化”的思路，即采用先进技术，在纵向上研制一代比一代威力更大的武器，此思路投入巨大，提高幅度却有限，边际效益较低。为改变这种状况，近年来，他们采用“横向技术一体化”的思路，即充分利用军民两用技术，用共同的软件、标准和规程从横向上对现有武器进行现代化改造，使其具有通用性和联动性，大幅度提高了效能。美军曾采用该办法对 12 个师的装备进行改造仅花费 20 亿美元，如果用原来的办法，要达到这样的效果需要 1200 亿美元。这个例子告诉我们，公安科技进步不仅与投入有关，而且与如何投入、如何管理密切相关。加快公安战斗力生成模式转变，要找准投入和产出、先进性和经济性以及短期效益和长期效益的平衡点，切实将宝贵的资源聚集到依靠科技进步和警务变革上来。

(四) 信息经济与公安信息化建设

随着现代信息科学和信息技术的飞速发展，人类已经进入了信息社会时代，社会高度信息化是这个时代的显著特征，信息经济已经成为一种新的经济形态。所谓信息经济，是指以信息资源为基础、信息技术为手段，通过生产知识密集型的信息产品和信息服务来推动经济增长、社会产出和劳动就业的一种最新的经济结构。或者说，信息经济是以现代信息技术等高科技为物质基础，信息产业起主导作用的，基于信息、知识、智力资源的一种新型经济。它被认为是继农业经济和工业经济之后最现代化的经济形态。今天，发达国家中 1/2 以上的从业人员从事以信息为主的工作。如果现在的预测准确无误，那么在未来 10 年人类的全部工作中将有 4/5 与信息有关。换句话说，越来越多的人将从事把数据转化成知识的工作。同样，现代公安工作的信息资源越来越庞杂，公安工作效率和战斗力的提高越来越依赖于信息技术的支撑。

根据国务院公布的 2006 ~ 2020 年国家信息化发展战略，信息化是充分利用信息技术、开发利用信息资源、促进信息交流和知识共享、提高经济增长质量、推动经济社会发展转型的历史进程。1997 年召开的首届全国信息化工作会议，将信息化和国家信息化定义为：“信息化是指培育、发展以智能化工具为代表的新的生产力并使之造福于社会的历史过程。国家信息化就是在国家统一规划和组织下，在农业、工业、科学技术、国防及社会生活各个方面应用现代信息技术，深入开发广泛利用信息资源，加速实现国家现代化进程”。智能化工具又称信息化的生产工具。它一般必须具备信息获取、信息传递、信息处理、信息再生、信息利用的功能。与智能化工具相适应的生产力，称为信息化生产力。智能化生产工具与过去生产力中的生产工具不一样的是，它不是一个孤立分散的东西，而是一个具有庞大规模的、自上而下的、有组织的信息网络体系。这种网络性生产工具将改变人们的生产方式、工作方式、学习方式、交往方式、生活方式、思维方式等，将使人类社会发生极其深刻的变化。

实现国家信息化就是要构筑和完善包含七个要素（开发利用信息资源，建设国家信息网络，推进信息技术应用，发展信息技术和产业，培育信息化人才，制定和完善信息化政策，维护国家信息安全）的国家信息化体系。作为国家信息化体系建设的重要组成部分，近年来，公安部建成了我国公安史上建设规模最大、涉及领域最广、复杂程度最高、技术含量最重的全国公安信息化建设项目——“金盾工程”。“金盾工程”是公安机关实施科技强警战略的重要载体，是国民经济和社会信息化的重要组成部分，是国家信息化建设的重点项目，为我国电子政务规划的“十二金”（其他金字工程还有：金桥——公用经济信息，金关——对外贸易，金卡——电子货币，金财——财政管理，金农——农业信息，金税——税收，金水——水利信息，金质——质量监督等）工程项目之一。“金盾工程”一期工程于2003年9月开工，全国公安机关坚持边建设、边应用、边完善的方针，经过三年的集中攻坚，一期工程于2005年年底结束并投入试运行，2006年11月16日在北京正式通过国家验收。至此，全国公安信息网络覆盖了各级公安机关，全国公安基层所队接入主干网的覆盖率达到了90%，全国百名民警拥有联网计算机已达44台；人口信息、违法犯罪信息、机动车及驾驶人信息、出入境人员信息等最基础、最常用的公安信息系统已投入运行并取得重大成效，公安信息应用渗透到各个公安业务领域，公安机关侦查破案打击犯罪的能力和水平显著提升。[1]“金盾工程”一期建设，中央财政投入8.165亿元，其中2亿元专项用于西部的建设，剩余的6.165亿元由公安部统筹使用。其主要任务是从公安部到各个省的155兆的公安信息网络的建设和全国八大资源数据库的统一建设。[2]

近年来，公安部在启动“金盾工程”二期工程的基础上，把大力推进公安信息化建设作为“三项建设”[3] 的重点加以部署。加强公安信息化是提高公安机关整体战斗力的重要途径，是提升基层基础工作水平的重要载体，是牵动警务机制改革的重要纽带。公安部要求各级公安机关要积极适应信息化的发展趋势，坚定不移地走科技强警之路，向科技要素质、要警力、要战斗力，把信息化打造成提升公安机关核心战斗力的重要支柱。第一，要以信息化提升公安机关侦查破案能力。信息化手段已成为侦查破案的重要手段，要坚定不移地走科技强警之路，加快信息化建设。各级公安机关要依靠网上排查、网上串并、网上追逃等新型工作模式，通过对各类信息进行关联整合、比对，及时侦破案件，逐步改变传统侦查破案方式和侦查手段，全面提升公安机关的实战能力。第二，要以信息化带动基层基础工作。各级公安机关要把信息化作为带动基层基础工作的主要手段，把随时随地掌握情况信息、随时随地录入信息数据作为基层民警日常工作的基本内容，切实掌握人的基本情况信息，做到底数清、情况明，掌握得了、控制得住，这是一项基础性、源头性工作，务必把它做好；要把信息化与基础工作有机融合起来，为网上排查、网上串并、网上比对、网上追逃等信息化应用提供强大的信息支撑，进一步提高公安基层基础工作的层次、质量和水平。第三，要以信息化推动警务机制创新。要把信息化作为改进警务方式、指挥模式和队伍管理方式的强大推动力，创新警务机制，全面提升公安机关的整体效能。一要使信息资源实现高度整合和共享，打破部门、警种之间的壁垒，提高公安机关合成作战能力，推动打防管控一体化；二要为领导机关决策

---

① 石国胜．全国公安信息化建设项目“金盾工程”通过国家验收．人民日报，2006－11－17.

② 公安部发布会通报公安机关科技强警工作有关情况．中国网，2006－4－6.

③ 三项建设：公安信息化建设、公安执法规范化建设、和谐警民关系建设。

指挥提供便捷高效的技术手段和第一手信息资料，拉近指挥与实战、机关与一线的时空距离，使决策更加科学、指挥更加精准，实战指挥的层级进一步压缩、效能进一步提高；三要加强情报信息综合分析研判，使巡逻防控的重点更具针对性，警务部署、警力投向和勤务方式更具科学性；四要对民警执法办案等业务活动从受理到办结各个环节进行网上全程监督，规范业务流程管理和民警日常工作管理，既保证执法公正，又保护民警的执法权益。①

（五）运用“大数据”构建“智慧警务”

信息社会给当今世界所带来的好处是显而易见的：每个人口袋里都揣有一部手机，每台办公桌上都放有一台电脑，每间办公室都拥有一个大型局域网。但是，信息本身的用处却并没有如此引人注目。半个世纪以来，随着计算机技术全面融入社会生活，信息爆炸已经积累到了一个开始引发变革的程度。它不仅使世界充斥着比以往更多的信息，而且其增长速度也在加快。信息总量的变化还导致了信息形态的变化——量变引发了质变，促使人们创造性地提出了“大数据”这个概念，成为信息科学和信息技术发展的前沿标志。如今，这个概念几乎应用到了所有人类致力于发展的领域中。

数据，是记录信息的载体，是知识的来源。数据的激增，意味着人类的记录服务、测量服务和分析服务在不断增大，知识的边界在不断延伸。大数据，是指那些大小已经超出了传统意义上的尺度，一般的软件工具难以捕

① 孟建柱．深入学习实践科学发展观做党的忠诚卫士和人民群众的贴心人．求是，2008（21）．

捉、存储、管理和分析的数据①。物联网②、云计算③、移动互联网、车联网、手机、平板电脑、PC以及遍布地球各个角落的各种各样的传感器，无一不是数据来源或者承载的方式。

在人类历史长河中，即使是在许多社会日新月异的发展中，人们还主要是依赖抽样数据、局部数据和片面数据，甚至在无法获得实证数据的时候纯

---

① 涂子沛著．大数据：正在到来的数据革命，以及它如何改变政府、商业与我们的生活．广西师范大学出版社，2012：57.

② 物联网是新一代信息技术的重要组成部分。其英文名称是The Internet of things。物联网是指通过各种信息传感设备，实时采集任何需要监控、连接、互动的物体或过程等各种需要的信息，与互联网结合形成的一个巨大网络。其目的是实现物与物、物与人，所有的物品与网络的连接，方便识别、管理和控制。物联网通过智能感知、识别技术与普适计算、泛在网络的融合应用，被称为继计算机、互联网之后世界信息产业发展的第三次浪潮。物联网是互联网的应用拓展，与其说物联网是网络，不如说物联网是业务和应用。因此，应用创新是物联网发展的核心。

③“云计算”的概念，是由Google的CEO艾里克·施密特在2006年的讲座上第一次提出并使用的。云计算中“云”的出现是以因特网作为大前提的。实际上自出现之初，因特网就经常被用“云”及其他类似的概念解释。在互联网上，和网络相连接的计算机有多少台，它们具体是怎么工作的，这从每个终端来看并不是很清楚。因此，IT业界的解决办法，就是自初始以来，因特网就以“云”一样的存在形式表现出来。云计算就是：把目前为止由个人计算机或公司服务器上所进行的信息处理，通过因特网使其运行在外部巨大服务器上的方法。也就是说，信息的处理在互联网上，即在“云”中实现，其真正的涵义便是“云（=因特网）+计算（=信息的计算处理）”。（［日］八子之礼著，李克秋译．你不可不知的“云计算”．科学出版社，2011：6）NST的信息技术实验室（Information Technology Laboratory）给出的定义是：云计算是一个让通过网络方便地按需访问可配置计算资源（例如，网络、服务器、存储、应用和服务）共享池成为可能的模式。这一提高资源可利用率的云模式，有五基本特点（按需自助服务、随地网络访问、资源池化、收放自如、服务可量）、三个服务模式（软件即服务、平台即服务、基础设施即服务）和四个部署模式（私有云、社区云、公共云、混合云）。美国《信息周刊》（*Information Week*）资深编辑查尔斯·巴布科克（Charles Babcock）认为，所谓云计算，就是指我们不断听说的那些大型数据中心。（［美］查尔斯·巴布科克著，丁丹译．云革命．东方出版社，2011：143、3）

粹依赖经验、理论、假设和价值观去发现未知领域的管理。因此人们对世界的认识往往是表面的、肤浅的、简单的、扭曲的或者是无知的。而正在到来的这场数据革命，将对企业、国家的发展模式带来前所未有的革新与挑战。被誉为“大数据时代的预言家”的牛津大学互联网研究院互联网管理与法规教授维克多·迈尔－舍恩伯格指出，大数据时代的来临使人类第一次有机会和条件，在非常多的领域和非常深入的层次获得和使用全面数据、完整数据和系统数据，深入探索现实世界的规律，获取过去不可能获取的知识，得到过去无法企及的商机。舍恩伯格与英国《经济学家》杂志数据编辑肯尼思·内尔·丘基尔在美国《外交》杂志2013年5－6月一期发表的题为《大数据的兴起》的文章指出：“每个人都知道互联网改变了企业经营、政府运作以及人们生活的方式。但是一种新的、不那么明显的技术趋势却有着同样巨大的变革能力，那就是‘大数据’（Big Data）。大数据的趋势发端于下面这个事实：如今到处传播的信息比以往任何时候都多出了许多，而且这一趋势正在应用于非同寻常的新用途。大数据与互联网截然不同，虽然互联网使数据的收集和共享方便了很多。大数据的意义并不仅仅是通信：其本质是我们可以从大量的信息中学习到从较少量的信息中无法获取的东西。”① 互联网重塑了人类交流的方式，大数据则不同，它标志着社会处理信息方式的变化。随着时间的推移，大数据可能会改变我们思考世界的方式。无论是个人、企业还是国家，谁能更好地抓住数据、理解数据、分析数据，使就能在下一波的社会竞争中脱颖而出。麦卡锡全球研究所在其2011年的报告中最后概括说：大数据，将成为全世界下一个创新、竞争和生产率提高的前沿。抢占这个前沿，无异于抢占下一个时代的“石油”和“金矿”。关于数据的知识，将成为个人知识结构中的必备要素和基础。数据科学正在成为一个新兴的学科和领域。

大数据“这个术语一般用来描述对海量信息进行分析，从而发现规律、收集有价值的见解和预言复杂问题答案的技巧与科学。”② “这是当今社会所

① 世界迎来大数据时代．参考消息，2013－5－6（12）．

② 凯特·克劳福德．关于“大数据”的五大误解．参考消息，2013－5－17（12）．

独有的一种新型能力：以一种前所未有的方式，通过对海量数据进行分析，获得有巨大价值的产品和服务，或深刻的洞见。”[①] “大数据是人们获得新的认知、创造新的价值的源泉；大数据还是改变市场、组织机构，以及政府与公民关系的方法。”[②] 舍恩伯格认为，大数据的科学价值和社会价值主要体现在：“一方面，对大数据的掌握程度可以转化为经济价值的来源。另一方面，大数据已经撼动了世界的方方面面，从商业科技到医疗、政府、教育、经济、人文以及社会的其他各个领域。”[③] 自然也包括公安领域。

大数据标志着人类在寻求量化和认识世界的道路上前进了一大步。过去不可计量、存储、分析和共享的很多东西都被数据化了。拥有大量的数据和更多不那么精确的数据为我们理解世界打开了一扇新的大门。如何收集、管理和分析数据正日渐成为网络信息技术研究的重中之重。以机器学习、数据挖掘为基础的高级数据分析技术，将促进从数据到知识的转化、从知识到行动的跨越。[④] 舍恩伯格指出：“大数据的核心就是预测。它通常被视为人工智能的一部分，或者更确切地说，被视为一种机器学习。但是这种定义是有误导性的。大数据不是要教机器像人一样思考。相反，它是把数学算法运用到海量的数据上来预测事情发生的可能性。”[⑤] 对于公安机关来说，破解“治安迷雾”，增加未来治安主动权的重要工具和方法之一，就是要善于收集数据、计算数据、掌控数据和运用数据。也就是兵法上所说的“夫未战而庙算胜者，得算多也；未战而庙算不胜者，得算少也。多算胜，少算不胜，

---

①［英］维克多·迈尔－舍恩伯格、肯尼思·库克耶著，盛杨燕、周涛译．大数据时代：生活、工作与思维的大变革．浙江人民出版社，2013：4.

②［英］维克多·迈尔－舍恩伯格、肯尼思·库克耶著，盛杨燕、周涛译．大数据时代：生活、工作与思维的大变革．浙江人民出版社，2013：9.

③［英］维克多·迈尔－舍恩伯格、肯尼思·库克耶著，盛杨燕、周涛译．大数据时代：生活、工作与思维的大变革．浙江人民出版社，2013：15.

④ 涂子沛．大数据：正在到来的数据革命，以及它如何改变政府、商业与我们的生活．广西师范大学出版社，2012：33.

⑤［英］维克多·迈尔－舍恩伯格、肯尼思·库克耶著，盛杨燕、周涛译．大数据时代：生活、工作与思维的大变革．浙江人民出版社，2013：16.

而况于无算呼！”[1] 其所谓“庙算”，即指战役之前的战略筹划。

大数据全在于发现和理解信息内容及信息与信息之间的关系。舍恩伯格认为，大数据与三个重大的思维转变有关，这三个转变是相互联系和相互作用的。[2]

首先，要分析与某事物相关的所有数据，而不是分析少量的数据样本。在信息处理能力受限的时代，世界需要数据分析，却缺少用来分析所收集数据的工具，因此随机采样应运而生，它也可以被视为那个“小数据时代”的产物。采样的目的就是用最少的数据获得最多的信息。当我们可以获得海量数据的时候，它就没有什么意义了。如今，计算和制表不再像过去一样困难。感应器、手机导航、网站点击和 Twitter 被动地收集了大量数据，而计算机可以轻易地对这些数据进行处理。在数字化时代，数据处理变得更加容易、更加快速，人们能够在瞬间处理成千上万的数据。舍恩伯格指出：“当数据处理技术已经发生了翻天覆地的变化时，在大数据时代进行抽样分析就像在汽车时代骑马一样。一切都改变了，我们需要的是所有的数据，‘样本 = 总体’。”[3] 通过使用所有的数据，我们可以发现如若不然则将出现在大量数据中淹没掉的情况。例如，信用卡诈骗是通过观察异常情况来识别的，只有掌握了所有的数据才能做到这一点。在这种情况下，异常值是最有用的信息，你可以把它与正常交易进行对比。这是一个大数据问题。而且，因为交易是即时的，所以你的数据分析也应该是即时的。现在的问题是，数据处理技术已经发生了翻天覆地的变化，而我们的思维和方法却没有跟上这种改变。

其次，我们乐于接受数据的纷繁复杂而不再追求精确性。在越来越多的情况下，使用所有可获取的数据变得更为可能，但为此也要付出一定的代价。数据量的大幅增加会造成结果的不准确，与此同时，一些错误的数据也

---

① 孙子兵法·计篇.

② [英] 维克多·迈尔 - 舍恩伯格、肯尼思·库克耶著，盛杨燕、周涛译. 大数据时代：生活、工作与思维的大变革. 浙江人民出版社，2013：29.

③ [英] 维克多·迈尔 - 舍恩伯格、肯尼思·库克耶著，盛杨燕、周涛译. 大数据时代：生活、工作与思维的大变革. 浙江人民出版社，2013：27.

会混进数据库。然而，重点是我们能够努力避免这些问题。这就是由“小数据”到“大数据”的重要转变之一。对“小数据”而言，最重要的要求就是减少错误，保证质量。因为收集的信息量比较少，所以必须确保记录下来的数据尽量精确。然而，在不断涌现的新情况里，允许不精确的出现已经成为一个新的亮点而非缺点。因为放松了容错的标准，人们掌握的数据也多了起来，还可以利用这些数据做更多新的事情。舍恩伯格认为：“执迷于精确性是信息缺乏时代和模拟时代的产物。只有5%的数据是结构化且能适用于传统数据库的。如果不接受混乱，剩下95%的非结构化数据都无法被利用，只有接受不精确性，我们才能打开一扇从未涉足的世界的窗户。”① 他指出：“‘大数据’通常用概率说话，而不是板着‘确凿无疑’的面孔。整个社会要习惯这种思维需要很长的时间，其中也会出现一些问题。但现在，有必要指出的是，当我们试图扩大数据规模的时候，要学会拥抱混乱。”② 如今，生活在信息时代的我们，掌握的数据库越来越全面，它不再只包括我们手头现象的一点可怜的数据，而是包括了与这些现象相关的大量甚至全部数据。我们不再需要那么担心某个数据点对整套分析的不利影响。我们要做的就是接受这些纷繁的数据并从中受益，而不是以高昂的代价消除所有的不确定性。有时候，当我们掌握了大量新型数据时，精确性就不那么重要了，我们同样可以掌握事情的发展趋势。

相比于小数据和精确性的时代，大数据因为更强调数据的完整性和混杂性，可以帮助我们进一步接近事实的真相。当我们的视野局限在我们可以分析和能够确定的数据上时，我们对世界的整体理解就可能产生偏差和错误。不仅失去了去尽力收集一切数据的动力，也失去了从各个不同角度来观察事物的权利。所以，局限于狭隘的小数据中，我们可以自豪于对精确性的追求，但是就算我们可以分析得到细节中的细节，也依然会错过事物的全貌。舍恩伯格指出：“大数据要求我们有所改变，我们必须能够接受混乱和不确

---

①［英］维克多·迈尔－舍恩伯格、肯尼思·库克耶著，盛杨燕、周涛译．大数据时代：生活、工作与思维的大变革．浙江人民出版社，2013：45.

②［英］维克多·迈尔－舍恩伯格、肯尼思·库克耶著，盛杨燕、周涛译．大数据时代：生活、工作与思维的大变革．浙江人民出版社，2013：49.

定性。精确性似乎一直是我们生活的支撑，就像我们常说的‘钉是钉，铆是铆’。但认为每个问题只有一个答案的想法是站不住脚的，不管我们承不承认。一旦我们承认了这个事实甚至拥护这个事实的话，我们离真相就又近了一步。”①

最后，我们的思想发生了转变，不再探求难以捉摸的因果关系，转而关注事物的相关关系。舍恩伯格认为，在小数据世界中，相关关系也是有用的，但在大数据的背景下，相关关系大放异彩。通过应用相关关系，我们可以比以前更容易、更快捷、更清楚地分析事物。通过给我们找到一个现象的良好的关联物，相关关系可以帮助我们捕捉现在和预测未来。“建立在相关关系分析法基础上的预测是大数据的核心。”② 在舍恩伯格看来，对于大数据进行分析，更好的不是因果关系，而是相关关系。“知道‘是什么’就够了，没必要知道‘为什么’。在大数据时代，我们不必非得知道现象背后的原因，而是要让数据自己‘发声’。”③ 对于这种观点，笔者不敢完全苟同。在公安警务工作中，我们首先要收集、整理各种数据信息，分析探索对象的诸多相关关系，最后探明其因果关系，从而弄清事件事实，认识事物本质，采取有效对策加以控制和处置。就连舍恩伯格本人也说：“在大多数情况下，一旦我们完成了对大数据的相关关系分析，而又不再满足于仅仅知道‘是什么’时，我们就会继续向更深层次研究因果关系，找出背后的‘为什么’。”④

---

①［英］维克多·迈尔－舍恩伯格、肯尼思·库克耶著，盛杨燕、周涛译．大数据时代：生活、工作与思维的大变革．浙江人民出版社，2013：66.

②［英］维克多·迈尔－舍恩伯格、肯尼思·库克耶著，盛杨燕、周涛译．大数据时代：生活、工作与思维的大变革．浙江人民出版社，2013：75.

③［英］维克多·迈尔－舍恩伯格、肯尼思·库克耶著，盛杨燕、周涛译．大数据时代：生活、工作与思维的大变革．浙江人民出版社，2013：67.

④［英］维克多·迈尔－舍恩伯格、肯尼思·库克耶著，盛杨燕、周涛译．大数据时代：生活、工作与思维的大变革．浙江人民出版社，2013：89.

相关资料

街头警察的创新传奇

涂子沛

将数据分析大规模地引入到治安管理工作中的做法，起源于纽约。

纽约是全世界的金融和商业中心，在美国的经济和政治生活当中占有举足轻重的地位。纽约也是美国人口数量最多、密度最大、多元化程度最高的城市。因为人口众多，不免鱼龙混杂，曾经也是一个著名的犯罪之都。从20世纪70年代起，黑帮横行、毒品泛滥，该市的治安情况不断恶化。1990年，纽约市共发生了凶杀案2245宗，车辆盗窃案147123宗，平均每天有6个人死于恶性犯罪，每小时有16台车辆不翼而飞。

1994年，纽约市的警察部门启用了一个新的治安信息管理系统。这是一个以地图为基础的统计分析系统，随着它的出现，纽约城的治安开始逐年好转。这个叫作CompStat的系统也开始名扬全城，成了20世纪美国警务管理工作当中最为浓墨重彩的一笔。

CompStat是COMPuter STATistics（计算机统计）的缩写，现在已经演变成为一个专有名词，特指一种警务管理模式。

1970年，杰克·梅普尔（Jack Maple）刚刚高中毕业，他加入了纽约市交通警察局成为一名地铁线上的警察。当时，地铁线上的抢劫案非常频繁，地铁警察被认为是纽约最危险的工作之一。

为了追踪抢劫案，梅普尔在时代广场做过便衣，在中央火车站指挥过拦截和抓捕。在十几年街头警察的经历当中，他慢慢“悟道”：案件发展在哪里警察就出现在哪里，是让罪犯牵着鼻子跑；要控制局面，抓到老鼠，警察一方必须掌握主动，做一只“有预测能力”的猫。于是，这位高中毕业生开始研究地铁抢劫案的发生规律。

梅普尔在办公室的墙上挂上了几百幅地图，用不同颜色的大头针来跟踪地铁抢劫案发生的时间和地点，分析其中的原因和规律。无数个夜晚，他点着香烟，站在巨大的地图面前，时而举头凝视，时而低头徘徊，揣度琢磨第二天可能发生抢劫的时间和地点。在一阵苦思冥想之后，最后用大头针按下的那个小点，就代表了他第二天的伏击地点。

梅普尔后来晋升为警督（相当于派出所所长），他就采用这种方法来部署和调配其辖区的警力。他的办公室挂满了地图，被同事们戏称为“地图墙”，他却称之为“预测未来的图表”。

1990年，“预测未来的图表”引起了新任局长布雷特（William Bratton）的注意。布雷特是位退伍军人，他雷厉风行、慧眼识才，在认真研究了“地图墙”之后，认为梅普尔的方法很“靠谱”，于是开始在全局推广梅普尔的图表管理方法。第二年，纽约市的地铁抢劫案下降了27%。但纽约的整体社会治安并没有好转，除了地铁抢劫案，其他的案件都还居高不下。这更令布雷特相信，“预测未来的图表”确实行之有效。

1993年，治安持续恶化。这个问题甚至成了纽约市市长竞选当中最热门的话题，并为共和党候选人鲁迪·朱利安尼（Rudy Giuliani）带来了政治机遇。朱利安尼参与竞选的主打牌就是“治安”。他在竞选演讲中介绍说，他的朋友在餐馆等公共场合碰到他，都不敢和他打招呼，因为怕被黑社会盯上，莫名其妙受到报复。他在街上，也经常碰到一些刑满释放的人员，那些人对他做出鄙夷的表情，并当面嘲笑他说：“你没人缘，选不上！”

朱利安尼却呼吁说，如果纽约人民真正想改善治安，就不能让他落选！因为他是改善治安最好的人选——别无其他！他的演讲，情理并茂，他的铁面形象和诚恳的态度，最终打动了纽约人，得以高票当选。

一上任，朱利安尼就立即任命布雷特为纽约市警察局局长。而布雷特到任的第二天，就任命梅普尔为第一副局长，并要求梅普尔立即组织开发一套电子版的“预测未来的图表”。CompStat于是诞生了。

1994年，互联网还没有普及。CompStat的工作人员每天通过电话和传真向纽约76个警区收集数据，再将数据统一录入CompStat，进行加总和分析。每周二、周四的早晨7点，布雷特就召集全部警区的指挥官开会。最新发生的案件以圆点的形式出现在各个辖区的地图上，不同颜色代表着不同类型的犯罪，特定位置的成串圆点则表明那里发生了一系列的案件。各个指挥官在这些“绩效指示灯”前面依次陈述自己辖区的情况、对策以及警力的调配，一个回合下来，不少人满头大汗。为了保证CompStat的落实和推行，布雷特一共撤换了近三分之二执行不力的指挥官，可谓“铁腕”。

1995年，纽约的犯罪率应声而降。凶杀案从1994年的1561宗下降到1177宗，车辆盗窃案由95420宗下降到72679宗。此后，这些重要的指标不断下降。2009年，凶杀案下降到466宗，创下了50年之最低。这个指标，已经使纽约跻身全美最安全的大城市行列。

当然，布雷特在纽约推行的警务管理模式，其做法并不仅仅局限于“地图和数据”。例如，他非常推崇“破窗理论”（Broken Windows Theory）。该理论认为，一个城市，如果对小的违法行为纵容姑息，不良现象就会被放任、模仿，逐渐扩大，蔓延为成片的犯罪行为。所以，即使对一个窗户玻璃被砸破的投诉，接警中心也要认真记录，并纳入地图上的数据分析。也就是说，地图上的圆点不分案值大小、案情轻重，一律同等对待。

又例如，露宿公园、街头的青年，常常是酗酒、卖淫和吸毒活动的参与者，布雷特要求，不能仅仅是打击、驱散，必须刨根问源：他们从哪里来？面对什么困难？需要什么帮助？只有真正解决了这些问题，那些地图上代表犯罪的“圆点”才能最终被消除，而不是从一个区域转移到另一个区域，在地图上“此”起“彼”伏。

2002年，布雷特又担任了洛杉矶的警察局局长。洛杉矶是美国仅次于纽约的第二大城市。在布雷特任职的6年里，洛杉矶的犯罪率每年都在下降。梅普尔后来辞去了公职，创办了一家咨询公司，帮助全国各地的大小警局实施CompStat系统。2001年，他被诊断患有结肠癌。他留下遗言说，希望自己的灵车能在黄昏的时候，穿越时代广场和中央车站。他说他知道这正是下班的人潮高峰，交通繁忙，但他希望再去那里一次。多年来，他在那里巡逻，确保交通顺畅和治安不乱。朱利安尼出席了梅普尔的葬礼，他盛赞梅普尔是美国街头警察中伟大的发明家，为纽约城成为美国最安全的城市做出了历史性的贡献。

纽约的巨大成功，很快引起了其他地方政府和联邦政府司法部的注意。从20世纪90年代起，全美各地有近三分之一的治安管理部门都陆续引进了

CompStat 的管理模式。1993 年，克林顿任命珍妮特·雷诺（Janet Reno）担任司法部长。她在任期内大力推行“数据驱动”的管理方法（Data - Driven Management），并不断强调：“数据和信息是执法工作当中制定战略和决策的基础”。

1996 年，CompStat 获得了哈佛大学的美国政府创新奖。此后，CompStat 甚至进入了美国总统和副总统的视野。1998 年 10 月 1 日，副总统戈尔宣布，司法部要会同全国政府改革委员会成立专门的工作小组，在全国的警务部门研究推广“地图映射和数据驱动的治安管理”（Crime Mapping and Data - Driven Management）。克林顿总统甚至在国情咨文中也提到了这种新的方法和系统。

2006 年，通过把二十多年的犯罪数据和交通事故的数据整合到一起，并映射到一张地图上之后，警务研究人员惊奇地发现，交通事故的高发地带，也正是犯罪活动的高发地带，甚至交通事故的高发时间段，也是犯罪活动的高发时间段。

维护交通安全、打击犯罪活动，这两个职能本来分属于不同的联邦部门。基于这个新的发现，美国高速公路交通安全管理局（NHTSA）、国家司法援助局（BJA）和国家司法研究所（NIJ）联合成立了一个“数据驱动的新方法：犯罪与交通安全”的工作组，在马里兰、堪萨斯等州的城市开始联合治理的试点，并取得显著效果。

这种基于数据的警务管理模式，也引起了学术界的高度关注，有学者将其概括为“数据驱动的警务管理”或“数据驱动的司法管理”。

资料来源：《大数据：正在到来的数据革命，以及它如何改变政府、商业与我们的生活》，广西师范大学出版社 2012 年版，第 77 ~ 82 页。

舍恩伯格指出：“今天，技术专家都默认大数据的发展和计算机的变革是同步的，但事实并不是这样的。毫无疑问，是现代信息系统让大数据成为了可能，但是大数据发展的核心动力来源于人类测量、记录和分析世界的渴望。信息技术变革随处可见，但是如今信息技术变革的重点在‘T’（技术）上，而不是在‘I’（信息）上。现在，我们是时候把聚光灯打向‘I’，开始关注信息本身了。”① 当然，大数据之所以可行，是基于今天无处不在的传感器和微处理器。我们正在迈进普适计算的时代，所有的机械或电子设备都可以留下数据痕迹，这些痕迹表明了它的性能、位置或状态。这些设备和使用它的人，通过互联网互相交流，又形成了另一个庞大的数据源。我们也可以这样理解大数据：软件主要由程序（也可称代码）和数据（或称数据库）组成，程序和数据的关系就好像发动机和燃料，所有的程序都是靠数据驱动的；数据之于程序，好比血液之于人体，一旦血液停止流动，人就失去了生命，代码也将停止运行。② 数据的生命力，甚至比程序更持久。程序可以不停地升级、换代甚至退出使用，但保存数据的数据库却会继续存在，其价值很可能与日俱增、历久弥新。

如今，我们经常把“数字化”和“数据化”这两个概念搞混，但对这两个概念的区分实际上非常重要。“数据”（data）这个词在拉丁文里是“已知”的意思，也可以理解为“事实”。这是欧几里得的一部经典著作的标题，这本书用已知的或者可由已知推导的知识来解释几何学。如今，数据代表着对某件事物的描述，数据可以记录、分析和重组它。数据化是指“一种把现象转变为可制表分析的量化形式的过程”。数据化与数字化大相径庭。“数字化指的是把模拟数据转换成用 0 和 1 表示的二进制码，这样电脑就可以处理这些数据了。”③

信息是标志一切事物存在的基本形式，了解掌握信息是人类减少事物不确定性的基本途径。记录信息的能力是原始社会和先进社会的分界线之一。伴随着数据记录的发展，人类探索世界的想法一直在膨胀。现代新工具和开放的思维方式促进了人类测量事物和记录数据的繁荣，而现代数据化就诞生于这片沃土之中。舍恩伯格指出：“计算机的出现带来了数字测量和存储设

① [英] 维克多·迈尔－舍恩伯格、肯尼思·库克耶著，盛杨燕、周涛译．大数据时代：生活、工作与思维的大变革．浙江人民出版社，2013：104.

② 涂子沛．大数据：正在到来的数据革命，以及它如何改变政府、商业与我们的生活．广西师范大学出版社，2012：42.

③ [英] 维克多·迈尔－舍恩伯格、肯尼思·库克耶著，盛杨燕、周涛译．大数据时代：生活、工作与思维的大变革．浙江人民出版社，2013：104.

备，这样就大大提高了数据化的效率。计算机也使得通过数学分析挖掘出更大的价值变成了可能。简而言之，数字化带来了数据化，但是数字化无法取代数据化。数字化是把模拟数据变成计算机可读的数据，和数据化有本质上的不同。”①

只要一点想象，文字、方位、沟通等万千事物就能转化为数据形式。可以说，量化一切是数据化的核心。舍恩伯格说：“一旦世界被数据化，就只有你想不到，而没有信息做不到的事情了。莫里通过艰辛的人工才揭示了隐藏在数据中的价值，而今天，拥有了数据分析的工具（统计学和算法）以及必需的设备（信息处理器和存储器），我们就可以在更多领域、更快、更大规模地进行数据处理了。在大数据时代，惊喜无处不在。”②

一般来说，政府及公安机关的数据有三个主要来源：业务工作的管理数据、民意社情的调查数据，以及对大自然和社会变迁进行监控而产生的环境数据。这三种数据，其发展各有先后，收集方式各不相同，数据量也大小不一（如下图）。它们之间，存在着一些交叉和重叠，有一些民意调查（如公众安全感调查、社区警民恳谈、走访等）的数据，是业务数据，而一些环境监控产生的数据也是业务工作的数据。如今，这三种数据都在呈爆炸式增长。从程序和法则上讲，首先，要保证收集方式的合法性、科学性，以及收集内容的合理性。其次，要注意保守国家和警务工作的秘密，同时要注意保护人们的隐私权。最后，要及时发布与公民利益息息相关的公共安全数据信息、政策及服务措施，让公民免费共享公安信息服务。在处置突发性应急事件中，更应以及时发布权威性的正面信息数据来控制引导社会舆论。

---

①［英］维克多·迈尔－舍恩伯格、肯尼思·库克耶著，盛杨燕、周涛译．大数据时代：生活、工作与思维的大变革．浙江人民出版社，2013：109.

②［英］维克多·迈尔－舍恩伯格、肯尼思·库克耶著，盛杨燕、周涛译．大数据时代：生活、工作与思维的大变革．浙江人民出版社，2013：125.

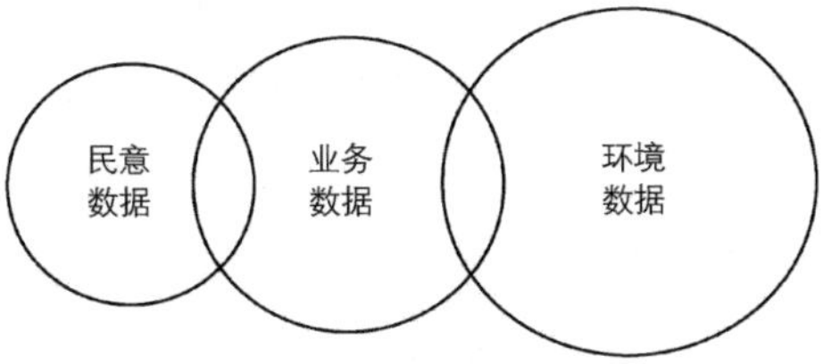

三大数据来源关系和数据量的大小比较

互联网产生之后，最方便的信息发布方式是政府及公安机关的门户网站，任何人都可以登录政府及公安机关的门户网站浏览信息和数据，1 个人和 100 个人看，对政府及公安机关而言，几乎没有任何区别，其边际成本下降到几乎为“零”，但其公安经济效益及社会效益却可以不断增加。不同于物质的东西，数据的价值不会随着它的使用而减少，而是可以不断地被处理。这就是经济学家所谓的“非竞争性”的好处：个人的使用不会妨碍其他人的使用，而且信息不会像其他物质一样随着使用而有所耗损。

因为云计算的出现，促进了电子政府及电子警务的普及。所谓电子警务，就是公安机关通过网络提供各种各样的申请手续和审查等公安行政服务。因为电子警务的出现，警察公共服务迈入了跨时代的发展阶段。

当前，要大力推动互联网、大数据、人工智能与公安工作的深度融合，推进人脸识别、语音声纹识别、卫星遥感和机器人等前沿科技在公安工作中的广泛应用，有效破解管控难题，提高警务效率。尤其要大力推进智慧警务建设，加快推进公安“警务云”建设与应用，形成“人在干、数在转、云在算”的智能化警务运行模式。要注重资源整合，依托“大数据”“大业务”“互联网 + 公安”和合成作战等平台，加快推进警务资源集中汇聚、联通共享，以资源整合突破体制机制弊端，撬动公安工作的大变革。

2015 年，笔者出版的国内首部《智慧公安：大数据时代的警务模式》专著提出，根据现代公安工作的性质特点及未来警务发展演变的基本趋势，可以界定：“智慧警务是以互联网、移动互联网、物联网、大数据、云计算、智能引擎、视频技术、知识管理等为技术支撑，以公安信息化为核心，通过互联化、物联化、可视化、智能化的方式，促进公安系统各个功能模块高度集成、协调运作，实现公安信息‘强度整合、高度共享、深度应用’之目标的警务发展新理念和新模式。”① 智慧警务的核心特征在于其“智慧”，而智慧的实现，有赖于建设广泛覆盖的信息网络，具备深度互联的信息体系，构建协同合作的信息共享机制，实现信息的智能处理，并拓展信息的开放应用。我们可以将智慧警务的核心特征概括为如下五个方面：广泛覆盖、深度互联、协同共享、智能处理、开放应用。这五个方面不但概括了智慧警务的核心特征，而且包含了公安信息的采集、传输、共享、处理到应用的全过程，体现了完整的公安信息智慧循环。②

——广泛覆盖。广泛覆盖的信息感知网络是智慧警务的基础。任何一座城市公安机关拥有的信息资源都是海量的，为了更及时全面地获取城市治安信息，更准确地判断城市治安状况，智慧警务的中心系统需要拥有与城市公安的各类要素交流所需信息的能力。智慧警务的信息感知网络应覆盖城市的时间、空间、对象等各个维度，能够采集不同属性、不同形式、不同密度的信息。物联网技术和移动互联网技术的发展及融合，为智慧警务的信息采集和传输提供了更强大的能力。当然，“广泛覆盖”并不意味着对城市的每一个角落进行全方位的信息采集，这既不可能也无必要。智慧警务的信息监控及采集体系应以涉及治安防控的关键时空节点和公安信息系统的适度需求为导向，过度追求全面覆盖既需增加成本又会影响效率，同时还要考虑到公民的隐私保护。

——深度互联。智慧警务的信息感知是以多种信息网络为基础的，如互联网、公安专网、固定/移动通信网、传感网、视频网，等等。“深度互联”要求多种网络形成有效链接，实现信息的互通访问和接入设备的互相调度操作，实现公安信息资源的一体化和立体化。梅特卡夫法则指出，网络的价值同网络节点数量的平方成正比。在智慧警务建设中，我们可以看到，将多个层次公安机关、警种系统分隔独立的局域网、公安政务网与其他政府部门政务网及互联网链接成互联互通的大网（即“泛在网”），可以大大增加公安信息的交互程度，使公安网络对所有成员的价值获得提升，从而使公安网络

① 张兆端．智慧公安：大数据时代的警务模式．中国人民公按大学出版社，2015：24.

② 张兆端．智慧公安：大数据时代的警务模式．中国人民公按大学出版社，2015：27～29.

的总体价值显著提升，并形成更强的驱动力，吸引更多的要素加入网络，形成智能警务网络节点扩充与信息增值的正反馈。

——协同共享。在传统城市管理及公安工作中，信息资源和实体资源往往被各种行业、部门、主体之间的边界和壁垒所分割，资源的组织方式是封闭的、零散的、分割的。智慧警务建设实施“协同共享”的目的就是要打破这些壁垒，形成具有统一性的公安资源体系，使公安信息不再出现“信息烟囱”“资源孤岛”和“应用孤岛”现象。在协同共享的智慧警务系统中，任何一个应用环节都可以在授权后启动相关联的应用，并对其应用环节进行操作，从而使各类资源可以根据系统的需要，各司其联地发挥其最大的价值。这使得各个子系统中蕴含的资源能按照共同的目标协调统一调配，从而使智慧警务系统的整体价值显著高于各个子系统简单叠加的价值。

——智能处理。智慧警务拥有体量巨大、结构复杂的信息体系，这是其决策和控制的基础，而要真正实现“智慧”，公安机关还需要进一步提升对所拥有的海量信息进行智能处理的能力，这必然要求系统运用大数据云计算技术，根据不断触发的各种需求对各类公安大数据资源进行深入挖掘和深度分析，产生所需知识，自主地进行科学判断和预测，从而实现智能辅助决策，并向相应的执行系统发出控制指令。当然，这一过程中还需要体现出警务智能设备及警务领导与指挥主体自我学习的能力。智能处理在宏观上表现为对公安信息的提炼增值，即信息在系统内部经过处理转换后，其形态应该发生了转换，变得更全面、更具体、更易利用，使信息的价值获得了提升。在技术上，以大数据云计算为代表的新的信息技术应用模式，是公安信息智能化处理的强有力支撑。

——开放应用。智能处理并不是信息使用过程的终结，智慧警务还应具有信息的开放式应用能力，能将处理后的各类信息通过网络发送给信息的各类显在或潜在的需求者，或对控制终端进行直接操作，从而完成信息的完整增值利用。除需要内部运作的公安专用警务信息系统外，智慧警务的信息应用应该以开放为特性，并不仅仅停留在政府或公安机关对信息的统一掌控和分配上，而应搭建开放式的公安信息应用平台，使各类社会个体及组织等都能为系统贡献信息，使个体、组织间能通过智慧警务的系统进行信息交互，这将充分利用系统现有能力，大大丰富智慧警务的信息资源，促进新的社会化、信息化警务模式的诞生。这将有利于提高公安机关的执法服务能力，及时掌握和回应各类社会个体及组织对公安工作的新期待和新需求。

2010 年美国总统行政办公室下属的科学技术顾问委员会（PCAST）、信息技术顾问委员会（PITAC）向奥巴马和国会提交了题为《规划数字化未来》的专门报告。该报告把数据收集和使用的工作，提到了战略的高度。报告说：“如何收集、保存、维护、管理、分析、共享正在呈指数增长的数据是我们必须面对的一个重要挑战。从网络摄像头、博客、天文望远镜到超级计算机的仿真。来自不同渠道的数据以不同的形式如潮水一般向我们涌来。这些数据以不同的格式存储在不同的环境中，有的在计算机的硬盘里，有的在数据仓库之中。”“如何保证这些数据现在、将来的完整性和可用性，我们面临着很多的问题和挑战。如何使用这些数据，则是另外一个挑战……应对好这些挑战，将引导我们在科研、医疗、商业和国家安全方面开创新的成功。”① 在报告中，两个委员会还列举了美国癌症研究所以及中央情报局如何通过收集海量数据、建立数据仓库、实施以数据挖掘为核心的自动分析技术，获得了出人意料的创新和成功。他们向总统建议，联邦政府的每一个机构和部门，都需要制定一个“大数据”的战略。

之所以称之为战略，是因为“大数据”之“大”，并不仅仅在于其“容量之大”。当然，由于数据容量的爆炸，数据的收集、保存、维护以及共享等任务，都成为具有研究意义的现象和挑战。但“大数据”之“大”，更多的意义在于：人类可以“分析和使用”的数据在大量增加，通过这些数据的交换、整合和分析，人类可以发现新的知识，创造新的价值，带来“大知识”“大科技”“大利润”和“大发展”②。美国联邦政府跨部门工作组给总统科学技术委员会的报告《利用数据的力量服务科学和社会》（2009 年 1 月）指出：“数据不会被它所激发的思想和创新消耗，相反，它可以为创新

① 涂子沛．大数据：正在到来的数据革命，以及它如何改变政府、商业与我们的生活．广西师范大学出版社，2012：56.

② 涂子沛．大数据：正在到来的数据革命，以及它如何改变政府、商业与我们的生活．广西师范大学出版社，2012：57.

提供无穷的燃料。一小片合适的信息，可以促使创新迈进一大步。一组数据，可能会得到数据收集人难以想象的应用，也可能会在一个看起来毫不相关的领域得到应用，因为这些创新型的应用，数据的能量将层层放大。”①

一般说来，业务数据都由下级部门和各类社会组织通过“数据接口”上报给政府或公安机关。但作为一个政府和职能部门，只接受数据是远远不够的，政府或公安机关也需要走出去，主动收集数据，了解全社会对某项政策的评价、单个公民对某个问题的看法，这就是所谓的民意调查、社会调查。如持续开展的社会公众安全感调查等，是收集、掌握、分析反映民意、社情、治安警情的第一手数据，是研究一个社会区域社会治安长期变迁不可或缺的重要资源，它能够为公安政策的制定、调整和评价提供重要的参考依据。

在信息社会，社会各类组织，商业、金融、保险机构，各类企事业单位等，都收集了前所未有的大量数据。过去，这些数据存储在不同领域、不同单位（包括公安机关的不同警种、不同部门）的系统中，老死不相往来，形成了众多的“信息烟囱”“信息孤岛”。现在应当打破壁垒，使这些系统彼此相连，通过“数据挖掘”的技术，实现数据资源共享，可以获得一幅关于社会、组织运行的完整图景。近年来，在公安信息化过程中，我国公安机关通过“金盾工程”一期建设（2005 年完成）建成了八大公安信息资源库：全国人口基本信息资源库、全国出入境人员资源库、全国机动车/驾驶人信息资源库、全国警员基本信息资源库、全国在逃人员信息资源库、全国违法犯罪人员信息资源库、全国被盗抢汽车信息资源库、全国安全重点单位信息资源库。这些公安信息资源库积累了丰富的信息资源，实现了公安信息化资源的综合开发利用。近年来，连接公安机关内外的“警务管理综合平台”建设，已经发挥出了极大的警务管理效益。这昭示我们，必须紧密围绕公安工作和队伍建设需要，面向警内外、国内外，收集数据、分析数据、发布数据。对于这一系列和公安数据有关的警务信息资源开发及深度应用，我们可以为其起一个既时尚又响亮的名字：智能警务。

---

① 涂子沛．大数据：正在到来的数据革命，以及它如何改变政府、商业与我们的生活．广西师范大学出版社，2012：208～209.

20 世纪 90 年代，面对信息管理系统的普及，各行各业数据记录的激增，管理大师彼得·德鲁克（Peter Drucker）曾发出慨叹：迄今为止，我们的系统产生的还仅仅是数据，而不是信息，更不是知识！诺贝尔经济学得主美国卡内基梅隆大学的赫伯特·西蒙（Herbert Simon）教授早在 1949 年出版的《行政组织的决策过程》一书中就指出，人类的理性是有限的，因此所有的决策都是基于有限理性的结果。如果能利用存储在计算机里的信息来辅助决策，人类理性的范围将会扩大，决策的质量就能提高。他进而预测：在后工业时代，也就是信息时代，人类社会面临的中心问题将从如何提高生产率转变为如何更好地利用信息来辅助决策，也就是如何将数据、信息转化为知识，扩大人类的理性，辅助决策，指导行动。

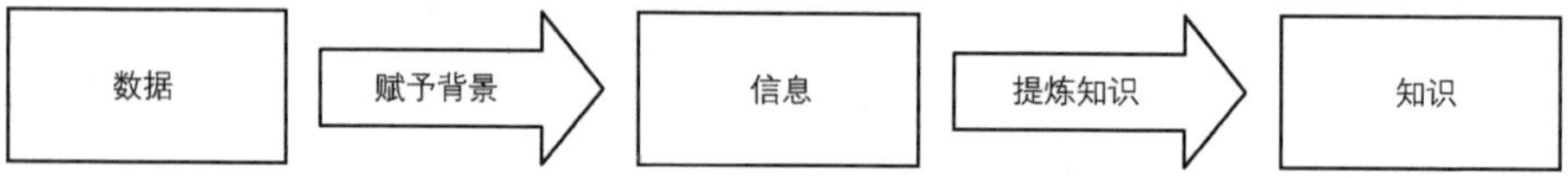

从数据、信息到知识的演变

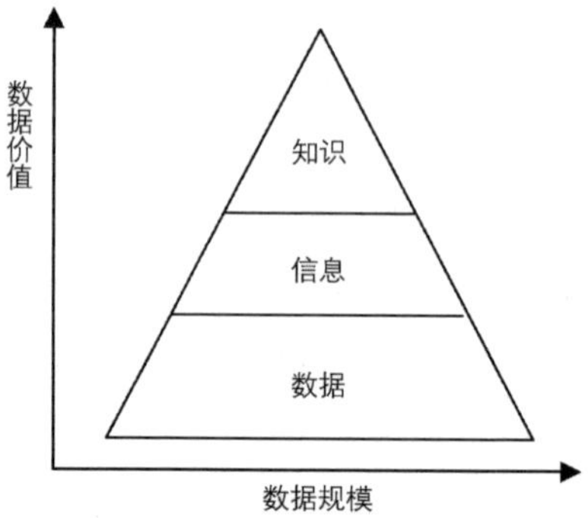

数据、信息和知识的区别和联系

怎样从各个独立的信息系统中提取、整合有价值的数据，从而实现从数据到信息、从信息到知识、从知识到效益的转化？这个要求，随着信息管理系统的普及，变得越来越迫切。改革开放以来，我国公安机关的规模越来越庞大，警察组织越来越复杂，社会治安形势越来越多变，信息是否及时准确、决策是否正确合理，对公安事业的科学发展和警务效益的提高影响越来越大。这就需要创新和发展更为先进的警务决策支持系统和警务作战指挥信息系统。警用计算机硬件、警务执勤作战软件和警务执勤作战数据，可以并称为警务指挥信息系统的三大支柱。其中警务执勤作战数据流是警务指挥信息系统的“血液”，它将警用计算机硬件和软件有机地连接在了一起。

当前，决策支持系统面临的“瓶颈式”难题，是如何有机地聚集、整合多个不同运行信息系统产生的数据。为了解决数据集成问题，专家们又创造性地提出了构建“数据仓库”的概念。比尔·恩门（Bill Inmon）1992年出版的《数据仓库之构建》（*Building the Data Warehouse*）一书，第一次给出了数据仓库的清晰定义和操作性的实战法则。恩门认为：“数据仓库是一个面向主题的（Subject Oriented）、集成的（Integrated）、相对稳定的（Non - Volatile）、反映历史变化（Time Variant）的数据集合，用于支持管理中的决策制定。”① 数据仓库和数据库的最大区别在于，前者是以数据分析、决策支持为目的来组织存储数据，而数据库的主要目的则是为运行系统保存、查询数据。

数据仓库是构建智慧警务的依托，是对公安机关面对的海量数据进行分析的核心物理构架。可以形象地将其理解为一种格式一致的多数据存储中心，数据源可以来自多个不同的系统，如公安机关内部各警种、各部门单位，以及公安机关外部的各社会子系统；这些系统，即使运行的平台不同、编制的语言不同、所处的物理位置不同，但其数据可以按统一定义的格式被提取出来，再通过清洗、转换、集成，最后百流归海，加载进入数据仓库。这个提取、转换、装载的主要过程，可以通过专门的ETL（Extraction，Transformation，Load）工具来实现，这种工具，如今已是数据仓库领域的主打产品。

数据仓库的物理结构出现以后，活跃在前沿的科学家一下子找到了自己的专属“阵地”——联机分析。联机分析（Online Analytical Processing），也称多维分析，本意是把分立的数据库“相连”，进行多维度的分析。②

---

① 涂子沛．大数据：正在到来的数据革命，以及它如何改变政府、商业与我们的生活．广西师范大学出版社，2012：91.

② 涂子沛．大数据：正在到来的数据革命，以及它如何改变政府、商业与我们的生活．广西师范大学出版社，2012：97.

“维”是联机分析的核心概念，指的是人们观察事物、计算机数据的特定角度。分析问题的任何角度，都可以视为一个或多个维度的交叉。随着维度的不断增多，问题可能变得很复杂，但可以使人看得更全面、更立体。就像互联网通过给计算机添加通信功能而改变了世界，大数据也将改变我们生活中最重要的方面，因为它为我们的生活创造了前所未有的可量化的维度。

数据仓库、联机分析技术的发展和成熟，为商务智能或智慧警务奠定了框架，但真正给商务或警务赋予“智能”生命的是它的下一个产业链——数据挖掘。一开始，数据挖掘曾一度被称为“基于数据库的知识发现”(Knowledge discovery in database)。随着数据仓库的产生，“数据挖掘”的叫法开始被广泛接受。数据挖掘是指通过特定的计算机算法对大量的数据进行自动分析，从而揭示出数据之间隐藏的关系、模式和趋势，为决策提供新的知识。[①] 之所以称之为“挖掘”，是比喻在海量数据中寻找知识，就像开矿掘金一样困难。

同样，公安机关基于警内外不同的数据库而建立相应的数据仓库并实施联机分析和数据挖掘，可以用于研究分析社会治安形势和预测犯罪趋势，为公安决策提供科学依据。在此基础上，我们可以给“智慧警务”下一个简明扼要的定义：智慧警务指的是一系列以数据事实为支持、辅助公安决策的智能化技术和方法。如果说联机分析是对数据的一种透视性的探测，数据挖掘则是对数据进行挖山掘矿式的开采。其主要目的：一是要发现潜藏在数据表面之下的历史规律；二是对未来进行预测。前者称为描述性分析，后者称为预测性分析。数据挖掘把数据分析的服务从“已知”扩大到了“未知”，从“过去”推向了“将来”，是商务或警务智能真正的生命力和灵魂所在。

---

① 涂子沛．大数据：正在到来的数据革命，以及它如何改变政府、商业与我们的生活．广西师范大学出版社，2012：98.

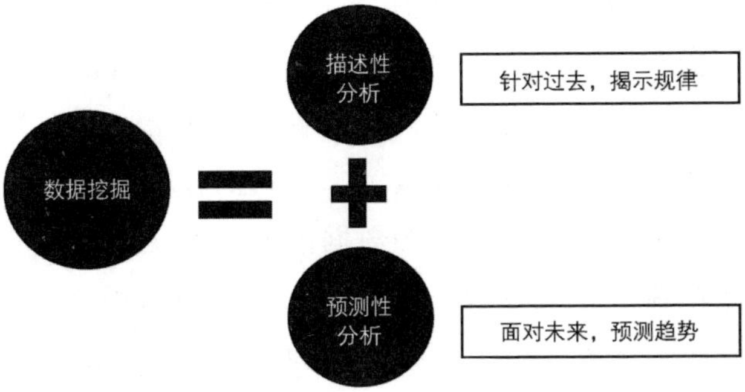

数据挖掘的两个侧重点①

通过十多年的发展，数据挖掘的范围正在不断扩大。传统的数据挖掘是指在结构化的数据当中发现潜在的关系的规律，但随着社会的发展，更高端的数据挖掘也开始初现端倪。按结构，数据可以划分为两类：结构化数据和非结构化数据。结构化数据是指存储在数据库当中有统一结构和格式的数据。这种数据比较容易分析和处理。非结构化数据是指无法用数字或统一的结构来表示的信息，包括各种文档、图像、音频和视频等，这种数据没有统一的大小和格式，给分析和挖掘带来了更大的挑战。从结构化数据到非结构化数据的推进，也代表着可供挖掘的数据在大幅增加。

进入 21 世纪之后，信息技术发展风生水起，新的技术浪潮又使商务或警务智能的产业链条向前延伸了一大步：数据可视化。法国统计学家杰克·伯廷指出："图形是解决逻辑问题的视觉方法。"② 更重要的原因在于：人的创造力不仅仅取决于逻辑思维，还取决于形象思维。数据可视化的技术，可以通过图像在逻辑思维的基础上进一步激发人的形象思维和空间想象能力，吸引、帮助用户洞察数据之间隐藏的关系和规律。

数据库专家杰克·奥尔森指出："数据能满足既定的用途，它才有质量。如果不能满足既定的目标和用途，就谈不上质量。换句话说，数据的质量不

① 涂子沛．大数据：正在到来的数据革命，以及它如何改变政府、商业与我们的生活．广西师范大学出版社，2012：99.

② 涂子沛．大数据：正在到来的数据革命，以及它如何改变政府、商业与我们的生活．广西师范大学出版社，2012：100.

仅取决于它本身，还取决于它的用途。”① 数据质量的问题，是一个涉及数据收集、使用、发布等所有过程的问题。其重要性毋庸置疑。我国各级公安机关普遍注重信息上报的条目数量，甚至有不少基层公安机关为应付上级检查和彰显信息化建设政绩随意拼凑数字，而真正有质量的能够为公安决策与警务指挥提供可靠依据和直接价值的数据信息少之又少。

保尔·拉法格在《忆马克思》中谈到，马克思认为：“一种科学，只有成功地运用数学时，才算达到了真正完善的地步”。爱德华·戴明（Ddwards Deming）是享誉世界的美国统计学家、管理学家，也是质量管理理论的奠基人。二战结束后，他曾经旅居日本，帮助日本人开展战后重建，为日本的经济崛起立下了丰功伟绩。他有一句名言说：“我们相信上帝。除了上帝，任何人都必须用数据来说话。”在西方人那里，上帝是极大、极高、极虚的化身；数据，是极小、至实、至真的逻辑单元。现代思想家胡适先生曾指出，中国人习惯于“差不多先生”，凡事马马虎虎、不求精确。美籍华裔历史学家黄仁宇认为，中国不懂得用数字来管理国家。现实生活中，有些数据国内确实没有，有待收集；还有不少数据水分太大，经不起推敲和检验；再有的，被有关部门贴上了“机密”的标签，人们无缘看见和利用。公安机关不少警务领导与指挥人员更是缺乏数据意识，不太注重对数据的计算运用，只知术之为术，不知数中有术。我们在治安警务问题研究中，定性多定量少，在警务实践上习惯于不计成本的运动式执法和大兵团作战；有些方面虽然有定量，但多系主观拟定、盲目下达的刚性指标，存在着严重脱离实际、违反科学规律，甚至欺上瞒下的不良现象。

随着网络信息技术的飞速发展和应用，小到个人，大到机关团体、企事业单位都积累了大量的数据。无论你是否喜欢，海量数据已经涌入了我们的生活，可以说，我们目前所处的时代，已不仅是数据爆炸的时代，更是一个大数据爆炸的时代。在这样一个时代，从公安经济学的视角看，公安机关应当尝试用数据来说话、用数据来决策、用数据来管理、用数据来创新。当

---

① 涂子沛．大数据：正在到来的数据革命，以及它如何改变政府、商业与我们的生活．广西师范大学出版社，2012：131.

然，“只要得到了合理的利用，而不单纯只是为了‘数据’而‘数据’，大数据就会变成强大的武器”①。

在国家、政府、企业及其他社会组织纷纷推行大数据战略背景下，公安机关应清醒意识到“数据制胜”的信息化警务发展趋势，更应立足我国公安工作实际，正视数据浪费与数据缺乏的矛盾已严重制约基于信息系统的公安整体作战能力的现实，着力探寻破解警务作战数据建设困境、提高警务管理效益的途径。

一是要健全管理机构，在顶层统一筹划警务数据跨警种、跨部门、跨领域联合建设。公安指挥信息系统的规划、开发、使用与管理应全部由公安信息办公室集中负责，并设立首席公安信息官。这种集中统一的管理方式可以有效破解硬件、软件和数据建设相互割裂的弊端，确保三者相对协调一致地发展。客观地讲，健全定位准确、责任明确的管理机构，是实现警务作战数据建设良性发展的组织保证。根据我国公安机关指挥体制的实际，应依托现行警务训练和信息化管理体制，自上而下地设置跨警种、跨部门的警务作战数据建设管理部门和数据警官，建立全警统一的警务作战数据建设制度体系，破解警务作战数据建设长期没有明确的统一管理部门的弊端。

二是推行数据化训练，使警务作战数据建设植根于最广泛的公安工作实践之中。数据化训练是指在警务训练中以生成、采集、处理和利用警务作战数据为途径，揭示信息化警务深层规律，并用以指导信息化警务实践的训练模式；其根本目的是提高基于信息系统的公安机关整体作战能力。要实现指挥训练数据化，利用先进成熟的数据挖掘和人工智能技术，开发符合我国公安机关警务执勤作战数据标准并具备一定自主决策功能的指挥训练系统，促使“以经验为中心”的决策方式向“以数据为中心”转变。

三是建立实验警队，使其成为以数据为中心的前沿阵地和示范基地。在大数据引领信息化警务发展方向的今天，我们不可能永远将警务作战数据定位于保障层次。考虑到公安机关实际，虽然当务之急是提高各警种部门的整

---

①［英］维克多·迈尔－舍恩伯格、肯尼思·库克耶著，盛杨燕、周涛译．大数据时代：生活、工作与思维的大变革．浙江人民出版社，2013：213.

体数据化水平，但还应适情建立少量实验性数据化警队，使其成为警务作战数据建设跨越式发展的前沿阵地，努力探索以数据为中心的新警务技术、新警务装备和新警务战术，为未来我国公安机关向大数据战略过渡预留接口。事实上，实验性数据化警队建设是未来警务战略方式变革的“试金石”。

四是培养专业人才，从根源上突破警务作战数据建设面临的重重困境。西蒙强调：“信息并不匮乏，匮乏的是我们处理信息的能力。”任何一个组织，要抓住大数据的机遇，就必须做好几个方面的工作。比如要有收集并开发的特定的工具，需要选定分析软件，用它来挖掘数据的意义。但可能最为重要的是，任何组织都需要人才来分析大数据。这些人被称为“数据科学家”，他们集黑客和定量分析员的优势和特长于一身。欧美国家警察部门已经有在成功侦控计算机网络犯罪的基础上反而雇用网络“黑客”服务于网络监控和信息警务的先例。警务作战数据专业人才培养，涉及警察学、统计学、计算机科学与技术、管理学和系统科学等多学科多专业的交叉融合。由于我国公安院校建设规模和学科设置等原因，警务作战数据建设专业人才培养的供需矛盾十分突出。为解决专业人才的巨大缺口，首先应向地方拓展人才培养渠道，创建警民融合的作战数据人才联合培养机制。可以依托公安院校或委托地方高校及科研院所招收相关专业公安生、进行在职警官培训。要转变人才选拔模式，推行警务作战数据工程师资格认证制度等。

相关资料

公安部出台进一步推进“互联网＋公安政务服务”工作实施意见

近年来，各级公安机关积极适应信息化发展大势，充分依托互联网构建管理服务平台，为企事业单位和人民群众提供服务，极大提高了行政管理效能和服务群众水平，受到了广大人民群众和社会各方面的普遍欢迎。为了更好地适应国家“互联网＋”战略，加快实现互联网与公安政务服务的深入融合和创新发展，深入推进“放管服”改革，公安部在总结各地经验、深入调研论证的基础上，研究提出了进一步推进“互联网＋公安政务服务”工作的指导思想、基本原则、工作目标、重点任务及具体措施。

公安部要求，各级公安机关和各有关部门、警种要始终坚持以人民为中心的发展思想，进一步推进“互联网＋公安政务服务”工作，最大限度地提升服务质量和效率，最大限度地方便企业和群众办事，努力让企业和群众少跑腿、好办事、不添堵，共享“互联网＋公安政务服务”发展成果。要加强组织领导，推动信息共享，跟进监督考评，保证信息安全，创造性地抓好各项任务的落实，不断增强人民群众的获得感和满意度。

一、建成一体化网上政务服务平台

《意见》明确，公安部整合各部门、各警种互联网政务服务网站、系统和平台，力争到2017年底前，建成一体化网上政务服务平台，使政务服务标准化、网络化水平明显提升。到2020年底前，基本形成覆盖全国的整体联动、省级统筹、一网办理的“互联网＋公安政务服务”体系，使公安政务服务智慧化水平大幅提升，让企业和群众办事更方便、更快捷、更有效率。

——坚持整体谋划，注重顶层设计，强化协调联动，做好制度衔接，做到部门警种之间、层级公安机关之间一体推进，努力实现“互联网＋公安政务服务”的全覆盖。

——坚持问题导向，紧紧抓住人民群众反映强烈的办事难、办事慢、办事繁等问题，集成服务管理事项，对接群众服务需求，简化优化服务流程，大力推进线上线下服务一体化。

——坚持开放共享，注重内部共享与外部共享相结合，拆除信息壁垒，联通信息孤岛，优化资源配置，加快形成以开放、共享为特征的公安政务服务运行新模式。

——坚持创新发展，牢固树立创新思维和发展眼光，紧跟形势发展要求，不断优化服务平台，创新服务模式，拓宽服务渠道，延展服务范围，着力满足人民群众的新期待。

二、实现政务服务事项“应上尽上、全程在线”

《意见》提出，要紧紧围绕与群众生产生活密切相关的公安行政管理服务领域，以互联网为依托，扩大网上办理范围，提高网上办理程度，实现政务服务事项“应上尽上、全程在线”，努力实现让群众少跑腿、不跑腿也能办成事。

——推进“互联网+”治安管理服务。以公民身份号码为信任根，构建“互联网+”治安管理服务平台，推动治安、户政等公安行政管理业务在互联网上办理，利用微信、微博、微视、短信等开展治安管理便民宣传服务。完善民用爆炸物品、烟花爆竹管理信息系统，实现民用爆炸物品、烟花爆竹安全管理相关行政许可在线办理。

——推进“互联网+”边防、出入境管理服务。积极推进公安边防网上办事平台建设，努力实现网上异地查询办证、案件查询、线索举报。积极推进公安出入境网上办事平台建设，为办事群众提供咨询查询、预约申请、办事指引等便民服务。积极推进公安出入境边防检查机关互联网信息平台建设，向社会提供边检政策解读、边检手续办理指引、在线咨询、投诉举报等服务。全面推广运用全国出入境管理信息系统，通过采用云计算技术，实现出入境数据的联通共享，全面提升出入境管理服务水平。

——推进“互联网+”消防管理服务。在总队级以上消防部门官方网站开通“办事直通车”栏目，完善“消防网上服务大厅”功能。扎实推进移动互联网消防信息服务平台建设，面向社会单位消防安全责任人、管理人等特定人群以及社会公众发送消防安全提示信息，提供社会消防工作指导，开展消防宣传服务。

——推进“互联网+”网络安全管理服务。深入推进全国公安机关互联网单位备案管理工作，开展线上一站式备案服务。积极开展“计算机信息系统安全专用产品销售许可服务平台”建设，对信息安全企业申请销售许可证提供网上查询、网上办理、咨询指导等服务。着力完善“网络违法犯罪举报网站”，增加移动APP举报入口，规范举报范围流程。整合网络违法犯罪举报资源，实行举报线索汇聚分析联动处置，及时发现处置网络违法犯罪活动。

——推进“互联网+”交通管理服务。推广应用全国统一的互联网交通安全综合服务管理平台和“交管12123”手机APP，建立网页、手机、短信、语音电话、微信、汽车终端等多种方式相结合，系统化、全覆盖的交通安全综合服务管理体系。推进轻微交通事故网上快处快赔，快速化解损害赔偿纠纷。实行跨省异地缴纳交通违法罚款，实现驾驶人可自行选择在任何省份代理银行营业网点或者通过网上支付、自助服务终端等方式缴纳罚款。实行机动车驾驶人网上满分和审验教育，扩大业务服务覆盖面。开通交通违法视频举报平台，受理群众传送的车载行车记录仪记录的交通违法视频信息。

三、满足人民群众对高品质政务服务需求

《意见》要求，坚持把满足人民群众对高品质政务服务的需求作为根本出发点，坚持以用户体验为核心的工作理念，充分发挥互联网高效便捷的优势，着力简化手续、简明流程、简捷操作，最大限度地集成服务事项、畅通服务渠道、提高服务效率，最大限度让群众方便、让群众受益、让群众满意。

——规范网上服务事项。结合编制权力清单、责任清单以及规范行政审批行为等相关工作，依据法定职能全面梳理直接面向社会公众提供的具体办事服务事项。公安部和省级公安机关编制政务服务事项目录，明确事项范围，规范事项名称、条件、材料、流程、时限等，为实现信息共享和业务协同，提供无差异、均等化政务服务奠定基础。

——优化网上服务流程。大力精简无谓证明和烦琐手续，避免重复提交材料和循环证明，进一步优化网上申请、受理、审查、决定、送达等流程。建立网上预约机制，让群众自主选择办事时间，灵活选择办事地点，解决群众办事排队长、等候时间长问题。建立网上申报预审机制，推进办事材料的目录化、标准化、电子化，开展在线填报、在线提交和在线审查，及时向办事群众推送预审结果，对需要补正的材料一次性告知。建立网上办理反馈机制，对涉及多警种多部门的办理事项，实行一口受理、网上运转、并行办理、限时办结。

——创新网上服务模式。实行网上综合服务，整合辖区内公安办事服务窗口形成“网上服务大厅”，提供一站式服务。实行多样化服务，引入社会力量，积极利用第三方平台，开展预约查询、证照寄送、在线支付等服务。实行网上网下一体化服务，推进服务窗口与网上服务平台深度融合、线上线下功能互补。对农村和老少边穷等地区，要依托警务室推行网上办事，实现“互联网＋公安政务服务”在基层全覆盖。

——公开政务服务信息。在政府网站和实体政务大厅全面公开与公安政务服务事项相关的法律法规、政策文件、通知公告、办事指南、审查细则、常见问题和监督举报方式，以及行政审批涉及的中介服务事项清单、机构名录等信息，并实行动态调整，确保线上线下信息内容准确一致，更好地保障群众的知情权，推动阳光警务建设。规范和完善办事指南，列明依据条件、流程时限、收费标准、注意事项等内容，明确需提交材料的名称、设定依据、格式份数、签名签章等要求，并提供规范的空白表格、填写说明和示范文本，让群众明明白白办事。除办事指南明确的条件外，不得自行增加办事要求、环节和证明材料等。

资料来源：公安部出台进一步推进“互联网＋公安政务服务”工作实施意见：着力提升公安政务服务的标准化、网络化、智慧化水平．人民公安报，2016年11月25日，第1版。

战争经济实验：演绎利剑与金钱的较量

凌大荣

核心提示

战争经济实验是运用大数据、云计算等现代信息技术手段，对战争与经济之间的相互关系，特别是战时经济动员、作战经费预测、战争经济损毁评估、后勤保障效能评估等决定战争进程的热点难点问题进行建模分析的重要过程，是实现战场与市场有效对接的重要桥梁。准确可靠的战争经济实验结论，不仅能够实现对“铸剑”与“造犁”损益权衡的系统性思考，而且能更好地统筹战争准备与经济建设的协调发展，科学运筹战争的组织实施，为打赢现代战争提供决策咨询和方法指导。随着仿真模拟和信息技术的进一步发展，准确评估战费需求，科学测算国家支付战争成本的能力，提出规避战争经济风险的决策咨询建议，已经成为世界各国竞相研究的重点和发展方向。为借鉴战争经济实验开展公安经济实验。特辑录如下相关资料供读者参考。

国民经济动员——利剑与经济实力形影相随

现代战争是以经济实力为基础的综合国力较量，而经济动员就是经济实力转化为国防实力的桥梁。战争经济实验室的首要任务就是致力于将国民经济潜力转化为战争能力的仿真研究。

在2003年伊拉克战争爆发前，美国兰德公司预估经济动员成本高达3万亿美元，通过计算机仿真模拟，呈现了战略资源在筹措、存储、周转和运输过程中的实景动员步骤，尤其推演了在沙漠地带装卸军需物资所需要的集装箱成本，为美军实战动员成本的可视化预测奠定了基础。2008年汶川地震发生后，中国通过经济动员，在3天内调运13万军人和警察、200多支医疗队、13000多吨物资设备、4万多台运输车辆、数百架各类飞机进行救灾，英国《卫报》刊登文章，称“面对这场突如其来的非战争威胁，甚至其造成的后果比一场普通的常规战争还要更加严重时，凸显了中国的经济动员能力”。可以说，一个国家经济动员能力将直接影响其作战或者非战争军事行动的运筹和实施效益。

经济动员模拟就是通过构建不同规模战争对作战保障资源的需求模型，研究需要动员的区域和资源，模拟不同层级经济动员系统的运行方式，分析国民经济动员体系存在的问题和不足，提出解决办法和改进措施。随着战争和突发事件对经济的依赖性不断增强，经济动员的地位作用也与日俱增。然而，经济动员涉及众多军地单位，协同组织复杂，成本消耗巨大。采用现代信息技术，对经济动员系统进行模拟仿真，已成为务实和可行之举。中国“大飞机项目C919”的成功自主研制，就是个典型范例。期间，共动员了200多家军地企业、36所高校，约10万人参与研制，20位院士组成专家咨询组，经过7年的协同预研、联合生产从而完成了研制任务。

损毁评估研究——如何规避战争经济风险

俗话说：大炮一响，黄金万两。随着经济社会发展，高技术战争对经济的依赖加深，对经济的破坏加大，在实施战争以维护政治地位、谋求经济利益的同时，必然会付出惊人的经济成本。如果忽视战争经济损失或者低估战争经济风险，将会导致战略决策失误，甚至超出国民经济的承受力，国家经济将出现严重动荡甚至全面崩溃，后果难以预料。开展战争经济损毁评估研究，预测分析战争可能带来的破坏结果，科学测算该国国民经济对战争的最大承受能力，将成为战略决策者不得不面对的课题。

科索沃战争爆发后，以美国为首的北约部队，在使用军事手段打击南联盟军事目标的同时，还对其52个城市、35个企业、15个国家级设施轮番轰炸，直接造成其经济损失超过1000多亿美元，使南联盟经济超出可承受范围，实现了以最小的损失获取最大利益。2006年黎以冲突中，30多天的军事行动就“吃掉”以色列51亿美元的财政开支，其中仅用于赔偿公司和公民在冲突中的损失就高达11亿美元，以色列GDP至少下降1.5%，拖累了国民经济发展。

研究表明，以战争经济投入、战争直接经济损失、战争间接经济损失和战争人力成本损失等构成要素为基础，构建战争经济损失评估模型，然后通过因素分析、类比推理和工程预测，可以科学预估不同作战样式的经济损失情况，进而采取相应的对策规避和控制因战争而带来的经济风险。目前，战争经济损毁评估研究尚处于初级阶段，西方主要国家正通过新设研究中心、加大资金投入等多种方式不断加强该领域的研究。

战争经费预测——国家能否承担巨额耗费

兵法曰：举师十万，日费千金。打一场现代战争究竟要耗费多少？国民经济究竟能否承受？这是世界各国普遍关心的重大课题。目前，使用仿真模拟、数据分析等方法来计算各种作战物资的数量和价值，对战争耗费进行科学预测，据此制定财力筹措的金融策略，已经成为美、俄等军事强国战前的一项重要工作。例如，2014年美国决定军事打击伊拉克境内“伊斯兰国”极端组织前，美国总统和国会就专门委托国会研究所、兰德公司等智囊机构战略评估中心，对军事打击“伊斯兰国”极端组织所需经费进行战前评估测算，认为空袭是相对安全和经济之选，不会给财政预算带来太大压力，为决定空袭IS提供了重要依据。无独有偶，2008年俄罗斯对格鲁吉亚开战前，俄罗斯国家杜马预算委员会也曾委托相关研究机构对所需作战经费做过测算。

实践证明，运用军事学、经济学的理论和方法，建立决定战争经费消耗的参战兵力、武器弹药、保障物资、运输储备等关键变量数据库，通过战争经济模拟仿真系统进行分析、计算和推导，估算出不同战争规模和强度下所需战争经费情况，有利于增强战时财力保障的预见性和科学性，进而为战争决策和军费资源配置提供科学依据。

当前，西方发达国家高度重视开展相关研究，不仅在军队成立有相应的实验室，民间还有兰德公司、牛津研究中心等一些著名战略咨询机构。军事经济学院战争经费预测研究团队，致力于通过战争经济模拟仿真系统精准确定不同作战样式、不同作战规模条件下的财力保障需求，科学测算打赢一场现代化战争的军费开支，合理控制战争对国民经济的冲击影响，为国家和军队战争准备提供科学的决策参考。

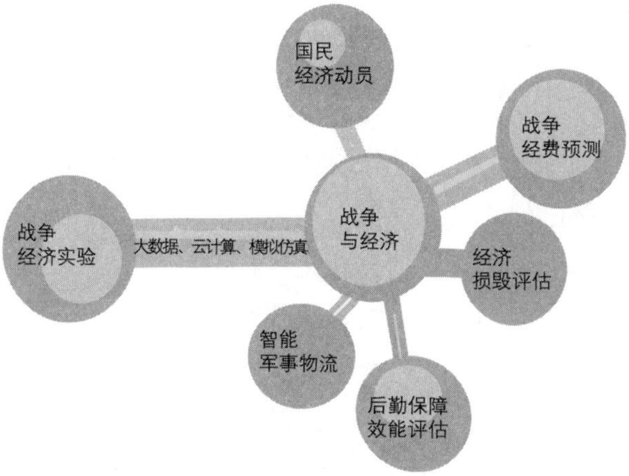

喻　萌绘

资料来源：凌大荣教授为重点实验室、军事经济学院战争经济实验室主任。本文引自《战争经济实验：演绎利剑与金钱的较量》，《解放军报》2016 年 6 月 2 日，第 7 版。

七、以公共警务为主、私人警务为辅的警务多样化规律

从所有制结构看，在现代市场经济条件下，社会经济成分日益多样化，但总的来说，无外乎公有制和私有制经济两种基本类型。只不过在资本主义社会和社会主义社会，甚至在同一种社会中它们所占的地位和比例不同而已。同样，从公安经济成分来看，也存在着公共警务与私人警务之分，只不过在不同国家或社会，不管其比例关系如何，公共警务成分始终在法律上、政治上占有主导地位，私人警务只是一种有益的补充。

（一）“多中心”理论——警察公共服务的制度建构

自20世纪70年代末以来，世界各国的政府陆续开始了治道变革的进程。从大的方面来说，这一变革包括政府职能的市场化、政府行为的法治化、政府决策的民主化、政府权力的多中心化。政府职能的市场化，包括国有企业的民营化、公共事务引入内部市场机制等；政府行为的法治化，主要解决法律管制过分问题，解除过分的法律管制，从过分的法制回归法治的进程；政府决策的民主化，主要表现为在传统普选制度、政党政治和利益集团政治的基础上实现政府行政日益公开化，提高政府公共政策对公民需求的回应性等；政府权力的多中心化，主要表现在执行方式变革、提高地方自治水平、还权于社群等。这一变革进程不仅发生在英国、美国、新西兰、日本及其他欧洲各国等发达国家，而且已经波及包括中国在内的许多前计划经济体制国家和发展中国家。

从公安经济和公共选择理论的角度看，上述政府治道变革的内容及方向同样适用于公安建设与公安服务。其一，在公安职能方面，可以把那些基础性治安防范事项通过市场化机制交由保安公司、物业公司等担负。公安机关的非保密性基础设施、环境及普通装备等也可以通过市场机制配置。其二，加强公安执法规范化建设，推动公安行为由以政策、领导指示为主向法治化轨道转变。其三，深入推行警务公开制度，涉及老百姓切身利益的公安政策及行政措施的制定，一定要通过民主听证，倾听公众意见和建议。其四，推

动实现预防犯罪和治安防范权力的“多中心化”，既要通过加强公安建设，充分发挥公安机关的职能作用，又要还权于社群，提高社区及单位治安防范自治管理水平，也就是把警务专业化与警务社会化有机结合起来。

美国学者、诺贝尔经济学奖得主埃利诺·奥斯特罗姆夫妇运用公共选择与制度分析理论与方法，分析公共事务，尤其对警察服务和水资源（如公共池塘资源）等公共服务制度结构的研究作出了杰出贡献。其理论贡献主要是在企业理论（科斯）和国家理论（诺斯）的基础上，提出了自主治理理论，以及在市场理论（亚当·斯密）和主权理论（托马斯·霍布斯）的基础上，提出了多中心的公共经济的理论。这种“多中心”理论的创新之处是把整个体制看成是互动的公共机构构成的体制，而不是由一个人控制的单一的体制。把公共当局看作是一个多元的体制而不是单一的体制。也就是说是“多中心”，不是“单中心”。奥斯特罗姆指出，在公共服务供给方式问题上，需要从政府直接供给的单一方式向多种类、多中心的社会组织共同供给的多种方式转变。这些社会组织可以是政府机关，也可以是专业化的社会公共机构或非营利组织，甚至私人部门的企业也可以承担公共服务的供给任务。

《公共服务的制度建构——都市警察服务的制度结构》① 是埃利诺·奥斯特罗姆教授及其同事长期从事警察服务研究的重要成果。该书把警察服务当作一个公共经济的产业，然后从此出发，运用系统的资料收集方法，用一整套操作化的多中心理论概念框架对警察服务进行了细分，而不是把警察服务笼统地归置到公益物品服务领域里。然后在此基础上，阐述了美国大城市地区警察服务的组织，一般地区巡逻、交通控制和犯罪调查等直接服务模式，以及无线电通信、成人预审拘留、入警培训、犯罪实验室分析等辅助服务模式；阐述了美国大城市地区警察机关之间是如何相互帮助、相互合作的，还分析了美国大城市地区警察服务专业化与一体化之间的关系，从而详细阐述了美国大城市地区警察服务的制度结构，为我们展现了一个当前在全世界流行的“新公共管理思潮”的实践案例。

---

①［美］奥斯特罗姆等著，毛寿龙译．公共服务的制度建构——都市警察服务的制度结构．生活·读书·新知三联书店（上海），2000.

奥斯特罗姆认为："公共经济与私人经济相对，由规模不一的集体消费单位构成，这些单位通过安排集体物品的生产，管制集体物品的使用者范围，用途的类型，以及分配集体物品来提高服务。服务提供被看作是不同于服务生产的独特的过程。在私人经济中，不必组织集体消费单位，因为个人和家庭户已经起到了积极介入需求表达和消费决策制定的作用。"① 奥斯特罗姆认为，为了对城市警察服务进行制度分析，首先有必要理解该项服务可能影响生产者和消费者的属性。我们会立即发现在警察服务方面不存在单一的服务，而存在一组直接和间接服务。大多数直接警察服务需要公民的协作生产，并且是劳动密集型的。85% ~90% 的直接服务支出与人员或诸如汽油等可变支出有关。对于大多数直接服务者来说，管辖的地区规模越大，其平均成本越大，而不是越小。就不经常发生的事件比如杀人案调查方面，则可以认为服务于大片地区的专业化的单位可以处理足够的案件以提高侦破技术。间接服务并不像直接服务那样涉及公民，而是倾向于资本密集型的，在大规模的生产单位里可以实现其规模经济。比如，犯罪实验室分析随着产出量的增大其平均成本趋于下降。购买设备的初始资本支出是巨大的，需要受到高水平训练的人员进行分析，培训也存在实质性的规模经济。

奥斯特罗姆指出："在概念上，直接警察服务的产出是在某种程度上为警察的努力所改善的'事务状态（states of affairs）'。一般地区巡逻的产出是指因为警察的这一努力而增加的人们在街上行走或有价值财产的安全程度。人们不可能直接衡量直接服务的产出，因为它要求参与事实上不存在的情景：不存在警察时的事务状态。衡量必须依靠统计推理或者替代性的尺度。可靠的统计推理要求我们知道引起犯罪的因素，以及能够准确预料没有任何警察服务时的犯罪水平。这样的知识是得不到的。警察和公民一般能够得到三类替代尺度：一是资源投入量；二是活动水平；三是犯罪率。"②

在奥斯特罗姆看来，资源投入指标包括预算、支出和雇员的数量。活动

---

①［美］奥斯特罗姆等著，毛寿龙译．公共服务的制度建构——都市警察服务的制度结构．生活·读书·新知三联书店（上海），2000：中文版序言，5.

②［美］奥斯特罗姆等著，毛寿龙译．公共服务的制度建构——都市警察服务的制度结构．生活·读书·新知三联书店（上海），2000：中文版序言，15.

水平包括开车的英里数、罚款单的数量、作出反应的呼叫数量、逮捕数量和破获的犯罪数量。犯罪率则是经过许多不同的行为者控制的一系列转换而得到的追踪数据（trace data）。在每一次转换中，某些信息都可能丢失。在每一个转换步骤中都可能发生系统的扭曲。比如，警察能够这样记录信息，即当警察要减少严重犯罪时，就记录较少的犯罪；而当他们要创造一个地方犯罪高峰时，就会提高犯罪的严重程度。既然一个地方的犯罪浪潮发生之后预算分配常常会增加，在警察机关内部就存在内在的激励来扭曲数据的处理，以便得到特定的结果。我国公安机关长期以来存在的立案不实问题及犯罪率、破案率统计问题也都不同程度地存在这种人为的数据转换和扭曲。

惠双民博士在《社会秩序的经济分析》① 一书中对社会秩序进行了经济与博弈的分析和诠释，提出并形成社会秩序理论的假说和理论框架，他认为社会秩序分为三个层次：元社会秩序、私人秩序和公共秩序。它们的关联复合，形成了一个整体性的社会秩序的治理与安排。同时，社会秩序三个层次及整体的扩展与演进，形成了自发的规则秩序和整体的行动秩序。

将“多中心”理论运用于当代中国公共治理中，就是要树立共建共治共享的理念。党的十九大报告指出，发展是解决我国一切问题的基础和关键，发展必须是科学发展，必须坚定不移地贯彻创新、协调、绿色、开放、共享的发展理念。公安机关要牢固树立共建共治共享的社会治理理念，坚持专项治理和系统治理、综合治理、依法治理、源头治理相结合，更加注重联动融合、开放共享，更加注重民主法治、科技创新，努力以新理念提出新思路、以新举措应对新情况、以新办法解决新问题，不断提高社会治理社会化、法治化、智能化、专业化水平。

（二）警务多样化——公共警务与私人警务结合带来的冲击

1. 公共警务与私人警务的内涵及关系

我们把政府正式警察组织及职业警察力量实施的警务活动称为公共警

① 惠双民．社会秩序的经济分析．北京大学出版社，2010.

务。把由社会组织提供的保安服务及私人提供的侦探服务等统称为私人警务[1]。有学者指出，在西方国家，私人警务的概念并非仅指私有制的保安业，它是相对于政府提供的公共警务而言的，包括了各种形式的由社会组织承担的警务工作。对警务构成的争论在警务社会学领域一直在激烈地持续。约翰斯顿认为，犯罪学领域关于这个问题的讨论局限之一是将警务（一种社会功能）概念与警察（特定人群构成的实体）结合在一起，因而导致人们的注意力集中在国家警察力量的功能和作用上，而反对将参与警务活动的实体范围扩大（1999）。

有西方学者认为，警察机构是一个全世界普遍存在的机构，而“警务”这一术语则表明了社会中行使管制和控制等相关具体社会职能的一系列流程（Reiner，1997）。就此而言，在理论上，有可能在传统的官方警察队伍不介入的情况下开展情报主导警务。警务在这里被赋予了国家机关以外的更广泛的社会团体含义，私营公司和社会志愿者都可以被纳入警务范畴（Bayley and Shearing，1996）。据美国学者罗伯特·兰沃西等在《什么是警察——美国的经验》一书中介绍，“近几十年来，私人保安的发展已经超过了公共警察；现在私人保安部门雇用的人员比公共警察还多”（赖斯，1988）。与其说当今私人警察是一种新兴的警察形式，不如说是历史传统的复兴。公共警察起源于私人警察，而近年来私人警察的发展则是对公共警察暴露出来的局限的反映。19世纪中期，几种力量相结合促进了美国私人警务的发展。新警察中缺乏侦查员和调查员，加上商业与工业的发展，意味着没有被正在巡逻的警官当场抓住的罪犯几乎没有被捕的危险。警察的“公共”角色也意味着企业内部发生的犯罪也同样是危险的。警察无法保护社会的所有领域。近年来，随着越来越多的人认识到公共警察无法充分保护公民，私人警务获得了进一步发展。正如19世纪公共警察无力满足日益发展的企业需要创造了私人警务发展的市场，公众对公共警察有限能力的认识又促进了无数私人警务/保安公司的建立与发展。

---

① 张兆端．警务辩证法——警务领导与指挥十大关系论．中国人民公安大学出版社，2012：122.

英国学者莱斯·约翰斯顿在20世纪90年代初认为，十年前，要想在一本警学论文集中用一整章篇幅来描述私人警务领域带来的冲击，那会被认为是怪怪的。那时几乎没有人会认为私人警务是一个“核心问题”。现在这种情况已经变了。越来越多的警界人士认为，私人警务的不断发展壮大具有重要意义，这不只是因为私人警务对公共警务的未来发展方向带来的冲击。但是，仅认为私人警务是“重要”的，那还是低估了它的作用。约翰斯顿的基本观点是：对当代警务发展的任何认识都必须承认它的“不可分性”，即公共警务和私人警务越来越紧密地联系在一起，它们在形式上并无多大区别。警务工作越来越多地由公共的、私人的以及公私兼有的复杂多样的“网络”承担。这里所谓的“网络”，并不意味着它的各部分很协调——在这方面用“拼凑”一词来形容更为合适——但的确意味着，某一部分的行动和反应会影响其他部分。所以，任何对于当代警务工作的严谨分析研究都应该集中在可称为“多样化的整体”上。这种观点与把“警务”等同于“公共警察”的传统观点形成鲜明的对照。①

笔者认为，公共警务与私人警务既有联系又有区别。二者的主要区别在于其警务主体的身份和权限，以及服务范围、服务方式不同。一般说来，公共警务是由国家或政府依法组建的正式警察组织及职业警察力量来实施的，具有法律赋予的治安行政管理权和刑事侦查权以及紧急警务处置权，是代表政府为全体公民提供无偿公共安全执法和服务的，并且国家警察属于政府公务员，因而实行严格的公务员职位管理甚至准军事化管理。而私人警务则是由社会组织或法人组建的保安服务（包括物业管理）公司或私家侦探机构提供的，它们一般不具备法律赋予的治安行政管理权和刑事侦查权以及紧急警务处置权，仅仅限于为某些付费机构或个人等雇主的人身、财产安全或其他生活需要提供日常的安全保护、看管押运及民间调查等有偿服务。它们一般是按照企业模式管理和市场化路子运营的。

关于治安有偿服务在社会主义中国是改革开放进入关键阶段后才开始探

---

①［英］弗兰克·利什曼等主编、吴开清等译．警务工作之核心问题．群众出版社，2000：62～63.

索的。1991年2月19日，中共中央、国务院作出的《关于加强社会治安综合治理的决定》首次以规范性文件的形式明确规定："在加强管理的前提下发挥保安服务公司的作用。群防群治队伍可以是义务的，也可以是有偿服务的。对有偿服务的，除地方财政适当拨款外，经当地人民政府按规定审批后，可以由企事业单位和居民适当集一点资，出一点人，用于维护本单位或本地区的社会治安。但要坚持自愿、受益、适度、资金定向使用的原则，尽可能减轻企业和群众的负担"。

在当今世界，绝大多数国家和地区的警察都是由相应的国家或地方权力机关授权组建的公共执法力量。保障公共安全、维持公共秩序和提供公共服务是现代警察的基本职能。因此，警察属于国家公权力和社会公共服务机构的范畴，公共性是其主要特征。政府及其警察部门向社会提供的公共安全传统上一直被视为国家向公众提供的一种必要的公共产品。这一方面是由于公共安全本身所具有的公共性、不可分割性导致的非排他性、非竞争性特点，以及社会对其有强烈的需求所决定的，同时也是政府基于国家社会安全观念，为避免造成政治危机、社会危机而做出的制度选择。这种选择将涉及社会所有成员的生命、健康、财产安全以及福利、生存环境的保护等产品和服务的供给以非价格机制的形式进行，将社会资源制度性地配置于公共安全这个重要的社会目标，能够有效地克服市场机制在公共领域的天然失灵，化解社会风险。

但由于警察的职责、权限及力量是有限的，不可能涵盖社会秩序的所有方面和解决公民的所有生活问题，所以20世纪以来，英美一些发达国家在继续强化发展其公共警察力量和开展公共警务的同时，逐步发展出一支"私人警察""私人保安"力量，为公民提供"私人警务"服务。在美国，受雇的"私人警察""私人保安"人数已经超过公共警察力量。我国有人据此将警察私有化趋势称为"第五次警务革命"。其实不然，因为不管其私人警务力量多么庞大，都不属于正规职业警察，其活动范围和活动方式均受到法律的严格限制。警察的法定职权仍然由政府的职业警察行使。可以预见，在将来相当长一段时期内，在任何国家和地区，政府职业警察及其公共警务仍然是主体执法服务力量，私人警务仅仅是公共警务的一种有益补充。当然，我们应当承认，西方私人警务力量的存在及发展本身就说明了它适应了社会的某种需要，因而具有存在和发展的一定必然性。而且私人警务力量的发展也确实解决了许多职业警察不能解决的问题，进而成为公共警务的一种有益补充。

2. 警察私有化

警察私有化（Privatization），指在西方警务改革中私人警察演变发展的趋势。20 世纪 90 年代，英国学者根据构成英国政治基础的集权化、分权化、私有化和“欧洲化”的大趋势探讨警察改革，认为由当时的英国保守党政府所推行的警察改革正在从“警务旧秩序”迈向“警务新秩序”，这一新秩序的特点即体现为警察的集权化、警察的分权化、警察的私有化和警察的“欧洲化”①。约翰斯顿指出，警察机关正“经历着一个集权化和分权化并举的过程”。警务工作的筹划指导日益集权化，而管理和行动则日益分权化②。在当时，私有化已经提上了警务工作的议事日程，并表现为四种重要形式：③ ①“卸担子”。“卸担子”是“一个过程……在这一过程中服务工作转让给了商业和民办机构”（约翰斯顿，1992a：12），它涉及提供服务的责任由警察向私人和民办机构的转让。私人警务已获得了长足的发展，公私警务的界限也正在变得模糊不清。私人保安业雇用的人员（包括许多前警官）比正式的着装警察还多。②义务竞标和向外承包。地方政府已牢固建立的义务竞标制，关系到公共部门的工人同私人承包商竞争以前由公共机构内部自己承担的工作。内政部热衷于将义务竞标制推广到警察机关，尤其是因为警察机关面临相对较少的竞争。当私人机构给公共机构提供服务时，就叫向外承包。一些警务工作职能就这样被承包出去（如车辆的维修保养和犯人的押送），还有其他许多职能也可能被承包出去。进一步的向外承包非常可

①［英］弗兰克·利什曼等主编、吴开清等译．警务工作之核心问题．群众出版社，2000：18.

②［英］弗兰克·利什曼等主编、吴开清等译．警务工作之核心问题．群众出版社，2000：20.

③［英］弗兰克·利什曼等主编、吴开清等译．警务工作之核心问题．群众出版社，2000：20.

能按照波森调查的建议进行。该调查负责人指出："假如某些工作任务看起来属于附带性的，我们就将不得不评估警方减少投入或彻底摆脱的工作范围。我们也不得不考虑是否需要找其他机构来接管，或这样做是否现实。"（波森，1994：15）③服务收费。提供警察服务要收费不是什么新鲜事，但在政府压缩警察预算的情况下，警察服务收费的范围可能要扩大。通过服务收费及开发警察服务的商业性潜力，或通过推销保安服务和培训课程，警方可能创造额外的收入。④模仿私人企业的管理风格。在警察管理方法上，仿效私人机构的管理风格越来越普遍。警察改革措施，特别是《希伊报告》，维护了警察局局长的"管理权"。定期任职制、与工作表现挂钩的工资制、复杂的管理信息系统和一种新型的管理语言几乎都是从商界原封不动地照搬过来的。英国学者认为，即便出现政府更迭，警察私有化的扩大也是不可逆转的。

据王大伟教授介绍，私人警察的概念在英美国家比较混乱。狭义上指私人和私人企业雇用的警察或保安人员；广义上指公共警察以外的所有形式的警察。在他看来，警察私有化是第四次警务革命的主要内容，是一个世界性的警务改革的大趋势，"警察私有化被认为是指导第五次警务革命的方向"。西方学者预言："警察私有化是与社区警务并驾齐驱的两大改革。也许，私有化将主导未来的警务革命。"这种观点也许适用于英美国家，对于以法国为代表的欧洲大陆国家和以中国为代表的东方国家却未必适用。即使在英国，20 世纪 90 年代曾任影子内政大臣的杰克·斯特劳也认为："要对核心警务活动实行私有化那就完全错了。"假定警察是"国家想要垄断的合法力量"（赖纳，1994c：29）的国内卫士，警察私有化对于国家警察的合法性就必然构成一定的冲击。因此，在很大程度上只能对非核心警务活动实行私有化。英国警察局局长 A. J. P. 巴特勒认为，警务工作的私有化或私营有两个原则问题：第一是"资源外流"，即通过在社会上义务竞标将警察内部的某些杂务工作承包出去；第二是将部分非核心的警察业务转让。[①]

---

①［英］弗兰克·利什曼等主编、吴开清等译．警务工作之核心问题．群众出版社，2000：276.

英国学者认为，社会需要警务私有化，主要基于以下四个因素：①资金短缺、警力不足。这是各国警察部门共同面临的难题。英国公众对日益增长的警察开支深恶痛绝，使社会与警察部门不得不另辟警力的新来源。英国学者认为，私人警务发展的结构条件之一是国家的财政危机。过去几十年私人保安业的发展是因为公共部门提供警务服务的能力下降，不能充分满足社会日益增长的需要。这种“真空”理论假设，私营机构的发展是公共部门相对收缩的直接结果；公共警察部门和他们的小伙伴私营机构之间具有互补性关系①。②有偿服务。“你要获得服务，就要支付金钱”。这是市场经济中天经地义的规则。③服务定量。公共警察对社会与公众的服务是多方面的、免费的、定量的，因此无暇对许多小案子进行现场勘查或组织破案。这样，私人警务也就找到了巨大的市场。④自我警务的传统。私人警察在英美等国如雨后春笋般蓬勃发展，其中一个主要原因是这些国家有悠久的自我警务的传统。这些国家实行自治体警察，警察国有化的概念本身就不为人们所理解。加之公众民主意识、隐私意识较强，不愿让警察介入他们的私人生活，一旦发生案子，往往采取自警自救的措施。

3. 警务的公私界限与“混合”警务的兴起

说到警务发展的公私界限，一般认为，1829 年伦敦“新警察”的出现标志着公共警务在英国的诞生。但英国学者认为，1829 年不应被视作（“旧”）私人警务和（“新”）公共警务之间的历史分界线。一则是“在英国，私人警务形成了公共警务的最初核心”（鲍登，1978：250）。二则是 1829 年后很长一段时间，私人警务仍然具有重要意义（约翰斯顿，1992b）。由于上述原因，现代警务从来就没有被公共部门垄断，并且在激烈的结构转变之时，公共警务与私人警务之间的平衡也许要重新考虑。现在重新考虑的过程通过四个方面进行：私人保安的扩展；公共警务的私有化；“混合”警务的兴起；“居民积极参与”的发展②。私人保安在美国出现于 19 世纪，而

① [英] 弗兰克·利什曼等主编、吴开清等译．警务工作之核心问题．群众出版社，2000：64.

② [英] 弗兰克·利什曼等主编、吴开清等译．警务工作之核心问题．群众出版社，2000：68.

在英国则诞生于20世纪20年代。但是，欧洲和北美私人保安的扩展主要出现在20世纪70年代。美国统计数据显示，到2000年，美国私人保安雇员与公共警察的比例将达到3∶1（坎宁安等，1990）。公共警务的私有化表现为几种不同的形式。最极端的是警察的组织整体私有化。这种情况在几年前出现过。当时依照1802年《国会法》成立的伦敦港警察局成为英国第一个私有化的公共警察组织。其次是公共警察所承担的某些职能的私有化。有时这种状况是由需求所引起的。最近几年许多私人保安公司和地方居民团体签订合同，承担在街道和居民区进行巡逻的任务。第三种私有化形式是警察组织就好像是商业企业，按商业规则运作。这种“私有化心态”（联合咨询委员会）自114/1983通告（内政部，1983b）在警察组织中产生“经济”“效果”和“效益”原则以来，就一直处于内政部思想的前沿。近年来不仅仅私人保安业的职责范围扩大了，而且已出现一种向混合警务（它由身份不清的组织承担，约翰斯顿，1992b）或“灰色”警务（它包括刑事司法系统之外的不同社会控制机构之间的各种形式的合作，胡根布姆，1991）发展的趋势。当前警务改革的第四种手段是借助“居民的积极参与”。“负责任”的公民参与是经国家认可和支持的，如政府支持的邻里守望计划。相形之下，“公民自治”是指个人和团体在没有政府认可和支持的情况下参与治安维持会式的“自我警务”。“负责任的公民参与”扩大了公众对于个人和社区安全负有的责任，而又没有明显地损害警察对这些职能的“所有权”。“公民自治”的治安防范形式是对警察警务霸权的一种直接威胁。上述情况揭示，现今的警务工作是由各种元素组成的“多样性组合”。

4. 中国保安服务业

在众多维护社会公共安全的社会资源中，作用最明显、最具规模和分布最广泛的当属私人保安业，它是一种可与警察机构形成竞争的、全球化的现象。当然，中国现代的保安服务业与西方国家的私人保安业在性质及管理方式上并不完全相同。

1984年12月18日，广东省深圳市蛇口工业区成立了全国第一家保安服务公司，它标志着中国一个新兴的行业——现代保安服务业的诞生。近40年来，我国保安服务业从无到有、从小到大，经过不断变革与创新，逐步摸索出一条科学发展之路，成为具有一定规模、一定实力、一定影响的新兴产业。

——规模日渐壮大，经济效益显著。衡量一个行业发达与否，最直观的指标便是考量其从业单位、从业人员的数量及所创造的经济效益，这也是一个行业能否生存的基本条件。截至 2010 年 12 月，全国保安服务企业已发展到 2966 家，保安从业人员 421 万名，保安服务公司固定资产 94.93 亿元，年营业额 277.57 亿元，年利税 20.4 亿元。① 而在 2003 年年底，全国共有保安服务企业 1845 家，保安从业人员 80 万名，保安服务公司年营业额约为 55 亿元。短短的 7 年时间，保安服务业在规模及经济效益上都有了较大的增长，为我国经济建设作出了积极贡献。

——从单一走向多元，服务领域扩大。如今，保安服务业已从单一的人防发展为集人防、技防、押运、电子保安、保安咨询等为一体的全方位保安服务体系，业务遍及政府部门、企事业单位、居民小区等各个领域，已成为人们工作生活中不可或缺的一部分。

——建立科学制度，组建集团公司。随着市场环境的变化，保安服务企业也在不断加强自身建设，建立现代企业制度，一些有条件的公司实行强强联合，组建集团公司，尝试实行股份制。目前，多数保安服务企业都已建立了一套科学规范、适合自身发展的现代企业制度，北京、上海、广州、深圳、济南、杭州等地的保安服务企业纷纷通过国际质量管理体系认证，不断适应社会主义市场经济的发展需要。

近 40 年的实践证明，保安服务业的发展适应了新时期企事业单位保卫工作和群防群治工作要求，成为增加社会就业的重要渠道和社会安全保障体系的重要组成部分；作为一支维护社会稳定、维护公共安全和治安秩序的重要社会治安力量，保安服务企业和保安队伍积极参与社会管理，努力减少不和谐因素、增加和谐因素，为服务经济建设、构建和谐社会作出了积极贡献。具体表现在：发挥辅警作用，维护社会稳定；参与大型活动，弥补警力不足；积极抢险救灾，投身社会公益等。仅 2010 年，各地保安从业单位和

① 黄庆畅．我国现有保安 421 万人 保安服务企业全国 2966 家．人民日报，2011－5－23.

保安员共参加各种大型活动安全保卫工作 3.05 万次、出动保安员 121.6 万人次、参与突发事件处置 2.02 万起、出动保安员 41.1 万人次，提供破案线索 16.06 万条，抓获违法犯罪嫌疑人 14.21 万名，预防灾害事故 6.19 万起，为客户和群众直接挽回经济损失 57.73 亿元。①

《保安服务管理条例》（2010 年 1 月 1 日起施行）第 40 条规定：国家机关及其工作人员不得设立保安服务公司，不得参与或者变相参与保安服务公司的经营活动。这一条款表明，原来由公安机关独家开办的保安服务公司将改制为国有股份制保安服务企业，同时，民营保安服务企业将大量增加。民营保安服务企业与国有保安服务企业虽然有区别，但经营的业务是相同的，都是对社会及公众的安全需求提供有偿服务的。作为民营企业而言，虽然在中国的市场经济大潮中拼搏了许多年，但在保安服务业还是初露头角。无论是国有保安服务企业，还是民营保安服务企业，如果想在这个领域发展壮大，以下几个问题是应当加以思考的。②

一是经营的诚信度问题。在经营安全需求时，保安服务企业应充分考虑这一行业的特殊性，即保安服务企业是通过多种合约关系来满足需求的。例如，你与客户签订了雇佣合同，还要与保安人员签订劳动用工合同；保安人员能否实现与客户签订的约定，作为企业法人，你是不能向客户打包票的，这里面涉及企业经营管理的全过程。作为客户与公众在需要提供安全服务时，它首先要考虑的是信任度问题。仅从这一点考虑，国有保安服务企业占有很大的优势，因为国有保安服务企业具有打造诚信经营的实力，而这种实力则是企业多年来不断积累的结果。

二是风险与危机管理问题。保安服务业所从事的业务，是有偿为客户提供安全保障服务，其核心就是安全。无论委托人所委托的是人身安全、财产安全还是公众活动的安全，在实现目标安全过程中，都会遇到各种各样的风险，存在各种各样的危机，能否妥善地防范各种风险和处置危机，都将关系到是否能够实现安全目标。从人防、技防到押运，如何建立起防范风险与危

---

① 黄庆畅．中国保安业走过 27 年．人民日报，2011－9－2.

② 包世家．关于保安服务企业发展的几点思考．人民公安报，2012－2－29（7）．

机处理机制，是关系到保安服务业是否能够实现目标安全的重要前提，它直接影响着企业的形象和企业的经济效益。

三是领域空间限制问题。保安服务业领域空间窄，受限多。比如在一个地区，人口就那么多，产业产值也就那么多，按照测算，有一个千人的保安服务公司就足以满足需求，但是，如果出现了两个或多个公司，那么最终有的公司只能选择退出这个市场，结果造成资源的浪费。因此，想进入保安服务行业，一定要在充分进行市场调查和论证基础上进行，切忌盲目上马。

四是决策能力限制和治理水平限制问题。民营保安服务企业的决策水平，既受限于决策者的决策能力，也受限于决策机构的组织体制和运行机制。在决策能力上，决策的效果取决于决策者的决策理念和决策心理。随着民营保安服务企业的发展，决策者的决策正确与否就显得尤为重要。民营保安服务企业的所有者就是企业的经营者，如果经营者的决策缺乏科学依据，管理层的其他成员也难以制约，民营保安服务企业的发展往往取决于核心治理者的决策能力。在刚刚兴起的民营保安服务企业，大多数实行的是家族治理模式，这种简单又传统的模式在发展初期有一定的优点，但随着企业发展规模的扩大就会逐步暴露出诸多弊端。

五是融资待遇不足、难以发展壮大的问题。民营保安服务企业无论是原始资本积累还是追加投资，主要依靠内部融资。民营保安服务企业的原始资本积累主要来自企业内部的自筹资金，银行贷款、其他金融机构或非金融机构贷款在民营保安服务企业原始创业资本积累中所起的作用较小；民营保安服务企业的追加投资同样依靠内部融资。因此，融资困难是制约民营保安服务企业发展的突出问题之一。

六是企业文化理念经营问题。保安服务企业经营的产品是服务，人是保安服务企业的立足之本。看一个企业有没有活力、有没有希望，往往是看一个企业有什么样的文化。企业文化是企业所有员工共同持有的价值观、信仰、态度。但是，一些国有保安服务企业与民营保安服务企业管理者对企业文化理念经营意识淡薄，致使企业的员工对企业文化不认同，因此导致服务客户的能力、质量大打折扣。只有充分认同企业文化的员工才是优秀的员工，被员工认同的企业文化才有价值。用价值观经营管理员工才更有效，才能为客户提供更好的服务，客户也会更多地选择其服务，保安服务企业才能赚更多的钱，企业将盈利投入到员工身上，员工也才会为企业不断创造价值，才能实性良性循环。

相关资料

我国保安服务业进入管制的成本收益分析

袁春瑛

摘　要：对保安服务业实施合理的进入管制，有利于打破其画地为牢的垄断经营格局、协助公安机关维护社会治安秩序的稳定、减少保安服务业的生产运营成本及提高资源配置效率，但同时也会耗费一定的管制成本。从成本收益分析的角度而言，在保安服务业发展初期，可以忽略一些管制成本，对其实行严格的进入管制，以实现社会效益的最大化。但是，随着保安服务市场的日趋完善和人们对安全需求的增多，应该适当放松进入管制，以减少进入管制所带来的各种成本。

进入管制是指在一些市场失效产业中，为了防止资源配置低效或过度竞争，确保规模经济效益、范围经济效益和提高经济效率，政府机构通过批准和认可等手段，对企业的市场进入（包括数量、质量、期限以及经营范围等）进行限制。保安服务业因其特殊的行业性质和服务内容，自创建之初我国政府就对其实行了严格的市场进入管制①，国家只允许各地公安机关以国有独资的形式开办保安服务公司，服务价格以各地物价行政管理部门根据国家的相关规定制定统一的标准，服务范围限于属地基层公安机关的管辖区域，从而形成了特有的棋盘式分布格局（我国保安服务公司的名称大多以地域来命名）。这种政企合一的体制，在保安服务业的起步阶段确实起到了很好的行业发展引航和保护作用。然而，随着我国市场经济体制改革的逐步推进和社会公众安全服务需求结构的变化，其违背现代企业组织的特性和市场经济规则的弊端日渐凸显。为促进我国保安服务业的快速发展，2008 年 2 月国务院法制办在《保安服务管理条例（草案)》中提出，公安机关将对保安服务企业实行“管办分离”，降低保安服务业的准入门槛，明确给予了非公有制经济主体进入保安服务业的权利。对于保安服务业的放松管制，国内学者及业界人士褒贬不一。本文拟立足我国实际，对我国保安服务业进入管制的成本与收益进行分析，以期从经济学角度为其放松进入管制给出一个合理的理论解释。

一、保安服务业进入管制的成本分析

在政府管制的成本构成方面，国内外经济学者分别从不同的角度给出了结论。美国学者斯蒂格勒从“管制俘获理论”出发，根据成本的承担把政府管制成本分为“服从成本”和“实施成本”两大类。前者是指垄断者使管制机构服从它的意愿所付出的费用，由垄断者承担；后者是指一项管制制

① 公安部在 1988 年印发的《关于组建保安服务公司的报告》的通知中规定：“保安服务公司的主管部门是公安机关，业务活动由公安机关指导和监督。”2000 年公安部又根据中共中央办公厅、国务院办公厅在 1999 年印发的《政法机关保留企业规范管理若干规定》的文件精神，制定了《关于保安服务公司规范管理的若干规定》，明确规定“保安服务公司只能由公安机关组建，其他任何单位、部门、个人不得组建。直辖市和省会市以及省辖市公安局和县（市）级公安局可以组建保安服务公司。省、自治区公安厅、地区公安处、派出所（警署）和公安机关内部各部门、企事业单位不得组建保安服务公司”。

度从产生到实施所发生的成本，由公众承担①。日本学者植草益认为，管制成本应包括企业内部的无效率、管制费用的增加、寻租成本、管制滞后成本、管制导致的企业技术变革的停滞等成本②。我国学者李郁芳将政府的管制成本分为管制制度的运作成本、政府管制的实施影响经济效率而引起的相关费用（包括效率成本、转移成本以及反腐败成本）、管制的机会成本、寻租成本③。刘小兵认为管制成本泛指由于管制导致企业的低效率、管制成本（直接成本和间接成本）以及政治寻租成本④。尽管公安部的文件中多次明确规定保安服务公司是自负盈亏的企业，拥有经营自主权，要求公安机关与保安服务公司在经济上彻底脱钩，但由于公安机关所具有的投资主体和市场监管主体的双重身份，使得其对保安服务公司的投资决策、业务范围、经营方式以及财权、人权、物权等方面依然存在一定的干预。也就是说，我国的保安服务企业名义上是现代企业组织，实际上仍然是处于计划经济条件下的国有企业形式。受上述学者们重要思想的启示，结合我国保安服务业进入管制的这一特殊实际，本文将其进入管制的成本划分为直接成本、社会成本与机会成本。

（一）直接成本

从管制者或公共决策的角度看，保安服务业进入管制的直接成本主要包括管制机构的运转成本、管制制度的制定成本及执行成本。

当前我国保安服务业进入管制的政府部门除公安机关外，还有工商行政、教育、劳动和社会保障等部门，建立和维持这些管制机构正常运转所花费的成本，如管制机构的人员工资、设施设备费用等，是最直接和明显的管制成本。显然，管制的项目越细、管制部门的规模越庞大，各种行政支出和管制费用越高。另外，科学的管制制度的制定需要以完备、准确、及时的信息为前提。因此，在对保安服务业的各种管制制度正式出台之前，相关管制部门往往要进行广泛的立法调研，征求各利益团体的意见，在征求意见稿形

---

①［美］乔治·J. 斯蒂格勒. 经济管制的操作. 载乔治·J. 斯蒂格勒著，潘振民译. 产业组织和政府管制. 上海三联书店，1989：56~79.

②［日］植草益. 微观规制经济学. 中国发展出版社，1992：40~41.

③ 李郁芳. 政府规制失灵的理论分析. 经济学动态，2002（6）.

④ 刘小兵. 个人合作提供公共品的试验研究. 管理世界，2004（2）.

成之后，还要以座谈会、论证会、听证会等形式征求社会公众的意见，以作为修改征求意见稿的依据。可见，在管制制度的制定过程中要花费大量的信息搜集成本与分析成本。最后在制度的制定阶段还要支付起草、讨论、通过、实施及宣传等方面的成本。2008 年 2 月国务院法制办公布的《保安服务管理条例（草案)》从开始酝酿到草案的出台用了两年多的时间，无论是从时间上还是人、财、物上都投入了大量的成本。管制制度的执行成本直观地表现为政府管制机构所发生的日常成本费用。一方面是摩擦成本，管制者的根本目标是维护社会治安秩序的稳定，增加社会福利，而保安服务企业的目标则是追求利润的最大化。目标的差异必然会使一些既得利益的保安服务企业对管制制度进行抗拒、阻挠，从而产生摩擦成本。保安服务企业利益受损的范围越广、程度越深，摩擦成本就越大。另一方面是维持成本，即为了防止违反管制制度所付出的成本。这类成本受管制制度的适用范围、公正性以及与其他管制制度之间的关系等因素的影响。一般而言，管制制度的适用范围越窄，维持成本越低。当制度在人们的意识形态中被认为是合乎道德、符合公正性要求时，其维持成本较低。由于整个社会经济制度结构中的制度安排是相互影响和联系的，当保安服务业管制制度与其他制度之间存在互斥关系时，进入管制的维持成本就较高。

（二）社会成本

保安服务业地区封锁、行业垄断的经营格局成为制约其进一步发展的瓶颈，同时也造成社会资源的大量浪费，导致社会成本的上升。一是社会福利的净损失。在垄断经营状态下，各保安服务公司作为本地区保安服务价格的制订者，从本行业的利益出发，必然会将企业承担的各项费用计入管制成本，如寻租成本、内部效率损失等直接或间接地转嫁到服务客户身上，从而制定出高于生产成本的服务价格，存在明显的价格刚性现象。这种完全依赖政府的行政保护取得垄断地位，并通过制定高价造成的社会福利损失恰恰就是政府进入管制所带来的，完全应该看成是政府进入管制的成本，① 表现为

① 于良春，丁启军．自然垄断产业进入管制的成本收益分析——以中国电信业为例的实证研究．中国工业经济，2007（1）．

消费者剩余和生产者剩余的净损失。二是收入转移成本。在保安服务垄断经营者制定高于生产成本的垄断价格造成社会福利损失的同时，也造成消费者剩余向生产者剩余的转移。很多经济学家把这部分也当作政府进入管制的成本①。在这里，消费者剩余是指消费者愿意支付而实际不必支付的金额，生产者剩余是指生产者未期望得到而实际得到的金额。我们可借助寻租理论中的塔洛克（Tullock，1966）模型（见下图所示）对上述社会成本的构成进行简要的量化估计。

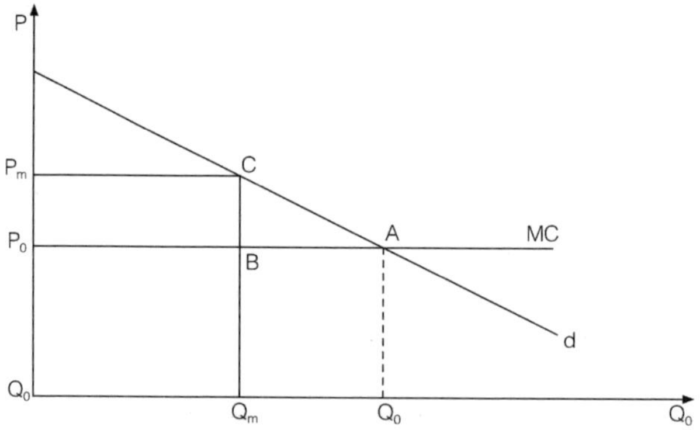

垄断的社会成本构成

图中，纵轴代表价格，横轴代表产量，d是需求曲线。MC为边际成本，表示保安服务企业每增加一单位的保安服务所引起的社会成本的增加。当保安服务市场处于完全竞争状态时，均衡价格为 P_0，均衡产量为 Q_0。假定所有成本曲线都不变，边际成本 $MC = P_0$，MC也是市场的供给曲线。此时，保安服务的消费者为购买保安服务愿意支付的货币量减去实际支付量的结余部分，即消费者剩余为 ADP_0。在完全垄断状态下，垄断经营的保安服务企业的均衡价格为 P_m，均衡产量为 Q_m，消费者剩余为 CDP_m。△ABC的面积被称为社会福利的净损失，它表示消费者愿意以竞争价格 P_0 购买服务，但是由于垄断使得价格上升到 P_m，消费者转而购买其他替代品（如从非公安

① Hahn, R. W, and J, Hird. The Cost and Benefits of Regulation: Review and Synthesis [J]. Yale Journal of Regulation, 1991 (8).

机关组建的保安服务组织雇用保安员）所造成的后果。四边形 BCP_mP_0 代表的是，由于价格的上升所造成的消费者剩余向生产者剩余（保安服务的生产者从参与市场中所获得的收益，此时表现为垄断利润）的转化。寻租理论认为，垄断厂商为了维持垄断的经营地位需要付出一定的代价，如向管制机构行贿、组织制裁垄断的预案实施等。这种为维持垄断地位而付出的代价完全是一种“直接的非生产性寻利活动”，经济学者们称其为寻租活动（rent - seekingactivitie）。由于当前公安机关对保安服务市场管理的随机性、主观性和短期性，保安服务企业者为取得有关政府管制部门的进入许可或对企业有利的优惠政策和措施，必然会采取各种形式的寻租活动。进入保安服务市场后为弥补作为“生产成本”的寻租成本，保安服务企业会想方设法抬高价格。塔洛克认为，在均衡时寻租的成本应当等于全部的垄断利润，否则剩余的垄断利润就会吸引其他行业的厂商试图进入该行业①。也就是说，垄断利润（即四边形 $BC\ P_mP_0$）在垄断企业维持垄断地位的各项努力中将全部耗散于寻租活动中，这一部分也应当是垄断经营的社会成本。因此垄断的社会成本应当是三角形 ABC + 四边形 BCP_mP_0，四边形 BCP_mP_0 被称为塔洛克四边形。

（三）机会成本

除了直接成本与社会成本之外，实行进入管制还可能会发生机会成本。一是保安服务企业的内部效率损失。政企合一的体制设计使保安服务企业产生了严重的行政依赖性，使多数企业缺乏创新和降耗挖潜精神及提高组织生产效率、改善服务质量的动力。目前，几乎所有的保安服务企业都在利用现有的行政资源从事人力防范服务，技术防范、安全咨询、犬防及押运等业务比重很小。尽管技术防范市场已放开，但由于缺乏市场竞争力，保安服务企业的技防部除经营 110 联网自动报警系统外，基本上没有开展其他服务项目。另外，由于当前保安服务企业收费的政府指导价往往以实际发生的成本为基础进行成本核算，企业并不需要通过降低成本的努力就可以得到公正报酬，这就必然在一定程度上弱化了企业降低成本的行为倾向，推动了工

① 戈登·塔洛克著，李政军译．寻租——对寻租活动的经济学分析．西南财经大学出版社，1999：7 ~8.

资——价格的螺旋上升，造成企业内部更为严重的效率损失。二是迟滞成本。由于进入管制的存在，保安服务业的市场进入者从向政府管制机构提交申请、接受审查到通过审批，往往需要一个较大的时间间隔。这段时间我们称之为“管制的滞后”。这种滞后可能会使保安服务企业的行为落后于市场环境的变化，从而增加投资的机会成本，造成不必要的社会资源浪费。价格管制中的收费变动也存在同样的问题。

二、保安服务业进入管制的收益分析

由于保安服务业特殊的行业性质和服务内容，合理的进入管制对于其发挥应有的作用、辅助公安机关维护社会治安秩序的稳定具有一定的积极效应。除此之外，在现实经济中，资源配置存在着诸多市场失灵和外部不经济等问题，政府对保安服务业的进入管制可以在一定程度上避免行业的“过度进入、重复建设、低效与无序竞争”等所带来的损失，这些损失的避免正是保安服务业进入管制的最主要的收益。综合来看，保安服务业进入管制的收益主要可归结为以下几个方面：

（一）有利于转变画地为牢的垄断经营格局，促进保安服务业的健康发展

当前我国对保安服务业管理政策的设计，只是一种在集权状态下做出的分权努力。而且这种分权只是一种名义上的分权，没有真正地引入市场竞争机制，保安服务业一直处于公安机关间接垄断经营的状态。由于其他的市场潜在进入者存在着把交易活动排除在市场之外的生产成本，因此面对保安服务市场往往是采取望而却步或不正当的竞争手段弥补额外的成本，严重影响了保安服务业的秩序和行业形象。政府通过合理的管制政策，降低进入者的限制条件，并对进入保安服务业的保安从业单位提供优惠的政策条件，形成相对公平的市场竞争机制，不仅可以有效改善保安服务业当前部门垄断和地区封锁的垄断经营格局，同时还可为保安服务业的市场化、产业化、规模化、国际化进程稳定发展提供良好的制度支持，促进其优越性的发挥。

（二）有利于发挥其安全保卫功能，协助公安机关维护社会治安秩序的稳定

在市场准入机制上，西方国家政府把保安业视为一般的商务服务业，奉

行自由经营、对外开放的政策，对投资主体和经营地域没有特别限制。保安公司基本上以私营为主，政府鼓励保安公司跨地区、跨国家拓展经营发展空间。但是，西方国家这种自由开放政策，并不意味着什么人都可以办保安公司。政府对申请和从事保安业务的企业在开业条件、经营资格、武器配备管理以及从业人员的资格等方面实行严格的审查评价制度。在这种规范的市场准入机制的制约下，保安人员普遍都能发挥应有的作用。近些年来，随着公众对安全服务多样化、个性化需求的增加，表面上仍是公安机关组建的保安服务企业独占市场，实际上保安服务业已基本处于隐性开放状态，尤其是技术含量很低的人力防范服务领域。物业保安、社区保安，自建保安以及各种名目的私人调查公司如雨后春笋般悄然成长，与公安机关组建的保安服务公司形成对垒，使得整个保安服务市场秩序混乱、良莠不齐。据不完全统计，截至2007年“黑保安”人数达到400万之多，而正规保安服务公司人员总数才约为230万。由于一些保安服务企业的安保人员既不经过任何审查，也没有法制教育和业务培训，因此监守自盗、打骂业主等违法违规行为时有发生，严重影响了保安服务行业的形象和声誉。要从根本上解决这一问题，发挥保安服务企业的安全保卫功能，必须建立统一开放竞争有序的现代保安服务市场体系，建立健全保安市场准入机制、经营审核机制、等级经营机制、经营保证机制等各种基本进入管制和经营制度。

（三）有利于减少保安服务业的生产运营成本，提高资源配置效率

一是有利于防止保安服务企业的过度进入和重复投资。人防服务领域属于市场进入壁垒失效的竞争性领域，如果政府对进入这一领域的企业不作任何规定和限制，会使更多的企业添置和保留保安服务专用性资产，造成保安服务企业的过度进入、过度竞争和专用性资产的重复投资。而通过政府对市场进入进行适当管制，可以较好地控制专用性资产的配置范围，降低资源的闲置和浪费，并获得规模经济和范围经济带来的好处，减少资源配置的无效率现象和经济的不必要损失。二是有利于减少保安服务企业获取信息费用的交易成本。对于参与保安服务的民营企业来讲，一方面需要花费很多的时间、费用获得市场所需要的服务信息；另一方面根据主观判断所生产和提供的保安服务产品亦不一定符合消费者的需求。这就可能会导致企业生产效

率、安全效率和配置效率的降低。实行合理的进入管制，使信息在政府与保安服务企业之间能快速传递，减少了交易环节，从而使信息获取费用等交易成本大大降低。保安服务业进入管制的各项收益，不管是有形的还是无形的，直接的还是间接的，都有利于社会或者广大消费者，最终增加社会福利。

资料来源：《中国人民公安大学学报（社会科学版）》2009 年第 3 期。

5. 治安防范承包

近年来，在各地治安防范改革与发展过程中，包括保安服务、物业安保服务和治安防范承包在内的有偿保安服务不断发展壮大，逐步探索出一条治安防范工作社会化、契约化、产业化的新路子。

2006 年 5 月，江苏省公安厅制定下发的《深化社会治安防控体系建设纲要》明确提出，在农村，紧密结合推进社会主义新农村建设，全面推行社区警务模式，行政村建立警务室和专职保安联防队，完善和推广治安承包、契约保安等符合农村特点的群防群治形式。为了克服传统的防范体制与市场经济要求相背离，责任不具体，利益不直接，治保人员无压力、没动力，干好干坏一个样的弊端，山东省泰安市岱岳区下官庄村早在 1996 年就开始探索实行治安防范承包。从 1999 年起，泰安市在全市推广和实行社会治安防范承包。其社会治安防范承包，是在党委、政府的统一领导下，由综治委牵头，公安机关指导，通过协议和有偿的形式，将一定区域的治安防范责任或某一个要害部位、重点项目的巡逻看护和安全管理任务固定下来，明确责任权利，建立起长效的运行机制和约束机制。从承包内容看，有全面承包和专项承包。全面承包，就是对村（街）、居民小区、企事业单位的治安防范工作整体承包下来；专项承包，就是承包单位内部的重点项目、要害部位的看护，如农用电力线、种养基地等。从承包形式看，有个人承包和集体承包，以个人承包为主。泰安市实施治安防范承包的具体运作机制主要体现在三个方面：① ①建立岗位职业化的用人机制，选好承包人。市里统一制定了承包

① 郑宗昌，马玉保．泰安：治安防范大承包．人民公安报，2002－4－30.

人的条件，做到了严格标准、严格程序、严格把关。在选聘过程中，坚持走群众路线，让村民、职工广泛参与，在个人自荐、群众推荐的基础上，进行竞争上岗，确保公开、公平、公正，严防有劣迹的人混入其中。同时注意加强对承包人的培训，以增强他们的政治素质和防范能力。②建立与市场机制相适应的经费保障体系，实行报酬货币化。承包经费有的全部由承包单位负担，如一些企事业单位和集体经济条件较好的村委会、居委会；有的是承包单位出让一部分经营权，如看车收费、公厕收费等；有的是承包单位集体出一部分，受益村居民、职工拿一部分；有的则是全部由受益村居民、职工负担。凡需集资的，必须经职工、村民大会或代表会通过，让出资人钱花得心甘情愿、明明白白，实实在在地感觉到“花钱买平安”的实惠。③推行治安防范承包的核心是实现治安防范工作契约化。这与过去实行的签订责任书不同。签订责任书，一级对一级负责，体现的是一种行政化管理的模式。而签订治安防范协议书，则是一种契约，是双方当事人基于平等、自愿、等价、有偿的民法基本原则达成的一种合同行为，甲方或称发包方一般是村（居）委会、企业，乙方是承包人，内容主要包括双方的权利、义务和甲方对乙方的奖惩。协议书明确规定了治安承包人对治安员的聘用权、解聘权，报酬、奖金的二次分配权。对全年按合同规定完成承包目标的，甲方坚决兑现承包款，并给予适当奖励；对工作不负责任、不履行承包义务、造成重大损失的，给予行政经济处罚，直至追究法律责任。为防止承包过程中出现以包代管的现象，泰安市进一步明确基层党政组织是治安防范工作的第一责任人，对本单位的治安防范工作负总责，不能一包了之；公安机关是治安工作的主管部门，因此承包活动必须纳入公安机关的指导、监管之下。

八、 加大治安防范投入与提高犯罪成本相一致的规律

预防犯罪与侦控犯罪是公安工作的两项基本职能，其中预防犯罪是基础，是全社会的职责和义务，侦查控制犯罪是公安机关所担负的专业职能和手段。因此，社会各个方面都应当加大对自身治安防范的投入，包括对人防、物防、技防等方面的投入，减少诱发犯罪的条件和因素。同时，国家司

法机关要依法加大对犯罪行为的惩罚力度。通过防范工作和打击行动提高犯罪的成本，减少犯罪的收益，从而达到维护治安秩序的目的。这既属于公安经济学研究的基本内容，也是犯罪防范经济学研究的重要内容。其具体含义将在第四部分的犯罪经济与犯罪防范经济理论研究中加以介绍，在此不赘述。

第四章

公安经济学相关理论研究

一、犯罪经济与犯罪防范经济理论研究

二、恐怖主义经济理论研究

三、灾害经济理论研究

四、污染经济理论研究

五、应急管理的经济学研究

六、对“坦白从宽、抗拒从严”刑事政策的经济学分析如前所述，文献检阅表明，国内外尚未发现有专门的公安（或警察）经济学著作，只有少量探讨犯罪经济和灾害经济的论著发表，只有与公安经济相关的犯罪经济学、恐怖经济学等方面的理论研究。如果说我们所提出的公安经济学主要是研究公安主体及其职能活动经济的话，这些相关研究大多属于公安客体（或对象）经济研究。为了完善公安经济学研究的理论框架，并有助于将公安主体及其职能活动经济与公安客体（或对象）经济加以联系和比较，作为报告的第四部分，这里主要介绍犯罪经济学、犯罪防范经济学、恐怖主义经济学、灾害经济学、污染经济学、应急管理经济学等相关理论研究概况，以资借鉴。

一、犯罪经济与犯罪防范经济理论研究

（一）西方犯罪经济学与犯罪防范经济理论研究历程

20世纪50年代以来，随着新自由主义经济学的日渐成熟，西方经济学界出现了一个新的发展趋势，即将经济分析作为一种方法和思维工具日益渗透到广泛的“非经济”领域的人类行为的研究中。犯罪经济学正是在这一思潮中应运而生的。犯罪经济学的首创者是美国芝加哥大学的诺贝尔经济学奖获得者加里·S. 贝克尔（G. Becker）。他在20世纪60年代首先将经济学的分析方法和工具扩展到对犯罪、婚姻、家庭等非市场行为的研究领域中，由此奠定了犯罪经济分析的一般选择理论框架。他认为，犯罪“可以看作是一种重要活动或者产业”。他把犯罪行为与其他经济行为如消费、生产等等同起来，认为其中也存在成本收益及最优状态等典型的经济学问题，同时他把惩罚看成是与犯罪行为相辅相成的产物，从经济学上看它是社会的一种产出，惩罚所需费用也就是社会实施惩罚行为所付的成本，惩罚收益也就是它能在多大程度上制止及预防犯罪，两者结合在一起构成了犯罪和惩罚的社会总成本和社会总收益。贝克尔的这一分析体系为犯罪经济学的创立和发展提供了最基本的框架，他的后

继者如埃利奇、考特等对其理论进行了补充、修正，大体继承了这一体系。①

经济学的一般选择理论是迄今为止解释能动选择行为的最强有力的理论框架，将一般选择理论运用于分析犯罪问题便形成了犯罪经济学这一新兴的交叉学科。自贝克尔的开创性研究以来，犯罪经济分析运动在对西方工业化国家（主要是美国）犯罪现象的研究中如火如荼地发展起来，并收获了巨大的成功。其代表性人物斯蒂芬·莱维特（S. D. Levitt）由于在犯罪经济定量分析中的卓越贡献，在2005年荣获有“小诺贝尔”之称的克拉克奖就是很好的证明。西方犯罪经济学运用经济学的理论概念及方法对犯罪进行分析的过程中涉及的内容主要包括：一是利用经济学的观点对犯罪产生及其发展的原因进行个体分析，认为犯罪产生的原因在于犯罪人因实施犯罪所得到的收益大于其为犯罪所投入的成本。二是对和犯罪人在犯罪过程中所投入的成本有关的各种因素进行分析，其中主要是对各种威慑手段进行经济学的考察，以寻求最为适合的方法和手段，设置最佳的刑罚体系。三是基于上述两项分析，犯罪经济学努力寻求实现社会效益最大化的犯罪控制策略，将社会因犯罪所消耗的成本维持在一个最低水平，在这一水平上为控制犯罪投入的成本等于其边际收益。

20世纪70年代以来，美国学者安塞尔·M. 夏普等开始进行社会问题经济学研究，其中对犯罪经济学和犯罪防范活动经济学进行了专门探讨。毫无疑问，犯罪行为必然引起一系列严重的社会问题。如造成我们的财产损失，危及我们的人身安全，从而影响到我们的一般福利。同时，有很大一部分国民经济产出用于犯罪防范而不能用于其他生产过程。因此，夏普等认为，要成功地解决犯罪及其防范问题，需要我们用系统的经济分析方法加以考察，并与其他学科特别是社会科学相结合。夏普等在考察犯罪及其防范的经济问题中，主要强调六个相互关联的问题：①什么是犯罪？②政府在犯罪防范中应当起什么作用？③什么是犯罪防范活动的最优水平？④用于犯罪防范的资源如何在警察、法院和刑罚制度之间分配？⑤禁止的全面效应是什

① 王清坤．犯罪经济学初探．江西公安专科学校学报，1999（3）．

么？（6）犯罪活动的原因是什么？[①]

犯罪必然有其经济上的成本。夏普等认为，衡量犯罪成本的基础是机会成本原理。因此，犯罪给社会造成的净经济成本是：没有犯罪行为也没有犯罪防范活动情况下的国内生产总值（GDP）与有犯罪行为和犯罪防范活动情况下的国内生产总值之差。就目前而言，犯罪报告仅涉及犯罪数量，而没有对其进行货币估计。为准确估计暴力犯罪的成本，我们应从估计由犯罪造成的受害者以及与受害者密切相关的收入（或受害者提供的产品服务价值）损失开始。侵占财产罪的明显成本即遭受损害和毁坏的财物价值。而非法物品和服务交易是否具有相应的直接成本则难以确定——生产和提供这些物品和服务可能会增加消费者的福利，然而同时可能会对整个社会增加负的消费外部性。当生产和负的消费外部性超过消费者的福利增加时，非法物品和服务交易则存在直接的社会成本；反之，则表明这些交易直接增加了整个社会的福利。所有用于犯罪防范、拘捕以及教育的费用构成了犯罪行为整体的额外成本，因为用于上述目的的资源本来可以用来生产其他对消费者有价值的产品和服务。事实上，许多被确认的犯罪成本是购买力从犯罪受害者到犯罪者的转移。比如说偷盗者在获得物质利益的同时，被盗者则会丧失其物质财富。尽管偷盗理应受到谴责，但很难得出这种行为对社会有很大经济成本的结论。当然，偷盗对每个受害者来讲存在相当高的成本。[②]

夏普等分析认为："从总体上说，犯罪活动使得 GDP 低于没有犯罪情况下的 GDP。犯罪防范活动或措施如果得到有效实施的话，则会使 GDP 高于没有犯罪防范措施情况下的 GDP。正因为有犯罪防范活动情况下的 GDP 高于没有这种活动情况下的 GDP，所以犯罪防范活动可以被视为经济产品或服务。我们可以将犯罪防范活动视为生产性资源——劳务和资本进行的生产过程。这些防范活动的成本可以利用机会成本原理来衡量：用于犯罪防范的资

---

①［美］安塞尔·M. 夏普、查尔斯·A. 雷吉斯特、保罗·W. 格兰姆斯著，郭庆旺译．社会问题经济学（第十五版）．中国人民大学出版社，2003：103.

②［美］安塞尔·M. 夏普、查尔斯·A. 雷吉斯特、保罗·W. 格兰姆斯著，郭庆旺译．社会问题经济学（第十五版）．中国人民大学出版社，2003：105～106.

源成本等于这些资源用于其最佳用途上的价值。”[①]

夏普等提出的“犯罪防范活动经济学”研究的目的，在于探讨政府在犯罪防范活动上花费多少才能达到适当的或最优的水平。一国经济的根本目标就是社会福利的最大化。因此，原则上生产任何物品和服务的最优标准即是达到社会福利最大化。他们认为，成本—收益分析这个被广泛应用的经济学工具能帮助我们找到犯罪防范活动的最优支出水平，但需要对这些犯罪防范活动的成本和收益进行分析准确的估计。成本—收益分析是通过考察经济活动的成本和收益关系来确定其最优水平的技术。一般来说，只要一种经济活动所增加的收益大于或等于所增加的成本，那么，这种经济活动就应该扩大。对成本和收益进行仔细的分析表明，通过增加犯罪防范活动，社会福利将会提高，条件是社会从犯罪防范活动增加中获得的利益与增加犯罪防范活动的成本相等。[②]

从社会角度来看，犯罪防范的货币花费通过征税来弥补。社会的经济成本是那些用于犯罪防范的资源本来可以用于生产其他物品和服务的价值，犯罪防范的社会收益是指社会对从控制犯罪中所得收益的最佳估计，即在没有强奸、故意伤害或谋杀的情况下人们创造的价值以及没有遭到犯罪行为破坏的财产的价值，再加上人们因此获得的安全感等。显然，收益比成本更难估计。事实上，最重要同时又令人头疼的问题便是对各种犯罪防范活动所带来的收益的估计。对于整个社会而言，犯罪防范从一个单位增加到两个单位是值得的，因为由第二个单位的犯罪防范产生的边际收益超过了其边际社会成本。犯罪防范的边际社会成本是指增加一个单位犯罪防范给社会造成的总成本增加。作为公民，我们必须明白在犯罪防范或其他问题上决定政府活动最优数量的潜在因素的逻辑。这虽简单却非常重要，而且常常被忽视。倘若某种活动水平的很小增加就能给社会带来收益，而且超过了提供这种活动给社会造成的额外成本，那么这种活动就应该扩大。相反，如果其边际社会收益

---

①［美］安塞尔·M. 夏普、查尔斯·A. 雷吉斯特、保罗·W. 格兰姆斯著，郭庆旺译. 社会问题经济学（第十五版）. 中国人民大学出版社，2003：106.

②［美］安塞尔·M. 夏普、查尔斯·A. 雷吉斯特、保罗·W. 格兰姆斯著，郭庆旺译. 社会问题经济学（第十五版）. 中国人民大学出版社，2003：110.

低于边际社会成本，那么，这种活动就应该受到限制。综上可知，当边际社会收益等于边际社会成本时，这时的活动水平就是最优水平。

上述经济分析为我们解决犯罪率上升提供了一些思路。倘若当犯罪防范活动增加时，犯罪防范活动增加的成本低于其所实现的收益，那么，我们应该从事更多的犯罪防范活动。否则，我们就不是理性的。然而，如果一个单位犯罪防范活动取得的收益弥补不了它的成本，那么，在现有犯罪防范活动水平下试图禁止犯罪是很不理智的。单从经济学角度来看，完全禁止犯罪是毫无道理的。总会存在某种犯罪防范活动水平——在该水平上，增加一个单位犯罪防范的成本不能弥补其收益。①

（二）犯罪经济学视角下的中国经济转型期犯罪率

1. 中国经济转型期的犯罪率急剧上升

中国经济在过去近 40 年里取得的发展成果是辉煌的，但中国经济转型期的各类社会矛盾也日益凸显并变得十分尖锐，最重要的一个表征就是犯罪率的急剧上升。据相关统计资料显示，中国公安机关立案侦查的刑事犯罪率在 1978 ~ 2008 年增长了近 7 倍，特别是在 2000 年以后又进入了一个新的犯罪高峰期，无论是财产犯罪还是暴力犯罪都有一个明显的跳跃式增长。其中，每万人财产犯罪率由 1999 年的 13.83 起跳跃式地增加到了 2000 年的 22.38 起，再到 2001 年的 27.17 起；每万人暴力犯罪率也由 1999 年的 2.85 起迅速增加到了 2000 年的 3.90 起，再到 2001 年的 4.38 起；每万人的总犯罪率则由 1999 年的 16.68 起增加到了 2000 年的 26.28 起（增幅为 57.63%），再到 2001 年的 31.55 起（增幅为 20.03%），并在此后维持在这样一个高犯罪率的水平线上。②

---

① [美] 安塞尔·M. 夏普、查尔斯·A. 雷吉斯特、保罗·W. 格兰姆斯著，郭庆旺译. 社会问题经济学（第十五版）. 中国人民大学出版社，2003：111 ~ 112.

② 陈刚. 犯罪经济学视角下的中国经济转型期犯罪率. 中国社会科学报，2010 - 1 - 21.

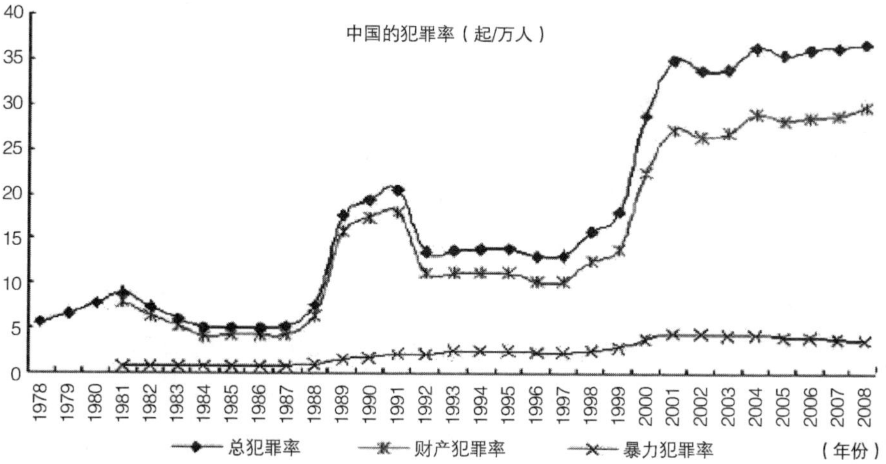

2. 中国犯罪率上升的经济分析

犯罪经济模型将犯罪行为视作是理性选择的结果，在这个框架下重新审视中国经济转型期犯罪率持续上升也可能有助于我们得到一些更有说服力的答案。有学者分析，中国经济转型期犯罪率持续上升大致可认为与如下一些主要因素相关:①

——居高不下的收入差距。中国的收入差距除了在改革开放初期因为一系列的放权让利改革而得到暂时性的缓和外，自 20 世纪 80 年代中后期便持续性地严重化。据世界银行的一份研究报告显示，中国的基尼系数在 2006 年就已经达到了 0. 496。中国长年居高不下的收入差距，一方面增加了对高收入群体实施犯罪的收益，另一方面降低了低收入群体的犯罪成本。上述两方面的影响意味着过大的收入差距往往会导致更高的犯罪率，因此缩小收入差距也是犯罪治理工作中需要结合起来考虑的策略。

——滞后的社会福利和社会保障制度建设。中国的经济改革虽然催生了持续的经济高增长，但随着经济体制改革的深化，教育、医疗、住房和社会保障等公共产品与服务被推向了市场，中国的社会福利和社会保障制度建设远远滞后于经济增长水平，“看病难、养老难、住房难、就业难”这四难问题成为困扰绝大多数居民的普遍性社会问题，民生问题变得日益严峻。对于

① 陈刚．犯罪经济学视角下的中国经济转型期犯罪率．中国社会科学报，2010 - 1 - 21.

那些社会福利和社会保障体系尚未覆盖的人群来说，除去部分高收入者，其他人基本上不具备抵御各种社会风险冲击的能力，一旦遭遇健康或失业风险的冲击，铤而走险从事非法活动就是他们的“理性选择”。因此，加快建立完善的社会福利和社会保障体系对于治理中国持续上升的犯罪率是非常重要的，这相对于那些惩罚性和威慑性犯罪治理政策来说不仅具有更低的成本，而且还可能具有更高的收益。

此外，中国的流动人口规模庞大（主要是乡村移民）。根据第五次全国人口普查资料显示，1995～2000 年中国常住地发生改变的流动人口为 13714 万人，其中跨省流动的人口达到了 3700 万人。流动人口也一直被认为是犯罪高发人群，然而，人口流动实际上并不必然会加剧犯罪，中国当前的流动人口之所以具有更高的犯罪倾向，主要是因为他们相对于当地居民来说具有更差的劳动条件和社会福利条件，从而也相应具有更低的犯罪成本。因而，消除劳动力市场上对外来劳动力的歧视性政策，并将流动人口也纳入当地社会保障体系的覆盖范围才是治理流动人口犯罪的根本性策略。

——城市化的扩张。欧美工业化国家的经验表明，犯罪率往往随着城市化的扩张而趋于上升。主要原因是城市化的扩张产生了新的高收入阶层并增加了对高收入阶层犯罪的收益，同时，城市化的扩张还改变了人们的社会交际和社会互动方式，从而降低了在城市犯罪被逮捕的可能性。由于城乡分割的户籍管理制度，中国的城市化发展虽然滞后于工业化水平，但是中国的城镇人口规模仍然由 1978 年的 1.7 亿扩大到 2008 年的 6.1 亿，增长了近 3 倍。因此，城市化的扩张可能是导致中国犯罪率上升的另外一个重要因素。但是我们显然不能由此通过一些逆城市化的政策来治理犯罪，因为城市化的发展是经济工业化和现代化所必经的阶段和重要标志，可以说城市化的扩张并由此引发的犯罪率升高是一个国家经济在实现工业化的过程中必须付出的代价，但是这个代价可以通过上述的合理收入分配、提高社会福利条件、提高社会治安治理效率等策略来平衡。

相关资料

警方晒“打架成本”是种善意提醒

苑广阔

都说打架图的是一时爽，很多人只为了逞一时口舌之快，抄起身边的“家伙”不顾后果地“大干一场”，可是你想过打一次架需要多大的代价和成本吗？各地警察局纷纷开始算账，虽然算法略有不同，但是结果基本一致：打一次架仅经济成本就要数千元。

按照警方的计算，“打架成本”分为两块：一块是直接成本，包括5～10天的拘留，加上500～1000元的罚款，再加上至少1000元的医药费；一块是附加成本，包括心情低落郁闷，名誉形象受损，导致工作学习和生活蒙受更大损失，等等。这样的“打架成本”计算，还真是不算不知道，一算吓一跳。

虽然给打架算经济成本的做法比较另类，但这其实是对公众的一个善意提醒，值得肯定。警方公布的这个“打架成本”，主要目的就是从经济的角度让人们明白冲动的代价有多大，成本有多高。如此一来，当公众再遇到矛盾、纠纷和争执的时候，在动手之前能从心里做一番计算和衡量，从而控制自己的冲动情绪，约束自己的行为。

晒“打架成本”虽然不能完全避免打架行为，但是这种从经济学角度解读公民社会行为的做法，无疑很有积极意义。对很多人而言，在头脑发热的情况下，或者是自恃身强体壮，能够在争斗中占据上风，随便一点小纠纷和小矛盾就大打出手，最后酿成严重后果。但是一旦在他面前掰指头算算打架以后自己可能要付出的代价、可能面临的经济损失，就能让他发热的头脑冷静下来，把挥出的拳头收回来。

警方面对公众晒“打架成本”的做法，既是一种普法教育，也是一种执法智慧。说到底，警方是站在百姓的角度考虑问题，通过提醒和启发，让百姓自己算清楚打架斗殴的危害性有多大。很显然，这种旨在互动和参与的宣传方式，比警方过去单纯的说教效果要好得多。

资料来源：《警方晒“打架成本”是种善意提醒》，《北京青年报》2011年11月16日。

二、 恐怖主义经济理论研究

(一) 关于恐怖主义的界定

20世纪40年代晚期，温斯顿·丘吉尔写道："对我们来说，与德国和日本之间的和平不会带来多少安宁……正如我上次所说，当巨人们的战争结束时，小妖们的战争就将开始。"［Churchill（1953），p. 430.］这里，我们可以借用"小妖们的战争"比喻新时期的"不对称战争"——恐怖主义活动。

恐怖主义已经是一个耳熟能详的词汇，但是很少有人真正知道其含义。例如，人们如何知道某人是"恐怖分子"，还是"叛徒""爱国者"，或者是普通"战士"？美国国务院给恐怖主义的定义是："由亚国家组织或秘密代理人针对非战斗人员采取的有预谋、具有政治动机的暴力行动，旨在影响或恐吓直接受害者之外的更多人，其范围超过一个国家的人民或领土。"① 欧美学者认为，"恐怖主义"是有预谋地使用或威胁使用超常规暴力或残忍手段，通过胁迫或恐吓，以求达到政治目的的一种行为。恐怖分子经常直接针对一大群人或观众实施暴力或威胁，而不是直接地针对他们试图施加影响的政治决策过程。因此，恐怖分子可能伤害闹市中的行人或袭击国际机场等候登机的乘客。恐怖分子用来进行攻击的方法很多，包括暗杀、劫机、威胁、武装攻击、绑架以及形形色色的炸弹袭击，等等。②

2011年10月29日，十一届全国人大常委会第二十三次会议表决通过了《全国人大常委会关于加强反恐怖工作有关问题的决定》（以下简称《决定》）。该《决定》适应我国反恐怖斗争的现实需要，借鉴我国参加的国际公约及相关国际文件的规定，从法律上界定了恐怖活动及其组织和人员。《决定》规定，恐怖活动是指以制造社会恐慌、危害公共安全或者胁迫国家机关、国际组织为目的，采取暴力、破坏、恐吓等手段，造成或者意图造成

① 转引自保罗·波斯特著、卢周来译．战争经济学．中国人民大学出版社，2010：197.

②［美］托德·桑德勒、［英］基思·哈特利著，姜鲁鸣、罗永光译．国防经济学．北京理工大学出版社，2007：275.

人员伤亡、重大财产损失、公共设施损坏、社会秩序混乱等严重社会危害的行为，以及煽动、资助或者以其他方式协助实施上述活动的行为。恐怖活动组织是指为实施恐怖活动而组成的犯罪集团。恐怖活动人员是指组织、策划、实施恐怖活动的人和恐怖活动组织的成员。随着科学技术、交通和通信技术日新月异的变化，整个世界已经成为一个命运共同体，恐怖主义也因此具有了跨国活动的特征。国际恐怖事件及其防控往往涉及来自两个或者更多国家的犯罪者、机构、地域、民众和政府。因此，《决定》明确指出，中华人民共和国根据缔结或者参加的国际条约，或者按照平等互惠原则，开展反恐怖国际合作。

相关资料

《中华人民共和国反恐怖主义法》(摘录)

(2015 年 12 月 27 日第十二届全国人大常委会第十八次会议通过、2016 年 1 月 1 日起施行)

第一章　总则

第二条　国家反对一切形式的恐怖主义，依法取缔恐怖活动组织，对任何组织、策划、准备实施、实施恐怖活动，宣扬恐怖主义，煽动实施恐怖活动，组织、领导、参加恐怖活动组织，为恐怖活动提供帮助的，依法追究法律责任。

国家不向任何恐怖活动组织和人员作出妥协，不向任何恐怖活动人员提供庇护或者给予难民地位。

第三条　本法所称恐怖主义，是指通过暴力、破坏、恐吓等手段，制造社会恐慌、危害公共安全、侵犯人身财产，或者胁迫国家机关、国际组织，以实现其政治、意识形态等目的的主张和行为。

本法所称恐怖活动，是指恐怖主义性质的下列行为：

（一）组织、策划、准备实施、实施造成或者意图造成人员伤亡、重大财产损失、公共设施损坏、社会秩序混乱等严重社会危害的活动的；

（二）宣扬恐怖主义，煽动实施恐怖活动，或者非法持有宣扬恐怖主义的物品，强制他人在公共场所穿戴宣扬恐怖主义的服饰、标志的；

（三）组织、领导、参加恐怖活动组织的；

（四）为恐怖活动组织、恐怖活动人员、实施恐怖活动或者恐怖活动培训提供信息、资金、物资、劳务、技术、场所等支持、协助、便利的；

（五）其他恐怖活动。

本法所称恐怖活动组织，是指三人以上为实施恐怖活动而组成的犯罪组织。

本法所称恐怖活动人员，是指实施恐怖活动的人和恐怖活动组织的成员。

本法所称恐怖事件，是指正在发生或者已经发生的造成或者可能造成重大社会危害的恐怖活动。

第四条 国家将反恐怖主义纳入国家安全战略，综合施策，标本兼治，加强反恐怖主义的能力建设，运用政治、经济、法律、文化、教育、外交、军事等手段，开展反恐怖主义工作。

国家反对一切形式的以歪曲宗教教义或者其他方法煽动仇恨、煽动歧视、鼓吹暴力等极端主义，消除恐怖主义的思想基础。

第五条 反恐怖主义工作坚持专门工作与群众路线相结合，防范为主、惩防结合和先发制敌、保持主动的原则。

第六条 反恐怖主义工作应当依法进行，尊重和保障人权，维护公民和组织的合法权益。

在反恐怖主义工作中，应当尊重公民的宗教信仰自由和民族风俗习惯，禁止任何基于地域、民族、宗教等理由的歧视性做法。

第七条 国家设立反恐怖主义工作领导机构，统一领导和指挥全国反恐怖主义工作。

设区的市级以上地方人民政府设立反恐怖主义工作领导机构，县级人民政府根据需要设立反恐怖主义工作领导机构，在上级反恐怖主义工作领导机构的领导和指挥下，负责本地区反恐怖主义工作。

第八条 公安机关、国家安全机关和人民检察院、人民法院、司法行政机关以及其他有关国家机关，应当根据分工，实行工作责任制，依法做好反恐怖主义工作。

中国人民解放军、中国人民武装警察部队和民兵组织依照本法和其他有关法律、行政法规、军事法规以及国务院、中央军事委员会的命令，并根据反恐怖主义工作领导机构的部署，防范和处置恐怖活动。

有关部门应当建立联动配合机制，依靠、动员村民委员会、居民委员会、企业事业单位、社会组织，共同开展反恐怖主义工作。

（二）恐怖主义选择理论模型①

欧美学者认为，一个恐怖组织必须将劳动力和时间等稀缺资源在恐怖活动和非恐怖活动之间分配，以便使利益最大化；这些利益更多地取决于所达到的政治目的。更进一步说，恐怖组织的分配过程可能涉及资源在各种攻击方式——劫机、绑架和爆炸之间的安排。恐怖组织的资源约束在于要使其支出的价值等于其资源或收入的价值。对于任何一种恐怖攻击方式来说，其支出包括每次攻击的单位价格乘以攻击的次数。攻击的价格反映出实施每一种攻击的附加成本，这种成本主要是资源和危险方面的。当政府采取行动加强针对一种类型攻击目标的防御（如安装金属探测器或增强大使馆的安全保卫）时，与这种类型恐怖事件相联系的危险将会上升。也就是说，与没有受到政府政策影响的其他攻击方式相比，政府的这种行动将会增加这种攻击方式的相对成本。

选择理论模型引出了一些可检验的关于恐怖主义的假说。如果政府政策增加了一种攻击方式的成本或价格，那么恐怖分子就会使用价格没有变化的攻击方式来替代价格已经增加的攻击方式。最大的替代将产生在实现同样目的的不同方式之间。例如，产生在劫持人质事件之间或产生在针对外交人员的不同行动之间。恐怖主义的总体水平不会下降。为了使恐怖主义的整体水平下降，政府必须减少恐怖分子的资源，或者提高相对于非恐怖行为而言的所有恐怖行为的成本。仅仅针对一种或两种恐怖攻击方式的零敲碎打式的政策，不一定能制止住恐怖主义。

---

①［美］托德·桑德勒、［英］基思·哈特利著，姜鲁鸣、罗永光译．国防经济学．北京理工大学出版社，2007：291.

像恐怖分子一样，政府也面临一个如何分配其通过税收和举债所得来的稀缺资源来实现社会目标——制止恐怖主义的理论选择问题。就像恐怖分子必须在政府行动和他们预期政府下一步行动的基础上作出最优决策一样，政府必须根据以往恐怖分子的行动以及预期其将采取的行动来使自己的决策最优化。尤其值得注意的是，政府在作出有关威慑、收集情报和应对恐怖分子的需求决策时，试图使其与恐怖分子对抗相联系的成本或冲突最小化。恐怖组织和政府都必须把自己的战略选择建立在对手将对自己的最优选择如何反应的预测上。

（三）恐怖主义的融资与反对恐怖主义的经济对策

恐怖主义活动既严重危害国家安全和公民生命安全，破坏经济社会发展，其本身也需要一定的经济资源来支撑。与国家间的冲突一样，恐怖组织的破坏行动也需要融资。下表显示了一些恐怖组织每年资金流入的估计值。虽然这些总数无法与国家可利用的融资资源相提并论，但鉴于恐怖行动的低成本，这个数额还是相当大的。

一些恐怖组织每年的资金流入概况

组织名称	资金流入的估计值（2001～2002年，以百万美元计）
基地组织	20～50
Front Islamique du Salut	5
Hizbullah	50
PKK（土耳其）	10

资料来源：转引自保罗·波斯特著、卢周来译：《战争经济学》，中国人民大学出版社2010年版，第208页。

截断这种融资渠道是消灭恐怖组织的关键。为此，《全国人大常委会关于加强反恐怖工作有关问题的决定》完善了涉恐资产冻结机制等内容。该决定规定，恐怖活动组织及恐怖活动人员名单，由国务院公安部门公布。“国务院公安部门公布恐怖活动组织及恐怖活动人员名单时，应当同时决定对涉及有关恐怖活动组织及恐怖活动人员的资金或者其他资产予以冻结。金融机构和特定非金融机构对于涉及国务院公安部门公布的恐怖活动组织及恐怖活动人员的资金或者其他资产，应当立即予以冻结，并按照规定及时向国务院公安部门、国家安全部门和国务院反洗钱行政主管部门报告。”《中华人民共和国反恐怖主义法》（2015 年）第三章“安全防范”之第 24 条规定，国务院反洗钱行政主管部门、国务院有关部门、机构依法对金融机构和特定非金融机构履行反恐怖主义融资义务的情况进行监督管理。国务院反洗钱行政主管部门发现涉嫌恐怖主义融资的，可以依法进行调查，采取临时冻结措施。第 25 条规定，审计、财政、税务等部门在依照法律、行政法规的规定对有关单位实施监督检查的过程中，发现资金流入流出涉嫌恐怖主义融资的，应当及时通报公安机关。第 26 条规定，海关在对进出境人员携带现金和无记名有价证券实施监管的过程中，发现涉嫌恐怖主义融资的，应当立即通报国务院反洗钱行政主管部门和有管辖权的公安机关。

如何截断恐怖分子融资渠道只是金融机构和国际组织（如国际货币基金组织、反洗钱行动特别工作组）面临的难题之一。第二个难题在于恐怖分子的融资与洗钱（犯罪组织为非法获得金钱的来源进行伪造的过程）方式不同。总体而言，根据国际货币基金组织的计算，每年全球洗钱的总量在 5000 亿美元到 1.5 万亿美元之间，接近世界市场总值的 5%。因此，恐怖组织的资金流入约占洗钱总数的 1% ~5.8%①。规则制定者面临的难题在于：洗钱是将非法获得的金钱用于合法活动，而恐怖分子的融资是将合法获得的金钱用于非法活动。通常由于恐怖袭击的非法行动还未发生，所以官方很难知道资金流入了恐怖组织。第三个难题在于恐怖分子融资渠道的多层次和多途径——从很多渠道筹集资金并以各种方式转移，以确保数量、来源和资金目的地的安全。

（1）资金来源多样化。下表列出了恐怖分子资金的各种来源，并提供了各种来源占总融资量的估算比例。通过此表，可以清楚地看出恐怖分子通过哪些合法（捐款）和非法（贩毒）来源获得资金。

---

① 保罗·波斯特著，卢周来译．战争经济学．中国人民大学出版社，2010：208.

基地组织和其他恐怖组织的资金来源

来源	占总融资比例（%）
贩毒（主要是运输）	30 ~ 35
捐赠/来自政府、富人或宗教团体的捐款	25 ~ 30
传统犯罪活动（勒索、绑架、赎金）	10 ~ 15
非法钻石交易	10 ~ 15
其他未知融资手段（合法与不合法）	25 ~ 50

资料来源：转引自保罗·波斯特著、卢周来译：《战争经济学》，中国人民大学出版社2010年版，第209页。

（2）转移方式多样化。与简单通过陆路运输资金不同（这种方式会在其他方式都失败的情况下使用），恐怖组织会在规则有限或没有规则的金融地区存储和转移金钱。银行监管有限、没有反洗钱法、法律执行无效或具有不询问问题的保密文化的地区是恐怖组织的最爱。此外，恐怖组织还会通过建立自己的产业来转移资金。这类投机就是著名的在“前方”作掩护的公司。在这些在“前方”作掩护的公司中，真实、非法的业务被“前方”商店表面合法的业务隐藏。欧美学者认为，在打击恐怖主义方面，一个政府可以在两种应对方法之间作出选择：一是消极的方法，包括：建立以技术为基础的防护屏障（如在机场设置金属探测器，使用炸弹搜寻设备等），对潜在的易受攻击的目标（大使馆、军队指挥控制中心所在地）增强防卫，制定更严厉的法律，加大情报工作的力度以及签订国际反恐协议。二是积极的应对方法，包括：报复性袭击（尤其是要打击那些为恐怖主义提供资助的国家）、先发制人打击、集团渗透以及秘密行动。政府要在各种反恐政策中选择合理的资源分配方式以使其反恐成本最小化。如果对恐怖主义发动旷日持久进攻的预期成本超过了对恐怖分子作出妥协的预期成本，对恐怖分子的需求作出有条件的妥协可能是最好的选择。①

(四) 恐怖主义的经济影响

1. 宏观经济方面

在宏观层面，单一恐怖事件并不会造成大的影响。如果该事件对经济造成了负面影响，一般只会是短期影响，而对经济的中长期表现不会有多大影响。为了说明这一点，我们来看一看有史以来最大的一次恐怖袭击——2001年9月11日“基地组织”对美国的袭击。短期影响：一些经济学家估计，这次袭击可能是美国历史上成本最高的“一日事件”。有人统计，按人力资本（3000人，大部分是高技术人才）、有形资本（世贸中心双子大厦和周边建筑）、四架被摧毁的飞机、对五角大楼的破坏以及清理费用计算，那么袭击造成的直接损失估计在300亿美元到500亿美元之间②。此外，还有许多难以计算的额外的间接经济损失。

2. 微观经济层面

恐怖袭击所造成的最深远的经济影响体现在微观层面。特别是恐怖袭击迫使企业遭受一些类型的交易成本（企业在达成出售或议价过程中出现的成本）。首先，恐怖袭击导致保险费用上升。对于保险公司来说，“9·11”袭击的经济损失超过了1992年Andrew飓风（155亿美元）、1989年Hugo飓风（42亿美元），甚至1994年加利福尼亚北岭地震（125亿美元）的经济损失。因此，一些保险费用达到了“9·11”恐怖袭击之前的300%（或者更多）。对保险费用的上升进行考察，估计商业保险20%的上升将导致美国企业每年多支付300亿美元。其次，由于商家不得不安装更严格的安保设备以避免恐怖袭击，这些安保设备会扰乱商品的流向，迫使公司从事持有额外存货的高度无效率的活动。据估计，如果美国公司多持有10%的存货，这些存货每年将给商业活动带来75亿美元的成本。③

---

① [美] 托德·桑德勒、[英] 基思·哈特利著，姜鲁鸣、罗永光译．国防经济学．北京理工大学出版社，2007：290.

② 保罗·波斯特著，卢周来译．战争经济学．中国人民大学出版社，2010：213.

③ 保罗·波斯特著，卢周来译．战争经济学．中国人民大学出版社，2010：214~215.

相关资料

9月份另一天的经济影响

雅典在2004年夏季奥运会的安保上花费了15亿美元巨资。这个数字是奥运安保有史以来的最大支出，远远超过盐湖城、悉尼和亚特兰大奥运会分别在安保上花费的3.1亿美元、2.1亿美元和3亿美元。

花费如此高昂的支出有很多理由：在美英联军2003年入侵伊拉克后对美国和英国运动员的敌视；2001年9月11日恐怖袭击后政府及民众对灾难性恐怖事件的高度敏感；希腊极左恐怖组织（如November 17和Revolutionary People's Struggle）的存在。

然而，这并不是奥运会历史上安保开支第一次急剧上升。从1972年慕尼黑夏季奥运会到1976年蒙特利尔夏季奥运会，安保开支从200万美元（慕尼黑）激增到1亿美元（蒙特利尔）。这方面的成本上升使得整个蒙特利尔奥运会开支过大，几乎使城市破产。但是，与雅典奥运会安保开支上升是由于奥运会以外的事件所推动不同，蒙特利尔奥运会成本的上升受到的是1972年慕尼黑奥运会人质惨剧的直接影响。

1972年9月5日上午，巴勒斯坦恐怖组织“黑色九月”潜入疏于看守的奥运村，将10名以色列运动员和官员劫持，并杀害了1名以色列教练。此后两天这10名人质被监禁，同时恐怖分子和德国官员就释放条件进行谈判。“黑色九月”要求以色列政府释放200多名政治犯。此外，他们要求自己和人质被安全送往他们选择的位于中东的一个机场。由于以色列政府不愿意答应恐怖分子的任何要求，联邦德国政府决定实施在德国领土上解救人质的计划。他们允许恐怖分子和人质离开奥运村前往附近的一个机场，同时企图解救人质。当恐怖分子意识到他们被伏击后，就在人质乘坐的直升机中引爆手榴弹，炸死了人质和他们自己。

资料来源：保罗·波斯特著、卢周来译：《战争经济学》，中国人民大学出版社2010年版，第216页。

三、 灾害经济理论研究

在人类社会发展史上，人与自然的关系经历了人类依赖自然→畏惧自然→征服自然的变化，相应地，人类社会也经历了史前文明→农牧文明→工业文明诸阶段，而由自然或人为因素所导致的各类灾害也一直伴随着人类的成长不断发展，日益威胁着经济社会的和谐发展和公共安全。经济学属于致用之学，在灾害问题日益严重并与当代世界经济发展存在着密不可分的、重大的内在关联时，研究灾害问题应当是经济学的一个崭新的、重要的任务。有鉴于此，20 世纪八九十年代，在著名经济学家于光远先生的倡导下，我国部分经济学者开始探讨灾害经济问题。长期从事社会保障、灾害保险研究的著名学者郑功成教授出版了专著《灾害经济学》①。

郑功成指出，灾害问题的实质，其实是经济问题。灾害的损害后果是可以计量的经济损失，而经济因素则是决定灾害问题的基本因素，这一切又都源自满足不断升高的人类生活需求以及为满足这种需求选择的经济增长方式。经济发展与灾害损失作为人类社会发展进程中永恒存在的一对基本矛盾，事实上存在着相互制约的内在关联。因此从经济学视角考察灾害问题并寻求灾害损失最小化的对策事关人类自身的可持续发展。

郑功成认为，“所谓灾害经济学，是以人类社会的灾害经济关系及其运行为研究对象的一门特殊的、新型的经济学科”②。根据灾害问题的发生与发展规律，“灾害经济学的主要研究目标，应当而且只能是寻求灾害损失的最小化”③。根据这一特定研究目标，灾害经济学肩负着如下特定的任务：其一，灾害经济学需要阐述灾害经济问题的基本规律，这是认识灾害经济问题并妥善解决灾害经济问题的基础，也是灾害经济学的首要任务。其二，灾害经济学应当探求实现灾害损失最小化目标的正确路径。其三，灾害经济学

① 郑功成．灾害经济学．商务印书馆，2010.

② 郑功成．灾害经济学．商务印书馆，2010：28.

③ 郑功成．灾害经济学．商务印书馆，2010：22.

应当提供有关具体的灾害经济技术方法。此外，经济发展与灾害发展及其相互关系问题的研究，亦是灾害经济学的基本任务之一。①

四、 污染经济理论研究

伴随着人类文明的发展，环境污染问题也越来越严重。美国学者安塞尔·M. 夏普等指出："污染包括把那些不能完全循环利用的、循环利用不够快或是根本不能循环利用的废物丢弃在环境中。……当循环利用过程不能阻止废物在环境中的累积时，污染问题就产生了。"② 污染严重损害了空气质量、水资源安全和耕地安全，削弱了环境服务的能力。由环境污染所造成的生态危机，是21世纪人类生存面临的最大危机。污染已经成为人类所面临的最为严重的公共安全问题，由此引发的国家、民族之间的争端或冲突以及各国内部不断发生的环境维权型集群行为和群体性事件，给国家安全和社会稳定带来了很大的冲击。

夏普等在进行社会问题经济学研究中提出了"污染经济学"的概念范畴。他们主要考察关于污染问题的基础经济学。其研究思路是：调查污染发生的原因；分析污染对资源配置的影响；分析污染控制的成本，确定它的收益；最终应该为确定适当的污染控制水平而努力建立一个标准③。污染的经济学分析在污染的成因和影响以及控制污染的成本和收益方面，提供了一个有益的分析视角。污染的动机滋生于：①在环境中缺乏产权；②很多环境服务都是由我们所有人共享的。污染的制造者通过污染把它们的一部分成本转嫁到别人头上。成本—收益分析在确定允许多少污染方面是有用的。它表明，全面禁止污染并非符合公众利益。政府的污染控制政策可以采用三个主要方法。第一，通过禁止或限制污染活动而直接控制。第二，通过向污染制

---

① 郑功成．灾害经济学．商务印书馆。2010：24～27.

②［美］安塞尔·M. 夏普、查尔斯·A. 雷吉斯特、保罗·W. 格兰姆斯著，郭庆旺译．社会问题经济学（第十五版）．中国人民大学出版社，2003：79.

③［美］安塞尔·M. 夏普、查尔斯·A. 雷吉斯特、保罗·W. 格兰姆斯著，郭庆旺译．社会问题经济学（第十五版）．中国人民大学出版社，2003：85～95.

造者提供不污染的激励（比如说通过对污染活动征税）而间接控制。第三，允许形成污染市场，企业买卖政府发放的污染许可证。①

五、 应急管理的经济学研究

2003 年的“非典”之后，中国加强了应对各种突发公共事件的应急管理体系建设，尤其是在应急管理预案、应急管理体制、应急管理机制、应急管理法制等方面取得了历史性的飞越②。应急管理研究作为一个跨学科的新兴研究领域，借用管理学、经济学、管理科学与工程等方法和理论，受到各方的高度关注，成为一门“显学”。经过多年发展，应急管理理论在基本概念、研究对象分类、研究方法等方面达成了一些共识。这些共识包括应急管理、应急管理体系、应急预案等基本概念；风险分析、风险评估、模拟演练等研究方法；突发事件类别划分；公众动员、应急资源等管理机制。

应急管理涉及的对象是各种不同的公共突发事件，主要是指突然发生，造成或可能造成重大人员伤亡、重大财产损失、重大生态环境破坏和对全国或一个地区的经济社会稳定、政治安定构成重大威胁和损害、有重大社会影响的涉及公共安全的紧急事件。我国把各类突发公共事件分为自然灾害、事故灾难、公共卫生和社会安全四类。应急管理就是政府和其他各种社会组织为减小突发公共事件危害所开展的各种有组织的活动。我国应对突发事件的流程分为预防准备、监测预警、应急处置、恢复重建四个主要阶段。

迄今为止，经济学仍缺乏对非连续性、非常态的、不确定性强的突发事件进行的研究。但应急管理实践本身却蕴含着丰富的经济内容。中国历代应

① [美] 安塞尔·M. 夏普、查尔斯·A. 雷吉斯特、保罗·W. 格兰姆斯著，郭庆旺译. 社会问题经济学（第十五版）. 中国人民大学出版社，2003：96.

② 我国的应急管理体系是个完整的系统工程，可以概括为“一案三制”，即突发公共事件应急预案，应急机制、体制和法制。

对灾害的所谓“荒政”，包括兴水利、重农耕、充储备等政策，以及赈济、调粟、养恤、安辑、蠲缓、放贷等救助措施，都属于经济政策范畴。世界史上的保险、股份公司等经济制度，甚至就是应对风险、灾害、危机的产物。随着核技术、仿生、环境科学、大型工程等复杂、庞大的人工系统的发展，人类社会系统的脆弱性不断增强，单纯自然灾害逐步让位给各种事故、自然灾害及其次生、衍生灾害的混合体。进入21世纪以来，“9·11”恐怖袭击、疯牛病、SARS、次贷危机、甲流等重大危机此起彼伏，全球已进入风险时代。传统的灾难事故处理方式问题凸显，需要运用综合性、复合型的经济手段，进行高效的资源配置。在这一背景下，经济学在应急管理研究中的潜力开始凸显出来。

有学者认为，经济学在应急管理中的应用主要体现在以下几个方面：①

1. 经济学中的风险理论

最早进入应急管理研究领域的当属风险理论。经济学领域中的风险理论莫过于弗兰克·奈特，他认为不可度量性的风险是利润的来源，风险、不确定性导致了企业的产生。制度经济学者认为制度同样是不确定性与风险的产物。乌尔里希·贝克、吉登斯等人提出更全面的“风险社会”理论，构成应急管理的风险理论基础。他们认为，随着人类活动频率增加、范围扩大、系统性增强，其决策和行动的影响力大增，风险结构从自然风险占主导演变成人为风险占主导。近代以来，与市场有关的一系列制度为风险行为提供了激励，各种公共制度则为人类安全提供了保护。

2. 机制设计理论

赫维茨、马斯金、迈尔森等人的经济机制设计理论的核心，是在自由选择、自愿交换的分散化决策条件下，如何通过经济机制（法律、法规、政策、资源配置等规则）设计，使参与者的个人利益和设计者所要达到的设计目标一致。由于应急管理的行动效率要求高，决策资源与时间高度受限，使得应急管理机制构成的应急体系的主要内容、机制设计也显得尤其重要。应急管理机制主要包括监测预警、信息沟通、决策协调、分级响应、社会动

---

① 李洺，薛澜．应急管理理论与实践的经济学视角．光明日报，2011－3－25（11）．

员、资源配置、国际协调等。通过对机制设计理论的应用，形成有效的激励，已成为应急管理研究的关键。

3. 应急管理与资金融通

应急管理是一项耗资巨大的系统工程，资金来源、资金运用形式复杂。尤其是财政、保险与各类性质的基金等资金融通手段的综合运用，是应急管理经济活动的一个重要内容。我国事故灾难中不计成本、不惜代价的资金运用方式，以及财政支出独撑危局的资金来源渠道，使应急管理资金融通模式的可持续性面临考验。为此，要建立并完善商业保险、政策性保险、巨灾保险、再保险等保险机制，使得按大数法则分布的风险在不同人群、目标之间实现分摊。同时，借鉴欧盟互助基金（EUSF）和德国的横向转移支付政策，建立财政风险准备金、转移支付和税收优惠等政策机制，加强对企业、非政府组织、公众参与事故灾难捐助资金、慈善资金的管理，提高资金监管效率。

4. 应急管理与应急产业

应急产业是与突发事件预警、预防、救援、处置活动相关产品和服务的集合，包括各种救援飞机、消防设施、救援设备、自救装备、演练培训服务、避难场所建设等。2011 年 3 月 11 日日本地震中普遍使用的家庭应急产品就包括了应急食品、生活用品和自救工具三类。即便在发达国家，应急产品也常滞后于事故灾难需求，屡屡发生因设备、设施原因贻误时机，甚至救援失败的现象。因此，需要通过制定产业政策，编制产业发展目录，制定各类产品的国家标准，指导应急产业发展。通过完善产品使用与配备的强制要求，加强公益宣传与推广，开展应急教育与培训，在全社会拓展应急产品和服务市场。当然，也需要制定税收、投资、贸易等优惠政策，鼓励人们投资应急产业。

5. 灾后重建与宏观经济政策

突发事件属于偶发性、非持续性、非系统性风险，大部分突发事件很难进入主流经济学分析视野。但是，包括 2011 年 3 月 11 日日本地震在内的一些特别重大的事故灾难的发生及其灾后重建，对宏观经济的影响及其政策选择已经成为经济分析的重点，并被纳入应急管理研究中。灾难爆发所产生的短期影响自不待言，但对灾后重建的经济效果却常常看法不一。灾后重建具有宏观需求拉动作用，但这取决于该国的经济状况（如通胀还是通缩）、刺激政策的实施空间、相机抉择政策的实施方式等条件。因此，灾后重建需要具体分析，综合运用财政支出、税收减免、公债发行等方式，刺激经济增长和恢复，弥补灾害损失。

经济学在应急管理中的应用还是十分初步的，人类社会对于应急管理作为资源配置的重要活动规律的认识还十分肤浅，这也正为经济学在应急管理中发挥巨大潜力提供了良好契机。未来，需要经济学领域的学者与应急管理领域的学者共同努力，为降低突发灾难带来的生命财产损失、尽快恢复灾区人民的正常生活、振兴灾区经济作出贡献。

六、对“坦白从宽、抗拒从严”刑事政策的经济学分析

董坤撰文专门就司法机关以及作案人在“坦白从宽、抗拒从严”政策下的具体经济收益和激励效果展开分析，以求从另外一个视角挖掘该政策的内在价值以及现存的相关问题，并提出完善的建议。董坤认为，任何行为的付出都需要成本，同时花费成本的行为必须要产生效益才会持续运行下去。法律或政策的制定在某种程度上也遵循着这一基本的经济学定律，其往往通过制度的安排或程序的设定，诱导法律主体去寻求最优的行为方式，从而在司法资源稀缺的情况下，既节约成本，又能获得收益的最大化，从而增加社会的整体福利。在这一经济学分析背景下，“坦白从宽、抗拒从严”的刑事政策能从正反两个向度有效激励作案人如实供述，对于节约破案成本、提高诉讼效率大有裨益。随着“不得强迫自证其罪”“沉默权”的引入、借鉴，该政策，特别是“抗拒从严”受到质疑，但仅从道德话语和权利意识出发的简单否定有失偏颇。考虑到当前供述之外犯罪信息获取成本高、破案难度大的情况，单纯的“坦白从宽”难以有效兼顾“激励供述”与“罪刑相适应”两大目标，“抗拒从严”的引入恰能弥补不足，打破这一困境。同时，设定“抗拒从严”也是为了区分不同“抗拒”情形，有针对性地“从严”，遏制严重抗拒对破案成本的无端消耗。当然该政策在具体“从宽”和“从

严”限度及政策施行的外围保障上还需不断完善，但这不应成为废弃该政策的理由。[1]

① 董坤．“坦白从宽、抗拒从严”的经济学分析．中国人民公安大学学报（社会科学版），2011（1）．

结语 公安经济及其学科研究发展趋势

通过本课题的研究，我们似乎可以得出结论：公安经济学具有一个十分广阔的研究领域，它来源于众多的经济学分支学科，又贡献于这些分支学科。它扎根于公安实践，又服务于公安事业。况且，公安经济学还具有跨学科的性质，它与政治学、法学、社会学、管理学和政策科学密切相关。正因为如此，现代公安经济学的研究方法来自于最新理论和实证分析工具的发展。公安经济学是一门十分关注政策建议的应用学科，是一门用以解释说明相关的公安经济问题的学科。正是这些重要特征，才使公安经济问题研究能够从其他经济学研究领域的模糊状态中区分开来，成为经济实践和公安实践共同关注的重大问题。公安经济学因从经济学角度研究公安问题正逐步成为一门独立的学科。

一、 中国公安经济发展面临的形势与对策

当代国内外公安事业改革与发展的实践为公安经济学的发展提供了丰厚的土壤。改革开放近40年来，我国经济快速发展，综合国力和国际影响力大幅提升，人民群众得到更多实惠，社会大局保持稳定。公安建设和公安工作面临着前所未有的机遇。同时也必须清醒地看到，当前我国正处于人民内部矛盾凸显、对敌斗争复杂、刑事犯罪高发的时期，特别是在世界多极化、经济全球化、社会信息化、文化多样化深入发展的时代背景下，当前公安工作面临的形势发生了许多新变化，呈现出许多新特点，境内因素与境外因素互相影响的关联性更加明显，传统安全因素与非传统安全因素相互交织的复杂性更加明显，“虚拟社会”与现实社会相互作用的互动性更加明显，影响国家安全和社会稳定的不确定因素明显增多，难以预料的挑战和风险明显加大。在当今世界，以信息化技术为基础的经济社会形态彻底改变了以往的治安态势，带来一系列问题：许多国家都在通过致力于提高警察队伍职业化素质能力、改革官僚型警察管理体制、发展电子警务和推行社区警务战略等，寻求“无增长改善”之路；警务预算的日趋紧张和警械武器装备成本的上升，促使世界各国积极寻求改进警察装备采办和警队供给效率的办法。这使

得公安经济的一些基本关系面临更高层次的调整与整合，迫切需要人们深入探讨新的公安经济问题。

还有一些重要因素也不可忽视。比如，以恐怖主义和暴乱为形式的非传统安全威胁，特别是全面深化改革过程中因各种利益关系调整和利益矛盾激化而引发的大规模群体性事件的现象越来越突出。可以说，研究如何应对以恐怖主义为主要形式的非传统安全威胁的问题，以及在处置各种群体性事件之紧急情况下的公共安全资源配置问题，也提升了公安经济学分析工具的应用价值。这说明，在和平时期，公安经济学赖以产生和发展的实践基础正呈现出某些强化的趋向。

面对社会转型、经济转轨，要切实履行公安机关的职责使命，我国应当怎样谋划公安经济发展的思路呢？笔者认为，关键是要用科学发展观和新时代中国特色社会主义思想审视当前我国公安经济建设的战略目标、供需矛盾、结构问题、产业能力和体制障碍等重大问题，逐步实现公安建设的“可持续发展”“适度发展”“效益发展”“自主发展”和“兼容发展”。其中，所谓“适度发展”，主要是指确立既能基本满足公安需求，又不影响社会经济发展的公安投入规模。从公安现代化建设的角度看，21 世纪上半期是铸造我国公安建设全新的物质技术基础的关键时期，国民经济发展将从三个方面对公安经济后续发展产生重大影响：一是经济总量基础。在未来高度信息化条件下的公安工作中，资源供给并非“局部”，它需要极为雄厚的国民经济基础，因而，未来的经济发展至关重要。二是技术基础。全国科学技术大会提出了 2020 年把我国建成创新型国家的目标，科技进步对经济增长的贡献率要由现在的 30% 多提高到 60%，这无疑会推动公安科学技术基础的战略性改造，提高我国高新技术警械武器装备的产出能力。三是体制基础。未来一段时期是我国社会主义市场经济体制进一步完善的关键时期，对现代公安资源配置体制的最终形成至关重要。总之，要保持公安经济建设的可持续发展，使中国特色警务变革获得源源不断的优质资源，根本前提是确保国家经济实力的不断提升。

近年来，我国公安建设的经济效益不断提高，但是用科学发展观的标准来衡量还存在着一些不可忽视的问题：人员费与装备费、研发费的比例不合理，公安科研投入比重比较低，维持性开支比例比较高；不同地区、不同警种费用结构不合理、不平衡，等等。要解决这些问题，一是要改变传统的“运动型”“粗放型”警务力量结构及其相应的费用结构，实现公安队伍建设由数量型向质量型的转变。二是要在保证人员生活水平稳步提高的基础上，增大公安装备和科研费的比例，重点加大对信息化警务建设的投入，加大关键警务装备和治安防范技术的投入。三是要压缩中上层公安机关编制，减少警务指挥层次，把节省的人员编制和经费用于基层公安机关和执勤警队。四是要重点加大人才队伍建设投入的力度，努力造就一大批高素质的新型公安人才。

当然，制度建设是解决制约公安经费结构性问题和深层次矛盾的根本举措。其中，公安预算制度的改革和创新最为关键。我国公安预算制度的目标模式应当是：符合中国国情和警情，适应新警务变革趋势、社会主义市场经济要求和公安现代化建设需要，以法制建设为基础，以需求牵引、程序决策、体系统一、规范运作、管理严格为基本特征的规划—计划—预算—执行制度。

二、 经济发展新常态与公安工作和队伍建设

党的十八大以来，面对国内外复杂多变的形势，以习近平总书记为核心的党中央审时度势，从我国经济发展的阶段性特征出发，作出我国经济发展进入新常态的战略论断。认真学习这一重要论断，对于指导公安机关在新常态下全面深化公安改革、推动公安工作和队伍建设持续健康发展，具有重大的理论价值和实践意义。

(一)“新常态”的提出及内涵

1.“新常态”的提出及广泛应用

2008 年美国次贷危机爆发后，美国太平洋资产管理公司提出“新常态”概念，指在危机后的 3 至 5 年内，全球经济增速将大大低于危机前的经济增速，政府将更多地干预经济，出台更多监管措施。

2014 年 5 月和 7 月习近平首次提出并重申："我国发展仍处于重要战略机遇期，我们要增强信心，从当前我国经济发展的阶段性特征出发，适应新常态，保持战略上的平常心态。"11 月 9 日，习近平在亚太经合组织（APEC）工商领导人峰会所作的题为《谋求持久发展，共筑亚太梦想》的主旨演讲中，首次向包括 130 多家跨国公司领导人在内的世界工商领袖们，系统阐述了什么是经济新常态、新常态的新机遇、怎么适应新常态等关键点。12 月 9 日召开的中央经济工作会议认为，科学认识当前形势，准确研判未来走势，必须历史地、辩证地认识我国经济发展的阶段性特征，准确把握经济发展新常态。会议强调，认识新常态，适应新常态，引领新常态，是当前和今后一个时期我国经济发展的大逻辑。①

习近平以"新常态"描述新周期的中国经济，引发了各界的高度关注，越来越多的人用这一概念来分析和解释当前的中国改革发展的总体态势。目前在理论界，"新常态"的内涵和外延已经开始从经济新常态扩展到政治新常态、文化新常态、社会治理新常态、生态文明建设新常态等方面。理论家施芝鸿说："在当下中国，新常态已大量出现，今后还将持续涌现。"他认为，习近平同志提出这一重大理论概念源于以下两种极为重要的新情况：②一是随着客观世界不断发展、随着社会主义现代化建设出现的新情况新变化而导致的一种势必至此的新常态，这当然是需要我们用平常心态去认真看待和对待的。二是新一届中央领导集体按照十八大报告提出的夺取中国特色社会主义新胜利的八条基本要求，在近两年时间里，励精图治、攻坚克难，给党领导的伟大事业、党的建设新的伟大工程以及改革发展稳定、内政外交国防、治党治国治军等方面带来一系列充满希望的新变化，展现出生机勃勃的新气象，由此开创出中国特色社会主义事业新局面。可以说，这样的新局面，是由锐意进取的新一届中央领导集体自觉营造的一种趋势性的新常态。

---

① 中央经济工作会议在北京举行．人民日报，2014－12－12（1）．

② 施芝鸿．十八大以后新一届中央领导集体主动营造的 10 个新常态——学习〈习近平总书记系列重要讲话读本〉和近期新的重要讲话札记．人民日报，2014－10－13（7）．

2. “新常态”的内涵

“新常态”提出后，我国理论界做出了较为宽泛的理解，使之逐步成为一个内涵丰富、意味深长的重要表述。

汪红驹指出，中文的“新常态”是从 New Normal 直接翻译过来的，字面的意思就是现在我们经济上有一些特点和以前不一样了，但是这些特点又会延续形成一种新的常态。①“新常态”，顾名思义，就是指反常的现实正逐步变为常态。② 许耀桐认为，“新常态”的“新”是针对“旧”而来的，“常态”是针对“偶然”而来的。因此，“新常态”既区别于“旧常态”，也区别于“新偶发”。简言之，“新常态”就是新近发生的已经相对稳定的形态。③

沈志华认为，习近平提出“新常态”，绝不是对外来语的简单移植，而是在把握我国经济社会发展阶段性特征的基础上作出的崭新概括。因此，要理解这个概念，需要把握“旧常态”“非常态”“新常态”三个概念之间的联系。旧常态，是指长期形成的经济社会发展的稳定状态。特别是改革开放以来，我们促进经济社会发展的一些做法逐步形成相对固定的模式。对旧常态必须做历史的分析。这种模式是适应当时社会历史条件而存在的，促进了经济社会的发展，奠定了我国经济发展的奇迹。但随着社会历史条件的变化，旧常态的不适应性越来越累积，旧常态就会出现矛盾和混乱，这就进入了非常态。非常态既有旧常态的成分，又有新常态的因素，是新旧常态的转换期，既孕育着希望，又充满着风险，还包含着痛苦。新常态是对旧常态和非常态的超越，是经济迈向一个新的长期稳定发展的状态。④

任天佑认为，“新常态”有狭义、中义、广义之分。狭义的新常态，是指经济发展的新常态。中义的新常态，从经济发展这个领域拓展到涵括更多领域。这个发展的新常态，除了坚持遵循经济规律的科学发展外，还包括坚持遵循自然规律的可持续发展和坚持遵循社会规律的包容性发展。广义的新

---

① 汪红驹．中美两种新常态经济的周期性错配．企业家日报，2014－9－21（10）．

② 汪红驹．防止中美两种“新常态”经济周期性错配深度恶化．经济学动态，2014（7）．

③ 黄昆仑，李建军，杨兴．把握新常态　推进新发展．解放军报，2014－9－30（7）．

④ 黄昆仑，李建军，杨兴．把握新常态　推进新发展．解放军报，2014－9－30（7）．

常态，是指以习近平同志为核心的中央领导集体治国理政的新常态。这个治国理政，是广义的治国理政，不仅包括治国，也包括治党和治军等方面。所谓治国理政的新常态，也就是习近平同志科学统筹民族复兴伟大梦想、中国特色社会主义伟大事业、党的建设新的伟大工程、全面深化改革伟大革命、具有许多新的历史特点的伟大斗争的新常态，简单地说，就是统筹推进“五个伟大”的新常态。任天佑倾向于把新常态作广义理解，因为只有作广义的理解，才能更好地体现在世界战略格局发生大变动、中国社会发生大变革的新时代，中国正在呈现的新面貌和习近平总书记治国理政的新风格。①

3. 中国经济新常态的特点

2014 年 12 月召开的中央经济工作会议从深入分析消费需求、投资需求、出口和国际收支、生产能力和产业组织方式、生产要素相对优势、市场竞争特点、资源环境约束、经济风险积累和化解、资源配置模式和宏观调控方式等九个方面的趋势性变化说明我国经济正在向形态更高级、分工更复杂、结构更合理的阶段演化，经济发展进入新常态，正从高速增长转向中高速增长，经济发展方式正从规模速度型粗放增长转向质量效率型集约增长，经济结构正从增量扩能为主转向调整存量、做优增量并存的深度调整，经济发展动力正从传统增长点转向新的增长点。②

经济学家卢锋解读说，新常态的提出，意味着中国经济要摆脱“旧常态”。所谓旧常态，是指一段时期增长速度偏高、经济偏热、经济增长不可持续的因素累积，并带来环境污染加剧、社会矛盾增加以及国际压力变大的严峻挑战，也是十八大以前长期改革滞后形成的“体制病”和宏观失衡“综合征”。③ 国际经济危机带来的外部风险，使中国经济发展的旧有模式难以为继。中国领导人将这种挑战形容为“三期叠加”：增长速度进入换挡期，结构调整面临阵痛期，前期刺激政策进入消化期。虽然中外对经济新常态的认识不尽相同，但有一点是共同的，即两者都面临经济增长的动力系统

---

① 黄昆仑，李建军，杨兴．把握新常态　推进新发展．解放军报，2014 －9 －30（7）．

② 中央经济工作会议在北京举行．人民日报，2014 －12 －12（1）．

③ 习近平首次系统阐述“新常态”．新华网，2014 －11 －9.

转化问题，都需要进行经济发展结构性调整，寻求经济增长的新动力、新方式、新路径。

（二）认识和把握公安工作和队伍建设“新常态”的重大意义

所谓公安工作和队伍建设“新常态”，是经济社会发展“新常态”在公安领域的具体体现，是公安机关在深入推进公安法治体系、队伍管理体制机制、社会治安管理机制、公安行政管理与公安执法权力运行机制、警务战略与运行机制改革与建设等方面，新近发生的势必至此且已经相对稳定的形态。无论是推进公安工作，还是加强公安队伍建设，都必须从当前我国经济社会发展和公安治理步入“新常态”的阶段性特征出发，主动适应新常态，引领新常态。

确立公安工作和队伍建设“新常态”的重要意义在于：一是有助于我们准确把握目前公安工作和队伍建设改革发展的基本态势，从而为形成科学判断、做出正确决策提供客观依据。二是有助于我们调整公安工作和队伍建设发展战略。近 40 年来，伴随着改革开放的不断深化，社会治安形势的日益复杂和公安工作任务的日趋繁重已成为新常态。公安队伍规模在经历了一个阶段的快速增长后，逐步趋于稳定并保持适度增长将是长期趋势，不能再重复过去的“规模发展”和“粗放管理”，转向质量建设和集约管理势在必行。三是有助于我们调整心态，更加主动地服从服务于党治国理政的总体战略和经济社会发展大局。特别是从公安工作和队伍建设旧常态向新常态的转变过程，是一个爬坡过坎、艰难困苦的过程，需要以昂扬的斗志和改革创新的精神向前推进，否则就无法突破公安改革的瓶颈。

（三）公安工作进入新常态

1. 公安治理环境进入新常态

党的十九大报告指出，经过长期努力，中国特色社会主义进入了新时代，这是我国发展新的历史方位。这标志着我国社会主要矛盾已经转化为人民日益增长的美好生活需要和不平衡不充分的发展之间的矛盾。同时，必须认识到，我国社会主要矛盾的变化，没有改变我们对我国社会主义所处历史阶段的判断，我国仍处于并将长期处于社会主义初级阶段的基本国情没有变，我国是世界最大发展中国家的国际地位没有变。报告强调，全党要牢牢把握社会主义初级阶段这个基本国情，牢牢立足社会主义初级阶段这个最大实际，牢牢坚持党的基本路线这个党和国家的生命线、人民的幸福线，领导和团结全国各族人民，以经济建设为中心，坚持四项基本原则，坚持改革开放，自力更生，艰苦创业，为把我国建设成为富强民主文明和谐美丽的社会主义现代化强国而奋斗。①

从整体上看，当前我国仍处于社会转型、经济转轨的改革开放过程。在经济发展上进入上述所谓“三期叠加”的时期，② 在改革进程上进入攻坚期和深水区。党的十九大报告指出，我国经济已由高速增长阶段转向高质量发展阶段，正处在转变发展方式、优化增长结构、转换增长动力的攻关期。③公安部党委反复强调要加深对上述“三个没有变”的认识，加深对全面深化改革方向、原则和目标的认识，加深对推进公安工作、维稳工作规律特点和重大机遇的认识，增强改革的针对性、科学性、实效性。

对于目前全国维稳形势的阶段性特征，中央政法委和公安部的基本表述是“三个时期、四个相互交织、五个前所未有”，即社会转型期，利益调整期，矛盾多发期；境内因素与境外因素相互交织，传统安全因素与非传统安

---

① 习近平．决胜全面建成小康社会　夺取新时代中国特色社会主义伟大胜利——在中国共产党第十九次全国代表大会上的报告（2017 年 10 月 18 日）．人民出版社，2017：11－12.

② 2015 年 7 月 30 日，中共中央政治局召开会议，分析研究当前经济形势和经济工作。会议指出，我国经济正处于“三期叠加”的特定阶段，经济发展步入新常态。既要保持战略定力，持之以恒推动经济结构战略性调整；又要树立危机应对和风险管控意识，及时发现和果断处理可能发生的各类矛盾和风险。所谓“三期叠加”，即经济增长速度换挡期、结构调整阵痛期、前期刺激政策消化期。“三期叠加”是党中央对当前中国经济的阶段性特征所作出的重要判断，为党和国家制定正确的经济政策提供了科学依据。

③ 习近平．决胜全面建成小康社会　夺取新时代中国特色社会主义伟大胜利——在中国共产党第十九次全国代表大会上的报告（2017 年 10 月 18 日）．人民出版社，2017：30.

全因素相互交织，现实社会与虚拟社会相互交织，敌我矛盾与人民内部矛盾相互交织；对敌斗争的复杂性前所未有，难以预料的风险前所未有，社会管理的难度前所未有，执法工作面临的压力前所未有，网上斗争的激烈程度前所未有。这些重大的社会背景及维稳形势已经成为公安治理环境面临的新常态。我们必须把公安工作和队伍建设自觉地置于经济社会发展和国家安全、社会稳定的总体格局中加以统筹谋划。

2. 全面深化公安改革进入新常态

党的十八大做出了全面深化改革的战略部署。十八届三中全会通过的《中共中央关于全面深化改革若干重大问题的决定》（2013 年 11 月）将包括公安改革在内的深化司法体制改革作为推进法治中国建设战略目标的重要内容加以规划和部署。2015 年 2 月中央审议通过了《关于全面深化公安改革若干重大问题的框架意见》及相关改革方案，明确全面深化公安改革的总体目标是：完善与推进国家治理体系和治理能力现代化、建设中国特色社会主义法治体系相适应的现代警务运行机制和执法权力运行机制，建立符合公安机关性质任务的公安机关管理体制，建立体现人民警察职业特点、有别于其他公务员的人民警察管理制度。到 2020 年，基本形成系统完备、科学规范、运行有效的公安工作和公安队伍管理制度体系，实现基础信息化、警务实战化、执法规范化、队伍正规化，进一步提升人民群众的安全感、满意度和公安机关的执法公信力。全面深化公安改革共有七个方面的主要任务、100 多项改革措施。一是健全维护国家安全工作机制，二是创新社会治安治理机制，三是深化公安行政管理改革，四是完善执法权力运行机制，五是完善公安机关管理体制，六是健全人民警察管理制度，七是规范警务辅助人员管理。①

公安部党委及时贯彻中央关于全面深化公安改革的部署要求，抓紧研究、全面启动，要求做到“四个新”：一要在深化思想认识、凝聚改革共识上有新提升。二要在坚持问题导向、推动公安工作改革上有新突破。紧紧围

①《关于全面深化公安改革若干重大问题的框架意见》及相关改革方案已经中央审议通过．人民公安报，2015－2－16（1）．

绕中央确定的改革目标和改革任务，紧紧抓住影响和制约公安机关职能作用充分发挥的重大问题，不断推进警务运行机制、行政管理制度和公安执法制度等改革创新。三要在完善制度机制、推动队伍管理创新上有新作为。四要在提高治理能力、做好维护社会稳定工作上有新举措。同时，要正确处理好六个方面的关系：一要正确处理好胆子要大与步子要稳的关系；二要正确处理好整体推进与重点突破的关系；三要正确处理好理论创新与实践探索的关系；四要正确处理好顶层设计与基层创新的关系；五要正确处理好改革发展与社会稳定的关系；六要正确处理好从严治警与从优待警的关系。①

全面深化改革既给公安机关赋予了繁重艰巨的任务，也为推动解决公安工作中的矛盾和问题提供了难得的机遇。应当说，改革开放以来，公安工作的历史就是一部公安工作改革发展史。与多年来不同时段实施的公安单项改革或局部改革措施不同，这次改革涉及公安工作和队伍建设的方方面面，特别是涉及公安管理体制机制等顶层设计的一系列重大问题，需要与整个国家行政体制改革和司法体制改革相协调。其改革范围之广、力度之深、难度之大，前所未有。这意味着全面深化公安改革进入攻坚期和深水区。相对于以往，公安改革不再是一种新观念和新事物，已经变成新常态。

3. 推进公安法治化建设进入新常态

改革开放以来，是我国社会主义民主法治建设的重要时期，也是公安法治建设的重要时期。十八届四中全会强调全面推进依法治国，法治是治国理政的基本方式。中央提出建设“法治中国”，实现“三个依法”（依法治国、依法执政、依法行政）和建设“三个法治”（法治国家、法治政府、法治社会）。自然，法治公安是法治中国建设的必然要求和题中应有之义。

近年来，公安部在组织修订完善以《人民警察法》为龙头的公安法律法规体系的同时，持续推进公安执法规范化建设。十八届三中全会之后，公安部强调，要坚持严格执法、公正司法，进一步提升公安机关执法公信力。增强法治观念，坚定法律信仰，善于运用法治思维和法治方式解决问题，不

---

① 郭声琨主持召开公安部党委理论中心组学习交流会．公安部网站，2013－11－25.

断提升工作的法治化水平；健全完善执法制度，确保民警严格按照法定权限和程序行使权力、履行职责；强化执法监督制约，让权力在阳光下运行。[①]在近年来全面推行民警执法资格考试和不断完善细化行政、刑事执法程序规范的基础上，2015 年 1 月公安部作出了《关于贯彻党的十八届四中全会精神，深化执法规范化建设，全面建设法治公安的决定》，对深化执法规范化建设、全面建设法治公安的指导思想和基本任务、法治观念与教育培训、完善执法制度体系、明确执法活动标准和依据、改革决策和权力运行机制、严格规范公正文明执法，以及加强执法监督管理等方面都作出了明确具体的规定。就公安法治而言，在公安法律制度建设日臻完善的今天，已经进入法治公安建设的新常态。

4. 推进公安信息化建设进入新常态

进入新世纪以来，随着“金盾工程”的建设，我国公安机关开始确立并实施信息主导警务的战略。2008 年起，公安部把加强公安信息化建设作为“三项建设”的战略措施之一，指出加强公安信息化是提高公安机关整体战斗力的重要途径，是提升基层基础工作水平的重要载体，是牵动警务机制改革的重要纽带。要求各级公安机关要积极适应信息化的发展趋势，坚定不移地走科技强警之路，向科技要素质、要警力、要战斗力，把信息化打造成提升公安机关核心战斗力的重要支柱。强调要以信息化提升公安机关侦查破案能力；要以信息化带动基层基础工作；要以信息化推动警务机制创新。[②]

2014 年杭州全国公安厅局长座谈会把“推进公安基础信息化建设”作为“四项建设”之一加以部署。会议强调，基础工作是整个公安工作的根基，是推动公安事业发展的永恒课题，大力推动基础工作与信息化有机融合，已成为新形势下公安基础工作的鲜明特征。既要紧紧依靠群众、深入发动群众，始终保持与人民群众的血肉联系，继承发扬好“枫桥经验”等经

---

① 孟建柱．深入学习实践科学发展观　做党的忠诚卫士和人民群众的贴心人．求是，2008（21）．

② 孟建柱．深入学习实践科学发展观　做党的忠诚卫士和人民群众的贴心人．求是，2008（21）．

验做法，又要积极顺应信息化发展大势，大力推进基础信息化建设，不断提升情报主导、精确打击、主动防控水平，努力使信息化手段贯穿到公安工作的各个方面，为服务公安现实斗争提供强有力的支撑。①

2015 年 7 月，公安部全面深化改革领导小组审议通过了《关于建设完善警务信息综合应用平台促进资源联通共享的指导意见》《关于进一步加强公安情报综合研判工作的意见》和《公安情报综合研判工作改革试点方案》。公安部强调，建设完善警务信息综合应用平台是破解基层业务条块分割、协同不畅、信息重复采集等问题的有效途径，是促进资源联通共享的关键支撑。要坚持按统筹规划、整合共享、因地制宜、安全应用的原则推进警综平台的建设完善，努力实现公安基层基础工作高效规范、业务有机协同、数据动态鲜活、信息高度共享。要积极组织开展试点工作，实现与有关警种业务系统的融合对接，建立有效的协调管理机制，分阶段、分步骤完成目标任务，进一步提升基础工作信息化建设水平。加强公安情报综合研判，是全面深化公安改革的重要任务之一，对于完善情报信息研判预警机制，实现情报主导、精确制导具有重要意义。要坚持需求导向，把服务决策、服务实战、服务基层作为综合研判工作的出发点和落脚点，突出工作重点，拓宽研判视野，整合信息资源，完善工作机制，在情报信息共享上多做文章，在基层实践试点上多做探索，不断推动公安情报综合研判工作在科学、专业、实战、高效的轨道上持续发展。②

近年来，公安部领导曾多次提出要加快推进公安机关战斗力生成模式转变。笔者认为，所谓加快转变公安战斗力生成模式，就是要把传统的公安战斗力生成模式转变到以信息为主导、以新型警务执勤作战力量建设为增长点、提高基于公安信息系统的整体作战能力上来，转变到依靠科技进步、能力素质提高、工作机制创新上来，转变到构建和谐的警民关系和实现警务社会化的发展路子上来，实现公安工作由数量规模型向质量效益型、由人力密

---

① 全国公安厅局长座谈会召开：深入学习贯彻习近平总书记重要指示精神　进一步加强和改进公安工作和队伍建设．人民公安报，2014 - 9 - 24（1）.

② 郭声琨在公安部全面深化改革领导小组第十三次（扩大）会议上强调：加强统筹衔接　积极试点探索努力为全面深化公安改革积累更多宝贵经验．人民公安报，2015 - 7 - 22（1）.

集型向科技密集型的变革。这是信息化时代发展的必然要求，是公安机关主动应对警务形态演变的主体性选择。①

总之，公安信息化建设不再是一种新观念和新事物，已经变成新常态。社会治安立体防控体系的建立、社区警务战略的推进、各项公安行政管理与服务效能的提高等，都要以信息化来支撑和提升。在侦查打击犯罪方面，合成战、信息战、科技战等已经成为现代警务作战的新机制、新形态。现在已进入以互联网、物联网、大数据、云计算等新一代信息技术为支撑，以互联互通、智能响应和高度集成、广泛共享、深化应用为目标的智慧公安建设新阶段。②

（四）公安队伍建设进入新常态

1. 实施“五位一体”治警建警方略进入新常态

改革开放近40年来，我国公安机关在治警建警方面积累了丰富的经验，逐步形成和确立了相对完善的治警方针和强警战略。其一，改革开放以来，我国公安机关高度重视公安思想政治工作，坚持不懈用马克思主义中国化理论成果武装民警头脑，始终把政治建警放在公安队伍建设的首位，保证公安队伍始终忠于党、忠于祖国、忠于人民、忠于法律。其二，改革开放以来，我国公安机关不断加强公安队伍管理，适应公安队伍正规化建设和法治建设的需要，先后提出和实施了从严治警和依法治警、从严治警的方针。其三，为贯彻国家实施科教兴国战略，提出了全面实施“科技强警”的战略。其四，近年来，公安部在强调坚持依法治警、从严治警方针的同时，多次提出并强调落实“从优待警”的各项措施。其五，近年来，公安部要求各级公安机关和各部门、各警种在坚持政治建警、从严治警、从优待警的同时，要树立文化育警、文化强警的理念，大力加强和改进公安文化建设，进一步激发公安队伍的凝聚力和战斗力。

至此，我国公安机关基本形成了政治建警、依法治警、从严治警的方针

---

① 张兆端．论加快转变公安战斗力生成模式．中国人民公安大学学报（社会科学版），2013（4）．

② 张兆端．智慧公安：大数据时代的警务模式．中国人民公安大学出版社，2015.

以及科技强警、从优待警、文化育警的战略。这个“五位一体”的治警方略是管长远、管全局的，需要持之以恒地坚持下去，我们必须以此主动适应和积极引领治警建警新常态。

2. 推进公安队伍正规化、职业化建设进入新常态

公安工作和警察职业是社会分工高度发展的必然产物，管理公安组织和警察队伍需要建立健全完善的符合职业特点的制度规范及管理机制。从事公安工作需要具备较高的职业道德、业务素养、专业知识和技能。进一步加强公安队伍正规化、职业化建设，是立足于队伍建设老常态基础上的新常态，是提高公安队伍战斗力的重要途径。

我国在20世纪80年代初期就提出了公安队伍正规化建设的目标。1991年10月，《中共中央关于加强公安工作的决定》明确指出：“公安机关是政府的一个职能部门，但又不同于一般的行政机关，在管理训练、机构设置、指挥监督、工作方式、装备保障等方面应当有与它的性质、任务相适应的体制和制度。”2003年11月，《中共中央关于进一步加强和改进公安工作的决定》指出：“在全部公安工作中，队伍建设是根本和保证。各级公安机关要按照建设过硬班子、纯洁公安队伍、树立良好警风、提高执法水平的基本思路，坚持从严治警，抓好公安队伍的正规化建设。要根据公安机关的性质、任务和工作特点，依据《人民警察法》等法律法规，在公安机关的组织机构、勤务机制、管理方式、教育训练、监督制约、警务保障等方面实现标准化、程序化、法制化和科学化，使公安机关指挥畅通、内务规范、工作高效、保障有力。”随后召开的“二十公”会议提出了“四统一五规范”的正规化建设目标和任务。2014年9月召开的杭州全国公安厅局长座谈会强调，加强正规化建设，始终是贯穿公安队伍建设的一条主线。要始终坚持政治建警、素质强警、从严治警、从优待警方针，以铸造忠诚警魂为根本、以科学管理队伍为核心、以增强素质能力为重点、以培养优良警风为保障，大力推进队伍正规化建设，创新思想政治工作，完善人民警察管理制度，加强反腐倡廉和纪律作风建设，努力打造一支信念坚定、执法为民、敢于担当、清正

廉洁的高素质公安队伍。①

建立健全符合公安工作性质和人民警察职业特点的人民警察管理制度，是进一步推进公安队伍正规化建设的根本保障。十八届三中全会通过的《中共中央关于全面深化改革若干重大问题的决定》明确提出："建立符合职业特点的司法人员管理制度，健全法官、检察官、人民警察统一招录、有序交流、逐级遴选机制。"中央审议通过的《关于全面深化公安改革若干重大问题的框架意见》及相关改革方案明确提出，根据人民警察的性质特点，建立有别于其他公务员的人民警察管理制度和保障机制。按照职位类别和职务序列，对人民警察实行分类管理。适应正规化、专业化、职业化建设要求，建立健全人民警察招录培养机制。贯彻落实人民警察生活待遇"高于地方、略低于军队"的原则，建立符合人民警察职业特点的工资待遇保障体系。完善人民警察抚恤优待制度，建立健全人身意外伤害保险等职业风险保障制度。依法维护人民警察执法权威。规范警务辅助人员管理，等等。②

公安队伍正规化建设的实质是建立健全公安法治体系，以此规范公安工作和队伍建设的各个环节、各个方面，实现公安管理的法治化、程序化、规范化、标准化。公安队伍作为履行公安工作职能的主体，是一个代代相传、新旧交替的职业群体，因此，公安队伍正规化、职业化建设是加强公安队伍建设的永恒主题和持续推进过程，因此必然成为队伍建设的新常态。

3. 公安教育训练实战化进入新常态

改革开放近40年来，公安部高度重视公安教育训练工作，先后制定了公安教育发展规划，出台了《公安机关人民警察训练条令》。目前我国已经建立起了世界上规模最大、层级分明、学科健全的公安高等教育体系，为全国公安机关培养和输送了近60余万名公安专业人才。2007年推行政法干警招录培养体制伊始，曾一度掀起过关于公安学历教育存废的激烈争论，给公安教育的健康发展造成了一定的消极影响。经过几年的反思和改革，现在已

① 全国公安厅局长座谈会召开：深入学习贯彻习近平总书记重要指示精神　进一步加强和改进公安工作和队伍建设．人民公安报，2014－9－24（1）．

②《关于全面深化公安改革若干重大问题的框架意见》及相关改革方案已经中央审议通过．人民公安报，2015－2－16（1）．

在确立和实施公安学历教育与民警培训教育协调发展的战略上取得高度共识，从而推动公安教育训练工作进入新常态。

常态实战是公安机关不同于一般行政机关的最大特点，实战水平高低是检验公安机关战斗力的根本标准。近年来，全国公安院校按照教学、练战一体化的要求，进一步突出公安教育特色，改革完善人才培养模式。特别是在《关于全面深化公安改革若干重大问题的框架意见》及相关改革方案公布以来，公安部在积极推进民警招录培养机制改革方面已经取得突破，公安机关招警难、公安院校公安专业毕业生入警难的“瓶颈”问题得到较好解决。同时，在基层公安机关广泛推行“轮训轮值、战训合一”的警务实战化训练模式取得显著成效。因此，无论是公安学历教育，还是警务培训，都必须以加强公安队伍职业化建设为目标，以提高公安队伍战斗力为标准，进一步打牢基础、突出应用、强化实战。这应成为公安教育训练工作追求的新常态。

（五）如何适应公安工作和队伍建设新常态

2014 年 12 月召开的中央经济工作会议要求，面对我国经济发展新常态，观念上要适应，认识上要到位，方法上要对路，工作上要得力。要深化理解、统一认识，把思想和行动统一到中央认识和判断上来，增强加快转变经济发展方式的自觉性和主动性。① 公安部党委强调，各级公安机关要主动适应我国经济发展新常态，坚持以全面深化公安改革为动力，以建设法治公安目标为引领，以大力推进“四项建设”为载体，突出能力建设，注重机制创新，强化风险管控，狠抓责任落实，进一步提升公安机关依法履职能力。②

笔者认为，适应公安工作和队伍建设新常态主要应把握好以下几点：

一是树立与公安工作和队伍建设新常态相适应的思想观念和思维方式，以观念的转变促进公安治理创新发展。要强化前瞻意识，坚持面向未来、着眼长远，把握内在规律，加强科学研判，不断增强工作预见性主动性。要强化战

---

① 中央经济工作会议在北京举行．人民日报，2014 - 12 - 12（1）．

② 郭声琨在全国公安厅局长会议上强调：坚持改革法治双轮驱动，强化危机风险有效管控，提升新常态下维护国家安全和社会稳定的能力水平．人民公安报，2015 - 1 - 23（1）．

略思维，始终着眼党和国家工作大局，密切关注国际战略格局和国家安全环境的发展变化，不断拓展战略视野，增强危机意识，始终保持战略上的清醒。

二是坚持用强警安民目标统领新常态下的各项公安工作。党的十九大报告所提出的新时代坚持和发展中国特色社会主义思想十四项基本方略之一是坚持以人民为中心。“人民是历史的创造者，是决定党和国家前途命运的根本力量。必须坚持人民主体地位，坚持立党为公、执政为民，践行全心全意为人民服务的根本宗旨，把党的群众路线贯彻到治国理政全部活动之中，把人民对美好生活的向往作为奋斗目标，依靠人民创造历史伟业”。① 习近平强调，要“把以人民为中心的发展思想体现在经济社会发展各个环节，做到老百姓关心什么、期盼什么，改革就要抓什么、推进什么，通过改革给人民群众带来更多获得感。”② 党的十八届三中全会决定强调，全面深化改革必须以促进社会公平正义、增进人民福祉为出发点和落脚点，使改革发展成果更多更公平地惠及全体人民。这是坚持我们党全心全意为人民服务根本宗旨的必然要求。公安机关的宗旨是立警为公、执法为民，职能是维护国家安全、社会治安稳定，保障人民安居乐业。能否有效履行这一宗旨和职能，关键在于公安机关及公安队伍有无强大的战斗力。因此，一切公安改革的内容及措施都必须始终坚持以民意为取向，以民需为动力，以不断增强公安机关整体战斗力为根本标准。

三是主动适应供给侧结构性改革，着力提高公安执法服务质量。2017年12月召开的中央经济工作会议指出，党的十八大以来，我们党坚持观大势、谋全局、干实事，成功驾驭了我国经济发展大局，在实践中形成了以新

① 习近平．决胜全面建成小康社会，夺取新时代中国特色社会主义伟大胜利——在中国共产党第十九次全国代表大会上的报告（2017年10月18日）．人民出版社，2017：21.

② 习近平谈治国理政（第二版）．外文出版社，2017：103.

发展理念[①]为主要内容的习近平新时代中国特色社会主义经济思想。其重要举措之一，就是坚持适应我国经济发展主要矛盾变化，完善宏观调控，相机抉择，开准药方，把推进供给侧结构性改革作为经济工作的主线。[②] 2016年1月26日，习近平在主持召开中央财经领导小组第十二次会议时强调，供给侧结构性改革的根本目的是提高社会生产力水平，落实好以人民为中心的发展思想。要在适度扩大总需求的同时，去产能、去库存、去杠杆、降成本、补短板，从生产领域加强优质供给，减少无效供给，扩大有效供给，提高供给结构的适应性和灵活性，提高全要素生产率，使供给体系更好地适应需求结构变化。2017年10月18日，习近平总书记在十九大报告中指出，深化供给侧结构性改革。建设现代化经济体系，必须把发展经济的着力点放在实体经济上，把提高供给体系质量作为主攻方向，显著增强我国经济质量优势。[③] 公安机关应主动适应党中央深入推进供给侧结构性改革的战略决策，从提高公安执法服务质量出发，坚持用改革的办法破除体制、机制性障碍，调整优化公安战斗力生成模式，改革完善执法服务方式，不断扩大有效公安供给，提高公安执法服务对人民群众公共安全需求变化的适应性和灵活性，提高公安机关全要素战斗力，以更好地促进社会公平正义、维护社会治安稳定、保障人民安居乐业、服务经济社会发展。

四是以改革创新精神破解新常态下的各种矛盾问题。要强化创新意识，深入研究新常态下治安强警的特点规律，理清制约公安工作和队伍建设发展的突出矛盾、瓶颈短板和主要症结，以改革的思路和办法解决前进中的问

---

① 2015年10月29日，习近平在党的十八届五中全会第二次全体会议上的讲话中明确提出了创新、协调、绿色、开放、共享的发展理念。习近平指出，发展理念是发展行动的先导，是管全局、管根本、管方向、管长远的东西，是发展思路、发展方向、发展着力点的集中体现。2017年10月18日，习近平在党的十九大报告中强调，要贯彻新发展理念，建设现代化经济体系。

② 中央经济工作会议在北京举行．人民日报，2017-12-21（1）．

③ 习近平．决胜全面建成小康社会，夺取新时代中国特色社会主义伟大胜利——在中国共产党第十九次全国代表大会上的报告．（2017年10月18日）．人民出版社，2017：30.

题。应当明确，全面深化改革与新常态相互包含、相互支撑，是一个有机统一的整体。全面深化改革本身就是一种新常态。打破旧常态、实现新常态必须全面深化改革。如果没有体制机制的全面突破，旧常态就难以打破，新常态就难以形成。新常态不是一成不变的，它是一种与时俱进的状态，即这种“常态”不是恒常，而是动态中保持相对稳定、活力中保持定力的状态。

五是从变与不变中研判和把握公安工作和队伍建设新常态的时代背景、历史方位和基本特征。一方面，公安机关的性质、宗旨及职能没有变，公安工作和队伍建设所面临的基本国情、社情、警情、治安情没有变；另一方面，危害国家安全、影响社会稳定和公共安全的形势及因素在变化，刑事犯罪、严重暴力犯罪和恐怖犯罪的手段及方式在变化，社会公众的公安需求在变化，公安队伍的结构在变化，公安机关的职责任务有所调整，其警务机制、策略手段及公共服务方式也需要不断改革创新。总之，公安治理是一个不断常态化的过程，需要在正确把握变与不变中持续推进。

三、 中国公安经济学发展的基本趋向

今天，应对信息化时代公安建设和公安工作面临的挑战，适应社会主义市场经济体制的环境，创建与发展中国公安经济学应当有新思路、新方法、新境界。

——适应时代发展，推动研究内容转型。公安经济学的研究内容要由传统计划经济体制和机械化治安形态下公安资源配置研究向现代市场经济体制和信息化治安形态下公安资源配置研究转型。伴随着市场经济体制改革和新警务变革的深入发展，我国公安经济建设面临的战略环境、战略任务、战略重点等正在发生重大变化，这使得传统公安理论研究同现代市场经济体制和信息化治安条件下公安经济研究紧迫性之间的“相位差”显现出来。为此，公安经济学研究内容需要尽快适应两方面的要求：一是尽快消除传统公安学理论与信息化治安条件下的公安经济学之间的不适应，重新对公安经济资源配置方式及相关主体动态关系作出系统解释；二是适应社会主义市场经济体制的要求，从体制层面上构建公安经济理论体系。

——关注现实需求，不断拓展研究新领域。公安经济学是应用性学科，公安经济理论的每一步发展都与公共安全需求的变化密切相关。只有以现实公共安全需求为导向，以公安经济现实问题为牵引，中国公安经济学发展才是有本之木，有源之水。公安建设与经济建设关系的问题，是中国公安经济学得以产生和发展的基础。未来一个时期，作为中国公安经济学，应当以科学发展观和新时代中国特色社会主义思想为指导，继续把公安建设与经济建设协调发展作为关注的焦点。同时，针对传统治安与非传统安全交织的新挑战，需要继续开拓犯罪经济学、恐怖主义经济理论、公共危机管理经济理论等问题研究的新领域。要努力使公安经济学研究与公安决策特别是公安战略决策紧密结合。作为中国的公安经济学研究，必须扎根于中国公安经济发展的实践土壤，从中国特殊的公安需要出发，逐步深化对中国公安经济运行规律、制度安排、路径选择和管理创新等重大问题的研究，为推动中国公安事业改革与发展提供有效的政策设计和决策支持。

——采用新工具，突破传统研究范式。目前，我国公安学与经济学及其他成熟学科的差距，最突出和集中地反映在研究手段和方法的落后。应尽快摆脱原有的解释型、总结型的被动研究方式和某些“左”的政治思维的束缚，有甄别地借鉴和吸收现代经济学及其他成熟学科的理论营养，在公安经济学的研究工具和方法上努力与现代经济学接轨，由定性分析向定性定量分析相结合转型。尤其要借助博弈论、计量经济学等手段，对中国公安经济学面临的重大现实问题进行实证研究和定量模型分析。

——搭建新平台，全面夯实学科发展基础。一门发展成熟的学科，在形式上有三个标志：基本文献、标准化教材、学科手册。目前，中国公安经济学学科建设在这三个方面都还不完善，文献积累奇缺，核心概念有待于梳理和提炼，严谨的逻辑体系远未建立。只有加快这三个方面的基础建设，才能使中国公安经济学研究在现代经济学一般研究框架的规范下得以建立和发展。新的时代呼唤着一个以传统治安与非传统治安为研究对象、以公安与经济协调发展为核心、以研究工具多样化为特征的中国特色公安经济学。本书的出版就算是“抛砖引玉”吧！

主要参考文献

1. 习近平：《决胜全面建成小康社会　夺取新时代中国特色社会主义伟大胜利——在中国共产党第十九次全国代表大会上的报告》（2017 年 10 月 18 日），人民出版社 2017 年版。
2. ［美］曼昆（N. Gregory Mankiw）著，梁小民、梁砾译：《经济学原理》（第 5 版），北京大学出版社 2009 年版。
3. 高培勇编著：《公共经济学》（第二版），中国人民大学出版社 2008 年版。
4. 吴德庆、马月才、王保林编著：《管理经济学》（第五版），中国人民大学出版社 2011 年版。
5. ［美］加里·S. 贝克尔著、王业宇等译：《人类行为的经济分析》，上海三联书店 1993 年版。
6. ［美］奥斯特罗姆等著、毛寿龙译：《公共服务的制度建构——都市警察服务的制度结构》，上海三联书店 2000 年版。
7. ［美］托德·桑德勒、［英］基思·哈特利著，姜鲁鸣、罗永光译：《国防经济学》，北京理工大学出版社 2007 年版。
8. 保罗·波斯特著、卢周来译：《战争经济学》，中国人民大学出版社 2010 年版。
9. 陈波主编：《国防经济学》，经济科学出版社 2010 年版。
10. ［美］安塞尔·M. 夏普、查尔斯·A. 雷吉斯特、保罗·W. 格兰姆斯著，郭庆旺译：《社会问题经济学（第十五版）》，中国人民大学出版社 2003 年版。
11. 冯玉军著：《法经济学范式》，清华大学出版社 2009 年版。
12. 宋浩波著：《犯罪经济学》，中国人民公安大学出版社 2002 年版。
13. 李艳岩著：《治安经济学》，法律出版社 2004 年版。
14. 惠双民著：《社会秩序的经济分析》，北京大学出版社 2010 年版。
15. 郑功成著：《灾害经济学》，商务印书馆 2010 年版。
16. ［英］维克多·迈尔－舍恩伯格、肯尼思·库克耶著，盛杨燕、周涛译：《大数据时代：生活、工作与思维的大变革》，浙江人民出版社 2013 年版。

17. 涂子沛著：《大数据：正在到来的数据革命，以及它如何改变政府、商业与我们的生活》，广西师范大学出版社 2012 年版。
18. [英] 罗伯特·雷纳著，易继苍、朱俊瑞译：《警察与政治》，知识产权出版社 2008 年版。
19. [英] 弗兰克·利什曼等主编、吴开清等译：《警务工作之核心问题》，群众出版社 2000 年版。
20. 王大伟主编：《英美警察科学原理——世界警务革命向何处去》，中国人民公安大学出版社 2007 年版。
21. 陈鸿彝主编：《中国治安史》，中国人民公安大学出版社 2002 年版。
22. 公安部装备财务局编：《公安后勤保障工作研究》，中国人民公安大学出版社 2003 年版。
23. 王立峰主编：《公安装备财务》，中国人民公安大学出版社 2005 年版。
24. 张玲著：《公安机关经费支出监管理论与实践》，中国人民公安大学出版社 2007 年版。
25. 聂国丽著：《现代警务保障》，中国人民公安大学出版社 2003 年版。
26. 王光主编：《公安装备与财务管理》，中国人民公安大学出版社 2002 年版。
27. 张跃进主编：《创意警务论》，中国人民公安大学出版社 2010 年版。
28. 张兆端编著：《现代警察管理之道——警察战略管理、简单管理、“三精”管理理论与实务》，中国人民公安大学出版社 2009 年版。
29. 张兆端著：《社区警务论——社会治安综合治理的社区化理论与实践》，中国人民公安大学出版社 2003 年版。
30. 张兆端著：《警务辩证法——警务领导与指挥十大关系论》，中国人民公安大学出版社 2012 年版。
31. 张兆端著：《智慧公安：大数据时代的警务模式》，中国人民公安出版社 2015 年版。

附录 相关书评

公安经济：公安问题的经济学阐释

公安经济学的理性探索

提升公安组织绩效的新视角

公安管理的经济学探索

公安经济：公安问题的经济学阐释[①]

——《公安经济学》评介

张卫国

经济学是一门成熟学科，而将研究触角深入公安领域则是一种开拓性尝试。公安学是一门新兴学科，而运用经济学原理和方法来系统研究公安问题的学术专著也比较鲜见。张兆端教授撰著的《公安经济学》（中国人民公安大学出版社2013年8月版），大胆尝试运用经济学理论与方法研究公安经济问题，从经济学的视角探讨公安建设和公安工作的运行规律，这对于积极拓展经济学和公安学研究空间，建构具有交叉、边缘和综合性学科性质的公安经济学体系，促进公安建设与经济建设协调发展，提高警务活动效益，具有重要价值和指导意义。通读全书，笔者觉得这部著作的创新价值主要体现在以下两个方面：

合理界定了“公安经济”的学科概念范畴，尝试构建了该学科的理论框架

《公安经济学》认为，公安经济者，治安济民也。治安者，既是公安机关及其警察力量的社会职能和责任，也是政府与民众的社会需求。以警察为职能主体，在政府与民众之间拉出一条“公共安全需求和满足公安需求”的线，连接成一对“公共安全执法服务供求”关系，这就是公安活动之“经”；而“民”与“民”多个“社会主体”的“公共安全需求”都得到“满足”，这就是公安活动之“济”。一句话，所谓公安经济，是指政府及其职能部门将稀缺资源用于控制减少犯罪、维护社会治安秩序以及提供公共安全服务的活动及效益，或者说是在国民经济体系中保障和寻求社会公共安全的有效活动。

经济发展和公共安全，无疑是一个国家面临的最重要的战略问题。经济

① 原载《社会科学战线》2014年第2期。

发展问题的实质是“经世济民”“强国裕民”，公共安全问题的实质是“强警安民，“治安济民”。在现代社会，没有经济的健康持续发展，就不会有国家的强盛和人民物质生活水平的提高；同样，没有警察现代化建设，解决不好社会公共安全问题，就会影响经济发展的效率乃至制约经济发展前景，民众就不能安居乐业。无论何种形式的国家都离不开通过警察服务提供基本的社会秩序和人身安全。作为政府公共管理的一个重要方面，它给社会提供的是公共安全产品或公共安全服务。所以，必须站在国家安全和发展战略全局的高度，统筹经济建设和公安建设，在全面建设小康社会的进程中实现强国裕民与治安济民的有机统一。公安经济理论即是一种研究“经世济民”与“治安济民”之间内在联系的战略性科学。

作为一门新学科的开拓之作，作者在《公安经济学》中尝试构建了包括五个部分在内的理论框架体系。第一部分是公安经济与公安经济学研究发微。主要探讨公安经济与公安经济学的基本概念、研究对象、内容框架、研究路径与方法等。第二部分是公安经济与公安经济思想发展史略。主要考察公安经济发展的历史分期、中国古代及现代公安经济思想发展脉络等。第三部分是公安经济运行规律研究。主要归纳提炼出关于公安经济运行的八大基本规律以及若干重要公安经济问题等，这是公安经济学基础理论研究的核心内容。包括：公安经济与国民经济协调发展的规律；追求社会效益与经济效益之统一的规律；公安资源配置实行计划控制与市场调节相结合的规律；科学开发与合理配置警务人力资源的规律；创新警务战略与改革警务机制同步推进的规律；依靠科技进步改善公安战斗力生成模式的规律；以公共警务为主、私人警务为辅的规律；加大治安防范投入与提高犯罪成本相一致的规律。第四部分是公安经济学相关理论研究，主要介绍犯罪经济学、恐怖主义经济学、灾害经济学、污染经济学、应急管理经济等基本理论问题，它们是公安经济学理论研究的延伸和支撑。最后是结语，主要预测公安经济及其学科研究发展趋势。

提出并论证了“公安问题的实质是经济问题”的深刻命题

首先，公安是人类最基本的社会需求。美国人本心理学家马斯洛认为，人作为一个有机体具有多种动机和需要，包括生理需要、安全需要、归属与爱的需要、自尊需要和自我实现需要。这五种需要像阶梯一样从低到高，按层次逐级递升。一般来说，某一层次的需要相对满足了，就会向高一层次发展，追求更高一层次的需要就成为驱使行为的动力。其中，安全的需要要求劳动安全、职业安全、生活稳定、希望免于灾难、希望未来有保障等。可见，安全需要是人类最基本、最常见的需要之一。经济资源的稀缺性与人们生活需求的无限性矛盾必然导致各种社会矛盾与冲突，甚至国家、民族之间的战争，进而时时威胁或破坏着公共安全。而人们为了保障生活的安定和社会秩序的稳定，以避免在失去控制的无谓争斗中同归于尽，又创造出了一定的社会制度及职能机构（包括警察机构），来限制人们的需求欲望和越轨行为，以维护社会秩序相对稳定。

其次，经济是决定公安问题的基本因素。司马迁写过一篇《货殖列传》，后面有两句话："天下熙熙，皆为利来。天下攘攘，皆为利往"。追求利益是人类一切社会活动的基本动因，而利益差别、分配不公则是社会矛盾和冲突产生的基础。显然，追求非法利益正是某些人实施危害公共安全的违法犯罪行为的动机。现实社会中，虽然不能说所有的犯罪行为都与经济因素有关，但不可否认，大量的犯罪活动无疑都有其经济根源。例如，盗窃、抢劫、诈骗等侵财类犯罪（侵犯社会公共财产与私人财产），都直接起因于经济利益动机；群体性事件也多起因于经济利益纠纷；暴力犯罪、有组织犯罪、恐怖主义、贩卖人口、走私贩毒、洗钱，等等，都有一定的经济利益动机，都需要构筑一定的秘密经济资源渠道来支撑。经济学主要研究如何有效配置稀缺资源，促进经济增长，提高人们生活水平，"但是犯罪恰恰相反，犯罪的行为是将资源进行不合理的、扭曲的配置，是为了降低资源的使用效率，导致的后果是人们的生活水平降低。它只是满足了某些人扭曲的价值而牺牲了整体社会的福利。罪犯在追求个人'幸福感'的同时，有意带来严重的外部不经济"。显然，经济学有助于人们理解社会冲突、犯罪的根源，特别是其中所包含的经济因素。因此，经济与犯罪的关系，成为人们进行犯罪成因研究的最早的着眼点之一。中国早就有"饥寒起盗心"的古语。西方犯罪学在经济与犯罪的关系方面进行了大量研究。美国学者安塞尔·M.

夏普等指出："经济分析也有助于我们理解个人犯罪动机。如果从事犯罪活动的收益比其成本要大得多，一个理性的人可能就会从事某种犯罪活动。"另一方面，从经济学的角度看，我们实际上还要考虑国家刑事司法机关不得不花大力气来实施侦查、逮捕、起诉、审判、监狱看押、改造等一系列的公共支失后果是我们据此确认这些违法犯罪因素危害大小的最直接、最基本的标志。另一方面，公安部门的队伍建设和公安工作的运行所需要的人力、物力和财力资源保障也是可以预算和量化的，尤其需要纳入国民经济预算规划之中加以持续保障。

第四，公安经济活动具有特殊性。公安经济不同于一般非公安经济的特殊性表现在许多方面：公安经济直接为特定国家和社会的公共安全服务，具有鲜明的政治性和阶级性；公安经济随治安问题的出现而出现，为满足治安的需要而产生和发展；公安经济的运作过程虽然也包括生产、分配、交换、消费等经济环节，但警用产品的交换与分配通常采用公安机关与国家直接订货的方式进行，大体上依据按需分配的原则进行公安经济消费品的分配；公安事业的投入所产出的是公共安全，公安消费从总体上讲是一种纯粹的资源消耗；由于治安事件的突发性、应急性和警务行动的高度统一性，公安经济管理必然要求高度的集中统一；公安经济的发展不仅取决于社会经济能够为公安提供怎样的资源和产品，而且取决于公安需要怎样的资源和产品。公安经济是社会公安经济资源供给和公安资源需求矛盾的产物。公安经济活动的特殊性决定了公安经济理论研究的核心内容：不完全竞争条件下，公安经济资源配置的计划调节与市场调节相结合的特点和规律等。

综上所述，可以得出结论：公安问题的实质是经济问题，而且是特殊的经济问题。这一特殊的经济问题需要构建和运用特殊的学科理论体系来研究，公安经济学应运而生。可以预见，《公安经济学》的出版，将对推动公安经济实践良性运行和经济学、公安学学科发展发挥积极作用，公安经济学将会逐步发展成为一门前景广阔的新兴的交叉、边缘和综合性学科。

（作者系山东社会科学院经济学研究所所长、研究员）

公安经济学的理性探索①

——评张兆端新著《公安经济学》

胡岳民

不断促进和确保公共安全，既是世界各国经济社会发展的重要保障，也是提升公民生活质量的重要指标。自然，要搞好公安工作，提高公安效益，必然会产生和存在一定的公安经济问题。国内外传统的警务研究除了对公安经费投入与警务装备保障，以及犯罪特别是恐怖犯罪的经济成因给予一定的关注外，在这方面并没有开展系统的研究和形成理性的成果。

张兆端教授的新著《公安经济学》（中国人民公安大学出版社 2013 年 8 月版）是国内第一部尝试运用现代经济学理论及方法研究公安问题的著作。本书以经济学理论和方法为指导，以公安经济实践经验为基础，以相关学科理论成果为参照，初步构建了一个公安经济学的学科体系。

第一，本书从经济学理论视角探讨公安问题，包含了公安经济理论领域内从一般到特殊、从微观到宏观的主要难点和热点问题，融通了公安学与经济学理论上的逻辑联系，围绕这个主线初步搭建起一个公安经济学的基本理论框架。本书围绕当前公安经济领域的热点和难点，区分了公安经济领域一般性和特殊性的问题，提出了公安经济学领域的基本研究范畴。如在微观层次上，提出了公安成本、公安投入、公安资源、公安效益等具体的公安经济学概念；在宏观层面上，提出并界定了公安经济、公安经济学、公安供求关系、公安经济运行规律等基本概念范畴。以往的公安理论研究对这些方面没有给予足够的重视，更没有系统明确的界定。

第二，本书借鉴和吸收了国内外公安经济问题研究的相关成果，是国内首部具有开阔的理论视野的公安经济学著作。文献检索表明，国内外至今尚无系统研究公安经济问题的论著发表或出版，因此开展公安经济学研

---

① 原载《山东警察学院学报》2014 年第 1 版。

究缺乏可供直接借鉴的学科研究成果。但本书并没有采取历史虚无主义态度，而是立足于总结公安经济实践经验，借鉴国内外警务理论研究中已有的警务经费和警务装备保障的研究成果，以及国外关于犯罪经济研究、恐怖主义经济理论研究、灾害及污染经济理论研究和应急管理的经济学研究等相关成果，对此做出客观评析和比较研究，借以提出自己的公安经济学观点。

第三，在研究方法上，本书立足于公安经济学学科基础、公安经济与公安经济思想发展史、公安经济运行规律、公安经济学相关理论研究这一研究路径，体现了逻辑方法与历史方法的辩证统一，实现了现代经济学研究方法和公安经济活动研究的对接。本书首次对公安经济问题的实质和公安经济学学科建设的基础理论进行了探讨，对公安经济和公安经济思想发展史进行了系统梳理。特别是在总结公安经济实践经验和开展科学预测的基础上，创造性地归纳出了公安经济运行八大基本规律：公安经济与国民经济协调发展的规律、追求社会效益与经济效益之统一的规律、公安资源配置实行计划控制与市场调节相结合的规律、科学开发与合理配置警务人力资源的规律、创新警务战略与改革警务机制同步进行的规律，依靠科技进步改善公安战斗力生成模式的规律，以公共警务为主、私人警务为辅的警务多样化规律，加大治安防范投入与提高犯罪成本相一致的规律等。这种研究路径及研究课题的选择和实施，既是对国内公安学理论传统研究方法及研究内容的突破，也是对现代经济学理论研究视野及研究方法的有效拓展和延伸，促进了公安学与经济学的相互渗透与融合。

第四，本书的一个显著特色就是紧密结合中国公安经济实践活动的实际，以通俗易懂的语言风格生动地阐述复杂的理论与实践问题。在公安经济活动的基础理论研究方面，本书以史料为依据，对中国历史上特别是新中国成立以来的公安经济活动及公安经济思想进行了客观总结和评述。在公安经济运行规律的研究中，着重结合我国公安机关改革开放以来的公安经济保障及机制建设的经验进行理论概括，其中既引用了部分研究者对某些公安经济问题研究的理论成果，也注意分析了一些公安机关的公安经济活动的相关案例，并做出定性与定量相结合的分析描述。这种研究手法不仅增强了本书的生动性，通俗易懂又不失严谨，充分展现了作者深厚的理论功底。因此，本书无论是对公安理论研究者，还是对各级公安机关领导者，尤其是长期从事公安经济工作的管理者，都不失为一部很好的学习资料。

（本文作者系吉林财经大学《当代经济研究》主编、编审）

提升公安组织绩效的新视角①

——《公安经济学》评介

张光

张兆端教授承担的2011年度山东省软科学研究计划项目“公安经济若干问题研究”报告的结项成果《公安经济学》近日已由中国人民公安大学出版社出版发行。该研究成果主要是运用现代经济学的理论与分析方法较为系统深入地研究了公安经济现象及其基本理论问题，尝试从经济学的视角探讨公安建设和公安工作的运行规律，以便为有效推进公安现代化进程、促进公安组织绩效的不断提升提供理论借鉴和实践指导。这部著作的主要学术价值体现在以下几个方面：

一是公安理论的创新性。在传统的公安政绩观中，工作的重点常常是以追求刚性稳定为特征的，而对公安活动中的经济效益重视不够。无论是公安机关，还是公安理论界，关注经济问题时，涉及的仅仅是狭义的财务装备管理和警务保障，并没有将公安建设和公安工作置于经济学视野来观察和研究。《公安经济学》从公安学与经济学交叉融合的角度，首次提出和尝试界定了公安经济与公安经济学的基本概念、研究对象、内容框架、研究路径与方法，预测了公安经济及其学科研究发展趋势等。这对于拓展公安学和经济学的理论体系具有重要的学术价值。

二是历史总结的厚重性。《公安经济学》首次运用历史的研究方法，对公安经济和公安经济思想发展的历史进行了系统梳理和总结，考察了公安经济发展的历史分期，理清了中国古代及现代公安经济思想发展脉络等。这些可以为指导现代公安工作实践提供历史的经验。

三是规律研究的科学性。《公安经济学》首次运用经济学的理论和分析方法归纳提炼出了公安经济运行的八大基本规律及其若干公安经济问题等。例如，提出了公安经济与国民经济协调发展的规律，追求社会效益与经济效

① 原载《现代世界警察》2014年第2期。

益之统一的规律，公安资源配置实行计划控制与市场调节相结合的规律，科学开发与合理配置警务人力资源的规律，创新警务战略与改革警务机制同步推进的规律，依靠科技进步改善公安战斗力生成模式的规律，以公共警务为主、私人警务为辅的规律，加大治安防范投入与提高犯罪成本相一致的规律等八大基本规律，涉及公安与经济的辩证关系、公安决策的效益原则、国家实力与公安实力、公安资源配置、警务社会化与社区警务战略等众多公安经济问题，从而全面、客观地探讨了公安经济现象及其演变规律，具有鲜明的开拓性和科学性。

四是相关学科的参照性。《公安经济学》在主要研究公安经济基本规律和基本问题，努力构建自身理论体系的同时，还全面介绍了犯罪经济学、恐怖主义经济学、灾害经济学、污染经济学、应急管理经济等相关领域理论研究的成果。这些突发性应急事件，都是严重危害社会公共安全和经济运行的重要社会现象，对这些社会现象的经济学研究，从一定意义上说也可纳入公安经济学的研究范畴。这些相关理论研究取得的丰硕成果也可作为公安经济学研究的基础和重要参照。

五是公安决策的效益性。《公安经济学》将追求社会效益与经济效益的协调统一作为推动公安经济有效运行的一项重要规律。根据现代公安管理理论，公安机关是为社会公众提供公共安全产品的职能部门，具体的公安警务工作既是公安机关履行职责的手段，也是实现公安工作目标的过程，制定并实施正确的警务决策则是实现警务工作目标的重要前提。因此，科学的、高质量的警务工作决策的制定，必须满足两个原则要求：一是目标价值原则，即针对现实警务问题做出的决策一定是符合公安工作总目标的，依此实施的警务工作行为是能够最大限度地满足公安工作总目标要求的，也就是公安机关实施这一警务决策是有意义的，是符合公安机关整体价值标准的。二是效益原则，即提高公安经费使用效益，尽可能使用最小的公共资金预算投入来完成公安工作任务、实现公安工作目标。从这个意义上讲，除执行紧急警务特殊需要无其他“低成本”的替代方式外，在日常执法管理工作中，应当尽量避免为了“营造声势”或“威慑力更强”等非公安工作目标的需要不计成本地选择执法方式、开展执法活动。因此，面对纷繁复杂的公安执法环境，决策者、执行者必须坚持公安决策制定与执行的目标价值原则和效益原则，最大限度地采取“低投入，高产出”的实现路径，这既符合现代科学管理的基本要求，也是从根本上打造“节约型”公安机关的必然要求，同时也是符合人民群众根本利益的正确选择。

综上所述，《公安经济学》作为国内第一部系统研究公安经济现象及演变规律的理论著作，具有鲜明的理论前瞻性和创新性，其理论观点对于进一步丰富公安学理论体系、促进公安工作的科学发展具有重要的借鉴意义；同时，该论著能够用通俗易懂的语言阐述深奥的理论观点，也特别适合各级公安管理者和广大民警阅读学习，期望有更多的理论工作者和公安实践者加入到公安经济理论与实务的科学研究和实践探索中来。

（作者系中国人民公安大学科研处处长、教授，博士生导师）

公安管理的经济学探索①

——《公安经济学》初读

杨益平

经济发展和公共安全是一个国家面临的最重要的战略问题，如果说经济发展问题的实质是“经世济民”“强国裕民”，那么公共安全问题的实质则是“强警安民”“治安济民”。在现代社会，没有经济的健康持续发展，就不会有国家的强盛和人民物质生活水平的提高；同样，没有警察现代化建设，解决不好社会公共安全问题，就会影响经济发展的效率，民众就不能安居乐业。所以，必须站在国家安全和发展战略全局的高度，统筹经济建设和公安建设，在全面建设小康社会的进程中实现强国裕民与治安济民的统一。公安经济理论即是一门研究“经世济民”与“治安济民”之间内在联系的战略性科学。

本书是作者承担的2011年度山东省软科学研究计划项目“公安经济若干问题研究”之研究报告结项成果，主要运用经济学理论与方法研究公安经济理论及其学科建设基本问题，尝试从经济学的视角探讨公安建设和公安工作的运行规律，在公安活动领域内研究其相关经济问题，为有效推进公安现代化进程、促进公安建设与经济建设协调发展提供理论指导。全书共分四个基本部分及结语：第一部分是公安经济与公安经济学研究发微。主要探讨公安经济与公安经济学的基本概念、研究对象、内容框架、研究路径与方法等。第二部分是公安经济与公安经济思想发展史略。主要考察公安经济发展的历史分期、中国古代及现代公安经济思想发展脉络等。第三部分是公安经济运行规律研究。主要归纳提炼出公安经济运行的八大基本规律及其若干公安经济问题等。内容包括：公安经济与国民经济协调发展的规律；追求社会效益与经济效益之统一的规律；公安资源配置实行计划控制与市场调节相结合的规律；科学开发与合理配置警务人力资源的规律；创新警务战略与改革

---

① 原载《人民公安报》2013年11月29日，第7版。

警务机制同步推进的规律；依靠科技进步改善公安战斗力生成模式的规律；以公共警务为主、私人警务为辅的规律；加大治安防范投入与提高犯罪成本相一致的规律。第四部分是公安经济学相关理论研究，主要介绍犯罪经济学、恐怖主义经济学、灾害经济学、污染经济学、应急管理经济学等基本理论问题。最后是结语，主要预测公安经济及其学科研究发展趋势。

作者张兆端教授长期从事警学理论研究与教学工作，出版有《警察哲学》《警察文化学》《中国式警察管理》《现代警察管理之道》《警务辩证法》等论著，在警学基础理论和警察管理理论研究方面颇有建树。无论是从公安学科建设角度看，还是从警察管理创新角度看，《公安经济学》都不失为一部开拓之作。

（作者系中国人民公安出版社教材分社社长）

编辑说明

为彰显改革开放以来公安理论创新和学术研究方面的成就，全面展示公安院校广大教师在公安学术研究、公安实践及公安改革方面的新理论、新经验、新成果，提升理论水平，推进成果转化，鼓励学术繁荣，发现优秀人才，我们于2017年面向全国公安院校征集公安学理论研究优秀作品。此举在全国公安院校中产生了很大反响，公安院校教师踊跃投稿。为保证首批推出的作品充分展示学术作品的经典特色，充分体现专业特点，充分关注热点问题，我们邀请了长期从事公安学术研究、在公安系统具有较高声望的专家学者对作品进行审定，遴选出各9部作品入选《公安院校知名教授学术文库》《公安院校青年学者学术文库》第一辑，将于2018年6月正式出版。

《文库》的作品充分体现了“经典、精品、创新”的特点。入选《公安院校知名教授学术文库》的作者均为长期从事公安理论研究、在全国公安院校乃至全国公安系统具有较高声望的知名学者，入选的作品也是这些学者在相关领域多年潜心研究的代表性成果。例如，《英美警察科学》《公安经济学》《警管区制研究》《社会转型与秩序重建》等，都是近年来在公安学领域产生较大影响的原创性学术著作。而入选《公安院校青年学者学术文库》的作者目前均活跃在公安教学科研的第一线，他们才华出众，思想敏锐，观点新颖，入选的作品如《袭警行为的预防与处置》《新型合成毒品滥用监测与控制实证研究》《弱势群体权利保障中的国家反拐行动研究》等，直面当前执法热点，深入剖析，探索新理论、新措施。

服务公安中心工作，服务公安队伍建设，服务公安教学科研，充分展示作品的社会价值和学术价值是我们推出两个《文库》的初衷。相信随着第一辑作品的出版，必将推动在公安院校中形成深入公安学理论研究，活跃公安学术创新的良好氛围。这是我们的追求，也是各位作者的期待。

《文库》的出版是一项长期工程，我们力争通过几年时间，出版100部学术专著，使两个《文库》成为新中国公安教育史上具有里程碑意义的首部公安理论名家学术作品大系，使之成为面向全社会展示改革开放以来公安学理论研究成果的最佳平台。

公安院校知名教授学术文库
公安院校青年学者学术文库
编辑委员会
2018年6月

图书在版编目(CIP)数据

公安经济学 / 张兆端著．—北京：中国人民公安大学出版社，2018．1
(公安院校知名教授学术文库 / 总主编：樊京玉　闫继忠)
ISBN 978－7－5653－3167－1

Ⅰ．①公…　Ⅱ．①张…　Ⅲ．①公安工作—经济学　Ⅳ．①D631

中国版本图书馆 CIP 数据核字(2017)第 316164 号

山东省软科学研究计划项目“公安经济若干问题研究”·项目编号：2011RKGA 7024
本书荣获第 6 届长春市社会科学优秀成果著作类一等奖（2014 年）

公安经济学
张兆端　著

出版发行：中国人民公安大学出版社
地　　址：北京市西城区木樨地南里
邮政编码：100038
经　　销：新华书店
印　　刷：天津盛辉印刷有限公司

版　　次：2018 年 6 月第 1 版
印　　次：2018 年 6 月第 1 次
印　　张：22．25
开　　本：787 毫米×1092 毫米　1/16
字　　数：337 千字

书　　号：ISBN 978－7－5653－3167－1
定　　价：66．00 元

网　　址：www．cppsup．com．cn　www．porclub．com．cn
电子邮箱：zbs@cppsup．com　zbs@cppsu．edu．cn

营销中心电话：010－83903254
读者服务部电话（门市）：010－83903257
警官读者俱乐部电话（网购、邮购）：010－83903253
教材分社电话：010－83903259
